D1755917

Ariane Eichenberg

Zwischen Erfahrung und Erfindung

Ariane Eichenberg

Zwischen Erfahrung und Erfindung

Jüdische Lebensentwürfe
nach der Shoah

BÖHLAU VERLAG KÖLN WEIMAR WIEN

Gedruckt mit freundlicher Unterstützung der Gabriel-Riesser-Stiftung,
der Johanna und Fritz Buch Gedächtnis-Stiftung
und der Stiftung Irène Bollag-Herzheimer

Bibliografische Information der Deutschen Bibliothek

Die Deutsche Bibliothek verzeichnet diese Publikation
in der Deutschen Nationalbibliografie;
detaillierte bibliografische Daten sind im Internet über
http://dnb.db.de abrufbar

Umschlagabbildung:
„Linienstraße 137: Polizeirazzia gegen jüdische Anwohner, 1920/1992".
Aus: Die Schrift an der Wand. Fotografie von Shimon Attie.
Mit freundlicher Genehmigung der MillikenArt Gallery, Stockholm.

© 2004 by Böhlau Verlag GmbH & Cie, Köln
Ursulaplatz 1, D-50668 Köln
Tel. (0221) 913 900, Fax (0221) 913 90-11
info@boehlau.de
Alle Rechte vorbehalten
Satz: Friedmut Kröner, Heidelberg
Druck und Bindung: Druckerei Runge GmbH, Cloppenburg
Gedruckt auf chlor- und säurefreiem Papier
Printed in Germany
ISBN 3-412-16103-9

Danksagung

Viele Menschen haben mich aus der Nähe und Ferne während des Schreibens begleitet. Ihr Vertrauen und ihr Interesse hat geholfen, mancherlei Schwierigkeiten zu überwinden.

Jörg Schönert danke ich für die hilfsbereite Betreuung der Arbeit, die Lektüre der einzelnen Kapitel sowie für die zahlreichen Literaturhinweise. Aleida Assmann danke ich für die spontane Zusage und Übernahme des zweiten Gutachtens und vor allem für die Gespräche in den ‚Zwischenräumen'. Heinz Hillmann möchte ich für konstruktive Kritik danken, in denen einzelne Fragen in größere Zusammenhänge und Problemstellungen überführt werden konnten.

Herzlicher Dank gilt Michael Marek für kritische Nachfragen – Iria Horn, Barbara Scholz, Olivia Weiszflog und Renate Grützemacher für die Korrektur des Manuskripts. Friedmut Kröner hat alle technischen Anforderungen bei der Fertigstellung des Buches äußerst rasch und kompetent gelöst. Auch dafür mein herzlicher Dank.

Danken möchte ich noch Peter Warneke für den Zugang zu seinem Privatarchiv in Bielefeld und Peter Widmann, der mir die Sammlung „Autobiographische Manuskripte" im Archiv des Zentrums für Antisemitismusforschung an der TU in Berlin zugänglich machte.

Der Hamburger Stiftung zur Förderung von Wissenschaft und Kultur und Jan Philipp Reemtsma persönlich danke ich für das Stipendium über anderthalb Jahre, welches mir den ruhigen Abschluss der Arbeit ermöglichte. Veröffentlicht werden konnte das Buch nur durch die großzügigen Druckkostenzuschüsse der Gabriel-Riesser-Stiftung (Hamburg), der Johanna und Fritz Buch Gedächtnis-Stiftung (Hamburg) und der Stiftung Irène Bollag-Herzheimer (Basel). Ihnen sei hierfür an dieser Stelle herzlich gedankt.

Meine Familie hat die Arbeit mitgetragen, nicht zuletzt die drei Kinder, die mit ihr gewachsen sind – vergnügt und fröhlich – und die mich täglich an die erinnerten, denen ihr Leben genommen wurde.

Hamburg, Dezember 2003 *Ariane Eichenberg*

Inhalt

Einleitung 1

Erster Teil: Schreiben aus zeitlicher Nähe (1945–1950)

I Zwang zur Erinnerung: Texte der ‚ersten Generation' (1) 17

1   Die Zeit in der Geschichte und in der Erzählung 20
1.1 Vorgriffe und Rückgriffe – Erhalt von ‚biographischer Zeit' . . 24
1.2 Iteratives und singulatives Erzählen –
     Verlust von ‚biographischer Zeit' 31
2   Der Raum in der Geschichte und seine Variation
     in der Erzählung 35
2.1 Räume der Gefangenschaft – Folgen eines
     totalitaristischen Systems 38
2.2 Räume der Freiheit – Möglichkeiten des kulturellen
     Gedächtnisses 40
3   Die Figuration und das Erzählen zwischen Wissen
     und Nichtwissen 43
3.1 Pronomen – Abspaltungen und Zugehörigkeiten 43
3.2 Blick und Stimme – die Begrenzung des Wissens 47
3.4 Narrative Pausen – Überblick und Distanz. 51

Zweiter Teil: Schreiben aus der Distanz (1980–2000)

I Geschuldete Erinnerung: Texte der ‚ersten Generation' (2) . . . 59

1   Hanna Krall: *Dem Herrgott zuvorkommen* und Marek Edelman:
     Das Ghetto kämpft 59
1.1 *Das Ghetto kämpft* – eine Geschichte vom öffentlichen Kampf . 61
1.2 *Das Ghetto kämpft* im Kontext anderer Widerstandstexte 63
1.3 *Dem Herrgott zuvorkommen* – Geschichten vom stillen Kampf . . 66

1.4	Zeit und Raum – ‚Erinnerungsräume'	68
1.5	Figuration – Substitutionen und Transformationen	69
1.6	Erzählverfahren – Vielfältigkeit und Gleichwertigkeit	73
2	Paul Steinberg: *Chronik aus einer dunklen Welt*	76
2.1	Raum – die Pluralisierung und Semantisierung des Raums	80
2.2	Zeit – der Wiedergewinn von Erinnerung	84
2.3	Erzähler und erzähltes Ich – Erinnern zwischen Distanz und Nähe	91
3	Gerhard Durlacher: *Streifen am Himmel* und *Die Suche*	98
3.1	*Streifen am Himmel*: Schreiben zwischen ‚künstlichem Gedächtnis' und ‚biographischer Erinnerung'	101
3.2	*Die Suche*: Vom autobiographischen zum soziozentrischen Schreiben	105
4	Konstanten, Variationen und Reduktionen: Weitere Texte im Vergleich	110
4.1	Mehrdimensionales Erzählen	111
4.2	Metonymisches Erzählen	116
4.3	Abbildendes Erzählen	123
4.4	Unveröffentlichte Manuskripte: eine kaum beachtete Variante – Literaturprozess und persönliches Schreiben	126

II	Verlorene Erinnerung: Texte von ‚verfolgten Kindern'	131
Kinder in Arbeits- und Vernichtungslagern		131
1	Forschungsstand und Vorüberlegungen	136
2	Jona Oberski: *Kinderjahre*	143
2.1	Zeit, Raum, Figuration – Fragmentierung, Verfremdung, Kontinuität	144
2.2	Erzählverfahren – die poetische Erzeugung der Vergangenheit oder der Text als Ereignis	150
3	Konstanten, Variationen und Reduktionen: Weitere Texte im Vergleich	155
4	Ruth Klüger: *weiter Leben. Eine Jugend*	160
4.1	Erzählverfahren – die Suche nach Erinnerungsfiguren	164
4.2	Figuration – Dialog oder Monolog?	171
Kinder im Versteck		177
1	Louis Begley: *Wartime Lies*	180
1.1	Figuration – der Verlust des Ichs	182
1.2	Erzählverfahren – die Erfindung des Ichs	186

2	Raymond Federman: *The Voice in the Closet*	192
2.1	Raum – der fiktionale Erlebnisort	197
2.2	Zeit – die Auflösung des linearen Erzählens	200
2.3	Figuration – die lebenden Fiktionen	202
2.4	Schreiben als Zeugnis und Berufung?	204
III	Ererbte Erinnerung: Texte der ‚zweiten Generation'	207
1	Helena Janeczek: *Lektionen des Verborgenen*	208
1.1	Raum, Zeit, Figuration – kulturelles Gedächtnis und ‚ererbte' Erinnerung	211
1.2	Weitere Texte im Vergleich	215
1.3	‚Individuelle', ‚personale' und ‚kollektive' Identität	219
1.4	Stimme und Blick – Verfahren der Abgrenzung und Annäherung	224
1.5	Umgangsweisen mit der Shoah als medialem Ereignis	227
2	Forschungsstand und Zwischenüberlegungen	229
3	Exkurs: Gila Lustiger: *Die Bestandsaufnahme*	237
4	Henryk Grynberg: *Kalifornisches Kaddisch*	239
4.1	Raum – Tradierung und Überschreibung	241
4.2	Figuration – Geschichten der Wiederkehr und die Erfindung der Identität	245
4.3	Erzählverfahren – die ‚Entortung' der Erinnerung	250
5	Robert Schindel: *Gebürtig* – Die Erzählung der Erzählungen	252
5.1	Figuration – Spiegelung und Selbstfindung	255
5.2	Geschichten der Kinder	257
5.3	Geschichten der Eltern	264
5.4	Raum – Alltagsräume und ‚Erinnerungsräume'	266
5.5	Erzählen und Erzähler – Profane und heilige Geschichten	269

Schluss. Das narrative Gedächtnis 277

Epilog. Vor der Erinnerung: Schreiben während der Haft 285

Literaturverzeichnis 295

Namensverzeichnis 307

Einleitung

> „Ein Faktum unseres Lebens gilt nicht insofern es wahr ist, sondern insofern es etwas zu bedeuten hat." (Goethe)

Mein erster Blick auf die Zeugnisse zur Verfolgung und Vernichtung der europäischen Juden wurde von narratologischen Fragestellungen gelenkt.[1] Das Interesse am Text und seiner Konstruktion, auch eine große Faszination am spielerischen Umgang mit den Zeichen und ihren möglichen Bedeutungen in einer Zeit, in der große Lebensentwürfe fraglich werden und Identitäten zerbrechen, hat Raymond Federmans *The Voice in the Closet* bei mir ausgelöst.[2] Federmans lyrisch verdichteter, hoch selbstreferenzieller Roman, in dem die erzählte Geschichte – die Deportation der Eltern und Schwestern des Autors nach Auschwitz und ihre Ermordung durch Gas, und umgekehrt das Überleben des Jungen Raymond im Schrank und sein späterer Gang in die Welt nach Amerika – nur am Rande des Textes und bruchstückhaft erscheint, ist in mehrfacher Hinsicht der Ausgangspunkt meines Schreibens. Denn Federmans Text ist nicht mehr Zeugnis der vergangenen Ereignisse, sondern ist ein Zeugnis von Versuchen, die Erinnerung an diese Ereignisse durch fortwährend sich wiederholende und dabei ständig sich wandelnde Schreibakte zu evozieren. Die Erinnerung an die Vergangenheit ist nicht verfügbar, sondern muss immer erneut erfunden werden. Als solche kann sie dann auch nicht unabhängig von ihrem Erfinder und seiner Gegenwart erscheinen.

Mit dieser Art des Schreibens, das den Prozess des Erinnerns als sprachliches – allerdings sprachlich versehrtes – Ereignis in den Mittelpunkt rückt und das die Vergangenheit nicht als ein vom Beobachter abgeschlossenes und selbstständiges Geschehen begreift, kann Federmans Roman exemplarisch für einen

---

[1] Für den Mord an den europäischen Juden wähle ich meist den unüblichen deutschen Begriff *Vernichtung*, der mit dem Titel von Raul Hilbergs dreibändigem Werk *Die Vernichtung der europäischen Juden* (Berlin 1982) korrespondiert. Er ist weder Metapher noch Symbol, sondern eine nüchterne Bezeichnung. Auf den neuhebräischen Begriff *hashoah* bzw. *Shoah*, der Katastrophe, Untergang bedeutet, greife ich gelegentlich zurück, da er üblich geworden ist.

[2] Raymond Federman, The Voice in the Closet. La Voix dans le Cabinet. Die Stimme im Schrank, Hamburg 1989.

Paradigmenwechsel im Umgang mit der Shoah innerhalb der Zeugnisliteratur gelesen werden.

Zu dieser ersten Annäherung an die Shoah über die Narration, die korrespondiert mit den allgemeinen Fragen nach einer Vergangenheit, die durch die Gegenwart bestimmt wird, kamen dann – angeregt durch Heinz Hillmanns Vortrag „Kult und Gedächtnis: Erinnern des KZ bei Fritz Selbmann *Die lange Nacht* und Primo Levi *Ist das ein Mensch?*"[3] – Fragen nach dem Geschehen und der Geschichte, aber auch nach der Bedeutung des erinnernden Schreibens nicht nur für den Autor als Dokument der Vergangenheit und als Akt der Befreiung, sondern als Entwurf einer Zukunft und Teil des kulturellen Gedächtnisses hinzu. Das sind Fragen, die über den reinen Text hinausführen und die unterschiedlichsten Betrachtungsweisen fordern. So bin ich zum Beispiel der Organisation des Lagersystems und seiner physischen und psychischen vernichtenden Wirkung auf die Häftlinge, wie Wolfgang Sofsky dies in seinem Buch *Die Ordnung des Terrors* enwickelt, nachgegangen oder habe die autobiographischen Zeugnisse in Beziehung gesetzt zu Jan Assmanns Ausführungen zum kulturellen Gedächtnis und zur Identitätsbildung in frühen Hochkulturen.[4] Es sind also Fragen, die weitere Einsichten nach sich ziehen und notwendig machen.

*

Ich stelle diesen Rückblick an den Anfang, da an ihm die Struktur des Buches wie auch die Spannungen, in die ich im Schreiben durch den doppelten Blick geraten bin, deutlich werden. So entwickle ich zwar den ab den 1980er Jahren sichtbar werdenden Wandel im autobiographischen Schreiben und seine daraus folgenden Konsequenzen für den Autor, für den Erzähler und das Erzählte an narrativen Zusammenhängen, organisiere aber die verschiedenen Zeugnisse

---

[3] Heinz Hillmann, „Kult und Gedächtnis: Erinnern des KZ bei Fritz Selbmann *Die lange Nacht* und Primo Levi *Ist das ein Mensch?*", in: Karol Sauerland (Hg.), Gedächtnis und Erinnerung in der Literatur, Warschau 1996, 83–102.

[4] Jan Assmann, Das kulturelle Gedächtnis. Schrift, Erinnerung und politische Identität in frühen Hochkulturen, München 1992 und Wolfgang Sofsky, Die Ordnung des Terrors. Das Konzentrationslager, Frankfurt am Main 1999.
Beim Abschluss der Arbeit fiel mir Harald Welzers Buch *Das kommunikative Gedächtnis* in die Hände. Ich hätte mir gewünscht, Welzers Forschungen zu Erinnerung und Gedächtnis, in der neurowissenschaftliche Befunde mit sozial- und kulturwissenschaftlichen Erkenntnissen verbunden sind, früher gelesen zu haben. Manches wäre mit Welzers Wissen leichter zu bestimmen gewesen. Nun haben seine Überlegungen vor allem Eingang in mein Schlusskapitel gefunden. (Harald Welzer, Das kommunikative Gedächtnis. Eine Theorie der Erinnerung, Frankfurt am Main 2002.)

nicht nach ihren Erzählweisen, sondern nach den biographischen Daten ihrer Autoren – nach ihrer Zugehörigkeit zu den unterschiedlichen Generationen. Was also unter erzählerischen Gesichtspunkten als eine Einheit zu betrachten wäre, ist in Bezug auf die faktischen Ereignisse zu unterscheiden.

Durch diesen doppelten und auch widersprüchlichen Blick können unterschiedliche und spannungsvolle Querverbindungen zwischen narrativer Konstruktion und faktischem Geschehen gehalten werden, die einem rein narratologischen oder faktenorientierten Vorgehen verborgen bleiben müssten.

Solche Bewegung, die anderenorts auch als Wechselspiel zwischen Fakten und Fiktionen, Authentizität und Erfindung, Gedächtnis und Erinnerung bezeichnet werden könnte, scheint allerdings in der Sache selbst begründet zu sein. Seitdem Erinnerung nicht mehr als einfaches Abbild einer Wirklichkeit verstanden wird, sondern als mögliche Fassung unter vielen anderen, ist der selbstverständliche Zugriff auf sie erschüttert. Und doch gibt es Momente, in denen Erinnerungen unvermittelt und gewaltsam erscheinen, so als wiederholten die Ereignisse sich noch einmal im schreibenden Erinnern. Von diesem Doppel legen die Texte Zeugnis ab – und in der Folge auch die wissenschaftliche Forschung über sie.

Lange Zeit hat die Erkenntnis darüber, dass die herrschenden und sich wandelnden Schreib- und Denkmuster darüber entscheiden, wie und was erinnert wird und welche Lebens- und Sinnkonzepte durch die Rückwendung entstehen, die Literatur zur Shoah nicht berührt. Autoren und Leser verstanden die Texte als Zeugnisse, die die Fakten und Faktenzusammenhänge wirklichkeitsgetreu wiedergeben können. Das betrifft sowohl den ersten Veröffentlichungsschub noch während des nationalsozialistischen Regimes, wie den zweiten von 1945–1950, aber auch noch den dritten von 1951–1960.[5] Ab den 1980er Jahren nun – die als Phase des Übergangs von der lebendigen, kommunikativen Erinnerung zur medial vermittelten Erinnerung gelesen werden können – wird der Erinnerungsprozess als solcher zum Thema.[6] Erin-

---

[5] Die ‚Zeitlücke' zwischen 1960 und 1980 kommt durch die Menge der Veröffentlichungen zustande. Zwischen 1950 und 1960 und dann ab den 1980er Jahren wurden im Vergleich zur Zwischenzeit ausgesprochen viele Texte publiziert. So spricht man dementsprechend von Veröffentlichungsschüben. Unter narratologischen Aspekten wäre die dritte Phase allerdings bis zum Ende der 1970er Jahre zu erweitern.
Zu den unterschiedlichen Phasen und den verschiedenen Periodisierungen vgl. weiter die Einleitung zu meinem ersten Teil „Schreiben aus zeitlicher Nähe (1945–1950)".

[6] Vgl. hierzu Jan Assmann 1992, 48–56.

nern ist ein dynamischer Prozess, wird als eine notwendige Konstruktion der Erzählverfahren, der Diskurse,[7] und der jeweiligen erzählten Lebenssituation des Autors sichtbar.[8]

Diese drei Faktoren können auf ganz unterschiedliche Weise ineinander greifen und auch recht unterschiedlich gewichtet sein – sind aber immer alle drei wirksam. Es gibt Zeugnisse, in denen die Konstruktion der Vergangenheit durch die jeweilige Narration besonders offensichtlich ist, da der Vorgang der wahrheitsgemäßen Erfindung eigens thematisiert wird. Es gibt aber auch Texte, in denen die unterschiedlichen Diskurse – seien sie literarischer, soziologischer, kulturwissenschaftlicher oder historischer Art – als Vermittlung von Vergangenheit in den Vordergrund rücken. Und nicht zuletzt haben wir Texte, in denen die erzählte Lebenssituation des Autors entscheidend die Sicht auf die Vergangenheit bestimmt. Marek Edelman zum Beispiel, der stellvertretender Kommandant der Jüdischen Kampforganisation im Warschauer Ghetto war, knüpft seine Geschichte von Kampf und Widerstand an seine spätere als Kardiologe in Łodz. Zwar ist die Verknüpfung der beiden Geschichten und der dadurch erst erzeugte Sinn ein ausschließlich narrativer Akt, doch liegt die Möglichkeit hierfür darin, dass Edelman Arzt geworden ist, sich als solcher begreift und mit dem Wissen des Arztes auf die Vergangenheit blickt.

So gibt es fortwährend Interferenzen zwischen der ‚Erfindung' der Vergangenheit nach den Regeln der Sprache, den Denksystemen, in die der Schreibende eintritt, wie auch den sich ereignenden und geschehenen Vorgängen.

Die Narration kann folglich nicht unabhängig von der Geschichte gedacht werden, wie umgekehrt die Geschichte erst durch die Narration erzeugt wird

---

[7] Der hier und im Weiteren angewandte Diskursbegriff ist relativ weit gefasst und keiner bestimmten Theorie verpflichtet. Ich verstehe Diskurs als ein für sich abgegrenztes Denksystem mit bestimmten Gesetzmäßigkeiten und Regeln, das an einen bestimmten Redegegenstand in einem bestimmten Zeitraum gebunden ist.

[8] Selbstverständlich gibt es noch weit mehr Faktoren, die eine Erzählung der Vergangenheit bestimmen. Denn jeder geht mit seiner Vergangenheit „entsprechend seinem Charakter, seinen Begabungen, seinen früheren und derzeitigen Verhältnissen, seinen Vorstellungen von damals und jetzt, seiner körperlichen Verfassung und noch vielen anderen Aspekten" um (Gerhard Durlacher, Die Suche. Bericht über den Tod und das Überleben, Hamburg 1995, 46). Ich kann dem Soziologen Durlacher nur zustimmen, beschränke mich aber auf die drei oben genannten Faktoren (bzw. im Einzelnen dann auf den erst genannten), da sie sichtbar den Text schaffen. Sie sind an diesem fassbar, analysierbar – während die anderen Ursachen weitgehend unbekannt sind und bleiben (vgl. hierzu auch das Kapitel „Schluss. Das narrative Gedächtnis").

— das ist das Paradox dieser Literatur, das Schreibende und Lesende aushalten müssen.[9]

Diese Interferenzen allerdings gewinnen erst an Bedeutung und Schärfe durch den zeitlichen Abstand zu den Ereignissen. Vierzig oder gar fünfzig Jahre und mehr ermöglichen oder erzwingen auf mehreren Ebenen einen veränderten und neuen Umgang mit der Vergangenheit. Denn die Ereignisse sind erst einmal fern und fremd, vielleicht auch zugedeckt. Die Erinnerung an sie, oder das, was als innere Erzählung vorhanden ist, besteht aus Fragmenten oder Bruchstücken. Das ist nicht unbedingt ein Verlust. Denn die Bruchstücke sind frei verfügbar, können neue Verbindungen eingehen und andere Sichtweisen nicht nur in der eigenen biographischen Erinnerung ermöglichen, sondern mit der Veröffentlichung auch innerhalb des kulturellen Gedächtnisses.

So können nach fünfzig Jahren neben die Geschichten der Verfolgung und des Mords Geschichten eines gelebten Lebens rücken, die als Folge, Umkehrung oder als Explikation des Schreckens und der Qual lesbar sind. Die Geschichte der Deportation, Haft und Befreiung erscheint in einem neuen Sinnzusammenhang, der nicht durch die Vergangenheit, sondern durch die Gegenwart bestimmt wird. Dabei kann es durchaus sein, dass die Shoah zur Metapher gerinnt und zum Erklärungsmuster von Vorgängen wird, die nichts mehr mit den vergangenen Ereignissen gemein haben.

Mit dieser Sicht auf die unterschiedlichen Lebensereignisse, die im Schreiben erst zu einer in sich durchaus widersprüchlichen Lebensgeschichte gefasst werden, hängt eng die Reflexion auf die Möglichkeiten und die Bedeutung des schreibenden Erinnerns zusammen. Die Texte sind in hohem Maße selbstrefe-

---

[9] Gerade an den Benennungen wird das besonders deutlich. Auschwitz, Bergen-Belsen oder Treblinka können nicht unabhängig von ihren faktischen Ereignissen genannt werden, sind aber als Zeichen theoretisch beliebig aufladbar. Das kann man beispielsweise an der Rezeption eines Textes wie dem des russischen Autors Vladimir Sorokin *Ein Monat in Dachau* (Zürich 1992), sehen. Für den Autor liefert Dachau als referenzielles Objekt lediglich die Schreibinitiation. Im Text gibt die deutsche Vernichtungsmaschinerie das passende Textmuster für einen kulturkritischen Diskurs ab, der als völlige Hingabe an die Gewalt bis hin zur genussvollen Selbstzerstörung der Figuren erscheint. Alle Rezensenten sind sich darüber einig, dass der Text Sorokins „grauenvoll" ist. Für die eine Gruppe allerdings ist das Buch unbesehen unakzeptabel, da „verantwortungslos"; für die anderen wiederum sind die Fragen nach der Referenz irrelevant, da sie den Text ausschließlich im konzeptualistischen Diskurs der russischen Literatur analysieren. Beide Gruppierungen umgehen aber auf unterschiedliche Weise die Problematik, die sich durch die Verwendung referenzieller Zeichen der Shoah in literarischen Texten stellt. Sorokins Buch böte eine vielleicht zwar extreme, aber sicher aufschlussreiche Möglichkeit, diesen – auch notwendigen – Referenzzwang zu diskutieren oder ihn transparenter zu machen.

renziell. Neben die erzählte Geschichte tritt meist auch eine Geschichte des Schreib- und Erinnerungsprozesses. Dies kann ganz selbstbezogen sein und sich im Wechselspiel zwischen erzählendem und erzähltem Ich zeigen, insofern das erzählende Ich zum Beispiel nicht nur als Funktion des erzählten Ichs gedacht wird. Das kann aber auch über den Text hinausreichen, wenn andere Erinnerungs- und Gedächtnisformen miteinbezogen werden. Da inzwischen ein hochpotenziertes Wissen zur Verfügung steht, das vielfach gestaffelt, perspektiviert und diskursiviert ist, sind die Zeugnisse immer auch eine Auseinandersetzung mit möglichen Erinnerungsdiskursen, sind intertextuell.

Weniger Aufklärung und Information sind das Ziel, als Reflexion, Frage und Dialog. Diese Offenheit der Texte untereinander und gegenüber der Lebensgeschichte der Autoren ermöglicht so mannigfaltige Einblicke in die Shoah.

Die vielschichtige Struktur der Zeugnisse und das damit verbundene hohe Maß an Selbstreferenzialität in Bezug auf die eigene Biographie und ihre spätere Erzählung wurde von der wissenschaftlichen Forschung begeistert aufgenommen, da dies genau dem wissenschaftlichen Diskurs entspricht, den Berg für die Historiographie einmal wie folgt formuliert: „Historiographische Wissenschaftlichkeit ist [...] dann verwirklicht, wenn Geschichtsschreibung mit dem Erzählen einer Geschichte ihren wissenschaftlichen Umgang mit ihr miterzählt."[10]

Solche Korrespondenz zwischen wissenschaftlicher Forschung zur Verfolgung und Vernichtung und den primären Zeugnissen kommt allerdings nicht von ungefähr und ist auch nicht unabhängig voneinander zu denken. Man kann an ihr erkennen, wie die Autoren von den Diskursen beeinflusst sind und wie umgekehrt die Schreibweisen die Diskurse beeinflussen. Denn Selbstreferenzialität auf verschiedenen Ebenen ist nur bei den Texten zu finden, deren Autoren an die literarischen oder gesellschaftlichen Strömungen angeschlossen sind. Derjenige, der für sich allein, für Freunde oder die Familie schreibt, der schreibt, wie wir noch sehen werden, ganz schlicht und einfach. Aber das wird meist übersehen, da dieses Schreiben nicht dem allgemeinen Trend entspricht.

So gibt es inzwischen mehrere Untersuchungen aus verschiedenen Disziplinen, die die Konstruktion der Vergangenheit aus der jeweiligen Gegenwart heraus in den Zeugnissen analysieren.[11] Für die Literaturwissenschaft ist J. E.

---

[10] Nicolas Berg, „‚Auschwitz' und die Geschichtswissenschaft – Überlegungen zu Kontroversen der letzten Jahre", in: Ders., Shoah. Formen der Erinnerung, München 1996, 31–52, hier 51f.

Youngs Buch *Beschreiben des Holocaust* richtungsweisend gewesen.[12] Young geht in seiner Studie nicht nur davon aus, dass das Verständnis der Ereignisse (das heißt, die Erinnerung an sie) in einem nachträglich verfassten Bericht beispielsweise durch das Erzählen dieser Ereignisse erzeugt wird, sondern auch davon, dass schon die Wahrnehmung nach bestimmten kulturellen und sprachlichen Mustern organisiert ist und dementsprechend die Erfahrungen ihrerseits bestimmt. So gesehen kann also „niemals etwas anderes als das Zeichen selbst vermittel[t]" werden.[13] Nun bleibt Young aber nicht – wie man vielleicht aus diesem strengen Satz schließen könnte – der Zeichentheorie verhaftet. Diese dient ihm vielmehr dazu, die Muster, nach denen die Opfer gehandelt und empfunden haben, in der Schrift aufzuspüren. Die „authentische Wahrheit" liegt dann nicht in der „vermeintlichen Faktizität" eines Tagebuchs beispielsweise, sondern in seiner Darstellung, in der Interpretation der Ereignisse, wie Young es auch nennt.[14]

Man könnte also sagen, dass die Narration die Spur der Ereignisse ist und vielleicht ihr Abdruck. In ihr kann sichtbar werden, was die Vergangenheit für die Opfer bedeutet.

Deshalb kann man in der Analyse der Erzählverfahren einem Text sehr nahe rücken. Denn diese Verfahren sind nicht eine mehr oder minder beliebige äußere Form für einen entsprechenden Inhalt, sondern sie sind sein organisierendes Zentrum, in das der Lesende im Analyseprozess eintreten kann.

Das scheint mir für diese Art von Literatur, die Zeugnis, Trauerarbeit und Totengedenken zugleich ist, entscheidend. Denn Betroffenheit und Voyeurismus werden von vorneherein ausgeschlossen, und Anteilnahme muss sich auf Arbeit stützen.

Doch das sind alles Fragen nach dem Umgang mit den Einzeltexten. Fragt man weiter nach dem Sinn einer Analyse der Erzählverfahren angesichts einer größeren Textmenge oder überhaupt gegenüber den Zeugnissen der Shoah ganz allgemein, so zeigen sich rasch Vorteile, aber auch einige nicht unerheb-

---

[11] Zur umfangreichen wissenschaftlichen Forschung vgl. dazu die einzelnen Kapitel. Ich verzichte auf die allgemein übliche Zusammenfassung verschiedener Positionen, um dann die unabdingbare Notwendigkeit der eigenen herauszustellen. Eine Auseinandersetzung mit der Forschung findet sich zu Beginn eines Kapitels oder in einem gesonderten Teil. So ist eine Anbindung an Problemstellungen konkret möglich und muss nicht im Allgemeinen verbleiben.
[12] James E. Young, Beschreiben des Holocaust. Darstellung und Folgen der Interpretation, Frankfurt am Main 1992.
[13] Young 1992, 37.
[14] Young 1992, 68.

liche Nachteile. Ein augenscheinlicher Nachteil ist das Problem der Eingrenzung. Unter narrativen Aspekten stehen theoretisch erst einmal alle Texte zur Verfügung. Aber die Zahl der Veröffentlichungen ist unüberschaubar geworden und von niemandem mehr einzuholen, zu ordnen oder gar zu analysieren. Deshalb bietet es sich an, scheint geradezu unerlässlich, die Zeugnisse nach außertextuellen Aspekten, wie Herkunft der Autoren, Alter, Geschlecht, Sprache, Länder, Orte der Haft und vielem mehr zu organisieren.[15] Diese hilfreichen Eingrenzungen sind aber unter erzählerischen Gesichtspunkten erst einmal hinfällig.[16]

Ein weiterer Nachteil der Analyse der Erzählverfahren liegt darin, dass vorerst unbeachtet gelassen werden muss, dass die Ereignisse oder die Erfahrungen der Autoren, die Art der Erinnerungen und damit die Erzählung mitbestimmen. Auch wenn umgekehrt die Wahrnehmung der Ereignisse von der kulturellen Verfasstheit und den Gesetzen der Sprache abhängt und die erzählte Geschichte erst durch die Erzählung entsteht. Denn es ist ein großer Unterschied, ob der Schreibende in einem Vernichtungslager wie Treblinka versuchen musste, sein gestundetes Leben zu erhalten oder in einem Versteck. Ich meine hiermit nicht, dass ein ‚Leben' in einem Erdloch weniger schrecklich wäre als in einem Lager. Allein die Situationen sind grundsätzlich verschieden und es ist anzunehmen, dass andere Erzählmuster gewählt werden oder gewählt werden können. All diese psychodynamischen Elemente muss ich bei der Analyse erst einmal außer Acht lassen, kann aber durchaus in einem zweiten Schritt die Verfahren dahin zurückführen und prüfen, inwieweit sie ein mögliches ‚Symptom' der Ereignisse und Erfahrungen sind.

Die Vorteile der Analyse der Erzählverfahren – neben all diesen Nachteilen – liegen darin, dass durch sie allgemeine Strukturen innerhalb der Zeugnisse sichtbar werden können. An zwei Beispielen und meinem eigenen Vorgehen sei dies kurz erläutert.

---

[15] Dass selbst Literaturwissenschaftler ihr Textkorpus nach referenziellen Aspekten ordnen wie Historiker, liegt wohl in der Sache begründet. Die Verfolgung und Vernichtung der europäischen Juden ist ein Fakt und das Schreiben darüber ist unweigerlich referenziell. Auch wenn es noch so fiktional oder konstruiert ist, bezieht es sich auf eine außertextuelle ‚Wirklichkeit', die einen Zwang auf Autoren wie Leser ausübt und ihre Anerkennung fordert.

[16] Eine mögliche Eingrenzung wäre unter gattungsspezifischen Aspekten möglich, wie zum Beispiel dem der ‚Autobiographie'. Allerdings ist diese Gattung in ihrem klassischen Sinne nicht mehr verbindlich, und mit dem Wissen um die fiktionalen Anteile im Erinnerungsprozess wird die Grenze zwischen Fiktion und Fakten aufgelöst. Das hat Konsequenzen nicht nur für die Gattung, sondern auch für die zu analysierenden Texte.

Helene Schruff hat in ihrer Studie *Wechselwirkungen. Deutsch-jüdische Identität in erzählender Prosa der ‚zweiten Generation'* fiktionale Texte von sieben Autoren untersucht.[17] Um ihren Untersuchungsgegenstand abzugrenzen, das Besondere dieser Texte hervorzuheben und vor allem, um das Innovative zu betonen, bezeichnet sie alle anderen Zeugnisse – insbesondere die der ‚ersten Generation' – als nicht innovativ. Genauer: Nach Schruff richtet die Überlebendengeneration ihren Blick ausschließlich auf die Shoah selbst, und die Autoren versuchen, die Ereignisse in eine Chronologie zu bringen. Die ‚zweite Generation' hingegen thematisiere den Gedächtnisprozess, die Nachwirkungen der Shoah und sei bemüht kein narratives Kontinuum herzustellen. In ihren Texten erscheine Erinnerung also als ein dynamischer Prozess.[18] All diese Besonderheiten, die Schruff für die Schreibweisen der ‚zweiten Generation' als spezifisch erachtet, sind ebenso an den Texten der ‚ersten Generation', die ab den 1980er Jahren entstehen, zu beobachten. Schruff kann das allerdings gar nicht sehen, da sie ihren Untersuchungsgegenstand auf die ‚zweite Generation' eingeschränkt hat.

Ganz ähnlich verfährt auch Eva Lezzi in *Zerstörte Kindheit. Literarische Autobiographien zur Shoah*,[19] wenn sie nun ihrerseits die Texte von Autoren, die zur Zeit der Vernichtung Kinder waren, als innovativ bezeichnet. Denn nach Lezzi habe sich der Stil des ‚dokumentarischen Realismus' in der deutschsprachigen Literatur bis in die Gegenwart gehalten.[20] Und vor solch einem Hintergrund

---

[17] Helene Schruff, Wechselwirkungen. Deutsch-jüdische Identität in erzählender Prosa der ‚zweiten Generation', Hildesheim/Zürich/New York 2000. Zur Auseinandersetzung mit Schruff vgl. dann vor allem Zweiter Teil: „Schreiben aus der Distanz (1980–2000)" III. „Ererbte Erinnerung: Texte der ‚zweiten Generation'".

[18] Vgl. Schruff 2000, vor allem 122 und 136.

[19] Eva Lezzi, Zerstörte Kindheit. Literarische Autobiographien zur Shoah, Köln/Weimar/Wien 2001.

[20] Das ist in mehrfacher Hinsicht eine schwierige Aussage. Zum einen, da Lezzi auf das frühe ‚dokumentarische Schreiben' mit Helmut Peitsch blickt, der aber in seinem Buch („Deutschlands Gedächtnis an seine dunkelste Zeit". Zur Funktion der Autobiographik in den Westzonen Deutschlands und den Westsektoren von Berlin 1945–1949, Berlin 1983) ausschließlich Texte von politisch Verfolgten analysiert. Diese sind nicht gleichzusetzen mit den Texten von Autoren, die wegen ihrer jüdischen Abstammung verfolgt wurden. Denn verkürzt formuliert haben sich die ‚Politischen' immer als ein Kollektiv verstanden, das wusste, warum es verfolgt wurde. Für die Juden hingegen, wenn sie nicht religiös gebunden waren, gab es keinerlei Erklärungsmuster für die Verfolgung und drohende Vernichtung.
Zum anderen bezieht Lezzi ihre Aussage – die deutschsprachige Autobiographik folge einem älteren Schreibmodell noch bis in die Gegenwart hinein – auf Zeugnisse, die in deutscher Sprache geschrieben wurden. Sie selbst allerdings stellt diesen (unbenannten)

kann sie dann formulieren, dass die Autoren von Kindheitserfahrungen „tiefgreifende inhaltliche, stilistische und strukturelle Neuerungen [...] in die Zeugnisliteratur einbringen"[21]. Das ist schon richtig, trifft aber ebenso für die Texte von Autoren zu, die zur Zeit der Verfolgung und Vernichtung erwachsen waren.

Auch meine eigene erste Annäherung war auf zweifache Weise blind. Ich erklärte den ‚Paradigmenwechsel' im schreibenden Erinnern der Vergangenheit ab den 1980er Jahren für allgemeingültig und betrachtete im Gegenzug hierzu die Texte, die zwischen 1945 und 1950 entstanden sind als Berichte, die versuchen möglichst faktengetreu, historisch-aufklärend die Ereignisse zu bezeugen. Beide Annahmen erwiesen sich so als nicht haltbar – sie sind vielmehr Folgen des historiographischen Erzählens einer ‚Geschichte'. Denn eine ‚Geschichte' will immer, dass eine Zeitphase von einer andersartigen oder besser noch von einer gegensätzlichen abgelöst wird. Solch ein lineares Geschichtsmodell kann vielleicht manches Mal praktisch sein, muss aber in den meisten Fällen aufgelöst werden. Dabei hat mir die Narratologie besonders geholfen. Die Analyse der Erzählverfahren, genauer noch, die Anwendung des sehr feinen und manches Mal auch pedantischen, dafür aber unbestechlichen Analysewerkzeugs hat zweierlei gezeigt: Neben den Texten, deren Autoren die Erinnerung als einen dynamischen Prozess erfassen, gibt es eine große Anzahl von Texten, in denen einfach und abbildend erzählt wird, so als lägen nicht fünfzig Jahre Erinnerungskultur dazwischen. Und umgekehrt finden sich in den unmittelbar nach Kriegsende geschriebenen Zeugnissen Verfahren, an denen Spuren von Selbstreferenzialität zu bemerken sind.

Es war also die einfache Annahme zu korrigieren, dass Erinnerung und Schreibweisen sich selbstverständlich wandeln. Sie verändern sich, das ist richtig, und die Veränderungen sind beschreibbar. Aber es sind Veränderungen innerhalb des literarischen Feldes. Wer an die hier sich herausbildenden Innovationen und vielleicht auch Innovationszwänge nicht angeschlossen ist, wer das sich allmählich anreichernde Genre-Reservoir nicht kennt oder es bewusst

---

[20] (*Fortsetzung*)
Zeugnissen Texte gegenüber, deren Autoren zwar in Deutschland sozialisiert wurden, die aber alle, bis auf Ruth Klüger, in einer anderen Sprache schreiben. Von daher ist der Vergleich schwierig. Zumindest müsste Lezzi die Autoren der ‚ersten Generation' miteinbeziehen, die ebenfalls in Deutschland sozialisiert wurden, nun aber in anderen Ländern leben und dort publizieren.
Zur ausführlichen Auseinandersetzung mit Lezzi, deren Arbeit ich trotz einiger Kritik sehr schätze, vgl. Zweiter Teil: „Schreiben aus der Distanz (1980–2000)" II. „Verlorene Erinnerung: Texte von ‚verfolgten Kindern'".
[21] Lezzi 2001, 51.

Einleitung 11

nicht nutzen will,[22] der kann einfach und schlicht erinnern. Er kann schreiben, als läge nicht ein ganzes Leben zwischen dem Schreibzeitpunkt und den damaligen Vorgängen.

Zu korrigieren war aber ebenso der Blick auf die frühen Schreibweisen zwischen 1945 und 1950. Von der Forschung geleitet, die kurzerhand den frühen Texten einen ‚dokumentarischen Realismus' bescheinigt,[23] bin ich davon ausgegangen, dass diese Texte chronologisch aufgebaut sind, reine Fakten erzählen, aufklären wollen und so weiter. Eine Analyse der Erzählverfahren zeigte schnell, dass diese Zeugnisse komplizierter sind als gemeinhin angenommen. Denn in diesen auf den ersten Blick abbildenden, historisch-aufklärenden und chronologisch wirkenden Zeugnissen gibt es, wie wir sehen werden, durchaus Verfahren, die die wirklichkeitsanaloge Darstellung brüchig werden lassen.[24]

Ich werde im ersten Teil der Arbeit – „Schreiben aus zeitlicher Nähe (1945–1950)" – diese Verfahren nicht übergehen, sondern sie eher hervorheben, da gerade an ihnen die Folgen der Ereignisse für den Erzählenden sichtbar werden.[25]

Anhand der Kategorien von Zeit, Raum und Figuration innerhalb der ‚Geschichte' und ihrer ‚Erzählung' wie den entsprechenden Erzählverfahren, die das Verhältnis zwischen Erzähler und erzähltem Ich betreffen, analysiere ich mehrere Texte im Vergleich, um eine mögliche Kontur der Schreibweisen zu

---

[22] Lezzi spricht in Bezug auf die Wilkomirski-Debatte von der Kopierbarkeit eines Genres, sobald es für den Literaturbetrieb glaubwürdig geworden ist (Lezzi 2001, 137).
[23] Dass die frühen Texte alle faktengetreue Berichterstattung sind, ist ein Topos der Wissenschaft, der sich inzwischen durchgesetzt hat, der aber eine ausgeprochen vereinfachende, den Texten gegenüber auch ungerechte Verallgemeinerung ist. Eine genauere und umfassendere Analyse dieser Texte wäre sicher an der Zeit.
[24] Eine generelle Anmerkung zur Vorgehensweise. Ich begreife Thesen als eine Art Suchfunktion. Der jeweilige Such- und Arbeitsprozess soll im Text mitabgebildet und nicht durch späteres Wissen kaschiert werden zugunsten einer ‚dichten' Geschichte. Von daher kann es durchaus sein, dass Ausgangspositionen variiert und wieder geräumt werden müssen.
[25] Ich habe die ab 1950 entstehenden Texte nicht mehr miteinbezogen. Sie stellen ein eigenes Feld dar, in dem einerseits die Schreibweisen noch fortgesetzt, andererseits aber durch den zeitlichen Abstand schon Fragen nach den Folgen mitthematisiert werden. Die Texte sind also tendenziell reflexiv. (Vgl. hierzu auch „Schreiben aus zeitlicher Nähe (1945–1950)".)

gewinnen.²⁶ Dabei verwende ich die entsprechende narratologische Terminologie der einzelnen Schulen. Gerade diese spezifischen Ausdrücke sind für eine Analyse notwendig, da sie abstrahieren und so die Wahrnehmung steigern und schärfen. Allerdings sind diese Werkzeuge wiederum ausgesprochen funktionalistisch, wirken geradezu abtötend auf den Text als Ereignis und Zeugnis der Vernichtung. So habe ich versucht sie teilweise durch deutsche Ausdrücke zu ersetzen oder ganz auf sie zu verzichten. In einem Bild gesprochen: Bei der Herstellung eines Tisches oder eines Stuhls kann der Tischler nicht auf Säge, Hobel und Schraubzwingen verzichten, aber für den anschließenden Gebrauch erübrigen sie sich, wären geradezu störend.

Im zweiten Teil der Arbeit, „Schreiben aus der Distanz (1980–2000)", behalte ich das Analyseverfahren bei, allerdings mit dem Unterschied, dass ich einzelne Texte gesondert untersuche. Innerhalb dieser Einzelanalysen beziehungsweise in eigenen Kapiteln verweise ich auf weitere Texte oder ziehe diese vergleichend heran. Ich denke nicht, dass „ein auf die Untersuchung einzelner Texte abstellendes Untersuchungsverfahren [diskursbildende Zusammenhänge] tendenziell entweder verzerrt oder zerstört."²⁷ Gerade umgekehrt können in den Einzelanalysen die Texte als Stimmen in einem unendlichen Chor hörbar werden, die alle anderen Stimmen in sich tragen.

Und anders als in einer Aspektanalyse (auch wenn sie diskursiv verfährt) kann dem einzelnen Text als Zeugnis und seinem Autor als Zeugen menschenverachtender und menschenvernichtender Ereignisse Achtung in umfassendem Sinne erwiesen werden, in der das Schreiben als Metonymie des Schreckens erscheint. Saul Friedländer schreibt: „Die einzige konkrete Geschichte, die sich bewahren läßt bleibt diejenige, die auf persönlichen Erzählungen beruht".²⁸ Deshalb soll meine Analyse eine andere Art von Erzählung dieser persönlichen Erzählung sein und sie als solche bestehen oder auch erscheinen lassen.

Der zweite Teil, „Schreiben aus der Distanz (1980–2000)", ist – wie eingangs schon erwähnt – nach Generationen gegliedert. Das erste Kapitel,

---

²⁶ Dabei folge ich nicht einem einzigen Textanalysemodell, sondern kombiniere französische Ansätze (Gérard Genette, Die Erzählung, München 1994) mit deutschen (vor allem Wolf Schmid, „Thematische und narrative Äquivalenz. Dargelegt an Erzählungen Puškins und Čechovs", in: R. Grübel (Hg.), Russische Erzählung. Russian Short Story. Russkij rasskaz, Amsterdam 1984, 79–118 und Heinz Hillmann, Allgemeine Textanalyse. Standardmodell, unveröffentlichtes Vortragsmanuskript von 2002), da sie durchaus sinnvoll miteinander zu verbinden sind.
²⁷ Thomas Taterka, Dante Deutsch. Studien zur Lagerliteratur, Berlin 1999, 12.
²⁸ Saul Friedländer, Das dritte Reich und die Juden. Bd. 1: Die Jahre der Verfolgung 1933–1993, München 1998, 16.

„Geschuldete Erinnerung", umfasst die Schreibweisen der ‚ersten Generation'. Es sind Zeugnisse von Überlebenden, die zum Zeitpunkt der Deportation erwachsen waren. In einem ersten Schritt entwickle ich an mehreren Texten von drei Autoren die unterschiedlichen Möglichkeiten eines Schreibens, das sich der Wandelbarkeit von Erinnerung und ihrer Konstruktion von der Gegenwart aus bewusst ist und das entstprechende Konsequenzen für Gedenken und Zukunftsentwurf daraus zieht. Dabei wird allerdings auch unmissverständlich sichtbar werden, dass die Vergangenheit nicht nur als Konstruktion gedacht werden kann, sondern im Schreiben unmittelbar erscheint, so als ereignete sie sich noch einmal. In einem zweiten Schritt blicke ich dann auf die Zeugnisse, in denen dieses Muster fortgeschrieben, transformiert, reduziert oder gar nicht zur Kenntnis genommen wird.

Das zweite Kapitel des zweiten Teils, „Verlorene Erinnerung", gilt den Texten von Autoren, die zur Zeit der Verfolgung und Vernichtung noch Kinder waren. Ich habe ihr Schreiben in einem eigenen Kapitel untersucht, da die Situation der Kinder zu unterscheiden ist von der der Erwachsenen – Kinder stellten keine Arbeitskräfte für die Nationalsozialisten dar, sie waren von vorneherein zum Tode verurteilt. Zudem kann man durch die Abgrenzung ihrer Texte von denen ihrer ‚Eltern' prüfen, ob es spezifische Schreibweisen für diese Autoren gibt. Und wenn es sie gibt, wie sie sich eingliedern lassen in den ab den 1980er Jahren stattfindenden ‚Paradigmenwechsel'.

Im dritten Kapitel, „Ererbte Erinnerung", analysiere ich Schreibweisen der ‚zweiten Generation', Texte der Nachkommen. Sie mussten die Shoah nicht am eigenen Leib erleiden, ihnen sind die Ereignisse allein durch Vermittlung zugänglich, und doch können die fremden Erzählungen zur persönlichen Erinnerung werden. Fragen nach einer Identität nach der Shoah rücken in den Mittelpunkt, mischen sich mit Liebes- und Lebensfragen, aber auch mit der Suche nach Formen des Erinnerns und Gedenkens aus der jeweiligen Gegenwart heraus. Die Shoah ist in diesen Texten ganz in die Gegenwart eingelassen, sie ist Teil des Alltags geworden. Von den historischen Fakten und Faktenzusammenhängen scheint sie weit entfernt. Und doch ist gerade diese Entfernung eine Möglichkeit, die Vergangenheit in der Gegenwart lebendig zu halten.

Im letzten ‚akademischen Kapitel' – „Schluss. Das narrative Gedächtnis" – greife ich theoretische Fragen auf und versuche die Möglichkeiten und Grenzen der Narratologie innerhalb der Erinnerungsliteratur und Gedächtnistheorien anzudeuten.

Das Ende hingegen bildet eine kurze Analyse von Philip Mechanicus' Tagebuch *Im Depot*.[29] Nachdem ich mit den Texten der ‚zweiten Generation' ganz

---

[29] Philip Mechanicus, Im Depot. Tagebuch aus Westerbork, Berlin 1993.

an die Peripherie der faktischen Ereignisse gerückt bin, gehe ich mit dem Tagebuch noch einmal ‚vor die Erinnerung'. Denn Mechanicus hat nicht überlebt, er wurde in Auschwitz ermordet. Dieser Blick zurück in ein Erzählen, das während der Ereignisse stattfindet, ist eine Erinnerung daran, dass wir Leser selbst mit größtem zeitlichen Abstand die Möglichkeit haben, mit den entsprechenden Schriften dicht an das damalige Geschehen heranzugehen, auch wenn es in immer weitere Ferne rückt.

Alle Kapitel sind unter narratologischen Aspekten organisiert, an denen ich die Fragen nach den Veränderungen des Schreibens und den Möglichkeiten eines Erinnerns und Gedenkens nach einem halben Jahrhundert entwickle, sodass die von außen durch die Kapitel gesetzten Grenzen fortwährend aufgehoben werden können.

Vielleicht ist deutlich geworden, dass ich Schreiben nicht als eine Wiedergabe der ‚Wirklichkeit' oder der ‚realen Fakten' verstehe und dennoch davon ausgehe, dass diese im Schreibvorgang ihre Spuren hinterlassen. Für das autobiographische Schreiben bedeutet das dann, dass es niemals synonym mit dem ‚wirklichen' Leben des konkreten Autors sein kann, auch wenn die erzählten Ereignisse und Ereigniszusammenhänge aus dieser ‚Wirklichkeit' stammen. Denn das erzählte Ich in einem Text ist immer eine Konstruktion, ist eine notwendige Erfindung des Schreibaktes. Es ist niemals identisch mit dem biographischen Ich des konkreten Autors: „Authentizität ist immer ein Kunstgriff", schreibt Anna Mitgutsch.[30] Von daher habe ich nur am Rande unterschieden zwischen einer klassischen Autobiographie oder einem autobiographischen Roman, einer Erzählung oder gar einem fiktionalen Text. Sicher wäre es interessant, vielleicht auch notwendig zu untersuchen, wie Autoren dieses besonderen Textkorpusses das Muster der klassischen Autobiographie abwandeln, umschreiben oder ganz verwerfen. Doch habe ich diese Frage zurückgestellt zugunsten der Frage, welche ‚Wirklichkeit' durch die jeweiligen Schreibverfahren entsteht.[31]

---

[30] Anna Mitgutsch, „Das autobiographische Ich im literarischen Text", in: Walter Hinderer u.a. (Hg.), Altes Land, neues Land. Verfolgung, Exil, biografisches Schreiben, Wien 1999.
[31] Zu den eventuellen Grenzen solch einer narratologischen Beschränkung oder Ignoranz gattungsspezifischer Fragen vgl. das Schlusskapitel.

Erster Teil

Schreiben aus zeitlicher Nähe (1945–1950)

I Zwang zur Erinnerung: Texte der ‚ersten Generation' (1)

> „Wir sind aus dem Ganzen ausgeschlossen, wir empfangen nichts und geben nichts. Kein Einfluß wirkt von außen her auf uns ein, keine Wirkung geht von uns aus." (Abel Herzberg)

Je mehr Texte ich lese, die unmittelbar nach 1945 geschrieben wurden, desto schwieriger wird es, allgemeinere Aussagen über sie zu formulieren.[32] Alle Gattungen, alle Genres, alle Erzählverfahren in allen Sprachen können gewählt und angewandt werden. Das eine Ereignis, die Vernichtung von sechs Millionen Juden, hat nicht eine einzige, sondern viele Schreibweisen hervorgebracht und damit auch viele Geschichten. Es gibt, so scheint es, keine feste ‚Shoah-Geschichte'. Allein der Wille, Zeugnis von Demütigung, Entwürdigung und

---

[32] Der gewählte Analyse-Zeitraum von 1945–1950 ergibt sich gewissermaßen von selbst, da in den ersten vier Nachkriegsjahren relativ viele Berichte entstanden sind und publiziert wurden. Erst Ende der 1940er Jahre nehmen die Veröffentlichungen ab. Das hängt zum einen mit der verminderten Aufnahmebereitschaft innerhalb der jeweiligen Gesellschaft zusammen, zum anderen mit dem Bedürfnis der Überlebenden, sich ein neues, von den Ereignissen im Lager unberührtes Leben aufzubauen. Erst Mitte der 1950er Jahre gibt es einen zweiten Veröffentlichungsschub, der bis in die 1960er Jahre andauert. Anlass des Schreibens sind dann oftmals persönliche Umstände und Lebenskrisen. Schreiben ist weniger eine faktengetreue Berichterstattung, als der Versuch das Trauma zu überwinden. Innerhalb meines Arbeitszusammenhangs habe ich diese Texte nicht miteinbezogen, da sie sich zwar von den unmittelbar nach den Ereignissen entstandenen Zeugnissen unterscheiden, diese Unterschiede aber noch nicht sehr ausgeprägt und signifikant sind. Zum Unterschied und Wandel wie überhaupt zu den ganz frühen Schreibweisen vgl. Michael Pollak, Die Grenzen des Sagbaren. Lebensgeschichten von KZ-Überlebenden als Augenzeugenberichte und als Identitätsarbeit, Frankfurt/New York 1988, 113ff und vor allem auch Andrea Reiter, „Auf daß sie entsteigen der Dunkelheit". Die literarische Bewältigung von KZ-Erfahrung, Wien 1995. Andrea Reiter untersucht hauptsächlich deutschsprachige Literatur zur Verfolgung und Vernichtung von ihren Anfängen bis zur Gegenwart. Dabei fragt Reiter nach den Zusammenhängen zwischen Erleben und Berichten, nach der Bedeutung des Schreibaktes für den Autor, wie auch den möglichen sprachlichen Mitteln zur Vermittlung des Erfahrenen. Reiter bezieht in ihrer Analyse ausgesprochen viele und vor allem unbekannte Texte mit ein, die aus dem rezipierten literarischen Feld hinausfallen. Von daher kann sie zu dem Schluss kommen, dass die Texte von einem eher niedrigen Reflexionsniveau geprägt und wenig innovativ sind.

Vernichtung abzulegen, verbindet die frühen Texte.[33] Von daher ist ein binäres Modell – ältere versus neuere Literatur[34] –, wie ich vermutet und bestätigt durch Forschung als Arbeitshypothese vorausgesetzt habe, zwar hilfreich, aber fraglich.[35] Hilfreich, weil es eine plausible Ordnung in die Dinge bringt, und hilfreich auch, weil es eine Geschichte des Wandels ermöglicht. Fraglich, weil es auch heute und über die ganze Zeit hinweg eine Erzählweise der unmittelbaren Erfahrung, der faktischen Selbstverständlichkeit gibt (wie umgekehrt damals literarisch hochorganisierte Texte entstanden) – allen wissenschaftlichen Erkenntnissen über Gedächtnis und Erinnerung zum Trotz. Vor allem die nichtkanonisierten Texte – solche, die in Archiven lagern, solche, die veröffentlicht, aber nicht in die Zitiermaschine der Wissenschaft oder in die Leseöffentlichkeit gelangt sind, – widersprechen allgemeinen Setzungen.

Wahrscheinlich gibt es nur zwei nicht zu relativierende Differenzen zwischen älteren und neueren Texten. Das ist einmal die Beschränkung auf die Geschichte der Verfolgung in den älteren Schreibweisen, während die neueren auch über Schreibgegenwart und die Zeit zwischen der Verfolgung und Gegenwart erzählen. Und das ist zum anderen die damit verbundene Selbstreferenz der späteren Texte: Die Erkenntnis, dass das Erinnerte von den jeweili-

---

[33] Ähnlich sieht dies auch Pollak 1988, 14. Unabhängig der Zugehörigkeiten zu verschiedenen Gruppierungen wollen alle Autoren ein Zeugnis ablegen. Zur Problematik des Zeugnisablegens vgl. dann auch ausführlicher Young 1992, 34ff sowie Ulrich Baer (Hg.), ,Niemand zeugt für den Zeugen'. Erinnerungskultur nach der Shoah, Frankfurt am Main 2000.

[34] Mit ,älterer' Literatur oder auch ,früheren' Schreibweisen meine ich immer die Texte, die unmittelbar nach dem Krieg entstanden sind, während ,neuere' Literatur oder ,spätere' Schreibweisen die Texte bezeichnet, die ab den 1980er Jahren geschrieben werden.

[35] Nach Pollak müsste man sowieso von einem mindestens dreistufigen Modell ausgehen, das er allerdings auch nur nebenbei erwähnt. So gäbe es in den ersten vier Nachkriegsjahren die ,faktenorientierten' Texte, ab Mitte der 1950er Jahre die Texte von Autoren, die im Schreiben versuchen, ihr Trauma zu überwinden, während ab den 1980er Jahren die Suche nach Formen der Weitergabe spezifisch ist.
Reiter geht ebenfalls von einem dreistufigen Modell aus, das sie aus dem zeitlichen Abstand zu den Ereignissen ableitet. Mit ihrer Periodisierung erfasst Reiter allerdings auch die Zeugnisse, die während der nationalsozialistischen Herrschaft im Ausland publiziert wurden. D.h. die erste Phase der Veröffentlichung wäre von 1933–1945. Es handelt sich hier um Texte, die direkt an die Weltöffentlichkeit gerichtet waren und deren Forderung eine unmittelbare Hilfeleistung sein sollte. Die zweite Phase entspricht der ersten von Pollak. Sie umfasst Texte, die zwischen 1945 und 1949 publiziert wurden. Die dritte Phase setzt Reiter entgegen Pollak ab 1950 bis heute an, ohne weiter zu differenzieren. Davon einmal abgesehen sind beide Einteilungen tendenziell richtig und sicher eine Orientierungshilfe. Allerdings gibt es immer Umkehrungen und Verschiebungen nach allen Richtungen, wie wir sehen werden.

gen Schreib- und Denkmustern abhänge, findet als eigener Diskurs erst Ende der 1970er Jahre Eingang in die Texte. Uns heute ist es selbstverständlich, dass jede bildliche oder schriftliche Fixierung sich der narrativen Ordnung im weitesten Sinne beugen muss, und die erzählte Geschichte von der kulturellen Verfasstheit und den Wahrnehmungsweisen des Schreibenden abhängig ist. Eine unmittelbare, unvermittelte Wiedergabe der Fakten ist unmöglich, „da niemals etwas anderes als das Zeichen selbst vermittelt werden kann."[36] Damals hingegen gehörte dieses Wissen nicht zum Selbstverständnis der Schreibenden. Und das hatte wohl seinen Sinn, da ein Hinterfragen des Erlebten, eine nochmalige Verunsicherung der durch das Lager gewaltsam erschütterten Identität bedeutet haben könnte. So kennen umgekehrt die frühen Texte – erzählerisch betrachtet – keine narrativen Pausen, in denen philosophische Überlegungen entwickelt, Ereignisse aus der Zeit des Schreibens mit eingefügt werden oder gar der Erzählakt und Erinnerungstechniken hinterfragt würden. Wohl aber kennen die meisten Schreibenden die Schwierigkeiten, die Ereignisse in die übliche Sprache zu fassen, da sie nichts mit der Welt und der Sprache außerhalb des Lagers zu tun haben.[37] Und umgekehrt besteht auch die Schwierigkeit anzuerkennen, dass die zum Schreibzeitpunkt unfassbaren Ereignisse einmal alltäglich waren und von ihnen verstanden und gelebt werden

---

[36] Young 1992, 37.
[37] Man vergleiche zum Beispiel Robert Antelme, der schon 1947 in seinem Vorwort zu *Das Menschengeschlecht* schreibt: „Aber wir kamen gerade zurück, wir brachten unsere Erinnerung mit, unsere noch ganz lebendige Erfahrung, und wir verspürten ein irrsinniges Verlangen, sie so auszusprechen, wie sie war. Und doch schien es uns vom ersten Tag an unmöglich, die uns bewußt gewordene Kluft zwischen der Sprache, über die wir verfügten, und jener Erfahrung, die wir größtenteils immer noch am eigenen Leib verspürten, auszufüllen. [...] Kaum begannen wir zu erzählen, verschlug es uns schon die Sprache. Was wir zu sagen hatten, begann uns nun selber unvorstellbar zu werden" (Robert Antelme, Das Menschengechlecht. Als Deportierter in Deutschland, München 1990, 9). Zu dieser Kluft von leiblicher Erfahrung und vorliegendem Sprachmuster kommt dann noch eine zweite hinzu. Das ist die zwischen ehemaligem Häftling und Nicht-Häftling. Immer wieder wird von der unüberbrückbaren Differenz zwischen überlebenden Häftlingen und Umwelt berichtet. Die beiden Welten, die aufeinanderstoßen, sind nicht verbindbar, da kein gemeinsamer Bezugsrahmen besteht. Zu Antelmes Buch gibt es einen Gegentext oder eine späte Antwort von Marguerite Duras, die sehr genau die andere Seite beleuchtet. In *La Douleur* schreibt sie, wie Erzählerin und Freunde auf den Geliebten und Freund warten, wie er schließlich zurückkehrt – fremd und unverständlich in seinem physischen und psychischen Zustand (Marguerite Duras, La Douleur, Paris 1985).
[38] Imre Kertész nennt dies die „Rollenunsicherheit des Überlebenden", der „all das, was im nachhinein als unbegreiflich angesehen wird, zur gegebenen Zeit sehr wohl begreifen mußte, denn eben das war der Preis des Überlebens" (Eine Gedankenlänge Stille, während das Erschießungskommando neu lädt, Reinbek 1999, 22).

mussten, da ein Überleben sonst nicht möglich gewesen wäre.[38] Doch diese Fragen und Unsicherheiten bleiben außerhalb der eigentlichen Geschichte. Die frühen Texte erzählen folgedessen mit einer Ausschließlichkeit die Geschichte der Gefangenschaft, die in den späteren nicht zu finden ist. So sind die Zeugnisse alle Versuche, die äußeren Ereignisse relativ ungebrochen und vollständig zu repräsentieren, sie mehr oder minder ab- oder nachzubilden.

Und doch gibt es in dem ganz auf das Lager gerichteten Schreiben mehrfach Erzählverfahren, die die scheinbare wirklichkeitsanaloge Darstellung zwar nicht hinterfragen, aber brüchig werden lassen und Selbstreferenz auf der Ebene der Geschichte ermöglichen.[39] Mit Selbstreferenz bezeichne ich hier narrative Verfahren, die einen Dialog zwischen Erzähler und erzähltem Ich oder Zusammenhänge zwischen früheren und späteren Seins-Zuständen herstellen. Solche oft nur angedeuteten Erzählverfahren will ich nicht zugunsten einer Ordnung des Wandels übergehen, sondern sie eher hervorheben. Denn gerade an den Abweichungen werden die Bedeutung und die Folgen der Ereignisse für das Erzählte und für den Erzählenden sichtbar.

1 Die Zeit in der Geschichte und in der Erzählung

Der wichtigste Unterschied zu den späteren Schreibweisen ist der minimale Zeitabstand, der zwischen den Ereignissen und dem Schreibzeitpunkt liegt. Die zeitliche Distanz, und hier folge ich Young, sagt zwar nichts aus über den „Grad der Umformung", wenn man darunter versteht, dass ein Text, der während der Geschehnisse geschrieben ist oder kurz danach, authentischer oder realer sei als ein später aufgezeichneter. Doch die zeitliche Distanz wirkt unweigerlich auf das Verständnis der Dinge. Das heißt, die minimale Distanz ist nicht nur für die Erzählung, sondern auch für die Geschichte von Bedeu-

---

[39] Das sieht in Texten, die insgesamt eher thematisch organisiert sind und Einzelschicksale in den Vordergrund rücken, wie dem von Gisella Perl, *I was a doctor in Auschwitz*, (New York 1949, geschrieben 1946) oder auch dem von Liana Millu, *Der Rauch über Birkenau* (Frankfurt a. Main 1999, geschrieben 1947) ganz anders aus als zum Beispiel in Rolf Weinstock, *Das wahre Gesicht Hitler-Deutschlands* (Singen 1948, geschrieben 1946). Weinstock versucht, einen möglichst umfassenden Tatsachenbericht mit genauer Ereignisfolge zu schreiben, während die beiden Autorinnen die unterschiedlichen individuellen Ereignisse und biographischen Bruchstücke im Erzählen in den Blick nehmen. Dadurch ist der Zugriff auf die ‚wirklichen' Ereignisse ein ganz anderer. So kann man bei Perl zum Beispiel auch mehrfach Bezüge zur Schreibgegenwart bemerken, die an sich bei diesen Texten ungewöhnlich sind.

tung. Keine andere Zeit mit anderen Ereignissen kann sich zwischen Erlebnis und Schreibzeitpunkt schieben. Der zeitliche Raum ist begrenzt und geschlossen. Von daher fällt das Textende immer mit der Befreiung oder der Flucht aus dem Lager zusammen. Das trifft auch dann zu, wenn zwischen Befreiung und Schreibzeitpunkt einige Jahre liegen. Die Begrenzung nach vorne ist etwas variabler. Meist beginnt die Erzählung mit der Festnahme, manches Mal aber auch mit den vorangegangenen Erniedrigungen und Verletzungen. Wird eine „glückliche Kindheit" entwickelt, so allein um Gegensatz und Ausmaß gegenüber der Verfolgung und Vernichtung schärfer zu fassen. Die üblichen Stationen in einer Autobiografie – Geburt – Kindheit – Jugend – Beruf – entfallen. Sie verschwinden regelrecht unter dem einen zentralen Zeitabschnitt. Zugespitzt formuliert: Alle Zeit vor der Vernichtung und auch danach wird vernichtet von der Zeit der drohenden Vernichtung.[40] So sind die Ereignisse der Haft nicht Teil einer großen Geschichte, sondern sie werden zur einzigen Geschichte.[41] Der Zeitrahmen ist somit in allen Texten der gleiche. Überschreitungen dieses festgelegten Zeitfeldes durch Erinnerung (Rückgriffe) oder Zukunftshoffnungen (Vorgriffe) sowie die durch Blickwechsel bedingte Markierung des Erzählzeitpunktes sind selten, dafür dann aber entscheidend.

Innerhalb der Erzählung über das Lager kann die Zeit durch Jahreszahlen, Jahreszeiten oder bei Einzelereignissen durch Tageszeiten gekennzeichnet sein. Die Zeitangaben sind punktuell – eine Art Stützpunkt nicht nur für den Leser, sondern vor allem auch für den Erzähler. Denn die Fixierung der Ereignisse auf gewisse Zeitpunkte ist eine einfache Form von Ordnung in der tödlichen Iterativität des Lageralltags, seiner fortwährenden Wiederholung.[42] Man bedenke, zum System der Vernichtung gehört der immer gleiche Lageralltag, in dem Zeit

---

[40] Vgl. Pollak 1988, 118.
[41] Das sieht anders aus in der Literatur der Emigranten. Dort ist die Flucht zwar der Knotenpunkt, aber nicht der Endpunkt. Und auch in den kommunistischen Erzählungen ist der große Kampf und der Sieg über den Kapitalismus und den Faschismus die Grundlage oder der Anfang für die Erzählung über den Neuaufbau der Gesellschaft, aber nicht der Endpunkt.
[42] Es gibt Texte, die geradezu akribisch, bis auf den Tag genau alle Ereignisse festlegen und außer einer chronologischen Ordnung nichts gelten lassen. Ein Beispiel wären Heinz Hesdörffers *Erinnerungen an die Hölle,* so der Titel des Manuskripts, welches ich in der Autobiographischen Sammlung des Berliner Instituts für Antisemitismusforschung einsehen konnte. Inzwischen hat Hesdörffer seine Autobiographie veröffentlicht unter dem Titel *Bekannte traf man viele ... Aufzeichnungen eines deutschen Juden aus dem Winter 1945/46* (Zürich 1998). In dem Manuskript ist alles streng chronologisch geordnet. Nicht nur die Jahre und Jahreszeiten sind angegeben, sondern die einzelnen Ereignisse sind sogar mit Datum versehen. Der veröffentlichte Text hingegen ist dann nicht mehr ganz so tagebuchartig geschrieben.

als ein sich wandelndes Kontinuum aufgehoben wird: „[...] bis es keinen Sinn mehr haben wird zu sagen: morgen. Hier ist das so. Wißt ihr, was im Lagerjargon ‚nie' heißt? ‚Morgen früh'" (*Ist das ein Mensch*, 160).⁴³ Zeit und damit Kontinuität sind eingeebnet. Es gibt weder eine Zukunft noch eine Vergangenheit mehr. Die Gegenwart des absoluten Terrors hat sich vor beide geschoben und zerstört damit nicht nur die Zeit, sondern auch jegliche Identität, welche sich erst durch Zusammenhang, Abfolge und Wandel definiert.⁴⁴

Mit dieser Dominanz der Gegenwart über Abfolge und Wandel, Vergangenheit und Zukunft stimmt überein, dass Ende und Anfang – also Deportation und Einlieferung in das Lager, wie Todesmarsch und Befreiung – chronologisch erzählt werden, während der Hauptteil nach Themen oder Ereignissen strukturiert ist.⁴⁵ Die Chronologie ist also eher ein grobes, narratives Gerüst, welches allerdings auch nicht fehlen darf. Zum Beispiel kenne ich keinen Text, der mit der Befreiung statt mit der Deportation beginnt. So sind Zeitangaben wie Jahreszahlen, Jahreszeiten und Tageszeiten immer eine Art ‚Chronologie-Schub', die bei Bedarf das Ereignis genau locieren und aus dem immer Gleichen herauslösen können. Dabei werden ‚persönliche' Daten bevorzugt, während historische kaum Eingang in die erzählte Geschichte finden, obwohl sie entscheidend für die Ereignisse innerhalb des Lagers waren. Zwischen diesen zeitlichen Fixpunkten können die Geschichten – wie gesagt – nach The-

---

⁴² (*Fortsetzung*)
Vgl. weiter auch Otto Wolken, Chronik des Quarantänelagers Birkenau, in: H.G. Adler; H. Langbein; E. Lingens-Reiner (Hg.), Auschwitz. Zeugnisse und Berichte, Hamburg 1995, 111–122. Wolken, 1903 in Wien geboren, wurde als Arzt der Ambulanz dem Quarantänelager zugeteilt. Er versteckte kurz vor der Liquidierung des Lagers sämtliche ihm zugänglichen Dokumente. Auf ihrer Grundlage stellte Wolken dann seine Chronik zusammen. Wolken notiert die Namen der Häftlinge, ihre Verletzungen und Krankheiten, ihren Tod unter dem jeweiligen Tagesdatum.

⁴³ Primo Levi, Ist das ein Mensch? (Se questo è un uomo?, 1947), München 1998.
Und selbst einer Tagebuchschreiberin wie Hanna Levy-Hass zerrinnt die Zeit, wenn sie im Dezember in Bergen-Belsen notiert: „Ich glaubte, es wäre das Ende, ich hätte nichts mehr zu notieren. Aber es gibt kein Ende ...es gibt keins" (Vielleicht war das alles erst der Anfang, Berlin 1979, 41). Hier kann noch nicht einmal der voraussichtliche Tod die Zeit strukturieren und dem immer Gleichen Einhalt gebieten.

⁴⁴ Wolfgang Sofsky zeigt sehr genau, wie der organisierte Terror das Zeitbewusstsein der Häftlinge zerstörte. Durch die Kombination von immer gleichem Ablauf – Wecken, Appellstehen, Arbeit, Essensausgabe, Arbeit, Appellstehen – und plötzlichen Übergriffen und Quälereien sowie dem stetig wiederkehrenden Rhythmus von Hetze und Warten, drang die Struktur des Lagers und seiner Zeit nach innen und zerstörte auch die „biographische Zeit" des einzelnen Häftlings. Vergangenheit und Zukunft verschwinden dann unter der Gegenwart des Terrors (vgl. besonders Sofsky 1999, 88–111).

⁴⁵ Vgl. hierzu Pollak 1988, 148. Vgl. als Textbeispiel *Ist das ein Mensch?*. Primo Levis Bericht der letzten zehn Tage ist gleich Tagebucheintragungen nach Datum organisiert.

men und Ereignissen angeordnet sein, manches Mal scheint das Geschehen aber auch in einer gewissen Zeitlosigkeit und Ereignisfülle durch gleichzeitigen Ereignisandrang zu versinken. Denn durch das Bedürfnis alles zu berichten, was erlitten werden musste, wird nicht selten Ereignis an Ereignis gereiht, unabhängig von der Größenordnung, der Wertigkeit und unabhängig von einer zeitlichen Ordnung. Oftmals gleichen diese Texte eher Tagebuchaufzeichnungen, als retrospektiven Erzählungen. Als Beispiel könnte man hier Jenny Spritzers *Ich war Nr. 10291. Als Sekretärin in Auschwitz* (1946) und das unveröffentlichte Manuskript von Kató Gynlai, *Eine einfache Deportiertengeschichte* (1947), nennen. Vor allem Gynlai erzählt ein Ereignis nach dem anderen, und dabei kann die Anzahl der Gänge auf den Abort den gleichen Raum einnehmen wie die Versetzung in ein anderes Kommando. Folgedessen sind Ellipsen (Auslassungen) für diese Texte sehr charakteristisch. Und ich denke, man könnte sie versuchsweise als erzählerischen Abdruck einer durch Terror zerrütteten Identität lesen.

Wieder andere Autoren scheinen bewusst auf wirklichkeitsanaloge Zeitangaben zu verzichten oder sie gar nicht zu benötigen, wie zum Beispiel Liana Millu in *Der Rauch über Birkenau* (1947).[46] Die Ich-Erzählerin berichtet hier von sechs Frauenschicksalen, die alle mit dem Tod enden. Es sind Gegengeschichten zum eigenen Überleben der Autorin – eine Art Totengedenken. Zwar kennen die einzelnen Erzählungen auch zeitliche Stufungen, doch sind diese für das Erzählen und auch für das erzählende Ich als Orientierungspunkte innerhalb des Lagersystems nicht weiter relevant. Im Zentrum stehen die Verhaltensweisen der Frauen untereinander, ihre gegenseitigen Hilfeleistungen und ihre Feindschaften.[47]

---

[46] Liana Millu ist in Italien geboren. 1944 wurde sie nach Birkenau deportiert. Liana Millu hat neben *Der Rauch über Birkenau* einen weiteren autobiographischen Text veröffentlicht: *Die Brücke von Schwerin* (München 1998). Hier allerdings stellt sie das Leben ihrer Ich-Erzählerin in den Mittelpunkt und lässt diese die Tage direkt nach der Befreiung erzählen. Nimmt man beide Texte einmal zusammen, so tritt das Besondere von *Der Rauch über Birkenau* hervor: Gerade das Schrecklichste wird entlang der anderen Häftlinge erzählt und und nicht am eigenen Ich. Man kann das als Übertragung des eigenen Schmerzes auf die anderen lesen, aber auch als Zurücknahme des eigenen Leids gegenüber dem Leid jener, die ermordet wurden.

[47] Ähnlich unabhängig von der wirklichkeitsanalogen Zeit sind auch *Auschwitzer Erzählungen* (Berlin 1949) von Maria Zarebinska-Broniewska. Zarebinska war eine angesehene Schauspielerin in Warschau. Sie wurde nach Auschwitz deportiert, starb 1947 an den Folgen der Haft in Zürich. Ihr Text gleicht kleinen Szenen oder Bildern, in denen immer ein Ereignis in den Blick genommen wird. Beide Texte, sowohl der von Millu als auch der von Zarebinska, fallen auf und sind ein gutes Beispiel für die unterschiedlichen Schreibweisen, gerade auch, wenn man ihnen einen ‚faktenorientierten' Bericht wie jenen von Weinstock gegenüberstellt.

Kann man – was die Gesamtstruktur der Texte betrifft – von einem mehr oder minder stark entwickelten chronologischen Modell sprechen und einen hohen Grad von genauer Abfolge der Ereignisse zu Beginn und gegen Ende der erzählten Haftzeit feststellen – während die eigentliche Haftzeit eher nach Ereignissen oder Themen organisiert ist – so sind diese erzählten Ereignisse selbst wiederum recht dicht gestaltet. Vor- und Rückgriffe, wie überhaupt Verfahren, die auf der Mikroebene die Geschichte strukturieren, sind von daher sehr auffällig. Im Folgenden werde ich diese untersuchen, da in ihnen Ansätze von Selbstreferenz zu erkennen sind und Möglichkeiten eines ‚Dialogs' zwischen erzählendem und erzähltem Ich bieten, eben das, was in den späteren Schreibweisen an zentraler Stelle stehen wird.

1.1 Vorgriffe und Rückgriffe – Erhalt von ‚biographischer Zeit'

Vorgriffe und Zukunftshoffnungen

Gleich welche Art von Organisation die Autoren bevorzugen – eher eine chronologische oder eher eine thematische – machen die Erzähler innerhalb der einzelnen Sequenzen wenig von ihrer erzählerischen Freiheit Gebrauch, indem sie Ereignisse vorweg nehmen oder nachtragen und zwischen den Zeiten hin und her gehen. Ist das aber der Fall, so können die entsprechenden Vorgriffe (Prolepsen) oder Rückgriffe (Analepsen) entscheidende Funktionen übernehmen und vielleicht sogar als Folge der Haft gelesen werden.

Beim Typ der gleichzeitigen Narration allerdings – ich denke hier vor allem an Richard Glazars *Die Falle mit dem grünen Zaun* (1945) und Primo Levis *Ist das ein Mensch?* (1948), aber auch an Simha Naors *Als Krankengymnastin in Auschwitz. Aufzeichnungen des Häftlings Nr. 80574* (1945)[48] – gibt es hingegen weder interne Prolepsen noch externe.[49] Einmal eingetreten in das Muster des gleichzeitigen Erzählens, muss der Erzählende auch der darin liegenden Logik

---

[48] Richard Glazar, Die Falle mit dem grünen Zaun. Überleben in Treblinka, Frankfurt am Main 1998. Der Text von Simha Naor geht auf Aufzeichnungen zurück, die sie kurz nach der Befreiung in Belsen angefertigt hat. Veröffentlicht wurde er aber erst 1986. Simha Naor, Krankengymnastin in Auschwitz. Aufzeichnungen des Häftlings Nr. 180574, München 1986.

[49] ‚Intern' hieße für diese Texte eine spätere Zeit innerhalb des Zeitraums der Gefangenschaft vorausnehmen, während ‚extern' nur den Schreibzeitpunkt meinen kann, da die Zeugnisse mit der Befreiung enden.

folgen und kann nicht die Freiheit, die in der Zukunft liegt und die er als Erzählender kennt, antizipieren: „Für keinen, hinter dem sich Treblinkas Tor einmal geschlossen hat, gibt es eine Rückkehr ins Leben. Für keinen, der die Grenze des Totenlagers überschritten hat, gibt es ein Zurück" (*Falle*, 22). Und bei Levi heißt es: „Wir werden nicht zurückkehren. Von hier darf keiner fort, denn er könnte mit dem ins Fleisch geprägten Mal auch die böse Kunde in die Welt tragen, was in Auschwitz Menschen aus Menschen zu machen gewagt haben" (*Mensch*, 64).

Von dem hier möglichen Vorgriff als einem befreienden Akt können beide Erzähler keinen Gebrauch machen, da sie an das präsentische Erzählen gebunden sind. Die Logik des Präsens fordert die zeitliche Beschränkung und stellt Erzähler wie erzähltes Ich erneut der Gewissheit des Todes gegenüber, der sie in der Wirklichkeit entgehen konnten. Gerade eine Ausnahme, die ich bei Glazar gefunden habe, lässt die Bedeutung solcher Vorgriffe für das Verhältnis des Erzählers zur erzählten Welt besonders scharf hervortreten.

Ganz am Anfang von *Die Falle mit dem grünen Zaun* gibt es einen minimalen aber entscheidenden Vorverweis auf den späteren Aufstand, der dem Häftling Glazar und seinem Freund Karl die Freiheit bringen wird. Es heißt dort: „Nicht bemerkt wurde, daß in der neuen effektiven Organisation der Arbeitssklaven der erste Funke geschlagen ist, der den Brand von Treblinka legen wird" (*Falle*, 33). Für einen Augenblick entrinnt hier der Erzähler dem tödlichen Universum, indem er im Erzählakt die spätere Flucht und Freiheit vergegenwärtigt und sich von dem eingeschränkten Blickwinkel seines erzählten Ichs löst. Doch solch narrativer Grenzübertritt durch einen zeitlichen Wechsel und eine Vorausschau ist dem Erzähler in der gleichzeitigen Narration meist nicht möglich: Selbst im Erzählen wird er in das Lager und die Folgen der erlebten Zeit hineingezwungen, und die Erzählung wird Abdruck und Symptom der Lagerhaft.

Selbstverständlich sind alle Texte, wenn sie nicht Tagebuch sind, post factum im Wissen um den Ausgang der Ereignisse gestaltet. Die Erfahrungen der Vergangenheit können folglich in einen ganz anderen Kontext eingeordnet werden als dies einem Tagebuchschreiber möglich wäre. Und dieser ontologische Unterschied darf auch niemals vergessen werden, soll aber auch nicht hindern, das narrative Gesetz des präsentischen Schreibens zu beobachten, das quer zu dem späteren Wissen liegt.

Anders verhält es sich mit den Vorgriffen und ihrer Logik in der nachzeitigen Narration. Die durch das Präteritum gegebene Distanz des Erzählers zu dem Erzählten scheint insgesamt mehr Freiraum mit der Zeit zu gestatten, sodass vorgegriffen werden kann, wobei die Funktionen des Vorgriffs sehr unterschiedlich sein können.⁵⁰ Meistens allerdings liegt ihr Sinn darin, so viel Wissen und Information wie möglich zu vermitteln, ohne dabei das Gegenwartswissen als Garantie der Authentizität der Figur und der Ereignisse aufgeben zu müssen. Im großen Umfang findet man das bei Rudolf Vrba *Als Kanada in Auschwitz lag* (1963). Über ganze Partien beschränkt der Erzähler sein Wissen auf den damaligen Wissensstand, um dann in weiträumigen proleptischen Erzählungen alles spätere Wissen als Information einzuspielen.⁵¹

Doch nicht immer ist Sinn des Vorgriffs die Vermittlung von größtmöglicher Information bei Erhalt der Authentizität der Figur. An zwei kleinen Beispielen aus den Texten von Bernd Klieger und Grete Salus will ich zeigen, wie Gegenwärtiges durch Späteres eingeordnet und abgesichert werden kann und der Vorgriff eine Befreiung aus der tödlichen Enge des gegenwärtigen Ereignisses ist.

Grete Salus schreibt in *Eine Frau erzählt* zur ersten Nacht in Auschwitz: „[...] eine unerträgliche Spannung ließ uns auch nicht für einen Moment einschlummern. [...] Diese Spannung hielt uns die ganze Zeit unseres Auschwitzer Aufenthaltes aufrecht. Sie ließ uns nicht krank werden" (*Frau*, 22f).⁵²

Die unerträgliche, momentane Spannung des Ereignisses, die an sich schrecklich ist, da sie Schlaf und innere Ruhe entzieht, kann rückwirkend zum alltäglichen Merkmal des Lagers werden und dann sogar als sinnvoll und lebensrettend betrachtet werden. Und wieder sieht man, wie schon bei Glazar, wie sich die Erzählerin aus der Situation durch den Vorgriff herausrettet.

Und Bernd Klieger schreibt, als die Häftlinge mit Prügeln zum Sitzen gezwungen werden, obwohl es in der Baracke so eng ist, dass sie kaum stehen

---

⁵⁰ Es gibt auch Texte, in denen kaum vorausgegriffen wird. Rolf Weinstocks *Das wahre Gesicht Hitler-Deutschlands* kennt zum Beispiel kaum Vorgriffe. Selbst als die Mutter in Auschwitz nach links gewiesen wird, das hieß bei diesem Transport ins Gas, nimmt der Erzähler ihren Tod und seinen Schmerz nicht voraus.

⁵¹ Eine kleine Anmerkung zu Vrba und seinem Roman. Vrba (Walter Rosenberg) konnte mit Fred Wetzler im April 1944 aus Auschwitz fliehen. Er hat sofort einen Lageplan des Lagers, die täglichen Abläufe mit genauen Angaben über die Methoden des Mords geschrieben und dem Judenrat in Ungarn übergeben. Ziel war, die anstehenden Transporte der ungarischen Juden zu verhindern. Er wurde angehört und nicht gehört. Erst Monate später gelangte dieser Bericht an die Genfer Kommission. Ein zweiter Bericht entstand 1960 in London für die Gewerkschaftszeitung „The Daily Herold". Anlass war die Festnahme Eichmanns und die nach der Ansicht Vrbas nicht ausreichende Berichterstattung der Londoner Journalisten. Ungläubige Reaktionen veranlassten ihn dann 1963, einen ausführlichen Bericht (*Ich kann nicht vergeben*) zu schreiben, der uns heute in einer unveränderten Neuauflage unter dem Titel *Als Kanada in Auschwitz lag* (München 1999), vorliegt.

⁵² Grete Salus Bericht wurde erst 1958 in Bonn veröffentlicht, entstand aber sofort nach der Befreiung im Mai/Juni 1945.

können: „Ich lächelte, aber hätte ich in den Spiegel geblickt, so hätte ich vielleicht gesehen, daß mein Lächeln der entsetzte Ausdruck einer gepeinigten und gehetzten Kreatur war. Krampfhaft versuchte ich, mir vorzustellen, ob ich das auch nur eine einzige Nacht würde aushalten können, und ich sagte mir dann: Nein. Das ist nicht möglich, nicht einmal eine einzige Nacht.

Achtzehn Nächte habe ich ausgehalten. Nie habe ich gewußt, daß sich ein Mensch auch an die Hölle gewöhnen kann ..." (*Der Weg, den wir gingen*, 105).[53]

Ebenso wie bei Salus wird auch hier bei Klieger im Erzählvorgang das Unmögliche möglich oder überstehbar, da das Wissen vom Ende zum Anfang gestellt oder anders ausgedrückt, die Zukunft in die Gegenwart gerückt wird. Anzunehmen ist, dass der Satz von Klieger „Achtzehn Nächte habe ich ausgehalten" sowie der entsprechende von Salus, nicht nur als einfache Aussagen zu lesen sind, die auf Fakten beruhen, sondern dass in ihnen die Spuren der damaligen und ein Leben andauernden Qual zu finden sind. Zwar ist das Lagerleben zum Schreibzeitpunkt vorbei und ausschließlich in äußerer oder innerer Erzählung gegenwärtig, doch ist die Vergegenwärtigung des Leids so stark, dass sie nicht nur psychische, sondern auch physische Auswirkungen haben kann. Die Erinnerungen der Überlebenden sind gezeichnet und belastet dadurch, dass der Schreibende regelrecht zurückkehrt in den gefolterten Leib. Erzählerische Vor- oder Rückgriffe sind dann eine Art Antwort (Reaktion) auf diese Rückkehr. Sie können lebensrettende Nischen sein oder zumindest Linderung verschaffen – noch im Schreiben. Und ist die Realität nicht zu vermitteln und nur das Zeichen selbst – wie Young schreibt – vermittelbar, so ist doch der Schrecken von *damals* im Schreiben anwesend und in der Narration spürbar.

Rückgriffe und Erinnerung

„Das Erinnern verfährt grundsätzlich rekonstruktiv; es geht stets von der Gegenwart aus, [...] ist einem Transformationsprozeß ausgesetzt."[54] Verfahren der Erinnerung sind im Erzählen die Rückgriffe (Analepsen). Sie kennt jeder Text, es kennt sie jede mündliche Erzählung, gleichgültig ob nachzeitig oder gleichzeitig erzählt.

Rückgriffe sind in den frühen Texten eher selten. Meist haben sie die Funktion, Informationen über einen Häftling zu liefern und sind als einfache Nachträge zu lesen – eine Art biographische Notiz. Da Rückgriffe aber auch Erzählverfahren sind, die ein Bewusstsein von Kontinuität und damit von Iden-

---

[53] Bernd Klieger, Der Weg, den wir gingen (Le chemin que nous avons fait..., 1946), Bruxelles 1963.
[54] Aleida Assmann, Erinnerungsräume. Formen und Wandlungen des kulturellen Gedächtnisses, München 1999, 29f.

tität schaffen, können sie auch Fundierungsgeschichten erzeugen und ein Leben erhalten. Solch eine Fundierungsgeschichte wäre zum Beispiel die Erzählung über den Warschauer Ghettoaufstand, die die Überlebenden der Ghettoliquidierung nach Treblinka bringen. Der Erzähler von *Die Falle mit dem grünen Zaun* spricht von einem „Vermächtnis", das weitergegeben wird. Es ist das Vermächtnis, welches lautet: „Zeigt der Welt und euch selbst..." (*Falle*, 116). Und die Häftlinge von Treblinka nehmen dieses Vermächtnis an. Ihr Aufstand findet bald nach den Transporten aus Warschau, am 2. August 1943, statt.

Erzählerisch bedeutet in einer Ich-Erzählung der Blick in die Vergangenheit immer eine Pause. Denn durch den Blick zurück wird das erzählend/erlebende Ich unweigerlich der Gegenwart und ihrer ‚Geschichtslosigkeit' entzogen, und so gesehen können die Rückgriffe – ähnlich den Vorgriffen – auch Ausfluchten oder Fluchten sein.[55] Im Rückblick muss eine Geschichte erzählt, ein Sinn konstruiert werden, der von der gegenwärtigen Situation abhängt und diese zugleich bestimmt. Schon einfache Erinnerungen an das Leben vor der Haftzeit können in diesem Zusammenhang bedeutsam sein, da sie das Bewusstsein eines anderen möglichen Zustands ins Gedächtnis rufen, auch wenn diese Erinnerungen zugleich schmerzhaft sind und gefährlich für den Existenzerhalt. Denn Erinnerungen sind nicht nur ‚befreiend', sondern können auch das seelische Gleichgewicht stören, zu depressiven Zuständen führen und dem Häftling die notwendige und absolute Aufmerksamkeit für die Gegenwart entziehen. Die Haltung zu der Vergangenheit ist also notwendigerweise ambivalent. Sie schwankt zwischen Abwehr und Erhalt, kommt einer „Gratwanderung" gleich.[56]

---

[55] Vgl. hier beispielsweise Fred Wander, der in *Der siebente Brunnen*, mit Mendel Teichmann als Meister des Wortes die Juden in andere Welten entführen kann und so der tödlichen Wirklichkeit entzieht.

[56] Vgl. hierzu vor allem Sofsky 1999, besonders 107f. Nach Sofsky musste der Häftling sich einerseits von der Gegenwart distanzieren, um nicht auch „geistig zum Gefangenen des Lagers" zu werden, andererseits verlor er durch den Wechsel in andere „zeitliche Sinnprovinzen" schnell die Fähigkeit, sich um Essen, Schlafplatz und bessere Kommandos zu kümmern. Allerdings hebt Sofsky, trotz der Analyse dieser Ambivalenzen, die „Abwehr der Vergangenheit" als unerlässlich hervor, da nur dann der Häftling sich vor „Niedergeschlagenheit und Depressionen zu schützen" vermochte (Sofsky 1999, 108). Ich kenne zwar auch aus mehreren Texten das ungeschriebene Gesetz des Nichterinnerns, doch gibt es ebenso viele Texte, in denen das Gegenteil entwickelt wird und die Häftlinge durch Gesang, Feste, Gespräche sich diese Sinnprovinzen, seien sie vergangener oder zukünftiger Art, schaffen. Vgl. zum Beispiel Jenny Spritzer: „Man erzählte auch so gern von früher, von seinem einstigen Leben, als wenn es schon Jahrzehnte zurückläge" (Jenny Spritzer, Ich war Nr. 10291. Als Sekretärin in Auschwitz (Ich war Nr. 10291. Tatsachenbericht einer Schreiberin der politischen Abteilung aus dem Konzentrationslager Auschwitz, Zürich 1946) Stäfa 1994, 80).

In den *Auschwitzer Erzählungen* von Maria Zarebinska-Broniewska findet sich ein minimales Beispiel, an dem dies schwierige Verhältnis sehr deutlich ist. Als die Frauen nackt durch den kalten Regen zu den Duschen gehen mussten, unter das eiskalte Wasser geprügelt und wieder zurück durch den Regen gejagt werden, lässt die Autorin ihre Ich-Erzählerin sagen: „Mütterchen, wenn du geahnt hättest, als du mich als kleines Kind mit einer warmen Decke zudecktest, daß ich einmal auf dieser Welt so unmenschlich frieren müßte [...] Nein, nein man darf sich nicht bedauern und sich nicht gehen lassen. Nein, ich hatte ja nie ein Mütterchen, auch habe ich nie ein warmes, weißes Bettchen besessen, ich war ja nie ein Mensch, nie!" (*Auschwitzer Erzählungen*, 28). Für einen Augenblick überschreitet die Erzählerin die Grenzen des Lagers und der Zeit durch die Erinnerung an die Kindheit, sucht Wärme und Geborgenheit mit dieser Erinnerung gegen die Kälte der Gegenwart. In der direkten Rede holt sie die Mutter als Figur des Mitleidens heran, um sie sogleich wieder von sich zu weisen für den Erhalt der Kräfte in der Gegenwart. Denn die Erinnerung bedeutet hier einen Einbruch in das gegenwärtige System, sie ist schmerzhaft und schwächt. Mit ihr wird die Fühlfähigkeit wieder geweckt, aber da die Situation unabänderlich ist, kann der Durchgang durch den Schmerz nicht stärken, sondern umgekehrt den Menschen in die tiefste Verzweiflung stürzen.[57]

Anders wiederum kann das mit internen Rückgriffen aussehen, da sie mögliche Ordnungsverfahren schon während der Haftzeit sein können. Gerade an einem ‚negativen' Rückgriff in *Ist das ein Mensch?* von Levi sieht man, wie Erzähler und erzähltes Ich im Blick zurück einen Sinn in dem sinnlosen Dasein erzeugen. Und sei es der Sinn des nahenden Todes.

Ein Beispiel: Der Häftling Primo Levi wird in den „Krankenbau", der „Paranthese des relativen Friedens" eingewiesen – Reflexionen sind also möglich: „Woher wir kommen, wissen wir [...] Doch wohin wir gehen, wissen wir nicht. [...] Wir sind in plombierten Waggons hierhergekommen; wir haben gesehen, wie unsere Frauen und unsere Kinder weggegangen sind ins Nichts; wir, die Versklavten, sind hundertmal hin- und hermarschiert in stummer Fron, mit erloschenen Seelen noch vor dem anonymen Tod. Wir werden nicht zurückkehren" (*Mensch*, 64).

---

[57] So bezeichnet Levi die Erinnerung auch als „Qual": „die Qual der Erinnerung, die alte, grausame Sehnsucht, sich wieder als Mensch zu fühlen, die mich wie ein Hund in dem Augenblick anfällt, da das Bewußtsein aus dem Dunkel tritt" (*Mensch*, 169). Die Erinnerung schafft hier auch nicht Erleichterung im primären Sinne, da der Abgrund zwischen dem einstmaligen Menschsein, die Sehnsucht nach ihm und dem Zustand des Nicht-Menschseins groß ist und fast unüberbrückbar erscheint.

Im Hier und Jetzt der tödlichen Realität des Lagers liegt das Zentrum des Blicks, der in die negierte Zukunft geht – „wir werden nicht zurückkehren".[58] Kein späteres Wissen hilft Erzähler und erzähltem Ich dieser tödlichen Bestimmung zu entgehen – dafür aber bis zu einem gewissen Grad das durch Rückbesinnung erzeugte. Dabei fällt auf, dass die ausgesprochene Erkenntnis des eigenen Todes, die bestimmt wird durch die Logik des Rückblicks, nicht allein ein Akt des Ichs ist. Aus Ich wird Wir, aus einem einsamen Wissen wird ein gemeinsames. Mit dem Pronominalwechsel erhält das Ich Frau und Kinder, trägt das Leid, diese zu verlieren, wie umgekehrt die anderen das Leid des Ichs auf sich nehmen und es aus seiner Einsamkeit befreien. Schutz und Zuflucht scheint dieses Wir zu geben. Und es scheint, als ob von dieser durch Erzählen sicher werdenden, gemeinsamen Position aus erst eine zusammenfassende Erzählung, wie sie hier vorliegt, möglich ist. Im Blick zurück lässt der Erzählend/Erlebende die vielen Ereignisse und Geschichten in drei Sätzen rhythmisch gerinnen – „wir sind in plombierten Waggons hierhergekommen; wir haben gesehen [...], wir, die Versklavten". Mit dieser zusammenfassend ordnenden Erzählung – deren Sinn in der Anerkennung oder Voraussicht des Todes liegt – kann das Ich im Wir sich aus dem unmittelbaren Erleben lösen. Die eigene Geschichte, die zugleich die Geschichte aller ist, wird in ihrer Kürze und Prägnanz zu einem sprachlichen Denkmal, das Distanz und Differenz schafft. Der Erlebende ist damit Erzählender und als solcher steht in diesem Falle auch das Präteritum zur Verfügung.

Haben Analepsen üblicherweise die Funktion sich der Vergangenheit für eine Gegenwart und Zukunft zu versichern, so kehrt hier der Erzähler – gemäß der Logik einer insgesamt präsentischen Erzählung – diesen Sinn um. In der Gegenwart und der Zukunft liegt der Tod, gebannt und nur erträglich durch eine Erzählung.[59]

---

[58] Die Negation der Zukunft und die damit verbundene Vorausschau und Annahme des Todes findet sich in vielen Texten. Selbst die Erzählerin in *Ich war Nr. 10291*, die unbekümmert die Vergangenheit erinnert, verneint eine Zukunft: „Von der Zukunft wurde niemals gesprochen, denn wir in der Politischen Abteilung glaubten sowieso nicht an eine zukünftige Freiheit. Wir waren immer überzeugt, im letzten Moment umgebracht zu werden" (*Ich war Nr. 10291*, 80).

[59] Ich denke, die Erkenntnis und Annahme des Todes ist spezifisch auch für Primo Levi, der sich erzählend mehrfach das Leben nimmt, das er damals mühsam erhalten konnte. Man denke nur an die Erzählung des Ulyss'. Für einen Augenblick gibt die Wiederholung der Dantischen Verse dem erzählten Ich das Menschsein zurück. Doch nur für einen Augenblick, denn der Erzähler bzw. der Häftling schließt das entsprechende Kapitel mit dem Tod des Odysseus – und tritt damit in dessen Tod ein. Die Rückbesinnung, in einem Fall auf das eigen Erlebte, im anderen Fall auf das kulturelle Gedächtnis dient nicht dem Leben, sondern verweist auch hier auf den zukünftigen Tod.

Rückgriffe und Vorgriffe unterbrechen den linearen Zeitstrom und stellen die Ereignisse und Handlungen in einen neuen Bedeutungszusammenhang. Grundsätzlich ist dieser neue Bedeutungszusammenhang von der jeweiligen Schreibgegenwart oder Erzählgegenwart und den entsprechenden Denkmustern bestimmt. Von daher müssen mit diesen Verfahren immer mindestens zwei Ereignisse oder zwei Wissenszustände in einen Zusammenhang gebracht und koordiniert werden. Tendenziell sind diese Verfahren also eine erzählerische Umsetzung von Selbstreferenz, und wir werden sie von daher gerade bei den späteren Schreibweisen als strukturbildende Elemente wiederfinden.

1.2 Iteratives und singulatives Erzählen – Verlust von ‚biographischer Zeit'

Weitere Verfahren, die die Chonologie unterbrechen und als Symptom der Ereignisse und ihrer Folgen gelesen werden können, sind das eingangs schon angedeutete iterative und das singulative Erzählen. In den iterativen Erzählakten wird ein Schein von Zeitlosigkeit erzeugt, da gleiche Handlungen verschiedener Zeitpunkte zu einer zusammengefasst werden mit Wendungen wie „immer", „wieder", „jeden Morgen", „täglich", „oft" usw. Ähnlich wie Vor- und Rückgriff sind auch sie eher Verfahren, die Distanzen herstellen und den fortwährenden Schrecken erzählbar machen. Im singulativen Erzählen im Präsens wird Zeit nicht mehr linear als eine Abfolge von Zuständen wahrgenommen, sondern sie erscheint so ausgedehnt, dass sie wiederum im Blick auf das Detail verschwindet und so die allergrößte Nähe zu dem Erzählten erzeugt. Beide Verfahren sind klassisch in ihrer Kombination und jedem Text eigen. Doch werden sie im Schreiben über die Vernichtung extrem häufig angewandt.[60] Von daher vermute ich, dass beide Erzählweisen auch mit der Struktur des Lagers und der psychischen Konstitution der Häftlinge zusammenhängen oder dieser besonders entsprechen.

Im täglichen Einerlei des Lagers gibt es keine Stufung und Differenz. Ein Tag gleicht dem anderen in seinem Ablauf. Allein die Sonntage geben eine gewisse Zäsur. Und da die Arbeit meist sinnlos und ein Ende unabsehbar ist, zudem die Häftlinge, um ihre Kräfte zu sparen, verschiedene Techniken entwickeln

---

[60] Man kann sie im Grunde in jedem Text finden. Von daher nenne ich hier nicht alle Texte mit den entsprechenden Partien, sondern arbeite exemplarisch im Folgenden an zwei kleineren Beispielen.

müssen, der Arbeit zu entgehen, zieht ein Tag sich endlos hin und ist von ihnen kaum in Abschnitte zu untergliedern.[61] Andererseits können jederzeit unvorhergesehene Ereignisse über die Häftlinge hereinbrechen, die oftmals den Tod bedeuten. Die Gefahr liegt sowohl in der Monotonie, der Wiederkehr des immer Gleichen wie in den plötzlichen, unvorhersehbaren Übergriffen.

Eine Entsprechung dieser von zwei Seiten zermürbenden Struktur findet sich erzählerisch in dem repetitiven und singulativen Erzählen – der fortwährenden Wiederholung des immer Gleichen und dem einmalig erzählten Ereignis. Nun kennt die klassische Erzählweise nicht die ständige Wiederholung ohne Variation – allein in experimenteller Lyrik ist sie ein mögliches Verfahren. An ihre Stelle tritt meist das iterative Erzählen, so auch hier.

In Paul Celans *Todesfuge* hingegen sind paradoxerweise alle drei Erzählweisen miteinander verschränkt und in einer Strophe gebunden.

> „Schwarze Milch der Frühe wir trinken dich nachts
> wir trinken dich mittags der Tod ist ein Meister aus Deutschland
> wir trinken dich abends und morgens wir trinken und trinken
> der Tod ist ein Meister aus Deutschland sein Auge ist blau
> er trifft dich mit bleierner Kugel er trifft dich genau"[62]

Die Häftlinge werden hier von zwei Seiten zerrieben: einerseits von der Zerstörung des Unterschieds zwischen Vergangenheit, Gegenwart, Zukunft und von Morgen, Mittag und Abend durch das immer gleiche „wir trinken", andererseits von der ständigen Angst über plötzliche Strafen und Tod – dem unvorhergesehenen Ereignis – der Kugel des Meisters aus Deutschland. Doch der Dichter hat nicht nur die beiden einander entgegenstehenden Verfahren in einer Strophe gefasst, sondern zusätzlich durch die rhythmisch organisierte, mehrfache Wiederholung des „wir trinken" die Monotonie des Lagers sprachlich erzeugt. Solche Übereinanderschichtung von grundsätzlich widersprüchlichen Verfahren – denn entweder fasse ich gleiche Handlungen in einem Erzählakt zusammen oder ich wiederhole sie jedes Mal erneut – kenne ich sonst nicht. Gerade an dieser paradoxen Dopplung wird aber sichtbar, dass das iterative Erzählen gewissermaßen ein Ersetzungsverfahren ist, das auf das damalige Empfinden von Zeitlosigkeit und Gleichförmigkeit verweist, ohne aber Erzähler und erzähltes Ich der ewigen Wiederholung auszuliefern, wie das ein repetitiver Erzählakt – wie hier in der *Todesfuge* – tun würde. So wäre das ite-

---

[61] Vgl. hierzu Sofsky 1999, 92f.
[62] Aus Paul Celan, Die Todesfuge, in: Mohn und Gedächtnis, Frankfurt am Main 1975. Streng genommen gehört die Todesfuge nicht hierher. Doch habe ich sie ausgewählt, da an ihr sowohl die Verknüpfung des iterativen und singulativen wie auch des repetitiven Erzählens gezeigt werden kann.

rative Erzählen auch eine Möglichkeit, dem sinn- und zeitlosen Einerlei eine Ordnung zu geben und die vielen Schreckenshandlungen in eine zu bannen.

Das singulative Erzählen hingegen – das einmalige Erzählen einer Handlung oder Handlungssequenz –, vor allem im Präsens, könnte der Angst vor Unvorhergesehenem insofern entsprechen, als jeglicher ordnende Blick sowie das Bewusstsein von größeren Zeitabschnitten in den Einzelheiten verschwinden. Denn fallen Handlung und Beobachtung im Schreibakt zusammen, so scheint die Zeit still zu stehen und Erzähler und erzähltes Ich sind aufs Neue den Ereignissen ausgeliefert. Dieses Schreibverfahren, im Expressionismus als ‚Sekundenstil' bezeichnet, erzeugt im Gegensatz zum iterativen Erzählen die allergrößte Nähe zum Geschehen, erfordert zugleich aber den größten erzählerischen Aufwand. Was der Realität so am nächsten scheint, setzt somit das höchste Maß an Kunstfertigkeit voraus. Imre Kertész' *Roman eines Schicksallosen* ist dafür das eindrücklichste Zeugnis. Hier besteht ein ganzer Roman aus der sezierenden Beobachtung des 14-jährigen Jungen. Allerdings: Dieser Text ist ein später Text. Aber er hat, erzählerisch gesehen, die Zwischenzeit übersprungen. Der Erzähler kehrt in das Lager zurück.[63]

Doch auch bei dem unbekannteren Text von Richard Glazar gibt es lange Partien, in denen der wahrnehmbare Ablauf der Zeit von den Einzelheiten aufgesogen wird. Eine von ihnen sei hier exemplarisch zitiert. Ein Transport ist in Treblinka angekommen. Die Häftlinge müssen die Toten herausholen und sie ins „Lazarett" – in die Verbrennungsgruben bringen: „Zunächst müssen die Toten und die Reglosen aus jedem Waggon auf die Rampe hinausgezogen werden. Ich stülpe mir die Mütze über die Ohren und laufe zum ersten Waggon und greife nach zwei Beinen, ziehe, aber es geht nicht. Der Körper, dem die Beine gehören, ist noch mit anderen Körpern beschwert. Ich fasse zwei dünne Frauenbeine. Die groben Strümpfe knistern mir in den Händen. Sie müssen durchnäßt gewesen sein. Wieder rein in den Waggon. Jetzt liegt obenauf ein Toter mit durchschnittener Kehle, der Kopf hängt irgendwo hinten am Nacken. Das ist das Werk jener ukrainischen Jungs in den Ghettos. Ich packe mir lieber ein andere freie Hand, aber lasse sie wieder los. Ich spüre, wenn ich fester anpacken und ziehen würde, bräche der Arm. Ich nehme mir dann doch den mit der durchschnittenen Kehle. Zu der Waggontür stellte sich soeben Boelitz mit Pelzmütze anstatt Schiffchen auf dem Kopf und schaut herein. Die Waggons sind endlich geleert. Jetzt schnell die Decken, in denen wir die Toten von der Rampe ins ‚Lazarett' wegtragen" (*Falle*, 66ff).

Der Erzähler reduziert die Toten auf Teile – Arme, Hände, Beine, Kehle –, reduziert sie, als ob noch einmal nur Hände oder Beine zum Ziehen da wären

---

[63] Imre Kertész, Roman eines Schicksallosen, Berlin 1996.

und er sie hinausräumen müsste mit all den Hindernissen, die sich dem entgegenstellen. Stimme, Blick und Handlung sind eins. Die Zeit als Organisationsfaktor verschwindet in der erschriebenen Gegenwart, obgleich durchaus zeitliche Indicees vorhanden sind („zunächst", „noch", „jetzt", „dann"). Das heißt, die Handlungen werden so verdichtet oder in Einzelhandlungen aufgesplittert, dass trotz des Nacheinanders eine absolute Gegenwart entsteht. Von einem Abstand zu den Ereignissen, einer ansatzweisen Selbstreferenz wie in Vorgriffen oder Rückgriffen kann hier keine Rede sein. Die Vergangenheit wird Gegenwart und umgekehrt. Keine Brechung gibt es – keine Gegenüberstellung.[64]

Solch ein dichtes, ausweisloses und nur auf die Gegenwart gerichtetes Erzählen ist insgesamt charakteristisch für die frühen Texte, auch wenn es nicht immer realisiert werden kann.[65] Und auch in erzähltechnisch gesehen einfachen Berichten gibt es immer wieder einzelne Ereignisse, die scheinbar solch einen Sog auf den Erzählenden ausüben, dass die Vergangenheit mit ihren Abfolgen und Stationen wieder Gegenwart wird. So erschöpfen sich die Zeugnisse nicht in den ihnen oft vorangestellten Aussagen, die Wahrheit für künftige Generationen festzuhalten und zu bezeugen, also im Sinne der Fama-Funktion zu schreiben. Schreiben wird zur qualvollen Wiederholung der Ereignisse. Und nur manchmal ist eine Befreiung daraus möglich.

*

Ich bin im Zusammenhang mit den Fragen nach der Zeit in der Geschichte und in der Narration verschiedenen Aspekten gefolgt, die charakteristisch oder besonders sind. Denn gerade an den Besonderheiten oder Abweichungen kann man Ähnlichkeiten zwischen den älteren und neueren Schreibweisen festmachen, die ein auf Oppositionen beruhendes Muster vielleicht nicht auflösen, aber brüchig werden lassen. Aber sie sind Besonderheiten und nicht der Normalzustand. Von daher seien die zeitlichen Aspekte in ihren wichtigsten Punkten noch einmal zusammengefasst: Der erzählte Zeitraum ist fast ausschließlich auf die Gefangenschaft begrenzt, die alle andere Zeit vernichtet. Überschreitungen nach vorne, Bezugnahme auf Folgeereignisse oder Schreibzeitpunkt sind selten, aber auffällig. Die wenigen vorhandenen internen Vorgriffe bewegen sich meist im Zeitraum der Gefangenschaft und haben oftmals

---

[64] Auch in dem erwähnten Bericht von Simha Naor, der nicht ausschließlich, aber überwiegend im Präsens erzählt ist, wird die Gefangenschaft im Schreiben wieder erzeugt, indem zum Beispiel kaum Kopulativa verwandt werden, durch Sprache also gerade keine Kontinuität hergestellt wird und somit die damalige, notgedrungen fragmentarische Wahrnehmungsweise erzählerisch wiederkehrt.
[65] Vgl. auch die Texte von Miklos Nyiszli, Sonderkommando, in: Adler 1995, 64–73 und Albert Ménaché, Ankunft in Auschwitz, in: Adler 1995, 59–62. Beide Texte sind sehr dicht erzählt, obwohl Ménaché nicht als Erzähltempus das Präsens wählt.

die Funktion, das erzählte Ich der tödlichen Gegenwart zu entziehen. Überschreitungen in die Vergangenheit, Analepsen, sind ebenfalls nicht häufig. Meist sind sie als erzählerische Nachträge zu lesen. Sie können aber, ausgehend von dem erzählten Ich, auch Leben sichern, indem sie als Erinnerung Bewustsein vom Menschsein wieder erschaffen oder aber eine Erzählung ermöglichen, die die Gegenwart und Zukunft bestimmt, gar fundiert. Zu diesen offenbaren, die Chronologie erschütternden Erzählakten – die immer auch Distanzen schaffen und dadurch ‚Selbstreferenz' möglich machen – gehört auch das iterative Erzählen im Präsens oder Präteritum, das die vielen Ereignisse in eines bannt. Das zuletzt skizzierte präsentische Erzählen einzelner Handlungsabläufe hingegen wirkt eher auf versteckte Weise dem Ablauf der Zeit entgegen. Es liefert Erzähler und Häftling erneut der wieder geschaffenen Gegenwart aus, erzeugt also Nähe statt Distanz. Eingedenk dieser doch recht differenzierten Einschränkungen sind die Ereignisse insgesamt chronologisch angeordnet und entsprechen locker dem realen Ablauf von Deportation/Lagerzeit/Befreiung oder Flucht, wobei aber zwischen Eintritt in das Lager und Befreiung aus dem Lager die Ereignisse in sich aufbauend erzählt werden, doch meist thematisch geordnet sind oder einfach aneinander gereiht werden.

2 Der Raum in der Geschichte und seine Variation in der Erzählung

In einem ab den 1980er Jahren geschriebenen Text kann der Erzähler neben den Ort der Vernichtung Orte aus einer gegenwärtigen Handlung stellen.[66] Und im äußersten Fall bezieht er sich auf die Verfolgung und Vernichtung, ohne die dazugehörigen, entscheidenden Orte als Raum zu entwickeln. Als eine Leerstelle existieren sie im Text, wie wir bei Raymond Federman sehen werden. Solch ein umkreisender, das räumliche Zentrum aussparender Bezug oder auch die Gegenüberstellung verschiedener Raumarten wären für die Autoren der frühen Texte unmöglich gewesen und entsprächen auch keineswegs ihrem Bedürfnis. Es gibt keine Texte, in denen nicht das jeweilige Lager der zentrale und einzige Handlungsraum ist. Und auch wenn das Lager durch verschiedene andere Orte erweitert wird, sind alle Orte zusammen als ein Handlungsraum zu lesen. Immer gleichen sie sich in Bezug auf ihre Geschlossenheit. Es sind Räume der Gefangenschaft, ob das nun das Sammellager ist,

---

[66] Zu den zahlreichen Ausnahmen vgl. Zweiter Teil: „Schreiben aus der Distanz (1980–2000)", I. „Geschuldete Erinnerung: Texte der ‚ersten Generation'".

der Zug oder das Konzentrationslager. Werden andere Orte im Text erwähnt, so haben sie gezwungenermaßen einen anderen Wirklichkeitsstatus: Es sind vorgestellte oder erinnerte Räume. Streng genommen und mit Lotman gedacht gehören sie nicht zum erzählten Raum. Da die allerdings ausschließlich in Rede und Gedanken existierenden Außenräume direkt auf das Erleben oder Erzählen des geschlossenen (realen) Raums wirken und die Verfassung der Häftlinge bestimmen, beziehe ich diese imaginierten Räume mit ein. Denn je mehr Erzähler oder Häftling sich auf die Räume außerhalb des Lagers besinnen – sei es durch Erinnerungen an ein Leben in Freiheit, sei es durch kulturelles Gedächtnis, sei es durch Verfolgen der Nachrichten über die Alliierten etc. – desto freier ist der Umgang mit dem jeweiligen Gefängnisraum.

Die Möglichkeiten allerdings, die äußere Welt in die Gefangenschaft hineinzuholen, hängen nicht nur von den Fähigkeiten des Einzelnen ab, sondern sind auch an die Stellung im Lager geknüpft. Vrba zum Beispiel genießt als Häftling des Kanada-Kommandos, später dann als Schreiber in Birkenau, viele Vorteile.[67] Als Mitglied der Untergrundorganisation hat er schützende Freunde, sodass physisch wie auch psychisch die Möglichkeit gegeben ist, eine andere Dimension neben oder im geschlossenen Raum zu bilden. Zudem ist Vrba vom Gedanken an Flucht beherrscht und die freie Welt ist kein fernes Land, sondern immer anwesend in ihrer äußeren Abwesenheit – was natürlich Folgen für die Gefangenschaft wie auch die spätere Erzählung hat.[68] Für seinen Bericht sind Bewegung und Ortswechsel Erzählprinzip, auch wenn äußerlich Auschwitz bis zur Flucht im April 1944 nicht verlassen werden kann. Jeder Raumwechsel (Wechsel des Arbeitsplatzes, Krankenbau, Strafversetzung nach Buna etc.) ist Ende oder Anfang eines ‚Lebensabschnittes', der erzählerisch durch einen Kapitelwechsel markiert ist. Dadurch wird im Erzählakt das Lager gegliedert, sinnvoll eingeteilt und aufgeteilt in Teil-Räume, sodass eine gewisse Freiheit in ihm und ihm gegenüber hergestellt werden kann.

Doch an sich lässt die Struktur des Lagers keine Möglichkeit für einen anderen Raum, oder vorsichtiger ausgedrückt, für eine andere Dimension zu. Wird

---

[67] Priviligierte Stellungen hatten auch Krystina Zywulska, Jenny Spritzer, Raya Kagan inne, die in der sogenannten Politischen Abteilung arbeiteten, aber auch Gisella Perl als Ärztin oder Simha Naor als Physiotherapeutin.

[68] Ganz anders ist das Verhältnis zur Freiheit zum Beispiel bei Krystina Zywulska oder auch Primo Levi und Richard Glazar. Alle drei betonen gerade umgekehrt, dass die Freiheit zu einem irrealen Begriff geworden sei, die andere, die freie Welt mit fortschreitender Haftzeit selbst als Opposition nicht mehr gedacht werden könne. Krystina Zywulska schreibt: „Die Freiheit war ein vollkommen irrealer Begriff geworden. Es gab Augenblicke, in denen ich glaubte, mein Leben hätte erst mit dem Durchschreiten des Lagertores begonnen" (Krystina Zywulska, Wo vorher Birken waren. Überlebensbericht einer jungen Frau aus Auschwitz-Birkenau, (Przezylam Oswiecim, 1949) München 1979,104).

es inwendig, indem der äußere Raum, das Gefängnis, sich nach innen kehrt, so bedeutet das unweigerlich den psychischen und physischen Tod.[69] Nicht alle Autoren können oder wollen diese nach innen gewendete totalitäre Ordnung des Raums umsetzen. In vielen Texten zeigt sie sich jedoch im Schreiben des Eintritts der Häftlinge in das jeweilige Lager. In der meist bruchstückhaften Wahrnehmung des Raums wird eine schrittweise Engführung durch die verschiedenen Baracken bis zum Schlafplatz vollzogen.

Fast immer entsteht der Raum durch Blick und Handlung des erlebend Erzählenden. Durch die eingeschränkte Fokalisierung ist kein Überblick möglich. Sowohl Erzähler als auch Ich sind der totalitären Ordnung des Raums ausgeliefert. Meist erfolgt ein Überblick über den Aufbau des Lagers zu einem späteren Zeitpunkt. Er kann aber auch ganz fehlen. Auf solch einer Beschreibung liegt nicht mehr der Blick dessen, der als Teil des Ganzen das Lager zum ersten Mal wahrnimmt. Es ist der distanzierte Blick eines Betrachters, der alles überschaut, in sich geordnet hat und nun das Geordnete wiedergibt. Die räumliche Ordnung in einer narrativen Pause wäre also eine Möglichkeit, eine innere Distanz zum umgebenden Gefängnis herzustellen und dadurch eine gewisse Unabhängigkeit in ihm zu gewinnen.

Man bedenke allerdings, dass in vielen Texten der Raum des Lagers nach dem Betreten nicht weiter beachtet wird. Alle Beobachtung liegt auf den Beziehungen der Häftlinge untereinander. Gerade die Berichte überlebender Frauen – ich denke hier an Simha Naor, Jenny Spritzer, Liana Millu, Gisella Perl, Maria Zarebinska-Broniewska oder auch Grete Salus – sind Zeugnisse von Einzelschicksalen, Verhaltensweisen und Gefühlen, bei denen das jeweilige Lager zwar den Raum bildet mit Appellplatz, Baracke und Arbeitsplatz, ansonsten aber nicht weiter sinntragend ist.

Ungeachtet dieser Einschränkung möchte ich doch die erlebte und erschriebene Enge sowie ihre Überschreitung am Beispiel von *Ist das ein Mensch?* ausführlicher erläutern. Denn die Absolutheit des Gefängnisses – wie die für das Überleben notwendige Eröffnung eines poetischen oder psychischen Raums in

---

[69] Gerade die Unüberschreitbarkeit der Grenze auf der einen Seite, wie die Aufhebung aller Grenzen auf der anderen durch die physische Enge, die bis auf den Schlafplatz erzwungen wurde, zerstört den Eigenraum des Individuums. Denn diese Enge war mindestens so entsetzlich wie der Verlust des Außenraums und der äußeren Freiheit, da selbst die natürliche Grenze des Leibes nicht mehr geachtet wurde, wenn geschlafen werden muss mit dem Kopf auf den Füßen des anderen, und Kot und Urin durch Krankheit nicht zurückgehalten werden können. Vgl. hierzu auch Sofsky (1999, 70–87), der wieder sehr detailliert an der äußeren Struktur des Lagers zeigt, wie die absolute Macht sich von der äußeren Grenze bis auf die Pritsche erstreckt, wie sie den „sozialen Lagerraum und den personalen Eigenraum" durchherrscht und die Menschen schon allein dadurch vernichtet (Sofsky 1999, 87).

ihm – ist ein Merkmal der frühen Texte, das in dieser Form in den späteren Schreibweisen nicht mehr anzutreffen ist.

2.1 Räume der Gefangenschaft – Folgen eines totalitaristischen Systems

Von den Bergen in das Tal, in das Sammellager Fossoli, von dort in die Waggons nach Monowitz, durch das Lagertor in die Duschräume, in die Baracken und dort in einen Winkel – das ist der Weg, den Primo Levi im Dezember 1943 zurücklegen muss. Es ist ein Weg von der Weite in die Enge, von der Höhe in die Tiefe, vom Menschen zur Nummer, wie ihn jeder Verfolgte geht und wie ihn alle ausführlich beschrieben haben. Stück für Stück wird im ersten und zweiten Kapitel von *Ist das ein Mensch?* der Weg in das Lager im Schreiben noch einmal gegangen. Lässt im ersten Kapitel der Erzähler seinem Ich noch Möglichkeiten, dem sich immer mehr verengenden Raum in narrativen Pausen für Augenblicke zu entfliehen, so wird ihm mit Durchschreiten des Lagertores vorerst auch diese Möglichkeit genommen. Die Erzählung geht über ins durative Präsens. Es besteht keine eindeutige Differenz mehr zwischen Stimme und Blick. Im Gegenteil: Im Schreiben wird der Raum noch einmal geschlossen und die damalige Gefangenschaft wiederholt. Im Vergleich hierzu: Man bedenke, welche Freiheit im Umgang mit dem Raum Ruth Klüger und Paul Steinberg besitzen, die durch verschiedene erzählerische Verfahren das (geschriebene) Lager immerzu verlassen können oder müssen oder es gar nicht erst als Ausgangspunkt wählen. Bei Primo Levi ist das nicht so. Häftling (erzähltes Ich) und Erzähler (erzählendes Ich) sind in Monowitz, das den zentralen und einzigen Handlungsraum bildet, gefangen. Das ist ungewöhnlich. Denn ein Erzähler hat – so denken wir – alle möglichen Freiheiten. Hier hat er sie nicht. Man könnte auch sagen, dass er die Freiheit nicht wählt, die er grundsätzlich haben könnte. Und ich will mich nicht festlegen darauf, ob er gar nicht anders kann oder nicht will. Wichtig ist, dass der Erzähler in dieser Weise erzählt und darin sein Verständnis der Dinge sichtbar wird. Denn es geht darum zu erfahren, wie die Opfer die Ereignisse begriffen, das heißt, erzählt haben und welche Folgen dies hat. Levis Erzähler kann also die Grenze des Lagers nicht überschreiten.[70] So entsteht das Lager

---

[70] Wie absolut diese Grenze ist, kann man daran sehen, dass der Raum des Lagers selbst dann nicht verlassen werden kann, wenn die Außenkommandos zur Arbeit ausrücken. Denn nicht nur durch die Bewachung, sondern auch durch die Bevölkerung der jeweiligen Umgebung werden die Häftlinge auf ihre Gefangenschaft verwiesen, indem sie gar nicht wahrgenommen werden oder nicht wahrgenommen werden dürfen: „Von Zeit zu Zeit fuhr ein Zivilist auf einem Fahrrad vorbei [...] Sie fuhren wie Fremde an uns vorbei, wie

als ein Ort der Gefangenschaft, aus dem es keinen Ausweg gibt, im Schreiben vor allem dadurch noch einmal, dass der Häftling – selbst ein Beobachter – die einzelnen Handlungen ausführt und zugleich erzählt. Kein Kommentar, keine Erläuterung unterbricht den Gang des sich selbst beobachtenden Handelnden.

Ein Beispiel zum Transport von gusseisernen Trägern: „Diesmal muß ich vorn gehen. Der Träger ist schwer, aber sehr kurz; dehalb spüre ich bei jedem Schritt wie hinter mir Null Achtzehns Füße gegen die meinen stoßen […] Zwanzig Schritt, jetzt sind wir am Gleis angekommen, ein Kabel muß überstiegen werden. […] Fünfzig Schritt, sechzig Schritt. Das Tor zum Magazin; noch einmal die gleiche Wegstrecke, und wir können die Bürde niederlegen. Aus, es geht nicht mehr weiter, das ganze Gewicht liegt mir nun auf dem Arm" (*Mensch*, 50).

Hier wird kein Überblick über das Lager gegeben, den im Übrigen auch Levi kennt.[71] Meter für Meter geht der Erzähler-Häftling noch einmal im Schreiben den Weg mit den untragbaren Eisenträgern auf den Schultern. Fast ebenso mühsam wie der damalige Gang ist der heutige in der Sprache. Satz für Satz wird der Raum erschrieben. Keine Metapher, keine Prolepse oder Analepse erlösen daraus. Auch kein summativer oder iterativer Erzählsatz – der Weg war nicht weit, wurde aber endlos unter den Füßen – kürzen das Ereignis ab. Einen Ausweg gibt es auch zum Zeitpunkt des Schreibens nicht. Dem entspricht auf der Ebene der Geschichte, dass im Verlaufe der Gefangenschaft das Lager nicht mehr in der anfangs üblichen Opposition zur „Welt draußen" gedacht werden kann. Diese Opposition ist zwar – wie schon angedeutet – schrecklich, aber hilfreich und beruhigend, da mit ihr immer von der Existenz der anderen, der freien Welt ausgegangen wird. Mit zunehmenden Erfahrungen von Hunger, Kälte, Schwäche wird die andere Welt immer unvorstellbarer und schemenhafter: „und darum scheint es uns unmöglich, daß es jenseits dieser unserer Welt in Dreck und Morast noch eine andere Welt und eine andere Zeit gibt," heißt es bei Levi. Hier hat sich der Raum der Gefangenschaft

---

[70] (*Fortsetung*)
Menschen aus einer anderen Welt" (*Birken*, 69). Aus dem Lager gibt es kein Entkommen, da die Grenze dort entsteht, wo die Häftlinge sind oder anders gedacht, die freie Welt ist immer dort, wo die Häftlinge nicht sind (vgl. hierzu auch Ariane Eichenberg, „Erzwungene Grenzen und Grenzüberschreitung im Schreiben angesichts nationalsozialistischer Verfolgung und Vernichtung", in: Tanja Lange; Jörg Schönert; Péter Varga (Hg.), Literatur und Kultur in Grenzräumen (Budapester Studien zur Literaturwissenschaft, Bd. 2), Frankfurt am Main u.a. 2002, 125–133.

[71] Siehe *Mensch*, 34ff.

auch psychisch geschlossen. Es existiert nur noch das Lager, wenn ein ‚Draußen' nicht mehr gedacht werden kann.[72]

2.2 Räume der Freiheit – Möglichkeiten des kulturellen Gedächtnisses

Doch weder für einen Erzähler zum Schreibzeitpunkt noch damals für den Häftling ist solch ein verengtes, ins Unendliche gesteigertes Gefängnis auszuhalten. Es gibt mehrere Möglichkeiten die gesetzten Grenzen imaginär zu überschreiten. Das kann durch Erinnerungen an ein Leben und Hoffnung auf ein Leben in Freiheit geschehen, durch Verfolgen der Nachrichten über die Alliierten, durch die Aktivierung des kulturellen Gedächtnisses wie bei Levi oder auch durch den Erhalt von winzigen Ritualen der Zivilisation. Für den Häftling und den Erzähler von *Ist das ein Mensch?* findet sich durch literarische Metaphern ein psychischer Ausweg aus der Enge. Denn von Anfang an richtet der Erzähler seinen Blick auf die innere Gefangenschaft oder räumlich gesprochen, auf das nach innen gewendete Lager. Schon mit dem Abstieg aus den Bergen in das Tal, mit dem Gang aus der Höhe in die Tiefe blickt der Erzähler auf einen anderen Abstieg in eine andere Tiefe und kann damit als Erzählender einen Freiraum im äußeren Raum der Gefangenschaft schaffen und sich als kulturelles Ich erhalten.

Der Erzähler berichtet, wie Dante und Virgil sich von einem Kreis der Hölle zum anderen „in die Tiefe" begeben.[73] Bei Dante ist dieser Abstieg innerhalb des erzählerischen Universums ein reales Ereignis. Bei Levi ist „in die Tiefe" sich begeben, „in der Tiefe liegen" der zentrale Metaphernkomplex, mit welchem die Verwandlung des Menschen in einen „Nichtmenschen" beobachtet und analysiert wird. Die Fahrt von Carpi nach Auschwitz ist eine „Niederfahrt in die Tiefe" und der Lastwagen, der die italienischen Juden in das Lager bringt, fährt „hinunter". Der wachhabende Soldat ist Charon, der erste Tag im Lager ist ein „Tag der Vorhölle" (*Mensch*, 31). Der Mensch, der alles verloren hat, dem alles genommen wurde, „seine Gewohnheiten, seine Kleidung und schließlich alles, buchstäblich alles, [...] was er besitzt", solch ein Mensch

---

[72] Der Verlust der freien Welt durch die alleinige Existenz des einen Raums mit seinen lebenszerstörenden Gesetzen findet sich in vielen Texten, die während der Haft oder kurz danach geschrieben wurden. Vgl. hierzu auch exemplarisch Abel Herzberg, der am 15. 8. 1944 notiert: „Wir sind aus dem Ganzen ausgeschlossen, wir empfangen nichts und geben nichts. Kein Einfluß wirkt von außen her auf uns ein, keine Wirkung geht von uns aus" (in: Eberhard Kolb, Bergen-Belsen 1943–1945, Göttingen 1996, 100).

[73] Vgl. zur Verwendung der ‚Höllenmetapher' vor allem Taterka 1999.

„verliert auch leicht sich selbst" (*Mensch*, 28). Er ist in der Tiefe angekommen. Die Muselmänner, schreibt Levi, sind der Prototyp des Menschen, der in der Tiefe ist. Sie sind die „Verlorenen", die „keine Geschichte" haben. Sie sind „die anonyme [...] und immer identische Masse schweigend marschierender Nichtmenschen, in denen der göttliche Funke erloschen ist, und die schon zu ausgehöhlt sind, um wirklich zu leiden" (*Mensch*, 108). Das System des Lagers frisst sich bei den Muselmännern nach innen und zerstört alles, was an Eigenheiten vorhanden ist. Für die Menschen in der Tiefe gibt es keinen Innenraum mehr, es gibt keine Vorstellung und keine Erinnerung. Das Lager ist inwendig geworden. Die Gefangenen leben nur noch in einer Dimension. Diesem Abgrund der Eindimensionalität aber kann sich das erzählte Ich durch die Metapher und ihren Kontext entziehen:

Jean, der Pikkolo des Chemikerkommandos, will Italienisch lernen. Mit den Suppenstangen auf den Schultern erinnert sich der Häftling Levi bruchstückhaft und mühsam an den Gesang des Ulyss'. Und, auf einmal „wie ein Posaunenstoß, wie Gottes Stimme", erreichen ihn Dantes Verse „Fatti non foste a viver come bruti, / Ma per seguir virtute e conoscenza" (*Mensch*, 137). Für einen Augenblick kann der Häftling vergessen, dass er die Nummer 174517 ist und kann vergessen, dass er in Monowitz lebt. Mit Hilfe des nach innen gewendeten kulturellen Gedächtnisses kann er das Lager in Gedanken verlassen, kann aber zugleich die Struktur des Lagers durch die Verse Dantes erkennen. Das erzählte Ich hat hier eine zusätzliche Dimension gewonnen, die einen winzigen Freiraum im Gefängnis schafft. Und auch wenn der Gesang des Ulyss' mit dem Tod von Odysseus und seinen Gefährten endet und der Erzähler das Kapitel mit dem letzten Vers „bis über uns geschlossen ward das Meer" schließt (*Mensch*, 139), somit das Schicksal des Ulyss' auf das der Häftlinge überträgt, rettet sich der Gefangene, indem er einerseits wieder Angehöriger der freien, anderen Welt durch sein wieder erlangtes Menschsein wird und andererseits ein Angehöriger der literarischen Welt ist, der sich in den literarischen Untergang flüchtet und sich dem realen dadurch entziehen kann.

Was dem damaligen Häftling durch die Erinnerung an Ulyss' gelingt, wird dem Erzähler durch den Metaphernkomplex „in der Tiefe" möglich, der wohl inspiriert wurde von der realen Erinnerung der Verse Dantes im Lager, aber in dieser strukturierenden Form ein Akt des Erzählers ist. Der Erzähler übernimmt und baut aus, was das frühere Ich ihm ‚vorgemacht' hat. So gesehen wäre die Metapher eine Möglichkeit, den Weg der Verfolgung zum Schreibzeitpunkt noch einmal zu gehen, mit einer minimalen Differenz. Die dantische Hölle gibt der realen Hölle eine Form, sodass der Erzähler in der literarischen Hölle geborgen noch einmal in die Tiefe steigen kann, ohne sich in ihr zu verlieren. Mit ihr wird eine zweite Dimension geschaffen, die zwar keinen Ausweg ermöglicht, da sie ein Äquivalent zum Lager ist, die aber zumindest

Distanz herstellt. Für den Häftling war das damals eine Möglichkeit Mensch zu sein, dem Erzähler ist hingegen möglich, noch einmal den realen und psychischen Abstieg in die Tiefe schreibend zu vollziehen.

*

Solche Überschreitungen des geschlossenen Raums in Gedanken und Gefühl und zum Schreibzeitpunkt in der Schrift, können – wie gesagt – sehr verschieden aussehen. Nur eine einzige, die sich durch die Raummetapher anbietet, habe ich am Beispiel von Primo Levi herausgegriffen. Primo Levi steht mit dieser Form der Überschreitung, die Überleben sichert, nicht alleine da. Es gibt mehrere Berichte, in denen die Erinnerung kultureller Schätze den Häftlingen überleben hilft. Keineswegs sollte man daraus aber schlussfolgern, dass die „intellektuelle Grundposition", wie Jean Améry dies nennt, Gewähr für das Überleben ist. Nach Améry wurde die Position des Häftlings durch die Bildung verschlechtert, da sie die Möglichkeit zur Selbstdestruktion schuf, Zweifel an der eigenen Person zuließ und die Suche nach Erklärungen die Situation oftmals auch logisch vernünftig erscheinen ließ.[74]

Die literarische Metapher bringt dem Häftling Améry auf der inhaltlichen Ebene gerade keinen Ausweg. Als er die Hölderlin-Verse des Gedichtes *Hälfte des Lebens* erinnert – „Die Mauern stehen sprachlos und kalt, im Winde klirren die Fahnen" – geschieht nichts: „Nichts. Das Gedicht transzendiert die Wirklichkeit nicht mehr. Da stand es und war nur noch sachliche Aussage: so und so, und der Kapo brüllt ‚links', und die Suppe war dünn, und im Winde klirren die Fahnen."[75]

Amérys radikale Absage an den ästhetischen Geist und die Kraft der literarischen Metapher ist nun kein Widerspruch dazu, dass Metaphern andere Dimensionen (oder Innenräume) in der äußeren, totalitär gewordenen Ordnung schaffen können und damit das Raumempfinden so verändern, dass eine der Voraussetzungen für das Überleben entsteht. Denn auch wenn das Gedicht die ‚Wirklichkeit nicht mehr transzendiert', kann Améry immerhin diese in der literarischen Metapher benennen und sich dadurch von der ‚Wirklichkeit' distanzieren.

---

[74] Vgl. Jean Améry, Jenseits von Schuld und Sühne. Bewältigungsversuche eines Überwältigten, München 1966.
[75] Améry 1966, 19.

3 Die Figuration und das Erzählen zwischen Wissen und Nichtwissen

3.1 Pronomen – Abspaltungen und Zugehörigkeiten

Die Figuration in und um das Lager herum ist, wie wir inzwischen aus vielen Berichten wissen, komplizierter, als lange Zeit angenommen. Zum System der Verfolgung und Vernichtung gehörte, die Opfer an ihrer eigenen Vernichtung zu beteiligen, sie diese organisieren und auch durchführen zu lassen. Der dadurch entstehende Verlust eindeutiger Zuordnung und Bestimmung von Opfer und Täter im Verständnis der Einzelnen bedeutet eine Vernichtung vor der Vernichtung und für die Überlebenden oft auch danach. Schon in den frühen Texten beschreiben die Autoren diesen menschenverachtenden Mechanismus oder deuten ihn an.[76] Doch werde ich hier auf diesen Aspekt nicht eingehen, auch nicht auf die Folgen der hierarchischen Lagerstruktur und die dadurch entstehenden Abhängigkeiten, sondern es soll das Verhältnis des einzelnen Häftlings zur Gruppe der Häftlinge, der Übergang vom Ich zum Wir erläutert werden. Denn dieses Verhältnis wirkt auf Stimme und Blick beziehungsweise auf die jeweiligen Erzählkompetenzen, wie auch umgekehrt diese auf die Figuration wirken.

Auffällig ist – gerade im Vergleich mit der Literatur, die ab den 1980er Jahren entsteht – eine grundsätzliche Dominanz der ersten Person Plural über die erste Person Singular.[77] In kommunistischen Texten wäre solch ein plurales Denken nichts Ungewöhnliches, da für Erzähler und Handelnden selbstverständlich ist, dass das Kollektiv oder die Partei über dem Einzelnen steht und ihn ersetzen kann. Dort ist das kollektive Subjekt auch immer eindeutig bestimmbar: Es meint die Mitglieder der Untergrundorganisation und niemanden sonst. Das ‚kommunistische Ich' ist von daher nie allein – im Lager

---

[76] Am deutlichsten hat das sicher Mechanicus wahrgenommen und in seinem Tagebuch notiert. Vgl. hierzu meine Ausführungen „Epilog. Vor der Erinnerung: Schreiben während der Haft".

[77] Dieser Dominanz entspricht auch, dass in fast allen Texten die Angaben zur eigenen Person fehlen, während bei den späteren Schreibweisen diese meist miterzählt werden. Das Ich entsteht also nur im Zusammenhang mit dem Wir des Lagers. Aber auch hier gibt es Ausnahmen. Simha Naor zum Beispiel wählt äußerst selten das kollektive Subjekt als Wahrnehmungszentrum.

nicht und darüber hinaus nicht in der Welt.[78] In den Texten von Autoren hingegen, die als Juden verfolgt wurden, scheint die Ersetzung vorerst ungewöhnlich und ist auch nicht eindeutig, da die Juden, wenn sie nicht religiös waren, sich damals kaum als eine Gemeinschaft und schon gar nicht als eine organisierte Gruppe verstanden. Erst die Verfolgung machte sie zu Juden, wie viele Überlebende berichten.[79] Das heißt, spätestens mit der Verhaftung wurde auch eine Gemeinschaft und damit die Grundlage des Pronominalwechsels gebildet.

Der alte Gattegno, schreibt Levi, lässt sich vor dem Transport mit seiner Familie zur Klage nieder „und [sie] beteten und weinten die ganze Nacht hindurch. Wir verharrten in großer Zahl vor ihrer Tür, und es senkte sich, für uns neu, auf unsere Seele das uralte Leid des Volkes ohne Heimat, das hoffnungslose Leid des Jahrhunderte erneuerten Auszugs" (*Mensch*, 15).

Mit dem Hören der Klage stellt sich Levi in diesem Augenblick in das Schicksal der gläubigen Juden und kann wie sie in der Vertreibung einen gemeinsamen, überzeitlichen Lebenssinn sehen. Von jenem Zeitpunkt an gibt

---

[78] Zu den Schreibweisen der politisch Verfolgten vgl. vor allem Rolf D. Krause, „KZ-Wirklichkeit und KZ-Darstellung zwischen 1935 und 1940. Zu den autobiographischen KZ-Berichten des Exils", in: Edita Koch und Fritjof Trapp (Hg.), Exil. Sonderband 1: Realismuskonzeptionen der Exilliteratur zwischen 1935 und 1940/41, Maintal 1987, 176–183. Krause zeigt, wie die Autoren mit ihrem Schreiben über die Gewalt und den Terror aufklären und ihn für alle Zukunft verhindern wollen. Das Zeitkonzept dieser Texte lautet: ‚Nie wieder soll es so werden, wie es war.' Solch ein Satz verlangt notwendigerweise nach einer neuen Gesellschaft, in der sich dieses ‚Nie wieder' verwirklichen kann. Für die deutschen Kommunisten ist dies die DDR: Staatsgründung, antifaschistischer Kampf und früherer Widerstand fallen zusammen; der Kampf gegen den Faschismus wird zur Gründungsurkunde und Legitimation der DDR. Die Perspektive in diesen Texten liegt weniger auf dem Individuum als auf dem Kollektiv. So dient die individuelle Geschichte des konkreten Autors der Beglaubigung. Der Autor ist Zeuge und Garant – als solcher ist er Zeichen für das Lager und seine Kameraden.

[79] Am schärfsten hat dies Jean Améry formuliert: „Ich trage auf meinem linken Unterarm die Auschwitz-Nummer; die liest sich kürzer als der Pentateuch oder der Talmud und gibt doch gründlicher Auskunft. Sie ist auch verbindlicher als Grundformel der jüdischen Existenz. Wenn ich mir und der Welt […] sage: ich bin Jude, dann meine ich damit die in der Auschwitznummer zusammengefaßten Wirklichkeiten und Möglichkeiten" (*Jenseits von Schuld und Sühne*, 148f).
Solch Definition als Jude durch die rassistischen Zuschreibungen der Nationalsozialisten reicht bis in die ‚zweite Generation' hinein. Robert Schindel lässt zum Beispiel in seinem Roman *Gebürtig* den Dichter Paul Hirschberg die negative Bestimmung weit von sich weisen – „Ich lass mir doch von Hitler nicht vorschreiben, dass ich Jude bin" –, während umgekehrt der Schriftsteller und Banker Emanuel Katz gerade darüber seine jüdische Identität definieren kann. Vgl. hierzu dann Zweiter Teil: „Schreiben aus der Distanz (1980–2000)", III. „Ererbte Erinnerung: Texte der ‚zweiten Generation'".

es für den Erzähler und den Häftling nur selten ‚Ich'. Es dominiert das ‚Wir'. Dieses Wir allerdings verliert den traditionellen, religiösen Sinn und erhält verschiedene Signifikate. Einmal meint es die Juden im Allgemeinen, dann alle Häftlinge, alle Kranken oder alle Angehörigen eines Kommandos oder eines Blockes. Anders als bei den Kommunisten oder auch religiösen Juden ist Wir keine fest umrissene Größe, sondern ist konstellativ und ergibt sich aus dem jeweiligen Opfer-Zusammenhang heraus. Es ist eine klassifikatorische Verallgemeinerung von Ich zunächst, die aber auch eine Gemeinsamkeit herstellt. Diese für das Überleben notwendige und an den Augenblick gebundene Gemeinschaftsbildung in einer Situation der absoluten Vereinzelung ist vielleicht bei Levi besonders auffällig, trifft aber für alle frühen Texte zu.[80]

Ein Sinn dieser Gemeinschaftsbildung liegt auf der Schreibebene sicher darin, einen exemplarischen Text zu schreiben. Nicht ein Leben und Leiden wird erzählt, sondern das Schicksal aller, auch derer, die nicht mehr Ich sagen können. Zugleich werden damit nicht nur die Toten im Gedächtnis behalten, sondern es wird auch die Identität des Erinnernden im Erinnerungsakt begründet und gesichert. Und das nicht nur vor sich selbst, sondern auch vor der Welt, die nicht glauben wollte.

Doch für den Erzähler und das erzählte Ich eines autobiographischen Textes können im Wir noch ganz andere Existenzfragen verhandelt werden. Denn Gemeinschaftsbildung ermöglicht auch, dass die Gefühle – und hier sind es ja durchweg Schreckensgefühle – im Wir nach außen gekehrt werden können und so den Einzelnen, gewiss im Erzählen, aber vielleicht auch schon im Erleben, entlasten. Diese Entlastung muss nicht immer durch die erste Person Plu-

---

[80] Sehr auffällig ist die Verwendung der ersten Person Plural bei Rolf Weinstock, *Das wahre Gesicht Hitler-Deutschlands*. Ähnlich wie in *Ist das ein Mensch?* umfasst es die unterschiedlichsten Gruppierungen. Weinstock ist Jude. Als solcher wird er auch verhaftet, und ‚Wir' meint dann alle anderen inhaftierten Juden. Weinstock versteht sich aber auch als Kämpfer gegen den Faschismus, als er gegen Kriegsende nach Buchenwald transportiert wird. Da setzt das Wir sich weniger aus Juden als aus der Gemeinschaft der politischen Häftlinge zusammen. Nach der Befreiung kehrt der Erzähler in seine Heimatstadt zurück. Wir umschließt jetzt die Nachbarn, ja alle Deutschen, mit denen gemeinsam ein neues Leben aufgebaut werden soll. An diesem multiplen Wir sieht man einerseits, dass der Autor nicht sein eigenes individuelles Schicksal in den Blick nehmen will, sondern sein Schicksal – ähnlich wie das Rolf Krause für die kommunistischen Autoren formuliert hat – nur Garant und Zeuge für die Ereignisse ist. So bleibt auch die Person des Erzählenden und sein erzähltes Ich relativ unbestimmt – Zusatzdaten, die nicht die Verfolgung und Vernichtung betreffen, werden nicht erwähnt. Andererseits wird noch im Erzählen das Ich im Wir aufgehoben und kann sich in der Gemeinschaft seines Selbst versichern, eines Selbst, das ihm von den Nationalsozialisten geraubt wurde. Vgl. weiter auch Samuel Graumann, Deportiert. Ein Wiener Jude berichtet, Wien 1947, aber auch Bernd Klieger, Der Weg, den wir gingen, Jenny Spritzer, Ich war Nr. 10291.

ral erfolgen, sondern kann ebenso gut durch Signifikanten wie wer, man, der Mensch geleistet werden.[81]

Bei Levi gibt es eine Partie, an der sowohl Entlastung des Ichs als auch das Exemplarische der Situation durch den Wechsel des Pronomens deutlich werden: „Nach zwanzig Tagen im KB ist meine Wunde so gut wie verheilt, und ich werde zu meinem größten Leidwesen entlassen", so beginnt die Geschichte der Entlassung aus dem „Krankenbau" und die Zuweisung eines neuen Blocks und eines neuen Kommandos (*Mensch*, 65). Das ist eine Erzählung aus dem Blickwinkel des erlebenden Ichs. Die Erzählung ist intern fokalisiert, wie wir sagen. Das bleibt nicht so. Die eigene, schmerzlich erfahrene Geschichte wird rasch zur Geschichte vieler. Denn schon im nachfolgenden Satz wechselt das Subjekt vom „Ich" zum „Wer", „Man" und schließlich heißt es: „Der Mensch..." Das ist nun nicht mehr der Blick des Ichs, sondern der Blick des Erzählers, der sich in alle Menschen, die die Krankenbaracke verlassen, hineindenken kann, und die spezifische, eigene Situation soweit abstrahiert, dass aus der persönlichen, individuellen eine exemplarische, allgemeingültige wird. Der Erzähler wird zu einem auktorialen Ich-Erzähler, der nicht auktorial hinsichtlich der eigenen Biographie ist, sondern gegenüber anderen.[82] Die Funktion des Wechsels scheint aber nun nicht nur in der Erläuterung der Situation oder in der Ableitung eines Allgemeinen aus einem Besonderen zu liegen, sondern auch eine Möglichkeit zu sein, die eigene Geschichte mit ihrem Schrecken und ihrer Demütigung überhaupt erzählen zu können. Heißt es: „Der Mensch aber, der nackt und fast nie vollkommen gesundet aus dem KB kommt, fühlt sich in Finsternis und Frost des Weltraums hineingeschleudert. Die Hosen rutschen ihm hinunter, die Schuhe drücken ihn, das Hemd hat keine Knöpfe" und schlussfolgert der Erzähler dann: „In diesem Zustand befinde ich mich als mich der Pfleger [...] dem Blockältesten des Blocks 45 anvertraut" (*Mensch*, 66), so wird der Schrecken – der dem eigenen Ich wider-

---

[81] Am auffälligsten ist die Ersetzung eines persönlichen Pronomens durch ein unpersönliches bei Mark Siegelberg, *Schutzhaftjude 13877*. Siegelberg schrieb seinen Bericht 1939 auf der Flucht nach Shanghai. Veröffentlicht wurde er dort 1940. Es ist keine Ich-Erzählung. Der Autor hat die Er-Perspektive gewählt und erzählt aus der Sicht eines Pauls von den Schreckensereignissen. Diese im Grunde ja einschränkende Blickweise hindert den Erzähler aber nicht, fortwährend Wissen einzuspielen und sich auktorial zu verhalten. Dabei fällt auf, dass der Erzähler das allgemeine und unspezifische ‚man' bevorzugt – und das derart ausgeprägt, dass ‚man' zur eigentlichen Figur des Textes wird. In ihm werden alle eigenen Erfahrungen abgehandelt, sie zugleich verallgemeinert und als exemplarisch gesetzt.

[82] Genette würde dies als eine nullfokalisierte Erzählung bezeichnen, wobei ich hier den auktorialen Ich-Erzähler vorziehe, da mit dieser Definition die Kraft, die im Erzählakt liegt, deutlicher wird.

Die Figuration und das Erzählen zwischen Wissen und Nichtwissen   47

fuhr – im „Menschen" erzählbar. Die allgemeingültige Geschichte über den Menschen ersetzt und entfernt in gewisser Weise die persönliche Geschichte des Ichs, beziehungsweise die eigene elende Situation wird in die allgemeine eingebettet.[83] In ihr kann sie aus einer gewissen Distanz heraus angeschaut werden.[84] Oder anders gefasst: Es wird eine Gemeinschaft hergestellt, ideeller oder realer Art, die der Verfolgung und Vernichtung zu begegnen versucht.

3.2 Blick und Stimme – die Begrenzung des Wissens

Der Wechsel der Pronomen beziehungsweise der Subjekte – und auf narrativer Ebene der Wechsel vom eingeschränkten zum gewiss nicht allwissenden, aber doch erweiterten Blick – verweist auf ein erzählerisches Gesetz und seine Umkehrung.

Über den Erzähler autobiographischen Typs schreibt Genette: „Die einzige Fokalisierung, die er [der Erzähler] zu respektieren hat, wird definiert durch seinen gegenwärtigen Informationsstand als Erzähler und nicht durch seinen vergangenen Informationsstand als Held."[85] Dieses logische und unmittelbar nachvollziehbare Gesetz wird allerdings fortwährend in den Texten über die Shoah unterlaufen oder umgekehrt. Gerade die Überlebenden der Vernichtungs- und Arbeitslager wählen in ihren Texten die eingeschränkte (interne) Fokalisierung oder fühlen sich genötigt oder gedrängt zu ihr. Spätere Erfah-

---

[83] Vgl. hierzu auch Pollak (1988, 160), der zeigt, dass ‚man' zum einen verwendet wird, wenn eine Situation hoffnungslos erscheint und die Gruppe, die dieses ‚man' umfasst, handlungsunfähig ist. Zum anderen will der Sprechende zu dieser Gruppe nicht gänzlich gehören, sondern sich mit einem Teil seines Ichs von ihr distanzieren. Vgl. hierzu auch Lucia Schmidt-Fels, Deportiert nach Ravensbrück 1943–1945. Bericht einer Zeugin, Düsseldorf 1945. Hier ist der Wechsel von Ich zu ‚man' auch recht auffällig und bestätigt Pollaks Aussage genauestens. Es heißt dort: „Ich hatte bereits die ganze schändliche Zeremonie der Auswahl für den Transport mitgemacht – Sklavenmarkt in reinster Gestalt: Einzeln mußte man vortreten, eine nach der anderen, erst vor den ‚Käufer', einen SS-Mann aus einem anderen Arbeitslager" (*Deportiert*, 63). Die das erzählte Ich persönlich betreffende Selektion wird im Rückblick zusammengefasst – die erste Person Plural als Wahrnehmungszentrum erscheint unproblematisch, während für den eigentlichen Bericht der Selektion die Erzählerin das unpersönlichere, distanzierende ‚man' wählt.
[84] Dies würde mit Manuel Köppens Aussage übereinstimmen, dass die ‚erste Generation' im Schreiben versucht, die Ereignisse von sich zu distanzieren, während die ‚zweite Generation' Nähe herzustellen sucht, da die Ereignisse alle nur durch mündliche oder mediale Dokumente erfahrbar sind. (Manuel Köppen, „Von Versuchen die Gegenwart der Vergangenheit zu erinnern", in: Sprache im technischen Zeitalter, 135 (1995), 250–259, hier 251).
[85] Genette 1994, 141.

rung und allgemeineres, nicht an die eigene Person gebundenes Wissen werden selten und wenn, nur schubweise genutzt. Für diese Texte ist eher der gegenwärtige Informationsstand des Erzählers ungewöhnlich; der Erzähler schränkt sein Wissen ein und wählt den Blick seines ehemaligen Ichs. Von einem rezeptionsorientierten Ansatz aus könnte man denken, der Autor will so den Lesern die Ereignisse möglichst nahe bringen. Mit einem produktionsorientierten Ansatz hingegen, bei dem man davon ausgeht, dass Schreiben zwar ein Vorgang vor den Augen der Welt, aber für das eigene Ich ist – Max Frisch nennt es Schreiben unter ‚Kunstzwang' –, sieht man, dass die Umkehrung jener narrativen Gesetzlichkeit zeigt, wie sehr die Gewaltsamkeit der Ereignisse den Erzählenden wieder erneut in die damalige Situation mit dem jeweils eingeschränkten Blickwinkel zwingt. Die Vergangenheit wird so gegenwärtig, dass kein Außenblick, keine andere Fokalisierung möglich ist.[86] Denn gerade die interne Fokalisierung entspricht dem „Gefühl der Diskontinuität und Desorientierung in katastrophalen Ereignissen", die Young für die Augenzeugen als charakteristisch entwickelt.[87] Dass dies durch ein Medium geschieht, das zwangsläufig orientiert und Kontinuität schafft, ist das schreckliche Paradox dieser Literatur. Zugleich scheint die interne Fokalisierung noch nachträglich und in alle Zukunft eine Möglichkeit zu sein, dem Unglauben zu begegnen, mit dem die Verfolgten schon während der Shoah konfrontiert wurden. Denn die erzählerische Dichte des internen Blickwinkels ermöglicht kaum Einspruch, blendet alle anderen Sichtweisen aus, wie sie auch ein Garant der Wahrhaftigkeit des Erzählten ist.[88]

---

[86] Ich kenne allerdings auch mündliche Aussagen anderer Art. Der Blickwinkel des damaligen Ich wird heute gewählt oder notwendig, weil er das Lager vom jetzigen Leben abtrennt. Die Erzählung wird so zu einer Art Schaukasten, in den man hineinschauen kann, der aber das jetzige Leben nicht miteinbezieht und deswegen auch nicht durcheinander bringen oder gar zerstören kann.

[87] Young 1992, 34f.

[88] Bei Texten allerdings, die im Namen allgemeiner Werte entstanden sind, in denen das Bedürfnis nach einer über das Individuelle hinausreichenden Bedeutung der Zeugenaussage sehr groß ist und das Erzählen einer ‚besseren Zukunft' dient – so heißt es in *Das wahre Gesicht Hitler-Deutschlands* am Ende: „Wenn ich mit meinem Buche und in meiner ‚Besinnung' zur Gründung des Landes der Liebe beigetragen haben sollte, dann wäre ich höchst erfreut" (184) – in solchen Texten kann der Erzähler die interne Fokalisierung verlassen. Um der Vollständigkeit willen, um alles zu bezeugen und aufzuzeichnen berichtet Weinstock zum Beispiel auch über das Frauenlager, die „Kinderfabrik", Mengeles „Versuchsinstitut", obwohl er als Häftling keinen Einblick haben konnte. Ähnlich verfährt Heinz Hesdörffers Erzähler, der Frauen und Kindern ‚folgt', um über ihr Schicksal zu berichten.

Einheit von Stimme und Blick

Mit der Einschränkung des Blicks fallen in der Ich-Erzählung die Stimme des Erzählers und der Blick der Figur zusammen. In jeder klassischen Autobiographie hingegen ist vorerst die Differenz zwischen Stimme und Blick absolut und beruht darauf, dass der Erzählende Erkenntnis inne hat; das andere, frühere Ich hingegen irrt, leidet und das Wissen sich erst erringen muss. Für die frühen Erzählungen über die Verfolgung und Vernichtung ist dies irrelevant. Es gibt keine Erkenntnis, die es zu erringen gilt. Der Erzählende ist im Erzählen Leidender. Die Wiederholung der Ereignisse in Sprache und Schrift ist erneutes Erleben der Ereignisse. Von daher kann der Erzähler nicht mehr Wissen als sein damaliges Ich haben – auch wenn er es realiter hat. Es kann keine Differenz zwischen Stimme und Blick geben und schon gar nicht zwei Diskurse. Es gibt einen Diskurs – und der umfasst die Ereignisse, die dem erlebenden Ich widerfahren im jeweiligen Lager. Der Erzählende hat keine eigene Geschichte, er hat keinen Raum und keine Zeit. Eine Bezugnahme auf den jeweiligen Schreibzeitpunkt und Sätze wie „ich erinnere mich", „heute weiß ich" sind daher selten. Alle erzählerische Kommunikation wird in das erzählte Ich gelegt. Und auch hier wird wieder deutlich: Der Signifikant oder die Narration können als solche sprechend sein. Dazu noch ein Beispiel:

„Hin und her schleppen wir uns mit der Trage, vollgeladen mit schwerem, nassen Sand. Oben wird sie gefüllt, unten kippen wir sie um, und wiederum nach oben, nach unten. Der Wind treibt den anhaltenden dichten Regen fast waagerecht über den Platz und bläst gleichzeitig feinen Sand mit, der auf dem durchnäßten Gesicht haften bleibt; er dringt in die Nase, in den Mund, in die Augen, reibt sich in die Haut, im Nacken, unter dem Tragriemen und zischt um die Ohren herum. Neuer Schub, ich beuge mich zu dem Halter der Trage [...] Ich lecke mir die Lippen ab und hab den Mund voll Sand. Sand, lauter Sand, dieser ist vielleicht von drüben, so fein, durchmischt mit Asche" (*Falle*, 109).

Der Erzähler ist eingezogen in sein damaliges Ich, in den Häftling, der sinnlos Sand von einer Stelle zur anderen schaffen muss. Stimme und Blick sind nicht mehr zu unterscheiden. Differenzen zur Handlung durch Erzählen und damit Freiräume, gibt es nicht mehr. Sand und Asche decken sie zu.

Das erweiterte Subjekt

Nun deckt sich aber der Begriff der internen Fokalisierung nicht einfach mit der oben erarbeiteten Verschiebung vom Ich zum Wir. Denn zu einem begrenzten Blick gehört eine entsprechend wahrnehmende Person, und „Wir" als solche zu definieren ist grammatikalisch zwar möglich, aber real etwas schwierig. Doch nimmt man von einer wirklichkeitsanalogen Darstellung Abstand und schaut allein auf die Funktionen, die dem Wir zugesprochen werden, so sieht man einerseits, dass im Wir die alltäglichen Geschichten des Ichs – Appellstehen, Arbeiten, Appellstehen, Schlafen – sowie dessen Gefühle übernommen werden: „Wir fühlten, wie sich uns die Haare sträubten vor Entsetzen, eine innere Panik sich unserer bemächtigte", heißt es bei Grete Salus (*Frau*, 35f). So gesehen kann Wir auch als eine ‚fokale Figur' bezeichnet werden. Andererseits aber – und das ist wichtig – können im Wir alle einem kollektiven Subjekt eigenen Vorteile, wie Entlastung auf der Ebene der Geschichte und Exemplarismus auf der Ebene des Schreibens, transportiert werden.

Stimme und Blick der Anderen

Ebensowenig wie für die Erzählenden eine Schwierigkeit darin besteht, die Gemeinschaft der Leidenden als ein Subjekt zu begreifen, hindert die Ich-Erzähler etwas daran, ihre Stimme in kleinen metadiegetischen Erzählungen oder in Dialogen an andere abzugeben. In beiden Fällen ist dann auch das Zentrum des Blicks nicht mehr im erzählten Ich. Das mag in einer Autobiographie erstaunen, ist aber durchaus ein häufiges Verfahren, das dem Zeugnis und der Dokumentation dient. Vor allem mit dem Dialog – der erzähltheoretisch immer ein Fiktionszeichen ist – arbeiten fast alle Autoren der frühen Texte. Eingesetzt wird er allerdings, um die Authentizität des Ausgesagten zu unterstreichen. Doch auch intradiegetische Erzähler mit kleinen Erzählungen werden zugelassen wie bei Glazar, Salus oder Schmidt-Fels. Weitaus häufiger allerdings als dieser offensichtliche Stimm- und Blickwechsel ist die Wiedergabe anderer Geschichten unter Beibehaltung der Erzählstimme (vgl. vor allem Jenny Spritzer, Krystina Zywulska und Rolf Weinstock).

Soweit ich das überschaue, ist nicht so ausschlaggebend, welches der Verfahren gewählt oder auch auferlegt ist. Wichtig ist eher, dass mit den Erzählungen der anderen die eigene Geschichte angereichert wird. Die autobiographische Erzählung wird zu einer biographischen Sammlung und zeugt von dem Willen, möglichst viele Zeugnisse – und seien sie noch so fragmentarisch – wiederzugeben, zu erhalten und dadurch auch das eigene zu beglaubigen. Am deutlichsten und eindrucksvollsten ist das in den Texten von Häftlingen, die besondere Stellungen inne hatten, wie zum Beispiel Raya Kagan oder Jenny Spritzer. Beide waren in der Politischen Abteilung von Auschwitz beschäftigt und wurden dadurch mit besonders viel Wissen um viele Menschen belastet, das sie im Schreiben wieder veräußert haben.[89] Im Gegensatz zu den

---

[89] Vgl. Raya Kagan, Frauen im Büro der Hölle (1947). Der Text von Kagan, der in Russisch und Hebräisch erschienen ist, lag mir leider nicht vor. Auszüge daraus finden sich in: Adler 1995, 145–158.

anderen Häftlingen hatten sie ein großes Wissen über die einzelnen SS-Leute, deren Kurzbiographien allerdings vom extradiegetischen Erzähler erzählt werden. Niemals erzählen die SS-Leute selbst ihre Geschichte. Eine Stimme – bis auf das Erteilen der Befehle – wird ihnen verweigert.

3.4 Narrative Pausen – Überblick und Distanz

Man könnte es mit diesen Aussagen belassen, da die Einheit zwischen Erzähler und erzähltem Ich überwiegt. Doch wie wir schon aus den Überlegungen zu Zeit und Raum wissen, kann diese Dichte weder immer ertragen, noch erzählerisch durchgehalten werden. Wiederholt gibt es Partien, in denen der Häftling den Erzähler und der Erzählende den Häftling aus dem ‚Gefängnis' entlässt, Stimme und Blick zu unterscheiden sind und Ansätze eines zweiten Diskurses oder auch Selbstreferenzen sichtbar werden. Das kann je nach Ebene oder Kategorie durch verschiedene erzählerische Verfahren geschehen. Einige habe ich genannt und besprochen (Prolepsen oder Analepsen, iteratives Erzählen, Fokalisierungswechsel etc.). Andere, wie die narrative Pause, wenn sie nicht in der Funktion eines Vor- oder Rückgriffs steht, nicht. Gerade die narrativen Pausen, in denen die Geschichte steht und die Erzählung läuft, sind Möglichkeiten, den Erzähler vom erzählten Ich zu lösen und Stimme und Blick voneinander zu scheiden. Anders aber als in den neueren Texten ist in den Pausen alles Denken auf das Leben im Lager gerichtet. Der Erzähler in *Die Falle mit dem grünen Zaun* gewinnt zum Beispiel öfter Abstand zu dem Geschehen, indem er die Ereignisse ordnet und kategorisiert. Ein Beispiel hierfür findet sich im Kapitel „Die Henker und die Totengräber". An verschiedenen Ereignissen entlang wird das System ‚Treblinka' vorgeführt, und der Erzähler lässt keinen Zweifel daran, welche Verschiebungen es innerhalb dieses Systems gibt. Er ist also Innenstehender und Außenstehender zugleich:

„Man könnte auch die Bezeichnung ‚die Herren und die Sklaven' für alle die benutzen, die sich in Treblinka auf zwei Beinen bewegen. Aber solche Bezeichnungen sind nur gut für die Überschrift. Sonst ist es in Treblinka auch nicht so einfach. Es gibt größere und kleinere Herren. Halbherren, Kommandanten der Henker, Meisterhenker und ihre Gehilfen, mehr oder weniger lebendige Sklaven. Totengräber, groß und klein. Alle belauern und bewachen die anderen und sich gegenseitig" (*Falle*, 49ff).

Hier ist Thema der Erzählung die Benennung der Ereignisse, weniger der Bericht. Es ist eine Reflexion der Begriffe die, wie wir sehen werden, charakteristisch für die späteren Texte sein wird – zum Beispiel in Ruth Klügers *weiter leben* oder Paul Steinbergs *Chronik aus einer dunklen Welt*.[90] In den frühen Texten wird durch die narrativen Pausen Distanz zum Geschehen erzeugt oder besser noch Ordnung hergestellt. Dabei bewegt sich der Erzähler im Grunde kaum aus dem System des Lagers heraus oder nur so weit, dass er es anschauen kann. Ähnliches gilt im Übrigen für Levis zwei Mittelkapitel „Die Verlorenen und die Geretteten" und „Diesseits von Gut und Böse", die allein schon durch die Titel auffallen, die nicht auf ein Ereignis oder einen Ablauf im Lager zielen, sondern in biblischer Sprachmetaphorik dessen Ontologie erfassen. Sowohl bei Levi als auch bei Glazar löst die zeitunabhängige Darstellung die chronologische ab. Die individuelle Geschichte wird zugunsten der allgemeinen zurückgestellt, was einhergeht mit der Dominanz des Erzählers über das sonst sehr präsente damalige Ich. Auch wenn es in diesen Kapiteln manchen präteritalen Satz gibt, bleibt doch das Haupttempus das Präsens. Nur ist es nicht mehr das Präsens der tödlichen Gegenwart, sondern das Präsens eines Wissenschaftlers, eines Analytikers vielleicht, der einen Gegenstand untersucht und dessen Zustand erörtert und klassifiziert. Zwar bleibt das Lager ein Geschehen, das dem eigenen Leib widerfuhr, doch kann es unter dem analytischen Blick zu einem regelrechten Experiment, zu einer „riesige[n] biologische[n] und soziale[n] Erfahrung" werden, der man „Grundlegendes abgewinnen kann" (*Mensch*, 104).

Dieses sehr geordnete Vorgehen verlangt Überblick und Abstand, die im täglichen Lagerleben wohl kaum möglich waren. Durch Überblick in der großen narrativen Pause wird dem Erzähler hingegen möglich, was dem Ich, das die Ereignisse erlebt oder im Schreiben noch einmal erleben muss, nicht möglich ist und war: der unmittelbaren Gegenwart des Lagers als ein Außenstehender gegenüber zu stehen. Doch diese Position wird allein durch die Ordnung und den Überblick nicht durch andere Ereignisse, Geschichten gewonnen. Ganz anders als in den späteren Texten, wo in der narrativen Pause alle nur denkbaren Grenzen überschritten werden oder die Pause gar die eigentliche Geschichte ist wie bei Raymond Federmans *The Voice in the Closet*.

Selbstverständlich sind Umgang und Reflexionsgrad in der narrativen Pause von Text zu Text äußerst unterschiedlich. Levi, Glazar sind wohl eher Ausnahmen. Selten gibt es Reflexionen solchen Umfangs, obwohl die thematisch oder auch nach Ereignissen organisierten Mittelteile dies nahe legen würden. Meist sind es Kommentare am Rande, oder aber die Hauptfrage, die in allen Texten verborgen ist, ob ‚dies ein Mensch sei', wird innerhalb der Geschichte verhandelt.

---

[90] Glazar hat 1991 die deutsche Übersetzung seines unmittelbar nach Kriegsende auf Tschechisch verfassten Textes, für den er keinen Verleger fand, angefertigt und gekürzt. Es kann also auch gut sein, dass manche Partien in der Übersetzung durch die spätere Sicht geprägt sind. Bei der oben zitierten Stelle läge dies nahe.

Nur einige der Erzählverfahren und einige Elemente einer Geschichte (Raum, Zeit, Figuration) habe ich an einem Bruchteil von Zeugnissen untersucht. Doch denke ich, dass dies ausreicht, um die Besonderheiten der frühen Texte – in Hinblick auf die späteren – auszumachen, so schwer ein verallgemeinerndes Vorgehen bei diesen doch recht unterschiedlichen Schreibweisen ist.

‚Narrative Selbstreferenz', Gegenwartsbezug sowie Geschichten, die nicht in unmittelbaren Zusammenhang mit dem Lager stehen, sind keine Merkmale des frühen Schreibens. Immer wird eine einzige Geschichte erzählt. Sie umfasst ausschließlich die Zeit der Gefangenschaft mit den immer gleichen Stationen: Verhaftung, Deportation, Haft, Befreiung oder Flucht. Anfang, Mitte und Ende sind mit kleinen Variationen gleich. So gesehen, gäbe es also doch eine ‚Shoah-Geschichte', die sich am realen Geschehen orientiert.

Ohne Zweifel ist dies die wichtigste Differenz zu den späteren Texten, in denen meist mehrere Geschichten erzählt werden und in denen Bezug genommen wird auf den Schreibzeitpunkt – es also zusätzlich noch eine Schreibgeschichte gibt. In der frühen Literatur ist alles Denken hingegen auf die Ereignisse gerichtet. Der Blick folgt den alltäglichen Handlungen und plötzlichen Veränderungen, die meist zerstörerisch sind. Gefühle, innere Ereignisse werden außer in Tagebuchaufzeichnungen wenig ausgestaltet, sondern bleiben verschlossen vor dem Blick der anderen und dem eigenen. In kleine Sprachformeln – „ich weinte viel" und „was ich sah, war grauenvoll" – pressen die Schreibenden das innere Entsetzen und stellen es gegenüber dem Willen zurück, das mit eigenen Augen Gesehene zu bezeugen und der Welt mitzuteilen. Die erzählte Geschichte mit ihrer entsprechenden Zeit, ihrem Raum und der Figuration ist folglich dicht und geschlossen. Das liegt zum einen natürlich an der Zeit, dem Raum und der Figuration selbst, zum anderen aber an den gewählten Erzählverfahren, die die Ereignisse möglichst ohne Brüche wiedergeben.

Fast immer wird aus dem Blickwinkel des damaligen Ich oder aber, wie gezeigt, aus der entsprechenden Gruppierung erzählt. Ist der eingeschränkte Blickwinkel aufgehoben, so oft, um das erlebende und erzählende Ich, die kaum zu unterscheiden sind, von den Schreckensereignissen wenigstens im Schreiben zu entlasten. Denn Schreiben bedeutet eine Wiederholung der Ereignisse und hier ihre Vergegenwärtigung. Schreiben ist in diesen Texten Erleiden. Weitgehende Einheit und Ununterscheidbarkeit von Erzähler und erzähltem Ich sind so das Charakteristische für die Texte.

Wird die Stimme an andere abgegeben, so meist, um möglichst viel Wissen zu vermitteln, viele Geschichten und Biographien dem kulturellen Gedächtnis zu übergeben, aber auch um die eigene Geschichte zu beglaubigen.

Doch hatten wir gesehen, dass unabhängig von der personellen Differenz von Stimme und Blick es einige Partien gibt, wo nicht mehr die Einheit, sondern Differenz und Distanz zum bestimmenden Prinzip werden. Das kann durch entsprechende narrative Pausen, Prolepsen, Analepsen, dem iterativen Erzählen und Fokalisierungswechsel geschehen. All diese Verfahren erfordern einen gewissen Grad an Reflexion oder anders ausgedrückt: an Selbstreferenz. Sie sind dialogischer Natur und die Bedingung dafür, dass eine narrative Selbstreferenz und Raum für andere Geschichten, deren Zusammenhang mit der Verfolgung und Vernichtung nicht offensichtlich ist, entwickelt werden kann.

*

Im nun folgenden Hauptteil werde ich anhand von Einzelanalysen zeigen, wie sich heute und schon Anfang der 1980er Jahre die Erzählung und vor allem die erzählte Geschichte verändern und wie sie auch den frühen Aufzeichnungen gleichen können. Neben den Fragen, was Schreiben für die Autoren bedeutet, welche Funktionen der veröffentlichte Text innerhalb des kulturellen Gedächtnisses übernimmt und welche er nicht mehr übernehmen kann im Gegensatz zu den frühen Berichten, möchte ich auch die Schwierigkeiten im Blick behalten, denen eine Erinnerung, die dem öffentlichen Gedächtnis übergeben wird, ausgesetzt ist.

Denn die Fragen um die rechte Form des Gedenkens, wohl weniger um des Erinnerns, haben sich in den letzten Jahren sehr verschärft und werden in allen Medien mit vielen Emotionen ausgetragen. Das betrifft sowohl die Museen, die Dokumentationsstätten (Auschwitz), die Denkmäler (Mahnmal-Debatte), öffentliche Reden (Walser-Rede), Bild- und Tondokumentationen (Steven Spielbergs *Schindlers Liste* ist hier ein vielberedetes Beispiel) als auch die Literatur (Binjamin Wilkomirskis *Bruchstücke*). Der Hauptgrund liegt wohl an der ‚Schwellensituation', am Übergang vom kommunikativen zum kulturellen Gedächtnis, der Umsetzung der mündlichen und in fortwährender Veränderung begriffenen Erinnerung in festgeschriebene, durch unterschiedliche Medien institutionalisierte Formen des Gedenkens. Die biographische Erinnerung der Zeitzeugen, die sich auf personelle Erfahrungen stützt und auf dem „Erfahrungsgedächtnis" (Aleida Assmann) beruht, muss eingeschrieben werden in die verschiedenen Gedächtnisträger. Sie muss institutionalisiert werden, was selbstverständlich nicht ohne Differenzen und Verletzungen geht. Wir haben heute nicht mehr wie in älteren Kulturen eine Priesterschaft, die sowohl für die Codierung als auch den Erhalt des kulturellen Gedächtnisses zuständig ist, sondern Politiker, Wissenschaftler, Künstler und Kinder der Zeitzeugen mit verschiedensten Ansprüchen sind dafür verantwortlich. Probleme sind also vorgegeben. Aleida Assmann spricht in ihrer Einleitung von einem problematischen „Übergang vom lebendigen individuellen zum künstlichen kulturellen Gedächtnis […], weil er die Gefahr der Verzerrung, der Reduktion, der

Instrumentalisierung von Erinnerung mit sich bringt."[91] Das ist richtig – ich erinnere nur an den Kosovo-Krieg. Doch gleichzeitig ist auch Vorsicht geboten gegenüber der Annahme, das lebendige kommunikative Gedächtnis sei unverzerrt, nicht instrumentell und von daher in der Tiefenstruktur ‚wahrer' und ‚ursprünglicher'. Denn jedes Festhalten von Ereignissen verändert und bestimmt diese. J. E. Young geht in seinem Text *Beschreiben des Holocaust* noch weiter, indem er zeigt, dass die Ereignisse nicht nur „post factum gestaltet werden, sondern daß sie von Anfang an, das heißt schon während sie stattfanden, von den Schemata geprägt waren, nach denen sie begriffen und ausgedrückt wurden, und die schließlich zu bestimmten Formen des Handelns geführt haben."[92] (Das heißt nicht, dass der Unterschied eines Tagebuches und einer retrospektiv verfassten Autobiographie oder eines fiktionalen und nichtfiktionalen Textes zu ignorieren wären.) Und doch gibt es Gedächtnisformen, die in erschreckender Weise verzerren, reduzieren oder gar instrumentalisieren, und auf diese bezieht sich Aleida Assmann. Doch sollten wir mit diesen Begriffen behutsam umgehen, um nicht die frühen Zeitzeugenberichte gegen die späteren, eventuell dazu noch fiktiven Nicht-Zeugenberichte auszuspielen. Gerade mit der von Aleida Assmann eingeführten Unterscheidung zwischen ‚Funktions'- und ‚Speichergedächtnis' wird eine solche Wertung hinfällig.[93] Was nun an möglichem Erinnerungsgehalt vom Funktionsgedächtnis aus dem Speichergedächtnis aktiviert und in eine Ordnung gebracht werden kann, ist unterschiedlich, kann sich fortlaufend ändern, oder bleibt immer außerhalb der ‚Lebensgeschichte' – ist aber kaum als Verzerrung zu bezeichnen. Denn gerade ein neuer und vielleicht auch fremder Blick auf die Ereignisse macht manches sichtbar, was lange Zeit verborgen war. An Marek Edelmans Text werden wir das gleich sehen können.

---

[91] Aleida Assmann 1999, 15.
[92] Young 1988, 20ff.
[93] Unter Speichergedächtnis versteht Aleida Assmann eine Art unbegrenzbares, ungeordnetes Archiv ständig sich vermehrender Daten, während das Funktionsgedächtnis diese strukturlosen Elemente komponiert, konstruiert und verbindet (Aleida Assmann 1999, 137).

Zweiter Teil

Schreiben aus der Distanz (1980–2000)

I Geschuldete Erinnerung: Texte der ‚ersten Generation' (2)

1 Hanna Krall: *Dem Herrgott zuvorkommen* und Marek Edelman: *Das Ghetto kämpft*

Die Erkenntnis, dass die herrschenden (und sich wandelnden) Schreib- und Denkmuster darüber entscheiden, wie und was erinnert wird und welches Lebens- und Sinnkonzept aus der Rückwendung entsteht, hat die Literatur der Shoah lange Zeit nicht berührt. Autoren wie Leser bestanden darauf, die Texte als Zeugnisse zu verstehen, welche die Fakten und Faktenzusammenhänge wirklichkeitsgetreu wiedergeben können. Zeitzeugenberichte, geschrieben im Stil des ‚dokumentarischen Realismus', schienen diesem Bedürfnis am meisten entgegenzukommen. Doch auch wenn die Autoren mit ihrem eigenen Leib für die Ereignisse einstehen, so sind diese deswegen nicht unvermittelt oder gar authentischer als spätere, nicht von Augenzeugen geschriebene Texte.[94]

Ein Vergleich kann zeigen, dass schreibendes Erinnern – gleich zu welchem Zeitpunkt auch immer – eine notwendige Konstruktion der Narration, aber auch der jeweiligen Lebenssituation ist.

Zdążyć przed Panem Bogiem – *Dem Herrgott zuvorkommen* ist eine literarische Montage, in deren Zentrum Hanna Krall Gespräche stellt, die sie mit Marek Edelman 1976 geführt hat.[95] Marek Edelman ist zu dieser Zeit Kardiologe in Łodz und gehörte von 1942 bis 1943 zum Führungsstab der Jüdischen Kampforga-

---

[94] James Edward Young ist einer der Ersten, der die Konsequenzen der narrativen Strukturen und im Besonderen der Metapher analysiert. Er geht dabei davon aus, „daß die Ereignisse des Holocaust in ihrer literarischen Darstellung nicht nur post factum gestaltet werden, sondern daß sie von Anfang an, das heißt schon während sie stattfanden, nach den Schemata geprägt waren, nach denen sie begriffen und ausgedrückt wurden und die schließlich zu bestimmten Formen des Handelns geführt haben" (Young 1992, 20).

[95] Der polnische Text wurde zum ersten Mal 1976 in der Zeitschrift *Odra* veröffentlicht; 1977 dann in Buchform. Der genaue Titel der deutschen Erstausgabe lautet: Dem Herrgott zuvorkommen. Ein Tatsachenbericht, Berlin 1979. Die Neuausgabe von 1992 im Verlag Neue Kritik beruht auf dieser, nur minimal und an wenigen Stellen verbesserten, Ausgabe. Ich zitiere aus der Ausgabe von 1992 und ziehe nur bei Abweichungen das polnische Original hinzu.

nisation im Warschauer Ghetto.[96] Im Gespräch, aber auch in den das Gespräch kommentierenden und erweiternden Erzählpassagen werden die Tätigkeiten des Arztes und Kämpfers, die dazugehörigen Figurenkonstellationen, Räume und Zeiten miteinander verschränkt und übereinander geschoben. In fast jeder Hinsicht unterscheidet sich *Dem Herrgott zuvorkommen* von den unmittelbar nach dem Krieg geschriebenen Berichten. Allein schon durch die Form des Gesprächs sind ein unmittelbarer Gegenwartsbezug und die Möglichkeit zur Selbstreferenz gegeben. Da im Gespräch mit jeder Frage ein neues Erzählfeld eröffnet werden kann, sind theoretisch alle Verknüpfungsarten möglich und Ereignisse und Geschichten können unter verschiedenen Sinnaspekten erfragt und erzählt werden. Auch müssen sie nicht abgeschlossen sein – sie dürfen Fragment bleiben. Viele Geschichten erzählt Edelman so, und recht unterschiedliche dazu und manche davon auch mehrfach. Das Gespräch mit Hanna Krall ist für Edelman damit ein Angebot zu entdecken, wie die Vergangenheit in die Gegenwart hineinreicht, aber es ist für ihn auch eine Möglichkeit, die Vergangenheit neu, aus der Gegenwart heraus zu erzählen.

Marek Edelman hat seine Vergangenheit als Kämpfer schon einmal erzählt – direkt nach der Befreiung Warschaus im Januar 1945. *Getto walczy – Das Ghetto kämpft* heißt der Text.[97] Ein Vergleich, auch wenn der spätere Bericht durch die Hände einer professionellen Erzählerin gegangen ist, bietet sich an. Und dabei wird deutlich werden, dass es nicht darum gehen kann, ein so genanntes Dokument gegen eine literarische Montage auszuspielen.[98] Denn auch der frühe Text ist durch eine eigene Wahrnehmung und Schreibweise bestimmt, die entsprechende Geschichten erzeugen. Ein Blick in Texte anderer Widerstandskämpfer, zum Beispiel in die von Bernhard Goldstein, Simha Rotem, Chaika Grossman, Yitzak Zuckerman oder Adina Blady Szwajgier macht deutlich, wie unterschiedlich ein und dasselbe Ereignis verstanden werden kann.[99] Von daher befindet sich Edelmans *Das Ghetto kämpft* zwar zeitlich

---

[96] Die *Żydowska Organizacja Bojowa* (ŻOB) wurde im Oktober 1942 gegründet. Sie setzte sich aus Mitgliedern der folgenden Bewegungen zusammen: *Dror, Hashomer Hazair, Bund, PPR, Poale Zion Linke.*

[97] Getto walczy, udzial Bundu w obronie getta warszawskiego, Warszawa 1945.

[98] Bis auf den polnischen Verlag versuchen alle ausländischen Verlage den Zusammenhang mit den (faktischen) Tatsachen herzustellen. Shielding the flame, an intimate conversation with Dr. Marek Edelman, the last surviving leader of the Warsaw Ghetto Uprising (1986) oder Marek Edelman et Hanna Krall, Mémoires du ghetto de Varsovie (1983).

[99] Bernhard Goldstein, Die Sterne sind Zeugen, Hamburg 1950 (New York 1949), Simha Rotem, Kazik. Erinnerungen eines Ghettokämpfers, Berlin 1996 (Israel 1984), Chaika Grossman, Die Untergrundarmee, Frankfurt am Main 1997 (Israel 1949), Yitzak Zuckerman, A Surplus of Memory. Chronicle of Warsaw Ghetto Uprising, California/Oxford 1993, Adina Blady Szwajgier, Die Erinnerung verläßt mich nicht. Das Warschauer Kinderkrankenhaus und der Jüdische Widerstand, München 1993 (London 1988).

näher am Geschehen, ist dadurch aber nicht ‚wahrer' als *Dem Herrgott zuvorkommen*. Gerade auch im späteren Gespräch werden Sichtweisen möglich, die Edelman als Widerstandskämpfer nicht haben konnte, ja, nicht einmal haben durfte. Und nicht nur im (faktischen) Gespräch, sondern darüber hinaus in den dazwischengeschalteten Erzählungen sind die Möglichkeiten eines neuen Blicks auf die Vergangenheit weitergetrieben und weitergeschrieben. So ist der zweite Text in mehrfacher Hinsicht polyphon und zusammengesetzt: Geschichten über Patienten stehen neben Zitaten von Berichten anderer Widerstandskämpfer, neben Zitaten aus Untersuchungen zum Hungertod, Filmanalysen über das Ghetto, Gedichten und Gesprächen zwischen Hanna Krall und verschiedenen Personen zum Zeitpunkt des Interviews. Da die (abstrakte) Autorin all diese unterschiedlichen Stimmen orchestriert und miteinander verflicht, wird die Vergangenheit in die Gegenwart hineingeschrieben – allerdings auf eine recht unbequeme Art und Weise.

Was ist ein geretteter Patient gegen vierhunderttausend Tote?, lautet die Frage am Ende. Denn so viele waren es, die vom 22. Juli 1942 bis zum 8. September 1942 auf den Umschlagplatz gebracht und zur Vernichtung nach Treblinka transportiert wurden – nach Treblinka, wo mit Abgas von Motoren gemordet wurde.

1.1 *Das Ghetto kämpft* – eine Geschichte vom öffentlichen Kampf

In *Das Ghetto kämpft* stehen der organisierte Widerstand und der Kampf gegen die Deutschen und ihre Helfershelfer im Zentrum der Erzählung. Der Text ist ein Zeugnis hiervon und zugleich ist er eine Vergewisserung darüber, alle Möglichkeiten des Widerstands ausgeschöpft zu haben – mit dem gleichzeitigen, schmerzvollen Wissen, dass nur eine Handvoll der Ghettobevölkerung überlebt hat.

Schauen wir genauer hin, so fällt als erstes auf, dass *Das Ghetto kämpft* im Präsens geschrieben ist, ohne größere narrative Pausen. Es ist ein Handlungsdokument. Der Erzähler berichtet präzise über die Abfolge einzelner Ereignisse, fasst aber auch Kampfhandlungen summarisch zusammen. Sein Blick ist ausschließlich nach außen, auf die sich vollziehenden Handlungen gerichtet und nicht auf die inneren Schwierigkeiten und Qualen, die die Ereignisse mit sich bringen. So steht im Mittelpunkt auch nicht eine bestimmte Individualität – der Erzähler spricht von sich nur in der dritten Person –, sondern die Widerstandsgruppe, die ihre „Aufgabe bis zum Ende, bis zum letzten Tropfen Blut erfüllt" (*Ghetto*, 79). Einzelhandlungen werden zwar berichtet, aber immer als Teil der gesamten Widerstandstätigkeit, was aber nicht heißt, dass die Kämpfer namenlos blieben. Im Gegenteil, jeder Einzelne wird mit Namen in der Schrift festgehalten, und es wird seiner Tat damit ein Denkmal gesetzt. Und ebenso sorgsam – bis auf die Hausnummern genau – gibt der Erzähler den Ort der Kampfhandlung an und die jeweilige Uhrzeit. Das ‚Authentische' der Ereignisse wird so erzählerisch gesichert und beglaubigt.

In der gesamten Berichterstattung folgt der Erzähler dem chronologischen Ablauf der Ereignisse: Anfang und Ende der Widerstandstätigkeit werden mit Anfang und Ende des Textes gleichgesetzt. *Das Ghetto kämpft* beginnt: „Nach der Eroberung Warschaus im Jahre 1939" (*Ghetto*, 27) und endet: „Am 10. Mai 1943 ist das erste Kapitel der blutigen Geschichte der Warschauer Juden, das erste Kapitel unserer blutigen Geschichte abgeschlossen" (*Ghetto*, 79). Das entspricht zwar der Historie, dass aber diese Daten auch Anfang und Ende des Berichts bilden ist eine Entscheidung des Erzählers. Zwischen den Eckdaten liegen, in chronologischer Abfolge, alle für das Warschauer Ghetto wichtigen Entscheidungen und Ereignisse. Dass manche Daten dann nicht ganz in das chronologische Muster passen, liegt wohl daran, dass die Herausgeber falsche Angaben korrigiert haben.

Auch in der Figurenkonstellation ist der Text entschieden und eindeutig. Die Deutschen sind Feinde, alle, die mit ihnen kollaborieren, ebenso – eine „Grauzone" kennt der Erzähler nicht. Und die Juden, die sich stillschweigend abführen lassen, werden verachtet: „Wir sind uns alle darin einig, daß wir uns nicht wehrlos umbringen lassen werden. Wir schämen uns für die Juden aus Chełmno, weil sie sich ohne den geringsten Widerstand in den Tod führen ließen. Wir wollen nicht zulassen, daß das Warschauer Ghetto sich irgendwann in einer solchen Situation befindet" (*Ghetto*, 35). Man sieht, es ist eine handlungsgebundene Figuration. Für die Kämpfenden ist es lebensnotwendig, klare und entschiedene Wertmaßstäbe zu formulieren, um überhaupt Widerstand leisten zu können. Umso erstaunlicher ist dann eine interne Fokalisierung der Juden, die auf den Umschlagplatz zusammengetrieben und nach Treblinka deportiert werden:

„Erst hier, auf dem überfüllten Platz, verschwinden die Illusionen und die bis dahin gehegten Hoffnungen, daß gerade ich mich aus der allumfassenden Vernichtung retten, meine Nächsten davor bewahren werde. [...] Man möchte schreien, aber es gibt niemanden, der einen hören könnte, man möchte jemanden überzeugen, aber es gibt niemanden, man ist allein, völlig allein in dieser tausendköpfigen Menschenmenge" (*Ghetto*, 52).

Ich habe den internen Blick in die Gefühle derer, die getötet werden, lange Zeit nicht verstanden. Denn ein Faktenerzähler kann keinen Einblick in das Innere anderer haben. Hinzu kommt, dass das Kollektiv der Kämpfenden die Juden, die sich nicht wehren, verachtet. Eine Innensicht ist folglich auffällig.

Ich sehe inzwischen zwei Möglichkeiten: Zum einen hätte die interne Fokalisierung, ähnlich wie in verschiedenen kommunistischen Texten, bestätigenden und demonstrativen Charakter. Im Sinne von: ‚Nun sehen sie selbst, dass Passivität und Selbstrettung überhaupt nichts nützen.' Zum anderen würde sie eine erzählerische Möglichkeit darstellen, die Position der wehrlosen Opfer versuchsweise auf sich zu nehmen, ohne dass dabei aber die Einstellung des Kämpfers aufgegeben werden müsste. Dann jedenfalls übernimmt die Narration, was die Geschichte hier nicht kann, was der (abstrakte) Autor als Kämpfender von sich abweisen muss.

1.2 *Das Ghetto kämpft* im Kontext anderer Widerstandstexte

Doch nicht alles kann die Narration auflösen oder sichtbar machen, was in der erzählten Geschichte verschwiegen wird. Denn dass nicht immer alles so eindeutig war, wie es in *Das Ghetto kämpft* erscheint, wird deutlich, wenn man Berichte anderer Ghettokämpfer hinzuzieht.

Ich möchte dies hier ansatzweise tun. Zum einen, um zu zeigen, dass die so genannten Fakten aus einer bestimmten politischen Sicht geschrieben und wahrgenommen werden und keineswegs die Wahrheit schlechthin sind. Zum anderen lohnt ein vergleichender Blick auf die Texte anderer Widerstandskämpfer, da Edelmans nüchternes und des Kommentars sich enthaltendes Schreiben dann besonders hervortritt, wie auch sein Bemühen, zugunsten eines möglichst geschlossenen und eindeutigen Handlungsdokuments, alles Persönliche, Ängste, nicht eindeutige Situationen auszulassen. Zwar ist der Text auch stellenweise pathetisch und folgt dem Muster einer üblichen Heldenerzählung,[100] doch ist der Erzähler schon damals sehr zurückhaltend, was die eigene rühmende Erzählung betrifft, wenn er zum Beispiel über den Kampf gegen

---

[100] Wie der Heilige hat der Held immer ein Bezugssystem, das über seinem Leben steht; er ist bereit für dieses, d.h. für seinen Glauben, zu sterben. Der Heilige kämpft für Gott. Der Held kämpft für das Vaterland, den König, die Partei oder die Vortrefflichkeit, wie Achilles, der Prototyp des Helden. Bei Edelman steht an dieser Stelle die Widerstandsgruppe und damit der Widerstand gegen die Nationalsozialisten. Wie der antike Held hat Edelman Mut und Stärke, moralische Kraft und ist seiner Gemeinschaft treu. Mit Revolvern bewaffnet ist er ein traditioneller Held. Doch von der für den Helden charakteristischen Sorge um den Nachruhm, ohne die ein Held kein Held ist, erfährt man erst im Gespräch mit Hanna Krall. Erst 1976 formuliert Edelman Hanna Krall gegenüber: „wenn schon sterben, dann mit Feuerwerk […] Wir wußten, daß man in aller Öffentlichkeit sterben mußte, vor den Augen der Welt" (*Herrgott*, 17). Vgl. zum Heldentum allgemein und besonders auch zum Begriff des Helden Tzvetan Todorov, Angesichts des Äußersten, München 1993, 19f u. 53f.

die Deutschen schreibt: „Es läßt sich schwer von Sieg reden, wenn man um sein Leben kämpft und so viele Leute verliert" (*Ghetto*, 75).

Edelman ist Mitglied des *Bundes* und ein *Bundist* schreibt den Text. Fast ausschließlich wird von den Tätigkeiten des *Bundes* berichtet und dieser vor den anderen Organisationen hervorgehoben.[101] Liest man nur Edelmans Bericht, so hat man den Eindruck, dass der *Bund* für alle maßgeblichen Entscheidungen im Ghetto verantwortlich war. Erst bei der Lektüre der anderen Texte wird deutlich, dass die Gründung der ŻOB auf die sozialistisch zionistischen Bewegungen zurückgeht und der *Bund* sich lange Zeit weigerte, eine gemeinsame Jüdische Kampforganisation zu gründen.

Alle zögernden und widersprüchlichen Haltungen innerhalb des *Bundes* lässt der Erzähler zugunsten einer einheitlichen und von Beginn an um die Verfolgung und Vernichtung wissenden Partei aus. Ja sogar den auf den Umschlagplatz abtransportierten Opfern wird – wie gezeigt – dieses eindeutige Wissen noch nachträglich in der narrativen Operation des internen Blicks ‚eingegeben'.

Die Nachrichten über die Massenerschießungen in Ponary (bei Vilna), Białystok, Słonim gelangen im Dezember 1941 nach Warschau.[102] Die Ghettobevölkerung, so der Erzähler in *Das Ghetto kämpft*, schenkt den Berichten über den organisierten und geplanten Mord an allen Juden keinen Glauben: „Aber wieder ist die Haltung der Bevölkerung, die das [die Morde außerhalb Warschaus] nicht wahrnehmen will, abwehrend. Die Mehrheit ist immer noch der Meinung, die Morde seien nicht das Ergebnis einer organisierten, planvollen Aktion zur Vernichtung des jüdischen Volkes, sondern Ausschreitungen siegestrunkener Soldaten. Die politischen Parteien und gesellschaftlichen Organisationen sind dagegen anderer Meinung" (*Ghetto*, 36). Ungläubig und das Wissen verweigernd, so Edelman, ist allein der Großteil der jüdischen

---

[101] Der *Algemeine jidische arbeterbund in russland un pojln* (*Bund*) wurde 1897 gegründet. Er war Mitglied der Sozialistischen Internationale und kämpfte für die soziale, politische und wirtschaftliche Autonomie der Juden innerhalb Polens und Russlands. Der *Bund* stand im scharfen Gegensatz zum Zionismus, da er einen eigenen Staat der Juden in Palästina ablehnte und die „Doktrin der Do'jgkejt (Hiersein)" vertrat (Arno Lustiger, Rotbuch: Stalin und die Juden. Die tragische Geschichte des Jüdischen Antifaschistischen Komitees und der sowjetischen Juden, Berlin 2000, 34). Zum *Bund*, aber auch zu anderen Parteien vgl. vor allem: Lustiger 2000, 33 ff, aber auch das Vorwort von Ingrid Strobl zu *Das Ghetto kämpft*, 13 ff.

[102] Vgl. Ruta Sakowska, die genau dargelegt hat, wann welche Nachrichten ins Ghetto gelangten und welche Untergrundzeitungen darüber berichteten (Ruta Sakowska, Menschen im Ghetto. Die jüdische Bevölkerung im besetzten Warschau 1939–1943, Osnabrück 1999, 213ff).

Bevölkerung. Yitzak Zuckerman (*Hechaluz*) hingegen sieht vor allem in den *Bundisten* diejenigen, die sich der Realität verschließen, und die um des Erhalts der eigenen politischen Organisation willen sich gegen die Gründung einer gemeinsamen Kampforganisation aussprechen. Seine Wut und Verzweiflung gilt so gerade den *Bundisten*, wenn er schreibt: „But in these days, I was ready to kill my Bundist comrades for their blindness. They really didn't see or understand that the storm was approaching. They didn't learn a lesson; they didn't see any Jewish significance to what was happening. By them, we knew of Vilna and of Auschwitz!"[103]

Von all diesen politischen Differenzen berichtet Edelman nicht. Das ist verständlich. Der Erzähler hat das Nichtwissenwollen der eigenen Partei auf andere Gruppen übertragen. Er hat die Partei kämpfend, klarsichtig und homogen erzählt – durch die dualistische Figuration gereinigt.

Doch denke ich, dass diese Erzählung der Vergangenheit – unabhängig davon, dass sie versucht den *Bund* hervorzuheben und ihn nicht zu kritisieren – auch als Verweis auf die Art der Narration gelesen werden kann. Der Bericht ist – wie eingangs schon geschrieben – ein Handlungs- oder Kampfdokument und kein reflexiver Text über schwierige Entscheidungsprozesse oder Gefühle. Der Erzähler ist ein Kämpfender und für einen Kämpfer müssen die Situationen möglichst immer eindeutig sein. So kennt in *Das Ghetto kämpft* die Widerstandsgruppe auch keine Angst – „wir waren weder erschrocken noch überrascht über die Überzahl der Deutschen" –, während in der späteren Erzählung Angst zugelassen ist.[104] Und anders als der Erzähler von *Kazik. Erinnerungen eines Ghettokämpfers* kennt der Erzähler des *Ghettos* auch keinen Zweifel an den Vergeltungsaktionen, die die ŻOB an den jüdischen Gestapo-Agenten durchführt.

„Nun führt die ŻOB eine Aktion durch, um die jüdische Bevölkerung von feindlichen Elementen, sowie von jenen anstößigen Individuen, die sich an die Deutschen verkauft haben, zu befreien" (*Ghetto*, 65). Für Kazik sind die Entscheidungen für diese Aktionen hingegen die „schmerzvollsten und schwierigsten" (*Kazik*, 36).

---

[103] Zuckerman 1993, 175ff. Zuckermans Kapitel über „The Struggle for the Jewish Fighting Organization" in seinem Buch *A Surplus of Memory. Chronicle of Warsaw Ghetto Uprising*, lohnt sich sehr zu lesen. Er berichtet dort ausführlich über die enormen Schwierigkeiten, eine Jüdische Kampforganisation zu bilden. Und nach Zuckerman, der Zionist ist, sind es die *Bundisten*, die Schwierigkeiten bereiten. Vgl. hierzu auch Chaika Grossman: Die Untergrundarmee. Voller Erstaunen und Verzweiflung berichtet sie über die „Verblendung" der *Bundisten* und ihre Weigerung, gemeinsamen Widerstand zu leisten.

[104] Vgl. *Herrgott*, 8 u. 14.

Und auch was die Macht der ŻOB im Ghetto im Februar/März 1943 betrifft, ist der Erzähler *Kaziks* skeptischer als der Erzähler des *Ghettos*. Dieser schreibt 1945: „Zu dieser Zeit übt die ŻOB im Ghetto die ungeteilte Macht aus. Sie ist die einzige Kraft und Macht, die über eine Autorität verfügt, und von der Bevölkerung anerkannt wird" (*Ghetto*, 64). Bei *Kazik* heißt es: „Die relativ wenigen Juden, die noch im Ghetto verblieben waren, distanzierten sich meist von unseren Aktivitäten. Solange das Ghetto bestand, befand sich die ŻOB daher zweifach im Untergrund – zum einen gegenüber den Deutschen und zum anderen gegenüber dem Großteil der Juden. Man kann wohl sagen, daß nur ein kleiner Kreis mit uns sympathisierte und unsere Schritte und Aktivitäten wohlwollend betrachtete" (*Kazik*, 40).

Ich denke, dass diese Vereinfachungen von schwierigen Ereignissen vor allem deshalb gelingen, weil auch der Erzähler sich als ein Kämpfender „für eine gerechte Sache" innerhalb eines Kollektivs begreift. In dieser Rolle können ambivalente Situationen und Einzelschicksale hinter den überindividuellen Zielen und Aufgaben zurückweichen oder werden schlicht unwichtig.

1.3 *Dem Herrgott zuvorkommen* – Geschichten vom stillen Kampf

Eine möglichst einheitliche Geschichte von Kampf und Widerstand hat Edelman 1945 erzählt und hat sich damit der üblichen Narrationsweise von Widerstands- und Kampfberichten angeschlossen. Das ist anders 1976. Viele Geschichten und viele verschiedene erzählt er mit Hanna Krall zusammen und enthält sich dabei auch nicht des Kommentars aus damaliger wie heutiger Sicht. Nur wenige dieser Geschichten sind in der Geschichtsschreibung zum Kampf gegen die deutsche Besatzung zu finden. Kleinigkeiten aus dem Alltag werden erzählt, Banalitäten, wenn man so will. Aber vor allem werden Geschichten der stillen und unbekannten Helden erzählt, die in der offiziellen Geschichte keinen Platz haben. Man könnte sagen, dass an die Stelle der Erzählungen über heroische Helden nun die Erzählungen über Alltagshelden oder „moderne Helden" – wie Todorov sie bezeichnet – gestellt werden, deren Heldentum sich „in vielen kleineren Größen, in zahllosen menschlichen Tätigkeiten wiederfindet."[105]

So erzählt Edelman zum Beispiel von Pola Lifszyc, die der Mutter auf den Umschlagplatz folgt (*Herrgott*, 56), von der Oberschwester Tenenbaum, die ihrer Tochter die Lebensnummer gibt und ein Röhrchen Luminal schluckt (*Herrgott*, 58), von der Krankenschwester erzählt Edelman, die das neugeborene Kind mit einem Kissen erstickt, um es dem Mord zu entziehen (*Herrgott*,

---

[105] Todorov 1993, 58f.

59) und von vielen mehr. Das sind Handlungen aus Fürsorge oder Sorge um einen anderen Menschen, wobei die Sorge auch den eigenen Tod oder den Tod anderer bedeuten kann. Selbstverständlich berichtet Edelman auch von solidarischen Handlungen und von Handlungen, die in das offizielle Gedenken eingegangen sind und die die Welt als Heldentaten bezeichnet.[106] Dazu gehören ebenso der Sprung durch eine Bresche der Ghettomauer, welche von den Deutschen bewacht wurde, wie der Sprung von Michał Klepfisz vor das Maschinengewehr, um die Kameraden zu decken. Doch treten in der späteren Narration die solidarischen Handlungen, die das politische Ziel erhalten, hinter den fürsorglichen Handlungen, die einem Einzelnen gelten, zurück. Und nicht nur das: Bewusst demontiert Edelman immer wieder den offiziellen Heldenbegriff, wenn er zum Beispiel berichtet, wie er sich einsam fühlt, da Leute Befehle von ihm erwarten, er aber selbst nicht weiß, was zu tun ist (*Herrgott*, 88). Oder wenn er berichtet, dass sie zu Beginn des Aufstands Angst hatten vor den Deutschen und deswegen nicht auf diese geschossen haben. Diesen Blick nach innen hat der Erzähler des *Ghettos* 1945 sich nicht erlaubt.

Ich habe hier einige der Geschichten genannt – und die genannten stellen nur einen kleinen Teil der erzählten dar –, um zu zeigen, dass Edelman im Gespräch keineswegs *eine* Sinngeschichte unter dem Gesichtspunkt von Kampf und Widerstand erzählt oder erzählen muss. Die zeitliche Distanz und die Form des Gesprächs ermöglichen – wie gesagt – verschiedene und einander auch widersprechende Einzelgeschichten, in deren Zentrum jeweils eine Persönlichkeit mit ihren Handlungen und Gefühlen steht und nicht die Gemeinschaft. Berichtet Edelman 1945 von dem Kampf „für eine gerechte Sache", folglich von einem überindividuellen und auch politischen Ziel, das die Gruppenmitglieder eint, so stehen 1976 die persönlichen Bindungen der Menschen im Mittelpunkt. Doch davon kann Edelman erst jetzt erzählen, da er nicht mehr ein Kämpfender, sondern auch ein Arzt ist, der für jedes einzelne Leben, das ihm auferlegt ist, einstehen muss und will.

Noch einmal zusammengefasst: Heute (1976) will Edelman durch seine Erzählung der vielen kleinen Geschichten nachhaltig den stillen Taten

---

[106] Tzvetan Todorov unterscheidet zwischen den Handlungen aus Sorge oder Fürsorge und denen aus Solidarität. Die Sorge bezieht sich ausschließlich auf individuelle Personen, während die Handlung aus Solidarität immer eine Gruppe betrifft (Todorov 1993, 94). Allen Mitgliedern der Gruppe wird ungefragt geholfen, dafür kann man sich aber nicht um die Bedürfnisse derjenigen kümmern, die nicht zu der Gemeinschaft gehören. Das konnte für die anderen oft den Tod bedeuten, wenn z.B. der Name eines Gruppenmitglieds von der Transportliste gestrichen und dafür ein anderer eingesetzt wurde. Das ist schrecklich – aber politische Notwendigkeit. Denn die Gruppe muss erhalten werden, damit die Erhaltung der höheren Ziele garantiert bleibt.

Gedächtnis geben. Im Gegenzug destruiert er gleichzeitig die großen (oder offiziellen) Erzählungen der anerkannten Taten durch antiheldische Ereignisse. Allein ein Blick auf die Geschichten macht dies deutlich.

1.4 Zeit und Raum — ‚Erinnerungsräume'

Einem historisch-linearen Zeitmodell, wie Edelman es 1945 benutzt, folgen Hanna Krall und Marek Edelman 1976 nicht. Berichtet Edelman gerade vom 19. April, so hindert ihn das nicht, gleich zum 18. April oder 22. Juli überzugehen. Wie es keine homogene Gruppe mit homogenem Bewusstsein mehr gibt, so gibt es auch kein homogenes Zeitfeld mehr, das erzählt würde. Zeitsplitter sind es eher, die gemischt und unter neuen Gesichtspunkten organisiert werden. Verstärkt werden die großen zeitlichen Brüche und Sprünge noch dadurch, dass der Blick auf der Gegenwart und der Vergangenheit zugleich liegt. Da zwei Geschichten erzählt werden, gibt es auch zwei Zeiten, die mit „damals" und „heute" oder „jetzt" benannt sind. „Jetzt" umfasst den Zeitraum, in dem Marek Edelman Herzspezialist im Krankenhaus von Łodz ist. „Damals" meint den Zeitraum mit Marek Edelman als Widerstandskämpfer im Warschauer Ghetto von 1941 bis 1943. Immer wieder werden beide Zeit-Räume mit ihren jeweiligen Handlungen in einen Zusammenhang gestellt: „Ich regte mich nicht auf – sicher deshalb, weil eigentlich nichts passieren konnte. Nichts Größeres als der Tod, denn schließlich war es stets nur um ihn gegangen, nie um das Leben. [...] Jetzt, im Krankenhaus, geht es um das Leben – [...] Jetzt rege ich mich viel mehr auf" (*Herrgott*, 13).

Durch die thematische Äquivalenz – Tod versus Leben – wird die Chronologie außer Kraft gesetzt, zwei Zeiten werden in einen Sinnzusammenhang gebracht. An der Verflechtung der Zeiten und den entsprechenden Räumen und Handlungen ist jedoch nicht nur Edelman im Gespräch, sondern auch die Erzählerin in den weiteren Erzählpassagen interessiert. Berichtet sie vom Umschlagplatz 1942, so immer auch vom Umschlagplatz 1976 – den es nicht mehr gibt. Zum Schreibzeitpunkt befindet sich dort ein neues Wohngebiet. Dort wohnt Anna Stronska, eine Kollegin der Erzählerin, wie wir erfahren. Anna Stronska sammelt Volkskunst – Juden in Form von kleinen Figuren aus ganz Polen stehen auf ihren Regalen. Und im Text heißt es dann: „Die Juden sind auf dem Umschlagplatz, in der Wohnung von Anna Stronska, an der Verladerampe" (*Herrgott*, 96).

Die Juden auf dem Umschlagplatz und an der Verladerampe, das sind die Juden von damals, die 400 000, die im Sommer 1942 nach Treblinka deportiert wurden. Es sind aber auch die Juden von heute – als Puppen auf den Regalen in einer Wohnung am ehemaligen Umschlagplatz. Beides wird möglich durch den Satz und seine Struktur, die Zeit und Raum zusammenflechten und damit auf ironische und zugleich schreckliche Weise die Abwesenheit des vergangenen Raumes und der vergangenen Zeit anwesend machen.

Mit diesen Verfahren der Dopplung und Verschränkung verschiedener Räume und Zeiten unterscheidet sich der Text auffällig von Edelmans frühem Schreiben. Zudem ist die Gegenwart Ausgangspunkt – schon allein durch die Gesprächsform – und erzeugt die Vergangenheit, die nun nicht mehr in ein chronologisches Muster gestellt, sondern in verschiedenen Sinnkonzepten gefasst werden kann, welche wiederum von entsprechenden Vor- und Rückgriffen wie anderen Wahrnehmungsweisen abhängen. Entscheidend kommt dann hinzu, dass dieser Prozess eigens kommentiert wird – es eine Schreibzeit gibt, angezeigt durch mehrere Metalepsen (vgl. *Herrgott*, 34, 35, 37 39).

1.5 Figuration – Substitutionen und Transformationen

Mit der Eröffnung eines zweiten Zeit-Raumes oder einer zweiten Geschichte ist auch eine weitere Figurenkonstellation gegenüber dem früheren Text gegeben. Um Marek Edelman herum gibt es den Ärztestab, es gibt die Patienten und den Herrgott als unsichtbaren Gegner, mit dem Edelman kämpft. Diese neue Konstellation ist aufs engste in Narration und Geschichte mit der Konstellation des Warschauer Ghettos verflochten. Eine komplexe Äquivalenz mit Similaritäten und Oppositionen zwischen dem Ärztestab und den Widerstandskämpfern, den Patienten und den 400 000 Juden, dem Herrgott und den Deutschen wird geschaffen. Diese Äquivalenz wird bis auf die Mikroebene heruntergeholt, wenn es in Bezug auf die Ghettozeit heißt: „Darum ging es eben: daß einer da war, der deinen Leib notfalls mit der eigenen Hand beschirmte" (*Herrgott*, 60) und auch im Krankenhaus-Diskurs das gleiche Verb gewählt wird: „Der Herrgott macht sich daran, das Licht auszublasen, und ich muß es rasch beschirmen" (*Herrgott,* 102).[107] Auf den ersten Blick ist das eine unpassende Analogie der Gegensätze, die aber gerade zeigt, wie sehr die Vergangenheit noch immer gegenwärtig ist, wie sehr sie wirkt. Solch eine doppelte Konstellation mit den entsprechenden Verknüpfungen und Zuweisungen gibt es – wie wir gesehen haben – in *Das Ghetto kämpft* nicht. Konstellation

---

[107] Im polnischen Original steht zweimal *osłonić* und einmal *zasłonić*, die beide auf einen Stamm zurückgehen und *verhüllen, beschützen* bedeuten. Durch die Metapher „beschirmen" werden die Deutschen und der Herrgott in Similarität gesetzt, und die damalige und heutige Handlung wird analog, da es in beiden Situationen darum geht, das Leben der anderen zu beschirmen. Das ist ein gutes Beispiel dafür, dass über die Sprache der Sinn zwischen den Handlungen erzeugt wird.

und Handlung sind dort eindeutig und logischerweise eindimensional. Die Deutschen und die Kollaborateure sind Feinde. Für die Juden, die sich stillschweigend abführen lassen, muss man sich schämen. Zur Zeit des Gespräches mit Hanna Krall gibt es keine Scham und auch keine Verachtung mehr. Edelman würdigt im späteren Text das stille Sterben ohne Widerstand und gibt den getöteten Juden ihre Würde, die er ihnen damals absprechen musste, zurück. Und sicher hängt diese andere Sicht auch damit zusammen, dass Edelman seine Tätigkeit als Arzt als Fortsetzung der damaligen Tätigkeit begreift, und die Patienten auf der Grenze zwischen Leben und Tod für ihn zu den Juden von damals werden können.

Würde damals – Würde heute

Würde ist einer der zentralen Begriffe in beiden Texten mit unterschiedlichen Werten. Den verschiedenen Zuschreibungen werde ich im Zusammenhang mit der Figuration nachgehen, da daran Bedeutung und Möglichkeit der späteren Narration gegenüber der früheren recht deutlich werden.[108]

Ich erinnere noch einmal an die Haltung der Widerstandskämpfer gegenüber den Juden, die sich nicht gewehrt haben: „Wir schämen uns für die Juden aus Chełmno, weil sie sich ohne den geringsten Widerstand in den Tod führen

---

[108] Zur Diskussion um die Würde vgl. auch Todorov 1993, 67ff. In Auseinandersetzung mit Jean Améry, Bruno Bettelheim und Viktor Frankl kommt Todorov zu einem ersten Schluss: „Um seine Würde zu wahren, muß man eine Situation des Zwangs in eine der Freiheit verwandeln. In dem Fall, in dem der Zwang extrem ist, heißt das, eine Handlung, die man zu tun verpflichtet ist, als eine Handlung aus eigenem Willen auszuführen" (Todorov 1993, 70). Das würde zum Beispiel den Selbstmord des zum Tode Verurteilten bedeuten. Zwei Momente sind hier Todorov vor allem wichtig: die eigene Entscheidung zu einer Handlung und deren Ausführung. Im Gegensatz zu Frankl und in Übereinstimmung mit Améry besteht er darauf, dass einer Entscheidung immer eine Tat folgen muss, die auch für andere wahrnehmbar sei, damit sie als würdig und frei bezeichnet werden könne. Frankl dagegen bezeichnet schon die Möglichkeit verschiedener Einstellungen zu gegebenen Verhältnissen als die letzte menschliche Freiheit (hier synonym mit Würde). Denn eine Entscheidung, die aus freiem Willen ausgeführt wird, unterscheidet sich immer in der Art und Weise wie sie vollbracht wird, von einer erzwungenen Handlung. Doch ist es mit der Wahrnehmbarkeit der Taten eine schwierige Sache. Denn ab wann ist etwas sichtbar und wer entscheidet darüber?
Dass die Diskussion um Würde und Freiheit nicht endgültig gelöst ist, sieht man, wenn man einmal Kertész' Position – die ebenso einleuchtet – neben die von Todorov stellt. Kertész meint, dass die freiwillige Anverwandlung an das totalitäre System – was ja nichts anderes ist als die freie Entscheidung zu den Verhältnissen – zwar einen Freiheitsmoment enthält, aber zugleich den Totalitarismus als Realität bestätigt, man letztendlich der Determinierung nicht entkommt (vgl. hierzu Galeerentagebuch. Überleben in den Jahren 1961–1991, Berlin 1993, 18).

ließen." Und weiter heißt es: „Wir wollen nicht zulassen, daß das Warschauer Ghetto sich irgendwann in einer solchen Situation befindet" (*Ghetto*, 35).[109] Aus der Scham für die Juden in Chełmno wird der zukünftige Widerstand abgeleitet und begründet. Denn die Abgrenzung gegenüber den wehrlosen Juden – gerade auch durch ein Gefühl – kann das Bewusstsein und die Handlungsfähigkeit der eigenen (Gruppen-)Identität in einer ausweglosen Lage stärken.

Sich nicht wehren, „passiv und demütig" sein, bedeutet für die Widerstandskämpfer, die Menschenwürde aufzugeben. Denn Würde kann nur im Kampf und in letzter Konsequenz im Tod bewahrt werden: „Daß uns nichts anderes übrig bleibt, als würdig zu sterben. Aber den Moment des Sterbens und der Würde möchten sie [die Juden] immer noch [...] so weit wie möglich hinauszögern" (*Ghetto*, 61). Alle diejenigen, die sich nicht wehren, die für ein Roggenbrot nach Treblinka fahren, die sich auf ein Fass stellen, verspotten und schänden lassen, verlieren demnach ihre Würde. So der frühe Text.

Im Gespräch mit Hanna Krall hingegen kämpft Edelman gegen jegliche Abwertung von Juden, die sich nicht gewehrt haben, an und wehrt sich umgekehrt gegen die uneingeschränkte Hochschätzung der Widerstandskämpfer.

Hanna Krall berichtet, wie Marek Edelman einem amerikanischen Professor und dann ihr klarzumachen versucht: „daß der Tod in der Gaskammer nicht geringer zu achten ist als der Tod im Kampf und daß ein Tod nur dann unwürdig ist, wenn jemand versucht, auf Kosten anderer das eigene Leben zu retten. [...] Du [Hanna Krall] mußt das endlich begreifen, diese Menschen waren still und gefaßt, und sie sind anständig gestorben. Es ist schrecklich, wenn jemand so gefaßt in den Tod geht. Das ist viel schwerer als alle Schießerei, schießend stirbt es sich viel leichter. Um wieviel leichter erschien das Sterben uns, als dem Menschen, der in den Viehwagen steigen, diese Fahrt mitmachen, sein Grab schaufeln, sich splitternackt ausziehen mußte..."' (*Herrgott*, 47ff).

Ausschließlich die Kollaborateure sind für Edelman heute unwürdig. Nicht aber die Juden, die ohne Widerstand sterben mussten. Er bezeichnet ihren Tod als einen schweren Tod, der noch schwerer ist, als der Tod der Kämpfer. So kann von einer Scham heute keine Rede mehr sein. Heute würdigt Edelman dieses stille Sterben ohne Widerstand. War damals die Scham für die Juden von

---

[109] Diese Rede, die aus heutiger Perspektive nicht leicht zu lesen ist, ist typisch für die politische Sicht. Bei Semprun klingt das dann wie folgt: „Andere Juden habe ich massenweise sterben sehen, sie starben wie Juden, das heißt, lediglich weil sie Juden waren, als hielten sie ihr Judentum für einen ausreichenden Grund, sich niedermetzeln zu lassen" (Die große Reise, Reinbek 1981, 190). Die Verachtung für die widerstandslosen Juden ist die gleiche wie bei den jüdischen Sozialisten. Doch ist sie bei Semprun schwer annehmbar, da er selbst kein Jude ist und die unmittelbare Absetzung von den widerstandslosen Juden nicht die gleiche Notwendigkeit hat.

Chełmno nötig, um den eigenen Widerstand durch die Negation zu stärken – obwohl es wahrscheinlich ein stilles Wissen gab, dass die Scham Unrecht tut –, so kann Edelman in Abwesenheit der Situation von Kampf und Widerstand dieses Wissen aussprechen und als Realität anerkennen. Dadurch wird der Text mit Hanna Krall zu einem dramatischen Gegentext, der den Juden ihre Würde zurückgibt, die ihnen damals abgesprochen werden musste.

Ghettobewohner und Patienten

Edelman hat für seinen Lebensweg den Zufall als die bestimmende Kategorie gewählt.[110] Aber nichts hindert ihn daran, in der zufällig entstandenen Konstellation einen Sinn zu erzeugen:

„‚Weißt du, in der Klinik, in der ich später arbeitete, gab es eine große Palme. Manchmal blieb ich unter ihr stehen und blickte zu den Sälen, in denen meine Patienten lagen. [...] und einmal – dort unter dieser Palme – kam ich darauf, daß es keine andere Aufgabe war als jene vom Umschlagplatz. Da hatte ich auch am Tor gestanden und Leute aus der Schar der Verurteilten herausgeholt.'

‚Also stehst du dein Leben lang an diesem Tor?'

‚Eigentlich ja. Und wenn sich für mich nichts mehr tun läßt, so bleibt mir eines: ihnen ein anständiges Sterben zu gewährleisten. Sie sollen nicht wissen, nicht leiden, keine Angst haben. Es soll für sie keine Erniedrigung geben.

Sie müssen sterben dürfen, ohne so zu werden wie jene anderen im dritten Stockwerk auf dem Umschlagplatz.'

‚Darin besteht ja meine Rolle. Der Herrgott macht sich daran, das Licht auszublasen, und ich muß es rasch beschirmen, wenn er mal einen Moment nicht aufpaßt. Soll es wenigstens ein bißchen länger brennen, als er es gewollt hat'" (*Herrgott*, 102f).

Irgendwann einmal – den Zeitpunkt fixiert er nicht genau – hat Edelman für sich erkannt, dass es keinen Unterschied gibt zwischen der Aufgabe des Arztes und der des Widerstandskämpfers. Diese Erkenntnis ist eine reale Fiktion. Denn die Juden wurden von den Nationalsozialisten verurteilt und wurden von ihnen ermordet. Einige von ihnen konnte Edelman vor der Deportation retten. Die Patienten sind nun keineswegs Verurteilte und werden auch nicht ermordet. Sie sind krank. Und kann ihnen nicht geholfen werden, so müssen sie sterben. Für jeden Einzelnen ist dies zwar ein außergewöhnlicher, aber natürlicher Vorgang. Und erst mit der Weiterentwicklung der Herz-

---

[110] Zufällig sei er in Polen geblieben, zufällig sei er Kommandant geworden, zufällig sei er durch den Astigmatismus des SS-Mannes vor dem Tod gerettet worden, zufällig sei er Arzt geworden.

chirurgie entsteht überhaupt die Möglichkeit, die Patienten vor dem schnellen Tod zu bewahren oder ihre Leiden zu mildern. Zwei denkbar unterschiedliche Vorgänge werden durch Personen- und Handlungsäquivalenzen miteinander ins Verhältnis gesetzt. Dafür wird – ich denke ironisch – der Herrgott zitiert. Denn der wird benötigt, da Edelman einen symbolischen Gegner braucht, dem das Töten der Patienten zugewiesen werden kann. Er kann ja schlecht gegen den Leib der Patienten kämpfen, die er retten will. Der Herrgott wäre so eine notwendige Figur in der Erzählung Edelmans. Denn ohne den Herrgott wäre die Analogie in dieser Weise nicht möglich.

Und wie der Herrgott benötigt wird, um eine der Vergangenheit analoge Konstellation in der Gegenwart zu schaffen, so werden die Ghettobewohner benötigt, der Arzttätigkeit eine Bedeutung zu geben: „Sie [die Patienten] sollen nicht wissen, nicht leiden, keine Angst haben. Es soll für sie keine Erniedrigung geben. Sie müssen sterben dürfen, ohne so zu werden wie jene anderen" (*Herrgott*, 102). Erniedrigt fühlt sich wohl kein Patient; allenfalls klein, hilflos, ausgenutzt von einer Macht, die ihm über ist. Aber ‚Erniedrigung' ist einer der zentralen Begriffe aus der Zeit im Ghetto, den Edelman hinübernimmt in die Gegenwart. Indem Edelman die Krankheit als Erniedrigung oder Entwürdigung versteht, macht er die Patienten symbolisch zu den Ghettobewohnern. Wenn die Patienten aber in seiner Vorstellung zu den hilflosen Opfern werden können, kann Edelman, indem er dies verhindert, seine damalige Tätigkeit und damit seine Identität fortsetzen.[111] So ist Vergangenheit wirksam in der Gegenwart.

Ich nehme an, dass gerade diese verschobene Fortsetzung des Ghettolebens oder des Lebens innerhalb des Lagers äußerst wichtig ist, um weiter leben zu können. Und da es eine direkte Fortsetzung nicht gibt – entweder weil die Nationalsozialisten die Identität der Menschen auszulöschen wussten, oder weil wie hier, nach der Vernichtung des Ghettos, alle andere Tätigkeit sinnlos erscheinen muss – wäre eine Möglichkeit mit diesem Bruch umzugehen, das weitere Leben in entsprechenden Analogien (Äquivalenzen) zu denken und zu leben.

1.6 Erzählverfahren – Vielfältigkeit und Gleichwertigkeit

Marek Edelman ist Autor von *Das Ghetto kämpft*. Hanna Krall ist letztendlich Autorin von *Dem Herrgott zuvorkommen*. Auch wenn der Text auf vielen mit

---

[111] Hierzu vgl. auch: „viel, viel später [habe ich] begriffen: daß ich als Arzt auch weiterhin für das menschliche Leben Verantwortung tragen kann'" (*Herrgott*, 101). Auch hier wird der Sinn der Tätigkeiten analogisiert und dadurch eine Fortsetzung oder Weiterführung der Identität möglich.

Edelman geführten Gesprächen beruht, wäre ein einfacher Vergleich der beiden Narrationen ohne Berücksichtigung der Autorendifferenz nicht sinnvoll. Eine Gegenüberstellung allerdings der beiden Narrations- und Wahrnehmungsweisen unter dem Gesichtspunkt, was die unterschiedlichen Erzählverfahren zu leisten vermögen, erscheint mir aufschlussreich.

Wir haben gesehen, dass in *Das Ghetto kämpft* das erzählerische Augenmerk auf die große Erzählung von Widerstand und Kampf gerichtet ist. Möglich ist das durch jene Erzählverfahren, die Ambivalenzen oder verschiedene Sichtweisen nicht ganz ausschließen, aber doch zurückstellen. So muss der Erzähler den Gesetzen der gleichzeitigen Narration folgen, keine Prolepse erlöst daraus; auch die seltenen narrativen Pausen schaffen nur eine minimale Distanz zu den Ereignissen, da sie ausnahmslos auf die Tätigkeiten im Ghetto bezogen sind. Dadurch entsteht eine Ereignisdichte, die für einen Ich-Erzähler kaum zu ertragen wäre. Hier allerdings schützt sich der Erzähler, indem er sein Ich, wie gesagt, in das Kollektiv der Widerstandsgruppe bettet. Wie in anderen Texten von Autoren, die politisch organisiert waren, ersetzt die soziale Kollektividentität die personale Identität.[112] Dadurch ist eine gewisse Distanz gewährleistet. Edelmans Name ist ausschließlich Garant für die Wahrheit der Aussage, mehr nicht. Im Gespräch mit Hanna Krall dient der Name nicht mehr als Garant der Wahrheit – obwohl die Herausgeber ihn dafür benutzen, wenn sie ihn in den Untertitel einbringen. Er ist geknüpft an die persönliche Geschichte Edelmans.

Nun besteht der Text aber nicht nur aus Gesprächen mit Marek Edelman und den darin von ihm erzählten Geschichten, die ich bisher behandelt habe. Viele weitere Textpassagen gibt es, in denen die Erzählerin nun ihrerseits Edelmans Geschichte wiederholt, fortschreibt und neben andere Erzählungen stellt. Ist für Edelman das Gespräch eine Möglichkeit, seine Vergangenheit und seine Gegenwart neu zu entwerfen, so sind für die Erzählerin – vielleicht auch für die Autorin – die Konstruktion dieser Textpassagen und deren Erzählweisen eine Möglichkeit, eine mehrfach gebrochene Geschichte der Verfolgung und Vernichtung zu erzählen.

Auf mehreren Ebenen treibt die (abstrakte) Autorin Edelmans Zerstörung einer offiziellen Geschichtsschreibung weiter, rückt die alltäglichen Geschichten in den Mittelpunkt und stellt Vergangenheit und Gegenwart zusammen. Es ist ein äußerst polyphones und polyperspektivisches Gebilde, das uns somit vorliegt.

---

[112] Rolf Krause (1987) hat dies ausführlich an kommunistischen Texten untersucht. Er wertet das als einen Ich-Verlust, der aus einem kollektivistischen Diskurs hervorgeht. Aber zugleich ist diese Identität notwendig in einer Zwangslage, befreit aus der Ausgesetztheit des Ichs, gibt Geborgenheit in der Gruppe.

Gleich welche Textebene oder Kategorie man analysiert, immer ist eine gewisse Vielfältigkeit und Übergänglichkeit vorhanden. Zitate aus Texten verschiedenster Genres können zum Beispiel zusammengestellt werden. So fasst die Erzählerin einmal – ironisch – die Fakten des Aufstands chronologisch zusammen, schiebt dabei einen Kommentar aus John Herseys Roman *The Wall* ein, erwähnt den Bericht des SS-Brigadeführers Stroop, zitiert Edelman, fügt eine Meldung über das Ghetto vom 21. April 1943 hinzu (*Herrgott* 107f). Zitate höchst unterschiedlicher Genres werden da vermischt. Aus verschiedenen Blickwinkeln kann so ein Ereignis mehrfach erzählt werden. Aber auch Erzählungen von Erzählern zweiter Stufe (intradiegetische Erzähler) stehen neben transponierter, narrativisierter Rede, Metalepsen stellen das gerade Erzählte in Frage, interne Fokalisierungen gehen in externe über und umgekehrt. So ist die Erzählerin Figur im Gespräch mit Edelman. Als solche hat sie Grenzen und müsste sich auf die Außensicht beschränken. Doch tut sie das keineswegs. Mehrfach tauscht sie diese gegen die Innensicht ein, um Marek Edelman intern zu fokalisieren (vgl. vor allem *Herrgott*, 23ff). Das hat Folgen, insofern Edelman, die Ärzte, die Patienten oder die Widerstandskämpfer, welche alle eine Referenz haben, zu fiktiven Figuren werden. Aus einer ‚realen Figur' wird eine Romanfigur, der Faktizitätsanspruch wird untergraben und auch der ‚Held Edelman' als Konstruktion entworfen. Ebenso wie die vielen kleinen Geschichten eine Gegenerzählung zur großen Geschichte des Kampfs gegen den Nationalsozialismus bilden, kann der Wechsel von der externen zur internen Fokalisierung – wie die Wiederholung eines Ereignisses durch verschiedene Blickwinkel oder in verschiedenen Redeformen – eine Erschütterung des üblichen oder gerade selbst erst entworfenen Authentizitätsgefüges sein.

Doch nicht nur Auflösung einer ‚großen Geschichte' zugunsten vieler kleinerer und alltäglicher ist eines der narrativen Ziele des Textes. Zwar beginnt *Dem Herrgott zuvorkommen* und weist den Weg mit einem winzigen Detail – dem roten Wollpullover, den Edelman zu Beginn des Aufstands trägt – doch endet er mit der Frage nach der Bedeutung, die ein geretteter Patient gegenüber 400 000 getöteten Juden besitzen kann.

Für Edelman hat diese Frage eine biographische Relevanz, die vielleicht nicht aufgelöst, so doch getragen wird durch die selbst erzeugte Äquivalenz des vergangenen und gegenwärtigen Tuns. Die Erzählerin schreibt diese Äquivalenz – die auch als Metonymie eines möglichen Umgangs mit der Vergangenheit in der Gegenwart gelesen werden kann – weiter, indem sie verschiedene Unglücks- und Todesfälle aus unterschiedlichen Anlässen, an unterschiedlichen Orten und zu verschiedenen Zeiten aneinander reiht und der Tücke des Herrgotts, dem personifizierten Gegner der Patienten, zuschreibt: „Wie wir

aber schon sagten, folgt Er [der Herrgott] sehr aufmerksam diesem Treiben und kann so tückisch zuschlagen, daß alles zu spät ist" (*Herrgott*, 137):
So stirbt eine Patientin, da sich in ihrem Blut Glimit befindet. Elżunia stirbt, weil sie Schlaftabletten genommen hat. Celina, die Aufstand und Krieg überlebte, liegt im Sterben. Abrasza Blum wird vom Hauswart an die Gestapo verraten und getötet. Ein Mann stirbt auf dem Operationstisch am Infarkt (*Herrgott,* 137ff). Allein durch die erzeugte Äquivalenz innerhalb der Figuration – der Herrgott als Gegner und Edelman als der mögliche Retter – ist diese Nebeneinanderstellung und Verflechtung der verschiedenen Todesfälle möglich. Sind dann noch die Patientin und Elżunia durch ein und denselben Signifikanten (3. Pers. Sing.) kaum zu unterscheiden und ist der Übergang von einer in die andere Biographie nur durch wiederholtes Lesen zu erkennen, dann ist das Verfahren der Analogisierung selbst in die Narration übergegangen.

Letztendlich ist das konsequent, da die grenzüberschreitenden Erzählverfahren wohl eine der wenigen Möglichkeiten sein werden, der Vergangenheit einen Platz in der Gegenwart einzuräumen. So kommt die Vergangenheit in Hanna Kralls Text nicht zur Ruhe. Einem Stachel gleich bohrt sie sich immer wieder in die Gegenwart hinein – steckt nicht nur zwischen den Geschichten, sondern auch in der Narration, in einzelnen Sätzen, oft nur durch ein Komma abgetrennt:

„Die Juden sind auf dem Umschlagplatz, in der Wohnung von Anna Stronska, an der Verladerampe", heißt es im Text. Und übergibt der Erzähler des *Ghettos* die Erinnerung der Toten am Ende seines Berichts an die zukünftige Generation, so hat die Autorin diese Forderung in ihre Narration aufgenommen und umgesetzt.

2 Paul Steinberg: *Chronik aus einer dunklen Welt*

Auch von Paul Steinberg gibt es einen früheren und einen späteren Text. Doch der frühere wurde nie veröffentlicht, er liegt unabgeschlossen auf dem Boden eines Kleiderschranks, wie uns der Erzähler in der *Chronique d' ailleurs* berichtet.[113] Wir können also nicht vergleichend zwischen zwei Schreibweisen hin- und hergehen, sondern müssen aus dem einen Text das Spezifische der späteren Sichtweise herauslesen. Steinberg ist ein Autor der ‚ersten Generation'. Wie Primo Levi, Richard Glazar und all die anderen hat er die Ereignisse am eige-

---

[113] Paul Steinberg, Chronik aus einer dunklen Welt (Chroniques d'ailleurs, Paris 1996), München 1998.

nen Leib erleiden müssen. Doch zwischen diesem Leid und dem späteren Schreiben liegt fast ein halbes Jahrhundert. Neben den Schmerz haben sich andere Erfahrungen gestellt, haben ihn vielleicht auch zum Teil zugedeckt und äußerlich gefernt. Der Autor muss sich das vorherige Leben in gewisser Weise neu erschreiben, muss es in den allgemeinen Diskurs über die Katastrophe einordnen. Doch einmal berührt, wird das Vergangene Gegenwart – verletzend und schmerzhaft, so als wäre es gestern geschehen. So werden wir gerade an Paul Steinbergs *Chronique d' ailleur*, der *Chronik aus einer dunklen Welt* den für die spät schreibende erste Generation unabdingbaren Wechsel zwischen Konstruktion und Unmittelbarkeit sehr genau sehen können.

Eine Chronik, die historische Tatsachen in der Ordnung ihres Geschehens aufzeichnet, ist der 1996 erschienene Text nicht. Historische Fakten liegen vor. Paul Steinberg erzählt von seiner Verhaftung, Deportation und Inhaftierung in Monowitz (Auschwitz III) und Buchenwald. Doch werden die damaligen Ereignisse weder als Ganzes erinnert noch erzählt. Die *Chronik* ist fragmentarisch und bruchstückhaft. In ihr wird vielfach mit der üblichen chronikalen Ordnung gebrochen. Fünfzig Jahre liegen zwischen der Inhaftierung in Monowitz und Buchenwald und dem schreibenden Erinnern 1995. Das Gedächtnis ist lückenhaft – „hat das eine, das andere ausradiert". „Kleine Inseln" sind es, die fortbestehen, „Inseln der Erinnerung", zwischen denen der Erzähler „dahinsegeln" kann (*Chronik*, 6 und 7). Was ehemals Festland war und unmittelbare Gegenwart ist nun nach fünfzig Jahren ein Rest Land der Vergangenheit, das vom Meer der Gegenwart immer mehr überspült werden wird. Die Gegenwart mit ihren Ereignissen ist Ausgangspunkt und Element, von dem aus die kleinen Inseln angesteuert und betreten werden können. Sie wird Teil der erzählten Geschichte und das nicht nur in narrativen Pausen, sondern in eigenen Kapiteln (Paranthese I, II, III) mit eigenen Geschichten. So gesehen ist die *Chronik* doppelt angelegt: Es gibt zwei Zeiten, zwei Räume, einen Erzähler und sein erzähltes Ich, das ebenfalls Erzähler werden kann. Doppelt ist auch das Verhältnis des Erzählers zu der erzählten Geschichte. Dieser weiß, dass das Vergangene oft nur zufällig, unvollständig und immer mit Spuren der Gegenwart versetzt gefunden werden kann, hofft aber zugleich, alles auffinden und zusammenfügen zu können. Anders formuliert: In der einen Zugangsweise wird der Prozess des Erinnerns betont und Erinnern als eine dynamische Konstruktionsarbeit verstanden, in der anderen Zugangsweise wird das Gedächtnis als ein Archiv verstanden, dessen Inhalt wieder aktiviert werden kann.

Wenig ist es, was dem Erzähler zum Schreibzeitpunkt zur Verfügung steht: „Inseln" nennt er es, oder in einer anderen Metapher „von Motten zerfressene Brüsseler Spitzen". Auch als „Glücksspielpuzzle" wird das Erinnern bezeichnet. Ein Vergleich hinüber zu den Texten der ‚zweiten und dritten Generation' scheint sich anzubieten, ist doch dort die Abwesenheit das zentrale Problem. Bei genauerem Hinsehen allerdings treten die Unterschiede sofort hervor. Die (re)konstruierende Schreibarbeit eines Paul Steinberg bezieht sich auf die eigene Erinnerung und knüpft an die Ereignisse des eigenen Leibes an. Das Schreiben der nach 1945 Geborenen kann in diesem Sinne niemals rekonstruierend sein, da Bezugspunkt nicht die eigenen Erfahrungen in einem Lager, sondern die Erzählungen anderer über die Verfolgung und Vernichtung sind. Ihr Schreiben ist doppelt gebrochen.

Vergleicht man, wie die ältere Generation, der ja Steinberg angehört, nach 1945 geschrieben hat, so sieht man gleich: Für Primo Levi, Richard Glazar, Grete Salus, Bernd Klieger oder Marek Edelman und all die anderen gibt es noch nicht die Schwierigkeit mit den „klaffenden Löchern", dem „Fehlen von etwas Konkretem" umzugehen. Die Ereignisse in ihren Einzelheiten stehen dem Gedächtnis insgesamt zur Verfügung. Oft sind sie zu gewaltig, um in die üblichen Sprachformen gepresst zu werden – und das wird auch manches Mal angemerkt –, aber die Erinnerungen sind vorhanden und noch nicht vergessen. Wenn aber Erinnerung nicht mehr vorhanden ist oder mühsam rekonstruiert und konstruiert werden muss, so verändert sie sowohl die Schreibweisen und den Erzählvorgang wie auch die erzählte Geschichte. Denn was kann erzählt werden, wenn Details dem aktiven Gedächtnis nicht mehr zugänglich sind? Ein Bericht des täglichen Ablaufs im Lager, wie in den frühen Texten, ist allein durch die brüchige Erinnerung nicht mehr möglich. Und meist ist sie nicht mehr das Ziel, da die Tatsachen durch viele Texte inzwischen beschrieben und bekannt sind. Vielfältiges und mehrfach perspektiviertes Wissen über das Leben in den Lagern ist heute im öffentlichen Gedächtnis – oder zumindest in der literarischen Öffentlichkeit – vorhanden. Für den Schreibenden hat das unter anderem die Konsequenz, dass sein Text auch Antwort auf das schon Geschriebene und nicht nur Antwort auf die Ereignisse ist. Der Text wird unweigerlich intertextuell.[114]

„Bericht geben von der Angst" will der Erzähler. Sein Blick geht nach innen, er gilt der Topographie der Seele, soweit diese aus der Gegenwart

---

[114] Der Erzähler der *Chronik* kennt sehr genau Literatur, Film, Prozesse und Aktionen sowie deren Rezeption (vgl. *Chronik*, 160) und stellt sich gleich eingangs in eine Schreibtradition: „Jene Welt verständlich zu machen, indem man sie rekonstruiert, darin liegt die Schwierigkeit, an der wir uns alle stoßen. Primo Levi, Pierre Francès-Rousseau, Jorge Semprun" (*Chronik*, 5). Doch anders als noch Primo Levi steht Paul Steinberg eine durch Schreiben befestigte Erinnerungsgemeinschaft sowie ein Wissen zur Verfügung, das jederzeit abrufbar ist. So liest Paul Steinberg z.B. während des Schreibens noch einmal Primo Levis *Ist das ein Mensch?*, um dessen Sicht auf sich selbst mit der eigenen zu überprüfen.

erkennbar ist. Der Erzähler blickt aber auch, entsprechend der doppelten Anlage des Textes, auf das heutige Ich mit seinen Wunden und Narben vom Leben im Lager. Psychische Kausalitäten werden hergestellt, heutige Verhaltensweisen aus damaligen Ereignissen verstehbar gemacht.[115] Die Vergangenheit, die zu ihrer Zeit eine eigene Welt mit ganz anderen Gesetzmäßigkeiten darstellt und ein anderes Leben bedeutet, wird so für ein sinnvolles und wohl oft lebensrettendes Verständnis des gegenwärtigen Lebens benötigt. Im Gegenzug dient die Gegenwart mit ihrem Mehrwissen einer Erweiterung des Vergangenheitsverständnisses: „heute, nach fünfzig Jahren weiß ich [...]" ist eine oft gewählte Wendung. Das ist anders bei den frühen Texten, die zwar realiter auch den Blick aus der Gegenwart auf die Vergangenheit richten – da sie post factum geschrieben sind –, aber nicht um die Gegenwart zu reflektieren und zu verstehen, auch nicht um die Vergangenheit mit Hilfe, das heißt, mit Wissen der Gegenwart darzustellen, sondern um das vergangene Geschehen, so wie es im Gedächtnis geborgen ist und selbstverständlich in der Wirklichkeit geschehen erscheint, zu fassen und vor allem vor der Weltöffentlichkeit als eine Art Gericht zu bezeugen. Die Notwendigkeit, Zeugnis der sichtbaren Ereignisse abzulegen, lässt keine Überschreitungen zu. Allenfalls sind Reflexions-Ansätze über den Menschen und sein Verhalten in extremen Situationen vorhanden.[116]

Der Erzähler der *Chronik* ist Sammler von Fragmenten, die die psychische und physische Verfolgung und Vernichtung bezeugen, und er ist Beobachter seines erzählten Ichs in diesen Fragmenten. Zu diesen immer kommentierten Ereignissplittern registriert der Erzähler – anders als die Erzähler der frühen Texte – die möglichen Formen und Schwierigkeiten des Erinnerns. Er reflektiert über das Gedächtnis und dessen unverständliche Speicherungen oder Löschungen, fragt nach Verfälschungen und „Phantasmen" bei der Spurensuche (*Chronik*, 106). Erinnerungs- und Schreibprozess werden so fortlaufend beobachtet. Der Text ist nicht nur Dokument und Zeugnis der Ereignisse, sondern ist auch Zeugnis oder Protokoll des Vorgangs, diese Ereignisse nun sprachlich zu erzeugen und zu bezeugen. Dabei fällt auf, dass auch die Sprache nach fünfzig Jahren ihrer selbst nicht mehr gewiss ist. Sie ist tastend und fragend. Es ist keine chronikale Sprache, die keinen Zweifel an der Einheit von Objekt, Vorstellung

---

[115] Dieser in einer Biographie durchaus übliche Brückenschlag ist auch umgekehrt möglich: „Alles war geplant, methodisch an seinen Platz gestellt: ich genoß eine gründliche, eine umfassende Vorbereitung auf das Leben im Lager. Eine Art Supertraining" (*Chronik*, 43).
[116] Eine Ausnahme bilden selbstverständlich die deutschen kommunistischen Texte, in denen der Legitimierungsvorgang der Gegenwart durch Vergangenheit sofort mit der Staatsgründung einhergeht und der Häftling als Märtyrer im Lager nach dem Krieg im Staat ein hoher Funktionär wird.

und Zeichen lässt. Das heißt, Wirklichkeit und ihre Vorstellung wie ihre sprachliche Verfasstheit fallen für den Erzähler in einem zusammen. Mehrere Metaphern setzt der Erzähler beispielsweise für den Vorgang des Erinnerns ein, nicht nur eine. Jede einzelne bezieht sich auf unterschiedliche Weise auf die Schwierigkeiten und (Un)Möglichkeiten des Erinnerns nach fünfzig Jahren. Zusammengenommen ergeben sie durchaus verschiedene, einander sogar ausschließende Sichtweisen und zeigen, wie sehr das Erinnerte vom jeweiligen Sprachakt abhängig ist, der einen bestimmten Zugriff auf die Vergangenheit zulässt. Damit ist das Erinnern nicht nur Teil der Geschichte, sondern die sprachliche Fassung dieses Vorgangs kann wiederum auf der Mikroebene die Art des Erinnerungsprozesses abbilden.[117]

2.1 Raum – die Pluralisierung und Semantisierung des Raums

Die *Chronik*, so hatte ich eingangs geschrieben, ist in ihrer gesamten Struktur doppelt angelegt. Für den Raum allerdings würde ich das nur zögernd formulieren. Zwar gibt es einen Raum, der der Vergangenheit angehört: Monowitz und Buchenwald. Und es gibt auch einen Raum der Gegenwart: ein Reise nach Brügge wird genannt, Paris. Doch bleibt der gegenwärtige Raum unsichtbar, anders als bei Krall/Edelman und bei den noch zu analysierenden Texten von Gerhard Durlacher. Der gegenwärtige Raum ist vorhanden, da der Erzähler als Figur auftritt, doch ist er gefüllt oder wird gar ersetzt durch Reflexionen und Kommentare. Vielleicht kann man das, was entsteht, als einen ‚Dialograum' bezeichnen, der ein nachdenkendes Gespräch des Erzählers mit seinem damaligen Ich wie auch mit den Lesern ermöglicht. Das hat Folgen für die erzählte

---

[117] Hierfür ein Beispiel an den Metaphern „Glücksspielpuzzle" und „von Motten zerfressene Brüsseler Spitzen" (*Chronik*, 60), die für den Vorgang des Erinnerns eingesetzt werden. Ein Puzzle ist letztendlich zusammensetzbar – der Erfolg eines Glücksspiels ist vom Zufall abhängig. Dieser minimale Widerspruch scheint nicht zufällig: Denn Ereignisse der Vergangenheit können nur zufällig und niemals vollständig gefunden werden. Ein Puzzle hingegen kann man mit Geschick immer zusammensetzen. So ist die Metapher schon in sich doppelt.
Die „von Motten zerfressenen Brüsseler Spitzen" weisen eher auf den endgültigen Verlust des Vergangenen hin. Aus ehemals kunstvollen, miteinander sinnvoll verbundenen Löchern werden sinnlose Löcher. Zudem schadet, in der Metapher weitergedacht, jede Berührung und fördert nur den weiteren Zerfall der Spitze. „Glücksspielpuzzle" und von „Motten zerfressene Brüsseler Spitzen" fokussieren also durchaus unterschiedliche Bereiche des Erinnerungsvorgangs und des Umgangs damit. So kann man sagen, dass die Vielfältigkeit der Metaphern die Vielfältigkeit des Erinnerungsprozesses produziert. Nicht nur die Vergangenheit muss erinnernd gewonnen werden, sondern auch die Sprache darüber, die dann ebenso zu einer Erfahrung wird.

Geschichte. Tritt an die Stelle einer Handlung im (Gegenwarts-)Raum der Erinnerungsprozess und der fortlaufende Kommentar der Vergangenheit durch gegenwärtiges Wissen, dann ist ein geschlossener Raum des Lagers kaum mehr möglich. So erscheint der Raum, obwohl es viele Nennungen von Räumen und Orten gibt, eher unbedeutend und der Zeit untergeordnet. Erst im Vergleich mit anderen Schreibweisen wird an der Raumgestaltung sichtbar, was die *Chronik* einerseits zu einem Text nach fünfzig Jahren macht und andererseits sie an die älteren Schreibtraditionen anbindet. In den älteren Schreibweisen gibt es eine einzige Raumart. Es ist der innerhalb der Erzählung ‚reale' Handlungsraum des jeweiligen Lagers, erweitert um den Ort der Festnahme, die Fahrt in das Lager und die Rückkehr in das ‚Heimatland' oder ein neues Land. Der gesamte Blick ist auf das Leben im Lager gerichtet, das den zentralen und realen Raum der Handlung bildet. Der Raum ist geschlossen, er ist ein physisches und psychisches Gefängnis, das auch in der Narration nur selten verlassen werden kann.

Ein Blick in die Texte der ‚zweiten Generation' zeigt, dass es verschiedene Arten von Räumen geben kann, und dass die Räume nach allen Seiten und Zeiten hin offen sind. Die zentralen Handlungsräume der Geschichte bilden – soweit vorhanden – keineswegs die Konzentrationslager. Handlungsräume sind dort gegenwärtige Räume, wie in Robert Schindels *Gebürtig* Wien, New York, Hamburg. Die Konzentrationslager werden ausgespart – ja manches Mal nicht einmal namentlich erwähnt, obwohl die Handlung auf die Orte der Vernichtung bezogen ist. Der vergangene Raum des Lagers ist diesen Autoren nicht zugänglich.[118] Eine der wenigen Möglichkeiten, die Orte der Vernichtung imaginär zu betreten, ist die Identifikation mit Großeltern oder Eltern. Über sie kann zum Beispiel ein Museum sich für einen Moment in eine Gaskammer verwandeln und für einen minimalen Augenblick zentraler Vernichtungsraum werden. Solch ein Verfahren kennt der Erzähler der *Chronik* nicht, da der Autor die Erfahrungen des Lagers in sich trägt. Er kennt aber auch nicht mehr den hermetisch geschlossenen Raum wie die Autoren der frühen Texte. Dreimal wird zum Beispiel die Ankunft in Monowitz in je eigenen Kapiteln unter verschiedenen Gesichtspunkten erzählt. Man sieht: Das erneute Betreten des Lagers im Schreibakt ist nicht so selbstverständlich wie in *Ist das ein Mensch?*. Es muss erschrieben werden; es ist Erinnerungs-Arbeit.

---

[118] Es gibt Ausnahmen: Rafael Seligmans Erzähler in *Der Milchmann* (München 1999) führt direkt in verschiedene Lager hinein und auch die Erzählerin in Lea Fleischmans *Dies ist nicht mein Land. Eine Jüdin verläßt die Bundesrepublik* (Hamburg 1980) betritt mit dem erzählten Ich die Gaskammer. Vgl. weiter Kapitel III. „Ererbte Erinnerung: Texte der ‚zweiten Generation'".

Und doch ist das Lager zentraler Handlungsraum und in der Gestaltung desselben gleicht die *Chronik* den frühen Texten. Die Handlung beginnt in Paris, als Ort der Festnahme, und endet mit der Rückkehr nach Paris. Dazwischen liegen die Haft im Sammellager Drancy und in Monowitz, der Marsch nach Gleiwitz, die Fahrt nach Buchenwald und die Gefangenschaft in Buchenwald. Raum und Handlung sind als Ganzes – analog der vergangenen Wirklichkeit – grob in ein lineares Zeitmodell eingeordnet. Im Umfang wie in der Ausgestaltung ist Monowitz der zentrale Raum. In Aufbau und Gewichtung gleicht die *Chronik* so den frühen Schreibweisen. Und doch liegt auf diesem Raum ein anderer Blick als üblich. Schon der Titel macht dies deutlich: *Chroniques d'ailleurs* – Chronik von wo anders her, statt: *Chronik aus Monowitz*.[119] Monowitz existiert zwar als realer, historischer Raum, wird aber durch die Metapher ‚aus einer anderen Welt', als Gegenwelt zur Welt ohne Lager gelesen und konstruiert.[120] Innerhalb des Textes zeigt sich das in den Formulierungen von der „Parallelwelt", in der „eine andere Logik, eine andere Moral, [...] andere Codes" herrschen (*Chronik*, 6). Mit solchen Begriffen werden Ereignisse, Handlungen, Gespräche, die bestimmte Verhaltensweisen des „Menschen des Vernichtungslagers" zeigen, in Beziehung zur Gegenwart gesetzt. Die Metapher und ihr Kontext ermöglichen einen Blick auf die Strukturen dieser Welt in Opposition zur „normalen Welt" und nicht auf äußerlich verbürgte Ereignisse, wie ein Ortstitel erwarten ließe.

Es verwundert nicht weiter, dass niemals ein geschlossenes Universum des Lagers entsteht, wie in den frühen Texten, auch wenn der Erzähler sein vergangenes Ich ungehindert Monowitz betreten lässt. Die Handlung und somit der Raum werden fortlaufend durch verschiedene erzählerische Kommentare und Reflexionen unterbrochen und an die Gegenwart oder indirekt an einen anderen Raum und eine andere Zeit innerhalb der Geschichte angebunden. Solch ein bewegliches Raum(- und Zeit)gefüge unterscheidet die *Chronik* grundlegend von den älteren Schreibweisen. Selbst in den Fällen, wo ein detaillierter Raumentwurf versucht wird – und das ist sehr selten –, ist die Präsenz des erzählenden Ichs, das anordnet, kommentiert, vergleicht und den Raum immerzu verlässt, spürbar.

---

[119] Man vergleiche zum Beispiel Otto Wolkens *Chronik des Quarantänelagers Birkenau*. Das ist eine ‚echte Chronik'. In ihr sind alle Ereignisse genau nach Datum aufgezeichnet und mit Zahlen und Zeugnissen belegt.

[120] Die Opposition Lager/normale Welt ist durchaus eine übliche im Schreiben über die Verfolgung und Vernichtung. Auch in den frühen Texten wird immer wieder die „normale Welt" als Gegenwelt herangezogen. Doch hatten wir gesehen, dass gerade diese freie Welt mit zunehmender Haftzeit kaum noch antizipierbar ist, teilweise sogar ganz aus dem Horizont der Gefangenen verschwindet.

An einem Beispiel: Ein Boxkampf in Monowitz: „Und jetzt schließt, ihr, die ihr mich lest, die Augen. Versucht, euch hinter euren geschlossenen Lidern das Bild vorzustellen, das ich euch beschreibe. Der Appellplatz, so groß wie zwei Fußballfelder; in der Mitte der Ring, erhellt von Flakscheinwerfern. Auf drei Seiten stromgeladene, vier Meter hohe Stacheldrahtzäune. Alle fünfzig Meter ein Wachturm […] Vor dem Ring, in acht genau ausgerichteten Stuhlreihen sitzend, zweihundert SS-Männer […] Auf der anderen Seite des Rings die *Nomenklatura* des Lagers […] Unter ihnen thronte der Lagerälteste […] Er sollte mir noch fünf- oder sechsmal das Leben retten, bevor er, nach dem Verlust seiner Privilegien, in Buchenwald starb […] Einhundert Meter weiter hinten, hinter einer Absperrung [etc.] Wenn jemals ein surrealistisches Happening stattgefunden hat, das die Bilderwelt eines Breton, eines Dali, eines Magritte in den Schatten gestellt hätte, dann an diesem Abend in Monowitz" (*Chronik*, 24ff).

Mehrfach und auf verschiedene Weise wird der vergangene Raum geöffnet. Schon mit der beschwörenden Leser-Anrede zu Beginn unterläuft der Erzähler den Realitätsstatus der erzählten Welt, indem er auf die Herstellung der damaligen Wirklichkeit durch die Vorstellungskraft des Erzählers und der einzelnen Leser verweist. Allerdings beruht jede nachträgliche Erzählung auf solch einem Vorgang. Neu innerhalb dieses Kontextes ist, dass dies kommentiert und die Konstruktion Teil der Geschichte wird. Mit auffälligen Vergleichen, die den Raum beschwören sollen, wird der Appellplatz erneut verlassen. Der damalige Boxkampf im Lager kann als ein Super-surrealistisches-Happening gelesen werden; er wird vom Erzähler in die Welt der Kunst transformiert, die unabhängig von den Ereignissen des Lagers besteht, aber im Gegensatz zu dem Lager den Lesern wie auch dem Erzähler zugänglich ist, nicht aber dem damaligen Ich, das diese Kunstszene noch nicht kannte. So ist der den geschlossenen Raum öffnende Kunst-Vergleich Brücke von der Gegenwart in die Vergangenheit. Es ist ein Versuch, diesen Raum aus der Gegenwart und für diese ansatzweise zugänglich zu machen. Man sieht, Vergangenheit ist zwar noch Abbildung und Wiederholung des Gefängnisses in der Schrift, wie bei den früh schreibenden Autoren, aber ist zugleich Erzeugung und Konstruktion durch Evozierung anderer Welten. Vergleich oder Metapher können dabei eine zwar schwierige, da immer auch neue und andere Kontexte aktivierende, aber hilfreiche Möglichkeit sein.[121]

---

[121] Metaphern sind selbstverständlich kein besonderes Merkmal der späteren Schreibweisen. Gerade auch Tagebuchschreiber begreifen die Vorgänge im Ghetto oder Lager oftmals durch Metaphern. Young erläutert dies u.a. an Chaim Kaplans Warschauer Tagebuch, der „seine Lage automatisch unter dem Blickwinkel der traditionellen Dialektik von Zerstörung und Errettung begriffen [hat], der zufolge jede neue Zerstörung im Ghetto

Nun wird der Raum aber nicht nur durch Leseranrede oder Vergleiche geöffnet. Auch ohne die Geschichte zu verlassen, kann ein anderer Raum eingeblendet werden. In dem Vorgriff, der das Schicksal des Lagerältesten vorwegnimmt, wird Buchenwald evoziert. Wieder ein Verfahren, das theoretisch auch in den frühen Texten möglich ist, dort aber selten vorkommt. Man könnte also sagen, dass die Geschlossenheit des Raums durch freies Bewegen in der Zeit und in den Vergleichen, die wiederum von der Präsenz des Erzählers abhängen, ständig aufgehoben wird. Anders als in den frühen Texten sind hier Erzähler und erzähltes Ich nicht mehr gefangen – weder im erzählten Raum noch in der Narration. Frei kann sich der Erzähler im Raum bewegen. Allerdings muss man hinzufügen, dass Freiheit und Beweglichkeit auch bei Steinberg sehr relativ sind. Denn das einmal nach innen gekehrte Lager ist immer anwesend – sichtbar und unsichtbar: „Doch nie, nie und nimmer, ist es mir möglich, mich von dem Leben davor frei zu machen. Ich habe in der Würdelosigkeit gelebt und lebe noch in ihr", schreibt Paul Steinberg am Ende. Mit dem Wissen um diesen Satz könnte man den brüchigen oder nach allen Seiten hin offenen Raum auch umgekehrt lesen: Dann würde gerade die Unterbrechung des Raums durch andere Räume oder Ereignisse zeigen, dass das Lager überall ist und nicht beschränkt auf den damaligen historischen Raum. Anders: Alle Ereignisse (und hier Räume) grenzen an die vergangenen, und die erzählerische Nachbarschaft kann eine Semantisierung bewirken: Das Gefängnis ist überall und jeder neue Raum kann Spuren desselben tragen.

2.2 Zeit – der Wiedergewinn von Erinnerung

Was für den Umgang mit dem Raum, das gilt auch für den mit der Zeit. Nur wird hier der Unterschied zu den frühen Schreibweisen noch deutlicher. Wir hatten gesehen, dass dort der Zeitraum immer auf die Gefangenschaft begrenzt ist, die alle andere Zeit vernichtet. Überschreitungen nach vorne sowie Bezugnahmen auf Folgeereignisse oder gar die Schreibgegenwart sind sehr selten. Meist sind die Vorgriffe intern und haben die Funktion, das erzählte Ich der erzählten Gegenwart zu entziehen. Überschreitungen in die Vergangenheit kommen ebenfalls selten vor. Oft sind sie als erzählerische Nachträge zu lesen,

---

[121] (*Fortsetzung*)
automatisch von einer guten Nachricht ‚von der Front' begleitet war" (Young 1992, 66f). Vgl. auch Philip Mechanicus, *Im Depot. Tagebuch aus Westerbork*. Mechanicus organisiert u. a. durch auffällige Metaphernkomplexe das tägliche Chaos in Westerbork. Mit den Metaphern, die im Tagebuch immer eine ‚Theorie des Augenblicks' sind, schärft er so einerseits seine Wahrnehmung, andererseits befreien sie ihn vom unmittelbaren Kontext und seiner primären Bedeutung.

die aber auch manches Mal als Fundierungsgeschichten ein Leben sichern können.

Eine Begrenzung des erzählten Zeitraumes auf die Gefangenschaft gibt es in den späteren Texten im Allgemeinen nicht. Allein schon durch den Blick auf das Schreiben und die Erinnerung kommt eine zweite Zeit – die Schreibzeit – mit hinzu. Dadurch ist der Umgang mit der Zeit vielschichtiger als in den frühen Texten.[122] Auch wenn in den frühen Schreibweisen die Chronologie nicht durchgängig ist und auf der Mikroebene (innerhalb einzelner Geschichten) häufiger gestört wird als ich anfangs gedacht habe, so ist doch das grobe chronologische Muster eine Möglichkeit, dem entwürdigten und zerstörten Ich wieder Kontinuität und damit Identität zu geben. Identität und Kontinuität müssen in diesem elementaren Sinne nach fünfzig Jahren vielleicht nicht mehr gewonnen werden. Der Erzähler kann relativ frei und chronologisch unabhängig über das Vergangene verfügen und kann es nach ihm sinnvoll erscheinenden Gesichtspunkten (narrativen Äquivalenzen) anordnen. Vorgriffe und Rückgriffe betonen dann eher die Distanz des Erzählers zu seinem erzählten Ich, sind paradoxerweise aber auch Verfahren, die Konstanz im Subjekt herstellen, indem durch sie mehrere Ereignisse unter einem Gesichtspunkt geordnet werden können.

Basiserzählung und Anachronien – Erinnern zwischen Autonomie und Abhängigkeit

Zwei Geschichten in zwei Zeiträumen erzählt der Erzähler der *Chronik*. Die eine ist die des Häftlings Paul Steinberg. Sie beginnt am 23. September 1943 mit der Verhaftung und endet im April 1945 mit der Befreiung. Die andere ist die ‚Geschichte' des Schreibenden. Sie dauert vier Monate des Jahres 1995, was aus der wiederholten Wendung nach „fünfzig Jahren" zu erschließen ist. Versuchsweise bezeichne ich auch diese Erzählung als ‚Geschichte', da sie sich nicht in verschiedenartigen narrativen Pausen erschöpft, sondern ihr drei eigene Kapitel (Paranthese I, II, III) und Vor- und Rückblick zukommen. Man könnte die Aufzeichnungen der Gegenwarts-Geschichte auch als ein Schreib-Tagebuch bezeichnen, in dem Themen fragmentarisch entwickelt werden. Es sind dies die psychischen Veränderungen durch das Schreiben, die Schwierigkeiten, die sich dem schreibenden Erinnern stellen, und die über das Persönliche hinausgehende Reflexionen von Möglichkeiten des Erinnerns nach fünfzig Jahren. Durch Letzteres wird die individuelle Geschichte des Schreibenden aufgehoben in einem allgemeiner gültigen ethischen Diskurs. Für Texte, die unmittelbar nach 1945 geschrieben wurden, wäre – wie gesagt – die Ausge-

---

[122] Zu den Varianten und Abweichungen von diesem Muster vgl. dann das 4. Kapitel: „Konstanten, Variationen und Reduktionen: Weitere Texte im Vergleich".

staltung der Schreibzeit zu einer Geschichte unmöglich gewesen. Sie ist von untergeordneter Bedeutung, da die zeitliche Distanz zu dem Geschehen sehr gering ist und die Gegenwart noch kein entsprechendes Gewicht bekommen hat. Hier ist das nicht so. Die zeitliche Distanz ist groß, die Gegenwart hat eine im obigen Sinne eigene Geschichte. Diesem doppelten Anspruch begegnet der Erzähler, indem er eine doppelte Sicht und ein doppeltes Zeitraster entwickelt. Der Text ist gegenwarts- und vergangenheitsbezogen.

Nun existieren die Geschichten der Vergangenheit und der Gegenwart nicht säuberlich getrennt nebeneinander, sondern sind ineinander verflochten. Mit Genettes Termini von ‚Basiserzählung' beziehungsweise ‚erster Erzählung' (récit premier) und den davon ausgehenden ‚Anachronien' lassen sich die spezifischen Merkmale und Schwierigkeiten – die sich aus der Verflechtung beider Zeitraster ergeben – am produktivsten erkennen, auch wenn die Bewertung, was die ‚erste' und was die ‚zweite', abgeleitete Erzählung ist, nicht ganz unproblematisch scheint. *Chroniques d'ailleurs* beginnt mit den Reflexionen über Schreiben und Erinnern nach fünfzig Jahren. Zu ihnen stellt die Geschichte des Häftlings Paul Steinberg eine große Analepse dar. Die Schreibgeschichte, die den Ausgangspunkt bildet, wäre also die primäre Erzählung. Dem entspräche meine Annahme, dass ein Text, der nach fünfzig Jahren geschrieben wird, immer aus der Gegenwart heraus erzählen ‚muss'. Allerdings können Rückgriffe wieder selbst zu primären Erzählungen werden und das dergestalt, dass sowohl Erzähler als auch Leser die ursprünglich erste Erzählung vergessen. Solche Umschichtungen mit dem entsprechenden Wechsel von Blick und Stimme wachsen je weiter die Erzählung voranschreitet. Das kann man zum einen an der Zunahme interner Analepsen – den Rückgriffen, die sich auf die Zeit des Lagers beziehen – sehen, aber auch am durch Tempuswechsel erzeugten Zusammenfall von Stimme und Blick: „Juli 1944: Ich bin halbwegs auf die Beine gekommen. Ich gehöre zu den ‚Alten', kenne die Bräuche, habe Beziehungen" (*Chronik*, 110). Es folgt eine Geschichte teils im Präsens, teils im epischen Präteritum. Der Rahmen oder besser die Erzählgegenwart als Ausgangspunkt der Erinnerung ist vergessen. Die Vergangenheitserzählung fungiert als vollgültige primäre Erzählung. Doch schon kurz darauf heißt es: „Ich denke oft an diese Geschichte zurück, die einzige ruhmreiche Tat, die ich mir zugute halten kann" (*Chronik*, 111). Die Vergangenheit, die eine Zeit lang Gegenwart werden konnte, wird wieder an ihren ursprünglichen Platz auf der Zeitachse gestellt. Reflektor und Schreibender der Gegenwart treten erneut in den Vordergrund.

Fassen wir zusammen: Wichtig ist, dass die Gegenwartserzählung insgesamt immer die ‚erste Erzählung' bleibt. Doch im Verlauf des Schreibens weicht die Gedächtnisinstanz partienweise zurück und die Geschichte der Vergangenheit gewinnt so an Realität und temporaler Autonomie, dass sie als primäre Erzählung fungiert. Thematisch wird diese Verlagerung dann durch Sätze wie: „Ich bin ins Lager zurückgekehrt" unterstrichen (*Chronik*, 106).[123]

Solche an der zeitlichen Ordnung aufgezeigten Ambivalenzen sind spezifisch nicht nur für die *Chronik*, sondern insgesamt für die Texte der ersten Generation, die ab den 1980er Jahren geschrieben werden.[124] Sie spiegeln auf zeitlicher Ebene das Verhältnis des Schreibenden zu seiner Vergangenheit. Denn einerseits weiß und betont auch der Erzähler der *Chronik*, dass er seine Geschichte nach fünfzig Jahren erzählt und dass damit eine ‚authentische Erinnerung' fragwürdig ist. Andererseits sind die erzählten oder auch rekonstruierten Ereignisse dem damaligen Ich widerfahren und werden im Erzählakt so gegenwärtig, dass sie Ausgangspunkt für Vor- und Rückgriffe bilden müssen. „Auschwitz ist ein Schachtelteufel, der Deckel springt bei der geringsten Berührung auf" (*Chronik*, 160) heißt es gegen Ende des Berichts. Für den zeitlichen Diskurs bedeutet das, dass eine Analepse jederzeit zur primären Erzählung werden kann und dann autark ist.

Analepsen – Sinnkonzepte und Fundierungsgeschichten

Für die gesamte Struktur des Textes ist das zeitliche Verhältnis von Vergangenheits- und Gegenwartsgeschichte entscheidend, da mit ihm das Verhältnis des Erzählenden und Schreibenden zu der Erinnerung festgelegt wird. Innerhalb der einzelnen Geschichten wiederum können zeitliche Ordnungsakte – Vor- und Rückgriffe – ebenso prägend und signifikant sein und nicht nur Funktion und Bedeutung für das erzählte Ich übernehmen, sondern auch für den Erzähler. An einer internen Analepse zu Beginn der Vergangenheitsgeschichte, die vorerst recht unscheinbar daherkommt, sich aber als ein ganzes Lebenskonzept entpuppt, möchte ich dies erläutern.[125]

„Es war ein 23. September, und ich hatte einige Monate vollkommener Euphorie erlebt, was im Jahr des Unheils 1943 wenig glaubhaft erscheinen

---

[123] Ebenso kann aber auch umgekehrt wieder die Gedächtnisinstanz in eben demselben Kapitel betont werden, wenn der Erzähler folgenden Rückblick macht: „Ich sehe mich damals, auf dem Appellplatz im Februar" (*Chronik*, 113).

[124] Selbst in Texten, in denen die Vergangenheitsgeschichte noch strenger durch das Gitter der Gegenwart betrachtet wird, wie bei Ruth Klüger oder Gerhard Durlacher, ist diese Ambivalenz und zeitweilige Dominanz der Vergangenheit über die Erzählung der Gegenwart spürbar.

[125] Es gibt recht unterschiedliche Arten von Rückgriffen, die ich auch analysiert habe, hier aber wegen ihres Umfangs nicht ausführe, doch zumindest erwähnen möchte. Ein Großteil von ihnen ist auf die Biographie des Erzählers bezogen und ist eine Möglichkeit, Geschehenes durch Späteres sinnvoll einzuordnen und damit eine Konstanz im Ich und der Biographie herzustellen. Eine weitere Möglichkeit, eine Geschichte der Gegenwart

mag. Seit einem Jahr war ich der Wettleidenschaft verfallen" (*Chronik*, 8). So der Anfang der Vergangenheitsgeschichte. Dieser Anfang allerdings enthält gleich zwei Geschichten, die der Verhaftung und die der Wettleidenschaft. Doch auf den Tag der Verhaftung, den 23. September, kommt der Erzähler erst um einiges später zurück, und erst dann wird der 23. September als Beginn der Leidensgeschichte erkennbar. Vorerst wird die Geschichte der Wettleidenschaft mit ihrem Niedergang und Aufstieg, mit Unglück und Glück erzählt, mit großen Verlusten und großem Gewinn. Durch den zeitlichen Ordnungsakt der Analepse gelangen unversehens zwei voneinander unabhängige Ereignisse – Wettleidenschaft und Gefangennahme – in eine positionelle Nachbarschaft, die, ähnlich wie in der Lyrik, eine Semantisierung bewirkt. Das Charakteristische der Wettgeschichte – im Zustand des größten Unglücks zufällig das größte Glück zu erfahren („In diesem Zustand größter Verzweiflung kam endlich mein Tag") – wird auf die Verfolgungsgeschichte anwendbar und diese letztlich als eine Glücksgeschichte lesbar. Doch erst in weiterer Lektüre wird deutlich, dass dieses durch den Rückgriff gewonnene Muster entscheidend für das hier erzählte Biographie-Konzept ist:

Der Häftling Steinberg wird auf den „Zustand eines Prämuselmanns reduziert" (*Chronik*, 79). Gelbsucht, Ruhr, Rotlauf und ein verwundetes Bein sind im Lager ein tödlicher Zustand, und doch schafft Steinberg es mit Hilfe der Ärzte zu leben. „Bald sind es vier Monate, daß sie mich hier ankommen sahen und beschlossen haben, auf mich zu setzen, ohne daß ich davon wußte. Wir sind schlecht gestartet". Und dann heißt es weiter: „Immerhin habe ich mich ihrer Bemühung würdig gezeigt. Das Glück hat nachgeholfen. Ihre Wette ist aufgegangen, und sie haben gewonnen"(*Chronik*, 79). Die tödlichen Krankheiten und die Rettung aus ihnen – von manch einem als Gnade bezeichnet – erscheint hier recht lässig als Passion der Ärzte. Der Kampf um das Leben ist ein Glücksspiel. Denn wird das Überleben des erzählten Ichs durch die Metapher zu einer Pferdewette, so wird aus einem leidvollen Ereignis ein leidenschaftlich lustvolles Ereignis für das heutige erzählende Ich. Allerdings sitzen die damalige Angst und heutige Scham um das Überleben darunter. Und vielleicht lässt sich sagen, dass gerade durch die Verwandlung der Rettungsgeschichte in eine Wettgeschichte die erste überhaupt erzählbar und in sich

---

[125] (*Fortsetzung*)

in die Geschichte der Vergangenheit einzuschreiben, ist, dass bestimmte Ereignisse der Vergangenheit in abstraktere Überlegungen – die idealiter die gesamte Gesellschaft betreffen – überführt werden. Das kann ein Nachdenken über die Form des Erinnerns sein, aber auch Fragen nach Würde und Schuld. Auch hier wird eine Autorenkonstanz hergestellt, die überindividuelle, kollektive des menschlichen Schicksals und Verhaltens. Beide Formen sorgen für Identität.

soweit verständlich wird. Insofern erhält der anfänglich willkürlich erscheinende Rückgriff über das Wetten einen Sinn, der weit über seine Anfangsbedeutung hinausreicht, nicht zuletzt dadurch, dass das Muster der Wettgeschichte als Metapher nun mehrfach wieder aufgegriffen wird.[126] Das heißt, die Anfangsgeschichte über das Wetten wird zur Protogeschichte, die metonymisch für weitere Teilgeschichten stehen kann. So wird das Überleben in ein schon immer vorhandenes Glücksmuster gestellt und die bohrende Frage, ‚warum habe gerade ich überlebt?', zwar nicht beantwortet, aber zumindest als etwas Charakteristisches für diese Biographie erkannt und eingeordnet. Solch eine das ganze Leben umspannende Sinnlinie durch einen Metaphernkomplex, der sich auf den fundierenden Rückgriff am Anfang gründet, ist in dieser Weise nur einem Autor möglich, der aus Distanz und Erfahrung auf sein Leben zurückblickt.

Prolepsen – Erzählen zwischen Notwendigkeit und Freiheit

Blicken wir umgekehrt auf die Prolepsen, so lässt sich an ihnen erkennen, wie stark der Text der Erzählgegenwart verhaftet ist und die Gegenwart in die Vergangenheit hineingedichtet wird. Ich analysiere wieder nur einen signifikanten Vorgriff zur Erläuterung. An diesem kann einerseits gezeigt werden, welche Freiheiten im Allgemeinen ein Erzähler besitzt, der nach geraumer Zeit sich der Vergangenheit zuwendet, andererseits aber auch, welche Verantwortung und Aufgabe solch ein biographischer Text innerhalb der Erinnerungsarbeit einnehmen kann.

„Eines schönen Morgens verlasse ich den Block für Patienten mit Ansteckungskrankheiten, um mich auf Bora Bora niederzulassen.

Der Schonungsblock liegt an der Grenze zwischen Krankenbau und Lager. Er ist ein klassischer Block, vier Bettenreihen zu je drei Etagen, drei Gänge und vorne der Raum des Stubendienstes und des Arztes, der zugleich Blockäl-

---

[126] Ich zitiere noch zwei weitere Partien: „[Sie] sind alle zurückgekommen, was in meinen Augen die schönste Wette in der Geschichte des PMU darstellt: fünf Starter, jeder von ihnen durchschnittlich mit vierzig zu eins quotiert, alle im Finish, darunter der alte Freze, für den es schon lange keine Quotierung mehr gab" (*Chronik*, 94). Und: Paul Steinberg ist nach Marsch und Fahrt von Monowitz nach Buchenwald durch sein verwundetes Bein sehr geschwächt. Durch Zufall und Glück gewinnt er den Schutz von dem politischen Häftling Fritz Pollack, der in Buchenwald große Autorität besitzt: „Durch welche Hartnäckigkeit des Zufall bin ich der erste und vielleicht einzige geworden, der aus dieser Masse emportauchte? Ironie der Wahrscheinlichkeitsrechnung. Wie an jenem fernen Tag, hinter den Nebelschleiern der Vergangenheit, auf der Rennbahn von Auteuil" (*Chronik*, 149).

tester und niemand anders ist als der gute Dr. Ohrenstein. Ohrenstein ist ein jüdischer Arzt aus Rumänien, der seit 1930 in Frankreich lebt. [...] Selten nur habe ich jemanden gesehen, der so viel menschliche Wärme ausstrahlt. Unter der Handvoll Überlebender gibt es nicht einen, der sich nicht an ihn erinnern würde; denn für jeden von ihnen hat Ohrenstein getan, was er konnte. Die Umstände seines Todes während der Evakuierung sind mir unbekannt. Zuweilen sage ich mir, daß ich ihn, wenn ich dabeigewesen wäre, am Leben gehalten hätte, ob er wollte oder nicht. Er bleibt in meinem Gedächtnis.

Ich habe mir einen Schlafplatz oben zuteilen lassen und Bekanntschaft mit meiner Umgebung gemacht" (*Chronik*, 81ff).

Die kleine Geschichte, die hier erzählt wird, ist die der Einweisung des Häftlings in den Schonungsblock, der Zuweisung seines Schlafplatzes und der Anknüpfung von neuen Bekanntschaften. Doch in diesem häufig beschriebenen und lagerüblichen Handlungsablauf ist eine Kurzbiographie versteckt. Es ist die fragmentarisch erzählte Geschichte Dr. Ohrensteins. Zwar ist sie mit der Geschichte der Einweisung verbunden, doch geht sie weit über diese hinaus, geht bis zu Ohrensteins unbekanntem Tod. Und im Erzählen des anonymen Todes wird dem Arzt regelrecht ein Denkmal gesetzt, was eigens in der Gegenwartserzählung bekräftigt wird, wenn es heißt: „Er bleibt in meinem Gedächtnis". Wenigstens in der Erinnerung und der Schrift bekommt Dr. Ohrenstein einen Ort, der ihm in der Wirklichkeit verweigert wurde. Doch gerade an dieser Stelle steht im Text eine überraschende Wendung: die gewünschte, bloß vorgestellte Errettung Ohrensteins vor dem Tode. Der Gute soll nicht sterben – soll leben durch des Häftling Steinbergs gute Tat. Steinberg konnte ihn damals nicht retten, da er beim Tod nicht anwesend war. Rettet ihn aber heute in der Vorstellung, setzt somit die Ereignisse von damals in umgekehrter Handlung fort. Dies zeigt, wie sehr, trotz der bruchstückhaften Erinnerung, das Lager noch anwesend ist, wenn damalige Ereignisse in Gedanken verändert werden. Von daher wäre ein der Chronologie folgendes Erzählen – abgesehen davon, dass es praktisch wohl kaum möglich ist – schwer denkbar. Denn es würde eine Geschichte der Einkerkerung und der erneuten Erniedrigung. Andererseits zeigt die Einlagerung einer Geschichte in die andere – der Vorgriff auf Ohrensteins zeitlich viel später erfolgenden Tod und der Bezug auf den Schreibzeitpunkt – die Freiheit des erzählenden Ichs, das sich auf der zeitlichen Achse beliebig bewegen kann. Heute kann der Erzähler das damalige Gefängnis immerzu in der Zeit (und im Raum) verlassen. Das ist vielleicht keine Kompensation für Demütigung, Erniedrigung und Tod, aber zumindest eine Möglichkeit, durch die narrative Freiheit wieder Selbstachtung und Würde zu gewinnen.

Solch ein unauffälliges Totengedenken, wie hier im Falle von Dr. Ohrenstein, zeigt, dass der Text nicht nur selbstbezüglich ist, sondern Verantwortung übernimmt, da einigen Toten Raum in der Schrift und so im kulturellen Gedächtnis gegeben wird. Mehrfach lässt der Erzähler in kleinen Portraits, die zeitlich weit die jeweilige Handlungssequenz überschreiten, anderen Häftlingen auf narrativer Ebene Gerechtigkeit widerfahren, indem er ihnen einen Ort in seiner Erzählung gibt und ihre sonst in der Vielzahl und Unbekanntheit verschwindenden Geschichten in das allgemeine Gedächtnis hebt. Die autobiographische Schrift erweist sich als Sammlung vieler Geschichten. Auch wenn das Zeugnisablegen für die Überlebenden ein schmerzhafter Vorgang ist – da sie nur bezeugen können, dass sie überlebt haben –, ist es auch ein Versuch, eine Totenmemoria zu gestalten.

An den gezeigten Anachronien, den Vorgriffen wie auch Rückgriffen, wird sichtbar, welche Freiheit und Abgeklärtheit ein Erzähler besitzt, der sich nach fünfzig Jahren erinnert. Ungehindert kann er zwei Geschichten gleichzeitig erzählen, kann chronologisch unabhängige Ereignisse miteinander verknüpfen und Konstanz und Sinn erzeugen. Dass dies nicht nur ein freier Akt ist, dass gerade die freie Gestaltung von der Not damals diktiert wird, das zeigen die Beispiele auch.

2.3 Erzähler und erzähltes Ich – Erinnern zwischen Distanz und Nähe

Üblich ist, dass die autobiographische Narration ihren Helden bis an den Punkt führt, wo der Erzähler auf ihn wartet, sodass die beiden Hypostasen am Ende zusammentreffen. Für die *Chronik* trifft dieses von Genette formulierte Gesetz nicht zu.[127] Das ist ungewöhnlich. Denn meist wird durch eine kontinuierliche Vergangenheitserzählung der gegenwärtige Standpunkt und damit der Sinn für die Zukunft bestimmt. Hier hingegen holt die diegetische Zeit die Zeit der Schreib-Geschichte nicht ein, und Erzähler und erzähltes Ich treffen am Ende nicht zusammen. Die fünfzig Jahre, die zwischen der Geschichte des Häftlings und der des Schreibenden liegen, sind zum großen Teil ausgespart. Konsequenterweise besteht der Erzähler auf dem Bruch, den Leben und Tod in zwei Lagern in ihm bewirkt haben. Er macht keinerlei Versuche, eine ‚Vermittlungsgeschichte' zu erfinden zwischen dem „Mund", auf den er einmal reduziert worden ist, und demjenigen, der heute lebt, erinnert und schreibt. Nähe zwischen Erzähler und erzähltem Ich kann nicht durch ein aufgefülltes Zeitkontinuum auf der Ebene der Geschichte geschaffen werden. Ein alle Ereignisse einholendes Erzählen täuscht nicht über den Abgrund hinweg. Nähe zwischen damaligem und heutigem Ich kann ausschließlich durch

---

[127] Genette 1994, 161.

bestimmte Erzählverfahren entstehen, und in diesem Fall nähert der Erzähler sich seinem erzählten Ich an und nicht umgekehrt.[128]

Präteritum und Präsens

Möglichkeiten solcher Annäherung des Erzählers an das erzählte Ich gibt es mehrere. Eine Form sind die schon analysierten Vor- und Rückgriffe, die als sinnsetzende Akte die Erzählinstanz und deren Zugriff auf die Ereignisse betonen. Eine andere Möglichkeit der Überbrückung zweier Welten und Geschichten ist, die Geschichte der Vergangenheit in das Präsens zu überführen, das allgemein der Geschichte der Gegenwart vorbehalten ist. Fokalisierungs- und Narrationsinstanz fallen dann zusammen.

„Jetzt stellt sich die Frage, der ich bis zu diesem Tag bewußt ausgewichen bin. Wie werden sie [die SS] mit uns fertig? Die zehn- oder zwanzigtausend Augenzeugen der entsetzlichsten Schrecken von Auschwitz zurücklassen? Undenkbar" (*Chronik*, 135ff). Es folgt eine lange Erörterung der Möglichkeiten, was die Deutschen beim Näherrücken der Russen mit den Häftlingen tun könnten, im Präsens. Stimme des Erzählers und Blick des erzählten Ichs sind nicht zu unterscheiden. Der Erzähler ist eins mit seiner erzählten Figur, die ihre Autonomie für diese Sequenz und damit auch ihren unschuldig-unwissenden Zustand der Vergangenheit erlangt hat. Doch lange bleibt es nicht dabei. Bald wechselt die Erzählung ins Präteritum – Stimme und Blick sind wieder different.

Solche Passagen im Präsens und fliegende Wechsel von Präteritum zu Präsens sind erst ab einem bestimmten Zeitpunkt innerhalb der Geschichte des Häftlings möglich, was dafür spräche, dass die Nähe des Erzählers zu seinem damaligen Ich durch Schreiben entsteht. Erst ab dem vierten Kapitel, „Das schwarze Loch", kann die Erzählung ins Präsens übergehen. Es ist das Kapitel, in welchem die Zerstörung des „homo sapiens" und die Umwandlung in den „Menschen des Vernichtungslagers" nachvollzogen wird:

„Alle menschlichen Wesen, die mich umgeben sind auswechselbar. [...] Von der unbeschwerten Gruppe, die wir in Drancy gebildet hatten, zähle ich

---

[128] Der Abgrund zwischen den Ereignissen damals und dem späteren Schreiben und Sprechen war – folgt man Imre Kertész, Robert Antelme aber auch Hans Keilson – immer vorhanden.
Es ist gewiss mehr als ein moderner Unsagbarkeits-Topos, und sagt auch mehr, als dass Sprache begrenzt ist, wirkliche Ereignisse wiederzugeben. Es deutet an, dass man, um das Lager verstehen zu können, ein Teil des Lagers gewesen sein muss und dass man nach den schrecklichen Selbsterhaltungsgesetzen des Lagers gehandelt haben muss – wie das etwa Kertész ahnbar macht. Vor dieser Aporie erst wird unser üblicher Topos, dass ‚Auschwitz' nicht zu verstehen ist, verständlicher und zeigt zugleich seine Oberflächlichkeit.

die Toten aus, wie man Blütenblätter aus Margeriten zupft, ohne mit der Wimper zu zucken. Mein letztes Gefühl ist mit Philippe [dem selbstgewählten Bruder] erloschen. Unser Fleisch und unsere Muskeln schwinden, unsere Zähne werden locker, unsere Eingeweide lösen sich auf, unsere Verletzungen werden schlimmer, und wir sterben, sterben, sterben" (*Chronik*, 77).

Jegliche Gefühlsregungen hören hier auf zu sein. Die Mitgefangenen sind austauschbar, sie sind ununterscheidbar geworden und besitzen keine Individualität mehr. Sterben – sonst ein intimer Vorgang – ist hier ein Massenereignis im Plural geworden: „Wir sterben." Leib und Gefühle sterben miteinander. Das eine bedingt das andere. Einen Ausweg gibt es hier nicht. Der Tod wird im Präsens noch einmal wiederholt.[129] Doch dieses vergangene Gegenwartsbewusstsein steht dem Erzähler – wie gesagt – erst nach einer dreifachen Annäherung an das Lager in je drei Kapiteln zur Verfügung. Nach dreimaliger Ankunft ist das Ich dort, wo das erzählte Ich in Levis *Ist das ein Mensch?* gleich anfangs war: „in der Tiefe" beziehungsweise hier „im schwarzen Loch". Aber anders als bei Primo Levi gibt es schon am Ende des vierten Kapitels Hoffnung auf Frühling. Es gibt den Aufstieg in Form eines Lebens als Lagerveteran mit lebensrettenden Privilegien.

Für den Erzähler der *Chronik* ist also erst ab einem gewissen Zeitpunkt die tödliche Gegenwart erfahrbar oder holt ihn ein. In diesem Fall sind Erzähler und erzähltes Ich nicht mehr zu unterscheiden. Doch anders als in den frühen Schreibweisen sind das Präsens und der interne Blick nicht unabdingbar und gelten nicht durchweg. Charakteristisch ist eher der fortlaufende Wechsel der Zeiten.

Ich denke, man kann diesen fortlaufend sich ändernden Umgang mit den Zeitformen auch als eine Form des schon öfter erwähnten Verhältnisses des Erzählers zum Erzählten lesen: Die Vergangenheit kann hier niemals ungebrochen Gegenwart sein, wie das tendenziell in den frühen Texten noch möglich war. Sie liegt weit zurück und ist zudem nur bruchstückhaft vorhanden. Das Präteritum erscheint als angemessene Form. Gleichzeitig ist die Vergangenheit aber nicht abgeschlossen, da sie, in Seele und Leib eingeprägt, sich in diesen auch fortsetzt und gegenwärtig bleibt und in ihrer Gegenwärtigkeit im Präsens die ihr angemessene Form findet. Dieses Doppel wäre also elementar für die Texte der ersten Generation, auch wenn es nur bei einigen so ausgeprägt ist wie hier.

---

[129] „Das schwarze Loch" ist wohl das analoge Kapitel zu Levis „In der Tiefe". Dort ist mit dem Durchschreiten des Lagertores, dem Ablegen aller persönlichen Gegenstände, aller Gewohnheiten, die „selbst der armseligste Bettler sein eigen nennt", der Mensch in der Tiefe angekommen. „[…] denn wer alles verloren hat, verliert auch leicht sich selbst", schreibt Levi (*Mensch*, 28).

Äquivalenzen und ihre narrativen Konsequenzen

So wie der Erzähler vom Präteritum zum Präsens in der Vergangenheitserzählung wechselt, Nähe erzählerisch erzeugt oder verweigert, so wechselt er auch zwischen dem begrenzten Blick des erzählten Ichs (interne Fokalisierung) und dem weiteren des aktuellen Erzählers. Liegt die interne Fokalisierung vor, was für die frühen Texte selbstverständlich ist, so wird diese meist durch ein nachträgliches Mehrwissen ergänzt. Selten bleibt die Wahrnehmung der Figur unkommentiert.[130] Folge ist, dass das Erinnerte immer von der Gegenwart oder der Interpretation, wie der Erzähler einmal schreibt, durchsetzt ist. Eine geschlossene Welt entsteht nicht. Folge ist aber auch, dass diese Autobiographie nicht im Individuellen verbleibt. Meist macht der Erzähler das einzelne zum exemplarischen Ereignis und verallgemeinert es so. Erzählt er zum Beispiel die eigene Rettungsgeschichte durch die Ärzte, so schließt er daran das erst nachträglich brisante und immer wieder diskutierte Problem der Auswahl an und denkt über die damit verbundene mögliche Schuld des Überlebens auf Kosten anderer nach (*Chronik*, 79).[131]

Dass solche Abstraktions- oder Übertragungsvorgänge nicht immer einfach sind, möchte ich an einem eindrucksvollen Beispiel etwas ausführlicher zeigen. Im Kapitel „Die Ohrfeige" entwickelt der Erzähler seine Ur-Schreckensgeschichte vom alten polnischen Juden, den er, in der Funktion eines „Stubendienstes ehrenhalber", fast geohrfeigt hätte. Ich zitiere ausschnitthaft und kommentiere gleich. Die Geschichte beginnt nach einer kurzen Einleitung im Präsens wie folgt:

„Eines Morgens beim Aufstehen inspizierte ich, um mich davon zu überzeugen, daß die Betten ordentlich gebaut waren, die Reihe der Schlafplätze, für die ich verantwortlich war, und fand mich Auge in Auge einem alten Mann gegenüber, der auf seinem Platz in der Mitte liegengeblieben war. [...] Ich sagte ihm, er solle ganz schnell heruntersteigen und sein Bett bauen. Er sah mich an und brummelte etwas auf jiddisch. Ich meinte zu verstehen, daß er mich verhöhnte. In meiner Wut hatte ich im Reflex die Hand erhoben und wollte ihn ohrfeigen. Im allerletzten Moment hielt ich in meiner Bewegung inne, und meine Hand berührte nur ganz leicht seine Wange. Während dieses Bruchteils einer Sekunde habe ich undeutlich in die Abgründe geschaut und sie ausgelotet. Ich habe

---

[130] Das genaue Gegenteil wäre *Roman eines Schicksallosen* von Imre Kertész, in dem die interne Fokalisierung so kunstvoll durchgehalten wird, dass die Wahrnehmung der Figur bis zur Verfremdung führt.

[131] Vgl. hier z.B. Semprun, Was für ein schöner Sonntag! (Quel beau dimanche!, Paris 1980), Frankfurt am Main 1981. Dort wird sehr ausführlich die Frage besprochen, ob den politischen Häftlingen Schuld zuzuweisen ist oder nicht, da sie aus Solidarität mit der eigenen Gruppe sich gegenüber allen anderen unsolidarisch verhalten mussten.

seine Augen gesehen. [...] Augen ohne Tränen und Vorwurf. Nur ein Lidschlag in der Erwartung der Hand. Meiner Hand" (*Chronik*, 129).

In einem älteren Text würde hier die Geschichte schließen, falls sie überhaupt Eingang in die Schrift gefunden hätte. Denn es ist keine rühmliche Heldengeschichte – keine gute Tat, von der berichtet werden kann. Es ist die Geschichte dessen, der Teil der „mefitischen Welt", wie es im Text einmal heißt, geworden ist und dies in den Augen des anderen liest. Ob diese Botschaft dort stand oder ob sie eine Projektion „jener Alpgestalten" war, die das Ich in sich trug, darüber ist sich der Erzähler zum Zeitpunkt des Erzählens nicht sicher. Doch Sicherheit oder Wahrheit in diesem Sinne ist auch nicht das, was es zu beweisen oder zu erlangen gilt. – Auch das ist übrigens ein Zeichen dafür, dass sich die Fragen nach der Vergangenheit verschoben haben. Wurde vormals nach den wirklichen Geschehnissen gefragt, so kann der Erzähler sich dahingehend mit einem „vielleicht" begnügen, da die Folgen der Ereignisse im Mittelpunkt stehen beziehungsweise die Verknüpfung der Ereignisse mit dem Ich. So wendet der Erzähler auf sich an, was Young als eine der Kernfragen, die eine Analyse der Literatur angesichts der Shoah leiten sollte, formuliert: „[Der Leser] dürfte sich eher dafür interessieren, wie diese ‚Fakten' in der Literatur verstanden und rekonstruiert worden sind, denn so kann er einerseits feststellen, aufgrund welcher Wahrnehmungsweisen die Opfer zu ihren Erfahrungen gelangt sind, und andererseits ersehen, zu welchen Handlungsweisen diese Wahrnehmung bei diesen Opfern geführt hat."[132] – Wichtig sind also die Folgen der Fakten, die Wirkung und innere Bedeutung. Wichtig ist – erzähltheoretisch gesprochen – der Wechsel von dem begrenzten Blick zu dem Blick, der durch den gegenwärtigen Informationsstand des Erzählers bestimmt wird. So lässt die Fast-Ohrfeige den Erzähler sein ganzes Leben nicht mehr los und gerinnt zum Bild dafür, dass er „aus der Regel nicht ausgebrochen ist" und „die Ansteckung ihr Werk vollbracht hat." [133]

Das eine ist also, die Schuld zu erkennen und zu fühlen, was durch andere veranlasst wurde. Das andere ist ihre Verallgemeinerung, ihre Einordnung in eine kollektive Figuration. So wird die kleine, ganz persönliche Geschichte durch ein Vergleichsverfahren eingereiht in die Geschichten anderer Völker, wenn der Autor weiter schreibt: „Ich habe den alten polnischen Juden geohrfeigt. Die Roten Khmer haben ihre eigenen Brüder und Schwestern abgeschlachtet. Bestimmte einberufene Soldaten haben in Algerien gefoltert. Die

---

[132] Young 1992, 28.
[133] Der polnische Jude ist ein Sinnbild für alle durchlebten Abgründe. Der Erzähler trägt diesen „wie einen Embryo" (*Chronik*, 130) in sich und erst durch das Schreiben kann er entbunden werden. So lautet der letzte Satz des Textes: „Auch eine verspätete Niederkunft ist eine Entbindung."

Hutus haben die Tutsis über die Machetenklinge springen lassen. Und in diesem Konzert habe ich meine Stimme gespielt" (*Chronik*, 129).

War bislang die Wahrnehmung auf das Biographische beschränkt, so wird nun in diesem gewaltigen Analogiegedanken der Blick auf sehr verschiedene Ereignisse gerichtet. Die ‚kleine Geschichte' wird mit den ‚großen Geschichten' verschiedener Völkermorde verknüpft. Fokalisierungsinstanz ist nun der Erzähler, der über alle Ereignisse frei verfügen kann und sie unabhängig ihrer Größe, ihrer Tragweite und ihres Ursprungs gleichsetzt bezüglich des einen Merkmals: Ein gewaltsames System wird inwendig auch bei den Opfern und erzeugt wiederum Gewalt. Solch eine Analogie ist richtig und zugleich heikel. Eine Fast-Ohrfeige mit gleich mehreren millionenfachen Morden zu vergleichen ist ungewöhnlich und für diejenigen, die den Vergleichsbestandteil abgeben, demütigend. Was wäre, wenn die „Brüder und Schwestern" der Roten Khmer lesen würden, dass der Mord an ihnen mit einer Ohrfeige verglichen würde? Die Umkehrung der Analogie – und die müsste möglich sein – macht das Unpassende deutlich. Und doch ruft der Vergleich große Achtung hervor, da deutlich wird, was die Ohrfeige dem Erzähler und seinem erzählten Ich bedeutet und welche lebenslange Selbstanklage dahintersteht.

*

Gerade an diesem Beispiel wird sichtbar, vor welchen Schwierigkeiten Erinnerungsliteratur heute steht. Denn höchstwahrscheinlich hätte dieser Vergleich in einem anderen Kontext Kritik hervorgerufen.

Jan Strümpel hat in seinem Aufsatz „Im Sog der Erinnerungskultur" in Anbetracht der Wilkomirski-Debatte wohl nicht zu Unrecht festgestellt, dass die Literatur zum Holocaust sich nicht allein von den Texten her erschließe. „Text und Autor bilden eine unhintergehbare Einheit; ohne Verlaß auf die biographisch verbürgte Integrität des Autors scheint nichts Verläßliches über dessen Schreiben sagbar. Von Textautonomie keine Rede."[134] Paul Steinberg ist einer dieser Autoren, die durch ihre Biographie für das Erzählte bürgen. Der erzählerische Vergleich ist durch den Autor abgesichert, so paradox das ist, vor allem in einer Zeit, die den Autor so gut wie abgeschafft hat.

Schon anders sieht das bei Autoren aus, die die Shoah nicht am eigenen Leib erfahren mussten. Doch der ‚zweiten Generation' den Vergleich oder die Metapher zu verbieten, wie das Alexander von Bormann nach eingängiger Analyse von Anne Dudens Texten tut, ihr hingegen die Metonymie zu erlauben,[135]

---

[134] Jan Strümpel, „Im Sog der Erinnerungskultur", in: Text und Kritik, X/99, 9–17, hier 16ff.
[135] Alexander von Bormann, „„Besetzt war sie, durch und durch"", in: Stephan Braese u.a. (Hg.), Deutsche Nachkriegsliteratur und der Holocaust, Frankfurt a.M./New York 1998, 245–267.

scheint zweifelhaft.[136] Denn gerade Vergleiche oder analoge Geschichte sind Möglichkeiten, die Vergangenheit an die Gegenwart zu binden. Sie erschließen jene für diejenigen, die die Vernichtung nicht erfahren mussten; sie erschließen sie aber auch erst für den Schreibenden selbst, der in den erzählerischen Um- und Auswegen seinen damaligen Weg erst begreifen kann. Nur in der Verbindung mit der Gegenwart kann die Vergangenheit auch einen Wert für die Zukunft haben; erst aus einem Gegenwartsbewusstsein heraus kann sie ‚tatkräftig' werden und dann auch die Zukunft gestalten. So bestimmt die Gegenwart die Vergangenheit wie umgekehrt diese „in der Gegenwart weiterlebt" und unser Handeln leitet.[137]

Ich denke, Metaphern und Vergleiche, die vom Kern in die Ferne führen und wieder zurück, sind unverzichtbar, ebenso die verpflichtende Gegenerzählung, die ins Zentrum trifft. Erzählungen kleinster Ereignisse, biographische Skizzen eines Dr. Ohrenstein können es sein. Totengedenken. Oder die Geschichten über stille Helden wie bei Edelman. Anderes ist gewiss möglich. Und sicher trägt auch eine fragende und tastende Sprache, die sich ihrer selbst nicht sicher ist und immer einen Einspruch zulässt dazu bei, ein Gegengewicht zu der unumgänglichen und notwendigen Einbindung der Vergangenheit in die Gegenwart zu bilden. Ich habe es nicht gezählt, aber „vielleicht" ist eine der häufigsten Wendungen in der *Chronik,* deren Erzähler als Zeitzeuge doch noch am ehesten Anspruch auf ‚Wahrheit' hätte, wenn man denn will.

Paul Steinberg ist nicht gegen die Schwierigkeiten gefeit, die ein Erzählen der physischen und psychischen Entwürdigung, Demütigung und Verfolgung bis zum Mord mit sich bringt. Doch begegnet er diesen allein schon durch das doppelte Verhältnis zur Vergangenheit, das sich im Umgang mit der Geschichte, der Erzählung und den Metaphern – erinnert sei an das widersprüchliche „Glücksspielpuzzle" – zeigt. Durch die Abgeklärtheit aus fünfzig Jahren Distanz schimmert immer der unmittelbare Schrecken hindurch, der

---

[136] Noch weniger konkret ist Ruth Klügers Maßstab. Sie schreibt, es sei eine Sache des „guten Stils", wer wie die Vergangenheit erzählen dürfe. Das analysiert und beweist sie auch schlüssig am Einzelfall. Doch weiß man nach der Lektüre des Aufsatzes immer noch nicht, was den guten Stil auszeichnet. Ist es Hochliteratur, nur zu lesen und zu genießen von Experten? Vgl.: Ruth Klüger, „Zeugensprache: Koeppen und Andersch", in: Braese 1998, 173–181. Eigentümlich erscheint auch Aharon Appelfelds Diktum, Shoah-Literatur dürfe nur von Zeitzeugen beziehungsweise von überlebenden Kindern geschrieben werden. Allein Hanna Kralls *Da ist kein Fluß mehr* (Frankfurt am Main 1990) dürfte jeden eines Besseren belehren. Ich kenne kaum ein Buch, das die Geschichten der Vergangenheit so sorgfältig in die Gegenwartsgeschichten einarbeitet, ohne ihnen dabei ihren Schrecken zu nehmen.

[137] Young 1992, 299f.

im Schreiben nach außen treten konnte. Das Schreiben ist so einerseits eine dynamische Konstruktionsarbeit mit all ihren narrativen Finessen, andererseits ein elementarer und kreatürlicher Vorgang – eine „Niederkunft", wie es am Ende heißt.

3 Gerhard Durlacher: *Streifen am Himmel* und *Die Suche*

Bevor wir auf die Texte Gerhard Durlachers blicken, lohnt eine Zusammenfassung der an der *Chronik* erarbeiteten entscheidenden Veränderungen gegenüber den frühen Schreibweisen. Zuallererst fällt die grundsätzliche Doppelstruktur an allen Erzählverfahren auf. Der Schreibende verfügt nicht nur über seine eigene, biographische Erfahrung, sondern ihm steht nach fünfzig Jahren ein nicht unerhebliches Wissen unterschiedlicher Diskurse zur Verfügung. Dadurch wird das Schreiben intertextuell, und Erinnern ist ein Vorgang, der sich zwischen Erfahrung und Forschung bewegt. Da aber die eigene Erfahrung meist nur noch bruchstückhaft und in Fragmenten vorhanden ist, muss das Erzählen die fehlenden Verbindungen und Verbindungsstücke zwischen den einzelnen Elementen herstellen. Erinnern ist ein dynamischer Prozess, geprägt von der jeweiligen Gegenwart des Erinnernden. Zugleich sind die Ereignisse als qualvolle und schmerzliche Erfahrung in das Speichergedächtnis eingebrannt, sodass sie unerwartet und unvermittelt gegenwärtig werden können.[138] Dieser doppelten Zugangsweise zur Vergan-

---

[138] Mit der Unvermitteltheit und Unmittelbarkeit der Erinnerung ist es allerdings, folgt man den neueren Forschungen der Neurowissenschaften, nicht so einfach. Mir fiel, wie schon angedeutet, erst nach Abschluss der Arbeit Harald Welzers Buch *Das kommunikative Gedächtnis* in die Hände, in dem Welzer die neurowissenschaftlichen Befunde mit den sozial- und kulturwissenschaftlichen Forschungen verbindet und zeigt, dass auch die scheinbar unmittelbare Erinnerung Produkt von Interaktionen ist „zwischen den Erinnerungsspuren an Ereignisse, dem Wiedererwecken von Emotionen, dem Import ‚fremder' Erinnerungen, affektiven Kongruenzen und ganz generell den sozialen Umständen der Situationen, in denen über Vergangenes erzählt wird" (Welzer 2002, 40). Das gilt auch für traumatische Erlebnisse, die sogar „mehr konstruierte und montierte Bestandteile aufweisen als emotional gleichgültige Erinnerungen" (Welzer 2002, 39).
So gesehen wäre die Metapher – „in das Speichergedächtnis eingebrannt" – und die nachfolgenden Konsequenzen aus ihr noch einmal neu zu überdenken und vor allem in Bezug auf die Primärtexte zu überprüfen, denn gerade dort trifft man häufig das Verb ‚einbrennen' oder ‚einätzen' an, verbunden mit der Annahme, dass die eingebrannten Vorgänge unverändert und ‚authentisch' seien. Vgl. zu Welzer weiter auch das Kapitel „Schluss. Das narrative Gedächtnis".

genheit entsprechend liegt des Erzählers Blick nicht nur auf den vergangenen Ereignissen, sondern ebenso auf der Erzähl- und Schreibgegenwart. Zwei Geschichten werden erzählt mit jeweils eigenen Räumen, Zeiten und Figurationen. Dabei ist die Gegenwartsgeschichte vor allem eine Schreibgeschichte, in der der Erinnerungs- und Schreibprozess reflektiert werden und in deren Zentrum der Erzähler als Erinnernder und Schreibender steht. Grundsätzlich ist die Schreibgegenwart Basis und Ausgangspunkt der Erinnerung. Doch im Verlauf des Erzählens kann die Zeit der Verfolgung und Vernichtung so präsent werden, dass sie den Erzähler ‚überwältigt' und erzählendes und erzähltes Ich kaum mehr voneinander zu unterscheiden sind. Die Differenz solcher Partien zu den frühen Texten liegt dann weniger in der Geschlossenheit des erzählten Universums oder in der Einheit von Erzähler und erzähltem Ich als im Abdruck der äußeren Ereignisse im Inneren. Denn die Frage des Erzählenden gilt weniger den Fakten – obwohl diese auch miterzählt werden – als der Verknüpfung des damaligen Ichs mit diesen Fakten, den Verletzungen und seinen Folgen. Mit solch späterem Blick auf das Individuelle an einem Ort, der jegliche Individualisierung zu zerstören und auszulöschen wusste, geht einher der Blick auf andere Biographien und Schicksale – die Tendenz zu einem soziozentrischen Schreiben.

*

Das alles sind Merkmale, die nicht nur für Steinbergs Schreibweisen gelten, sondern überhaupt für die ‚erste Generation', wenn sie spät schreibt. Bei Gerhard Durlacher sind diese Merkmale enorm gesteigert und anders gewichtet. Gesteigert, weil der Autor Sozialwissenschaftler ist und seit Jahren zur Verfolgung und Vernichtung der europäischen Juden forscht. Das Doppel von Gegenwartssituation und Vergangenheitsgeschichte wird scharf beleuchtet, ist reich ausgestaltet und selbst wieder Thema geworden.

Eine Art metonymische Abkürzung in der Analyse wie bei Krall/Edelman und bei Steinberg scheint in diesem hoch selbstreferenziellen Text von daher nicht sinnvoll. Ich denke, es genügt, an einigen wenigen Stellen zu arbeiten.

Durlacher hat keine einzige große Autobiographie geschrieben und sich mit ihr etwa einer großen einheitlichen Lebens-Geschichte verpflichtet. In vier kleinere, voneinander unabhängige und doch zusammenhängende Texte hat der Autor sein Leben während der Shoah und danach gefasst: *Streifen am Himmel. Vom Anfang und Ende einer Reise* (1985), *Ertrinken. Eine Kindheit im Dritten Reich* (1987), *Die Suche. Bericht über den Tod und das Überleben* (1991) und *Wun-*

derbare Menschen. Geschichten aus der Freiheit (1993).[139] Mit solch einer Aufteilung des Lebens in verschiedene Abschnitte und Elemente ist schon formal die Möglichkeit einer mehrschichtigen Betrachtungsweise gegeben, die dann auch zum großen Teil eingeholt wird.

Streifen am Himmel und *Die Suche* unterscheiden sich von *Ertrinken* recht auffällig, weniger von *Wunderbare Menschen*. In *Ertrinken* wird aus der Sicht des 6–8- jährigen Jungen von der sich verengenden und zur Bedrohung werdenden Welt erzählt. Ort der Handlung ist Baden-Baden vor Beginn des Zweiten Weltkrieges. Mit der Flucht der Familie nach Holland endet dieser Abschnitt der Autobiographie. *Streifen am Himmel* setzt hier ein. Von der Schulzeit in Amsterdam, der Deportation nach Westerbork, Theresienstadt und schließlich nach Auschwitz-Birkenau berichtet der Erzähler Gerhard Durlacher. Sind im erstgenannten Text Erzähler und erzähltes Ich kaum zu unterscheiden, so erhält in *Streifen am Himmel* wie in den anderen Texten der Erzähler eine eigene Zeit mit eigenem Raum. Neben der Geschichte der Deportation und Inhaftierung steht in *Streifen am Himmel* die Recherche über das ‚Wie des Überlebens' angesichts einer Welt, die um den Massenmord weiß, aber nicht helfend eingreift. In *Die Suche* wiederum wird die Geschichte der Haft nur selten berührt. Im Zentrum befindet sich des Erzählers Suche nach einstigen Mithäftlingen wie deren Bericht über die Vergangenheit und das Weiterleben. Mit diesem soziozentrischen Blick entfernt sich *Die Suche* am weitesten von den üblichen Formen einer Autobiographie und auch von dem primären Ereignis der Verfolgung und Vernichtung.

Man sieht, auch wenn Durlacher als Kind und Jugendlicher die Demütigung, Entwürdigung und drohende Vernichtung durch die Nationalsozialisten erle-

---

[139] Ertrinken. Eine Kindheit im Dritten Reich (Drenkeling. Kinderjaren in het Derde Rijk, Amsterdam 1987), Hamburg 1993; Streifen am Himmel. Vom Anfang und Ende einer Reise (Strepen aan de hemel, Amsterdam 1985), Hamburg 1994; Die Suche. Bericht über den Tod und das Überleben (De Zoektocht, Amsterdam 1991), Hamburg 1995; Wunderbare Menschen. Geschichten aus der Freiheit (Quarantaine, Amsterdam 1993) Hamburg 1998. Vom Alter des Autors her gesehen müssten alle Texte in Kapitel II analysiert werden. Gerhard Durlacher ist 1928 geboren. Er ist mit Kriegsende 16 Jahre alt. Kein Kind mehr, aber auch kein Erwachsener. *Streifen am Himmel* und *Die Suche* haben nun aus verschiedenen Gründen in diesem Kapitel ihren Platz gefunden. Zum einen sind sie weniger ein Zeugnis eines Kindes als eines erwachsenen Häftlings. Zum anderen ist die unter narrativen Gesichtspunkten gesehene Unterscheidung nach biographischen Daten an sich hinfällig, zumindest anfechtbar. Und dem trage ich Rechnung, auch wenn dadurch eine gewisse Inkohärenz entsteht. Doch ein Autor kann durchaus unterschiedliche Schreibverfahren wählen und damit unterschiedliche Geschichten erzählen.

ben musste, sind nicht in allen Texten Kindheit und Jugend gleich präsent. Schon die kurzen Eckdaten zeigen, dass die jeweiligen Erzählmuster zwar als Symptom des Lagers gelesen werden können, aber nicht ausschließlich Symptom des Lagers sind, beziehungsweise, dass sie vom Autor auch gewählt und poetisch erzeugt werden. Das ist ein Widerspruch – sicher. Denn ein Autor hat – so denken wir – alle Freiheiten. Allerdings mit der Wahl dieses oder jenes Verfahrens tritt er unweigerlich in das jeweilige Muster ein, dem er dann folgen muss. Und selbst die Wahl eines Musters kann in einer tieferen Schicht geradezu erzwungen sein.

3.1 *Streifen am Himmel*: Schreiben zwischen ‚künstlichem Gedächtnis' und ‚biographischer Erinnerung'

Wenden wir uns zunächst *Streifen am Himmel* zu. Es ist ein Zeugnis, das ebenso wie *Ertrinken* und *Die Suche* vierzig Jahre nach den Ereignissen aufgezeichnet wurde. Autor und Erzähler kennen den literarischen, historischen, soziologischen, psychoanalytischen und -therapeutischen Erinnerungsdiskurs und thematisieren ihn. Erzählt wird von der wissenschaftlich-persönlichen Recherche über die große Katastrophe. Der Text führt – anders als *Ertrinken* – bis an die Erzählgegenwart heran oder umgekehrt gedacht, die Gegenwart des Forschens und Schreibens ist die Basis, auf der die Erinnerung entstehen kann und gehalten wird. Raum, Zeit und Figuration sind damit nicht nur Kategorien der Vergangenheit, sondern ebenso und weit mehr der Gegenwart. Der Erzähler und seine Welt – aber auch Leben und Erfahrung des konkreten Autors – sind fast durchweg präsent und bestimmen das Erzählte, ähnlich wie bei Ruth Klüger – nur auf eine gelassenere Weise: „Heute, mehr als vierzig Jahre später" (*Streifen*, 33) ist die entsprechend formale Wendung, die den Text in die Schreibgegenwart rückt und diese zum Ausgangspunkt der Betrachtungen macht.

„Das eingeschriebene Päckchen von der Größe eines gebundenen Lehrbuchs, mit dem Bundesarchiv der Bundesrepublik Deutschland als Absender, liegt mir wie ein heißer Backstein in den Händen. Ich weiß von seinem bedrohlichen Inhalt, ohne ihn zu kennen. Einige Wochen zuvor hat sich meine Vermutung bestätigt, daß der Film noch existiert und daß das Archiv in Koblenz ein Videoband besitzt. Presser, De Jong und einige andere Historiker wußten von der Filmproduktion, hielten aber den Film, den ich jetzt in Händen halte, für verloren. [...] Da stehe ich, in der sicheren Umgebung meines Instituts mit dem Fragment eines Bildstreifens, der auf Kosten des Lebens von mehr als siebentausend Juden vom 16. August bis 11. September 1944 im Lager Theresienstadt aufgenommen wurde: *Der Führer schenkt den Juden eine Stadt*" (*Streifen*, 39).[140]

Handlungsraum und Zeit der Geschichte sind hier nicht mehr dem Lager zugehörig. Das soziologische Institut des Professors Durlacher ist der Ort der Handlung. Geblickt wird nun weder auf die Deportation oder die Gefangenschaft, sondern auf die Recherche nach einem – zudem nationalsozialistischen – Dokument über das so genannte Musterlager. In den Blick genommen werden die Gefühle (hier nicht zitiert), welche in dem Recherchierenden während der Sichtung des Materials entstehen. Theresienstadt erscheint dadurch gleich dreifach vermittelt. Erstens durch den Propagandafilm der Nationalsozialisten, zweitens durch den Erzähler, der wiederum den Film zusammenfasst und kommentiert und drittens durch die Selbstreflexion. Paradoxerweise rücken die vergangenen Ereignisse durch dieses Vermittlungsverfahren keineswegs in die Ferne, sondern gerade umgekehrt, sie rücken ganz nahe heran. So nahe, dass sie den Erzähler erneut in ihre Gewalt nehmen. Denn ihm brennt das Filmdokument wie ein „heißer Backstein" in den Händen, und in der sonst doch so „sicheren" Gegenwart wird die Erinnerung dann regelrecht zur Explosion gebracht, wenn die eigene Geschichte der Gefangenschaft in Theresienstadt sich in Form einer Kontraerinnerung zu dem Film-Dokument in die Gegenwartsgeschichte hineinschiebt: „Die Bilder meines eigenen Films ziehen an mir vorbei. Ich sehe die schlurfenden, einander zur Eile drängenden Männer und Frauen mit grauen, müden Gesichtern, in feucht dampfenden Kleidern, zerknittert, fleckig, abgetragen. [...] Nicht als Zuschauer folge ich dem Strom durch die Bogengänge der Hamburgerkaserne. Mit dem unsicheren Gang und der leichten Schwindligkeit eines nach langer Krankheit Genesenen trotte ich mit in den Reihen der Alten" (*Streifen*, 41f). Ist eben noch das Präsens dem Erzähler und seiner Zeit vorbehalten, so wandert es nun in die Vergangenheitserzählung. Die Betrachtung des äußeren Films entrollt den inneren Film; der Blick durch das verloren geglaubte Dokument in eine qualvoll verfremdete Vergangenheit kann durch den Blick in die eigene Vergangenheit ersetzt werden. Doch an diesem Film ist der Erzähler selbst beteiligt. Von der Außensicht – „Ich sehe die schlurfenden, einander zur Eile drängenden Männer" – geht das erzählende Ich zur Innensicht über – „trotte ich mit in den Reihen der Alten". Ähnlich wie in der *Chronik* der Erzähler sich in die Vergangenheit hineiner-

---

[140] Diesen Film ließen die Nationalsozialisten zu Propagandazwecken drehen. Er kam nie in Umlauf. Alle Kopien, bis auf das erwähnte kleine Fragment, wurden vernichtet (vgl. *Streifen*, 64ff). Die Juden, die an dem Film beteiligt waren, wurden entgegen der von den Nationalsozialisten genährten Hoffnung verschont zu bleiben alle nach Auschwitz deportiert.

zählt und erst nach dreifacher Annäherung im Lager angekommen ist, wird auch hier allmählich durch die mehrfache Reibung mit der Gegenwart sichtbar, dass die Vergangenheit keineswegs abgeschlossen ist, sondern jederzeit erneut lebendig werden kann. Dadurch erscheinen die vergangenen Ereignisse zwar niemals rein und unvermittelt, können aber durch die Brechung neu gegenwärtig werden. Und das nicht nur für den Erzählenden und Schreibenden, sondern auch für den Lesenden.

Stufen des Wissens

Gehen wir innerhalb des Textes noch einmal zu seinem Anfang zurück, dann wird sichtbar, dass die eben besprochenen Verfahren dort angelegt sind – allerdings auf komplexere Weise. Schon im Prolog findet sich ein mindestens doppelter Umgang mit der Vergangenheit. Neben dem historisierenden Blick und der Analyse der Shoah als kollektives Ereignis steht die ganz persönliche und spezifische Erinnerung an ein einzelnes Ereignis der eigenen Haft. Darüber hinaus blickt der Erzählende auf die Folgen des Erinnerns bei sich, aber auch auf die Art und die Formen der Erinnerung in unterschiedlichen Texten. *Streifen am Himmel* ist folglich selbstreferenziell und intertextuell.

Der Prolog kann als thematische und narrative Gründungsgeschichte des gesamten Textes gelesen werden – eine exemplarische Analyse an zwei Textstellen soll dies verdeutlichen. *Streifen am Himmel* beginnt wie folgt: „Aus der Erinnerung steigen unterbelichtete Bilder, abwechselnd mit grellen, überbelichteten Szenen, eingeätzt in meine Netzhaut. Manchmal, wenn auch lückenhaft, gelingt es, diese Filmblitze zu erkennen und zu ordnen. Die Gefühle von damals, Angst und Verzweiflung, Ohnmacht und Wut, Schmerz und Kummer liegen tief verborgen, Lava in einem scheinbar toten Vulkan. Die Erzählungen einstiger Mithäftlinge, Bücher, ein Foto, eine Assoziation beschwören die Bilder herauf, von versengenden Emotionen begleitet. Im Herbst 1981 erschienen zwei solcher Bücher: *The Terrible Secret* von Walter Laqueur und *Auschwitz and the Allies* von Martin Gilbert" (*Streifen*, 7).

Hier haben wir fast alle charakteristischen Einstellungen zur Vergangenheit versammelt, wie sie für die spät schreibende ‚erste Generation' gültig sind. Der Erzähler weiß um die Brüchigkeit und Lückenhaftigkeit der Erinnerung nach vierzig Jahren. Er verschweigt sie nicht, sondern thematisiert sie eigens, bestimmt auch die Art und den Entstehungszeitpunkt des Erinnerungsprozesses, der auffälligerweise hauptsächlich durch verschiedene äußere Gedächtnisformen ausgelöst wurde. Doch ist der Blick hier noch weniger auf die verschiedenen Formen der Erinnerung gerichtet als auf die eigenen Gefühle beim Erinnern. Schreibt Steinberg eine Topographie der Seele während des Terrors, so könnte man sagen, dass Durlacher eine Topographie der Seele beim Erinnern des Terrors schreibt.[141] Für die Ereignisse bedeutet dies eine noch zusätzliche Stufe von Ferne und einen weiteren Grad von Vermittlung – gerade auch im Hinblick auf die frühen Texte. Ist dort noch die Dokumentation der Fakten zentral und der Blick nach innen eher sekundär beziehungweise kaum fassbar, rücken bei Steinberg – und wie wir sehen werden auch bei anderen Autoren – gerade diese Gefühle in den Mittelpunkt, so blickt hier der Erzähler auf den Vorgang des Erinnerns und seine Folgen selbst. Das ist die größtmögliche Ferne, die erreicht werden kann und zugleich die größtmögliche Nähe, nach fast einem halben Jahrhundert. Denn der wirkliche Schmerz von damals ist vergangen – geblieben ist das Wissen um den Schmerz. Das allerdings ist schrecklich genug und kann wiederum bis ins Physische wirksam sein.

Solch ein hohes Maß an Reflexion auf das erzählende Ich ist ein strukturelles Kennzeichen des späten Schreibens, ist aber längst nicht in allen Texten gleichermaßen und in der gleichen Weise vorhanden. Begreift man allerdings Reflexion im physikalischen Sinne als einen Vorgang, der eine Bewegungsänderung beziehungsweise Rückbewegung beim Aufprall auf eine bestimmte Grenze verursacht, so kann man Reflexivität auf verschiedenen Textebenen und im weiteren Sinne fassen: als Selbstreferenzialität und Dialogizität (Krall/Edelmann wäre hier ein gutes Beispiel), aber auch als Intertextualität. Und auf der Mikroebene wären alle narrativen Verfahren dazuzurechnen, die Korrespondenzen und Veränderungen zwischen der Vergangenheitsgeschichte und der Gegenwartsgeschichte ermöglichen.

So ist *Streifen am Himmel* nicht nur selbstreferenziell, sondern auch – wie oben erwähnt – intertextuell. Zwei entscheidende Bücher zur Holocaust-Forschung werden benannt und im Folgenden ausführlich besprochen: Martin Gilbert und Walter Laqueurs Bücher sind Texte, die dem Verhalten der Alliierten gegenüber der Ermordung von sechs Millionen Juden – der Verschleierung von Wissen und die Nicht-Reaktion auf Wissen um den Mord – nachgehen. Historische Nachforschungen sind nun in der Literatur der Shoah an sich nichts Ungewöhnliches. Viele Autoren überprüfen ihre Erinnerungen mit Faktenwissen, reichern ihr Schreiben damit explizit an oder arbeiten es unauffällig ein. Gegenüber diesen Texten unterscheidet sich *Streifen am Himmel*, insofern die wissenschaftlich kritische Auseinandersetzung im Text selbst vollzogen wird, als eine Art Spiegel im obigen Sinne dient und damit transparent bleibt.

Nun besteht *Streifen am Himmel* nicht nur aus selbstreferenziellen Schleifen und intertextuellen Verfahren, sondern ist eng mit der individuellen Erfahrung

---

[141] In dieser ausschließlichen Form stimmt das allerdings nicht, da in der *Chronik* innerhalb der Paranthese-Kapitel der Erzähler sich über die entstehenden Gefühle beim Erinnern durchaus Rechenschaft ablegt.

verknüpft oder löst diese gar aus. Denn unmittelbar auf den oben zitierten, selbstreferenziellen und intertextuellen Eingang folgt der Erzähler seinem damaligen Ich auf den Appellplatz: „Ich sah uns wieder, grau vor Erschöpfung, in Fünferreihen. Mit geschwollenen Knöcheln, schwindelndem Kopf, hohlem Magen. Zusammen mit den russischen Gefangenen standen wir dort auf dem Appellplatz. Die späte Nachmittagssonne der ersten Augusttage 1944 spiegelte sich auf geschorenen Schädeln. Wir zählen ab: einmal, zweimal, zehnmal. Wir werden gezählt. Emil, der polnische Blockälteste, stößt die Reihen zurecht, zählt mit, nervös, heiser. [...] Das heisere Gebrüll der Kapos und SS-Leute wird von dem rhythmischen Summen in der Luft übertönt und plötzlich sehen wir alle die weißen Schafwollfäden, die von kaum erkennbaren Metallstücken über das helle Blau des Himmels gezogen werden" (*Streifen*, 7f). Wieder fällt hier sofort auf – wie auch schon bei der oben zitierten Stelle und wie in der *Chronik* –, dass der interne Blick – hier gleichbedeutend mit der Einheit von Erzähler und erzähltem Ich – nicht selbstverständlich ist, sondern neu entworfen werden muss. Über die Außensicht – „ich sah uns wieder" – gelangt der Erzählende zur Innensicht – „wir zählen ab" – und tauscht das Präteritum gegen das Präsens. Dieser Wechsel ist signifikant und exemplarisch für diese Art des späten Schreibens. Wie schon in der *Chronik* beobachtet zeigt sich an ihm, dass die Vergangenheit fern ist und erst durch Zweitwissen – „Erzählungen einstiger Mithäftlinge" zum Beispiel – aktiviert werden muss, andererseits aber quälend und schmerzhaft gegenwärtig wird und ungefragt erscheint.

So kann und muss der Erzähler einerseits intern durch das damalige, gefangene Häftlings-Ich auf das Lager blicken, er kann aber auch von außen (extern) durch den eigenen historisierenden wie auch fremden Blick sich der Vergangenheit nähern. Neben einem ganz persönlichen und individuellen Zugang steht ein kollektiver und künstlicher. Ein mehrfach gestuftes und damit auch qualitativ unterschiedliches Wissen wird von der Shoah erzeugt, das nicht homogenisiert werden muss, sondern nebeneinander stehen bleiben kann.

3.2 *Die Suche*: Vom autobiographischen zum soziozentrischen Schreiben

Die Suche ist in der Erzählweise *Streifen am Himmel* nicht unähnlich, unterscheidet sich aber grundlegend durch den Blick auf die Lebensläufe anderer Mithäftlinge und der damit verbundenen Abgabe der Erzähl-Stimme. Stellt in *Streifen am Himmel* Gerhard Durlacher der persönlichen Erinnerung vor allem unterschiedliche mediale Zeugnisse oder wissenschaftliche Analysen gegenüber, so wird in *Die Suche* die Auseinandersetzung mit mündlichen Zeugnissen gesucht. Auch in diesem Text bilden die Geschichten der Katastrophe das Zentrum allen Erzählens. Doch dieses Zentrum wird nicht unmittelbar sichtbar. Durch mehrere Lebens-Schichten zugedeckt, muss es erst freigelegt werden. Dem Titel entsprechend ist *Die Suche* zum einen eine Geschichte der Suche des Ich-Erzählers Gerhard Durlachers nach überlebenden Kindern und Jugendlichen, die wie er die Liquidation des Familienlagers B II B in Auschwitz-Birkenau überlebten. Hierfür reist der Erzähler nach Israel, Amerika und Kanada. Die Reise selbst wird im Text dokumentiert. So gesehen ist *Die Suche* auch ein Reisebericht mit äußerst genauen Studien zum gesellschaftlich-sozialen Leben der verschiedenen Länder. Zum anderen ist der Text eine Suche nach den Geschichten der ehemaligen Häftlinge unter der Frage, wie diese Kinder und Jugendlichen die Lager überleben konnten und in welcher Weise sie nach dem Überleben weiter leben. Die wiedergefundenen Gefährten berichten teils als selbstständige (intradiegetische) Erzähler vom Überleben und Weiterleben, teils werden die Ereignisse im gemeinsamen Gespräch erarbeitet oder vom Ich-Erzähler zusammengefasst. Damit weicht der Text von der üblichen autobiographischen Erzählweise ab, in der das Ich als Erzähler und Held das Zentrum des Universums ist. Und vielleicht kann man auch sagen, dass der Autor hier ausgearbeitet hat, was tendenziell allen Texten eigen ist, die von der Verfolgung und Vernichtung zeugen: die Aufnahme fremder Lebensläufe in den eigenen – der Versuch eines soziozentrischen und dialogischen Schreibens.[142] Dass der Blick auf andere mit Abstand zu den Ereignissen zunimmt, ist vielleicht damit zu erklären, dass das eigene Schicksal nicht unbedingt mit Distanz, aber sicher als Teil vieler Geschichten betrachtet werden kann.

Blickt man auf die zentralen Gespräche mit den einstigen Mithäftlingen, so wird ein weiterer Unterschied gegenüber den Texten, die unmittelbar nach Kriegsende entstehen, aber auch gegenüber der *Chronik* und *Streifen am Himmel* deutlich. Wir erinnern uns, dass der Erzähler der *Chronik* im fortlaufenden Schreiben seine Ausgangserzählung, die ihn in der Gegenwart lokalisiert, ‚vergisst' und die Geschichte der Vergangenheitserzählung zeitweise die erste Erzählung wird. Hier dagegen bleibt die Gegenwartserzählung immer erhalten. Die Gespräche und Erinnerungen sind Erzählungen über Vergangenes und bleiben es auch. Da der Ich-Erzähler die Berichte kommentiert oder ergänzt, über Sprechweise und Erinnerungsmodus reflektiert, geht der Erzählrahmen – der allerdings mehr als nur ein Rahmen ist – nie verloren. Ähnlich wie in *weiter leben* von Ruth Klüger wird die Vergangenheit durch das Gitter der Gegenwart angeschaut und erscheint dadurch gebrochen und vermittelt.

---

[142] Auch in den frühen Texten gibt es den Blick auf fremde Biographien. Dort ist hingegen die Funktion eine andere. Meist dienen die fremden Lebensläufe der Beglaubigung und Befestigung der eigenen Geschichte, oder sie sind die Einlösung des Versprechens, der Welt von dem Mord zu berichten.

Damit hat sich der Schwerpunkt gegenüber den früheren Schreibweisen eindeutig verschoben. Stehen die Gespräche über Vergangenheit und Gegenwart im Mittelpunkt und sind diese nicht denkbar ohne das Lebensfeld der Einzelnen, dann ist der Umgang der Überlebenden mit der Verfolgung und Vernichtung im jeweils gegenwärtigen Lebensraum, das ‚weiter leben' zentrales Ereignis, und die Gegenwart steht metonymisch für das Vergangene.

Weiterleben – die Gegenwart als Metonymie der Vergangenheit

Ein Blick auf die Kategorien von Raum, Zeit und Figuration, aber auch schon auf den Umfang und das Verhältnis der Vergangenheits- und Gegenwartserzählung zueinander, macht dies rasch deutlich. Im Kapitel „Ein Tischgespräch in Queens" nimmt die Vergangenheitsgeschichte – in diesem Fall die Geschichte Karel P.'s – schon quantitativ den gleichen Raum ein wie die Gegenwartsgeschichte. Ziel und Zentrum dieses Kapitels ist zwar das Gespräch mit P., doch geht dem ein detaillierter Bericht der Fahrt des Erzählers zu P. voraus; und man weiß zunächst nicht, warum so breit berichtet wird über die Zugfahrt von Long Island nach Queens, von der Ankunft am heruntergekommenen Bahnhof, von der Bedrohung durch Jugendliche, von Karel P.'s Haus und Garten, seiner Frau und schließlich vom tschechischen Wirt im tschechischen Restaurant, in welchem P. dann seine Geschichte erzählt. Figurationen, Räume und Zeit dieser Fahrt sind in keiner Weise auf das Lager bezogen.[143] Die präsentische Gegenwartserzählung steht für sich und man liest sie zunächst als eine Milieustudie: „Vor mir liegt die Hauptstraße. Frauen mit Einkaufswagen machen ihre Besorgungen in den unansehnlichen Supermärkten. Alle haben es eilig, nur nicht die Jugendlichen, kreisedrehend in lautstarken Karossen, und ihre Altersgenossen, die vor dem Mäuerchen an der Parkecke um ein brüllendes Radiogerät lungern: Schwarz und Weiß verbunden durch Alkohol und Drogen" (*Suche*, 66). Das scheint ein Bericht über einen amerikanischen Alltag in einem sozial schwierigen Umfeld zu sein, und ist es auch – aber es ist auch noch mehr. Denn im Zusammenhang mit der Lebens-

---

[143] Dieses Kapitel ist repräsentativ für *Die Suche*. Ein Blick auf Anfang und Ende des Textes weist eine entsprechende Struktur auf. *Die Suche* beginnt mit der Reise des Erzählers nach Israel – „Vor mir auf dem Rollband steht ein Chassid" – und endet mit einem gemeinsamen Gespräch zwischen den einstigen Häftlingen und deren Ehefrauen am Küchentisch. Ein Blick auf den Beginn von Primo Levis *Ist das ein Mensch?* genügt, um den Unterschied der beiden Schreibweisen deutlich zu machen: „Am 13. Dezember 1943 wurde ich von der faschistischen Miliz festgenommen". Verhaftung und dann auch Befreiung sind identisch mit dem Beginn und dem Ende des Textes, während hier weder der Handlungsraum – Flughafen und Wohnung –, noch die Figuration – Frauen und Männer –, geschweige denn die Zeit – 1982–1990 – primär auf das Lager bezogen sind.

geschichte von Karel P. gewinnt die Gegenwartsgeschichte noch eine zweite Bedeutung und steht metonymisch für sein angegriffenes und mehrfach von innen und außen bedrohtes Leben. Als ob P. nicht schon alle Leiden in seinem früheren Leben abgegolten hätte, als ob er noch nicht genug erlitten und Ruhe verdient hätte, setzt sich auch in der Gegenwart das Unglück fort. Ähnlich wie Edelman seine Arzttätigkeit als Fortsetzung seiner Tätigkeit als stellvertretender Kommandant begreift, schreibt der Erzähler P.'s schon in Kindheit und Jugend einsames und zerstörtes Leben im amerikanischen Alltag durch die entsprechenden Äquivalenzen fort. Mit solch starker Ausgestaltung der ‚Gegenwartserzählung' unterscheidet sich *Die Suche* nicht nur von Texten wie *Die Falle mit dem grünen Zaun* oder *Ist das ein Mensch?*, *Eine Frau erzählt* usw., sondern auch von *Streifen am Himmel* oder *Chronik aus einer dunklen Welt*, in denen partienweise das Lager präsentisch werden kann und die Gegenwart des Erzählers überblendet.

Die Dokumentation des Erinnerungsprozesses

Die doppelte Anlage der Texte wie auch die wechselnde Dominanz der beiden Geschichten hatte ich als charakteristisch für das späte Schreiben der ‚ersten Generation' festgehalten. Der Erzähler bei Steinberg erzählt sich durch verschiedene Verfahren in die Vergangenheit hinein, bis diese wieder gegenwärtig ist. Ebenso kann auch in *Streifen am Himmel* die Vergangenheitsgeschichte die Gegenwartsgeschichte zurückdrängen. Für *Die Suche* gilt diese doppelte Struktur ebenfalls, da die Erzählungen über das Leben im Lager noch im Text selbst wiederholt werden und nicht schmerzliche Erinnerungslücke sind, wie das bei den Texten der ‚zweiten Generation' der Fall ist. Allerdings gilt nicht, dass narrativ die Vergangenheitsgeschichte die Gegenwartsgeschichte dominiert. Das liegt zum einen in der Sache selbst begründet. Stehen die Geschichten der Mithäftlinge im Zentrum, kann es nicht zu einer Einheit und Ununterscheidbarkeit von erzähltem und erzählendem Ich kommen. Zum anderen bleibt durch Erhalt der Gegenwartsgeschichte in Form von Einleitungssätzen, Kommentaren und gedanklichen Fortführungen von Seiten des Erzählers erkennbar, dass die Ereignisse vergangen sind. Was aber gerade nicht heißt, dass sie keine metonymische Fortsetzung in der Gegenwart hätten.

Blicken wir noch einmal auf die Geschichte von P.. An ihr ist an jeder Stelle die Einbettung in die Gegenwart deutlich, und die Verschiebungen gegenüber den frühen, teils auch späten Schreibweisen sind sichtbar:

„Nachdenklich sieht er vor sich hin und murmelt: ‚Ich war so dumm, der Wahrheit entsprechend zu sagen, daß ich in der Küche arbeitete, statt im Gartenbau. Auf einen Küchenjungen konnten sie gut verzichten. [...] Ohne Unterbrechung redet P. vor sich hin. Sein Gesicht ist wie erstarrt und beinahe purpurrot. Die Chronologie seiner Geschichte ist völlig verlorengegangen. Immer wieder verliert er den Faden. Ich höre intensiv zu, versuche Verbindungen zu knüpfen und fürchte zugleich, ihn noch stärker zu belasten. Ihm das Wort abzuschneiden ist sinnlos: Die Welt von damals verdrängt die Gegenwart. Aber die Bruchstücke seiner Geschichte ordnen sich in meinem Hirn zu einem Muster. Das Thema selbst kenne ich nur zu gut, alle Variationen sind schmerzhaft und bitter" (*Suche*, 73f). Was für P. elementar ist, dass ‚die Welt von damals die Gegenwart verdrängt', gilt für den Text selbst gerade nicht mehr. Da P.'s Geschichte vom Erzähler eingeleitet und ausgeleitet wird (hier nicht zitiert), seine Sprechweise und die unmittelbaren Folgen des Erinnerns kommentiert, sowie auf die eigene Erfahrung und Recherchearbeit bezogen werden, bleibt erkennbar, dass die Erinnerung eine Erzählung in der jeweils gelebten Gegenwart ist. Von ihrem Schrecken wird ihr dadurch nichts genommen. Zwar werden die Ereignisse primär gefernt, andererseits werden sie durch die Dokumentation des Erinnerungsprozesses und die Dokumentation der Gefühle in ihrer Wirkung sichtbar. Denn das wiederum sind Vorgänge, die der jeweiligen Gegenwart angehören und unvermittelt zugänglich sind – auch demjenigen, der nicht in einem Lager gefangen war. In den Texten der ‚zweiten Generation' werden wir dieses Verfahren wiederfinden. Helena Janeczek zum Beispiel erzählt kaum von den Schreckensereignissen, die ihrer Mutter widerfuhren, wohl aber davon, wie ihre Mutter diese erzählt und erinnert.

Gerade die Unvermittelbarkeit zwischen der Vergangenheit und der Gegenwart, zwischen der Welt der Konzentrationslager und der Welt ohne Lager, unter der die Überlebenden nicht nur gegenüber anderen, sondern auch gegenüber dem eigenen Erinnern und Erzählen leiden, wird durch die Dokumentation des schmerzvollen Erinnerungsvorgangs vielleicht nicht aufgehoben, aber zumindest aufgefangen. Und eventuell kann dann doch über die sekundären Erzählungen entlang der primären die von Ruth Klüger gewünschte Brücke zwischen der Welt des Konzentrationslagers – in der andere Gesetze und eine andere Sprache gültig waren – und der Welt ohne Lager gebaut werden.

4 Konstanten, Variationen und Reduktionen: Weitere Texte im Vergleich

Autobiographische Texte, in denen Erinnerung als Diskurs, oder einfacher gewendet, in denen das Wissen um die Fragilität der Erinnerung, ihre Veränderbarkeit und auch Unzuverlässigkeit miteinbezogen werden, wo die Suche nach Erinnerungsfiguren die erzählte Geschichte bestimmt, markieren einen signifikanten Einschnitt innerhalb des Schreibens der Shoah. Die Texte von Paul Steinberg, Gerhard Durlacher und vor allem auch die noch folgenden von Ruth Klüger und Raymond Federman können, jeder auf etwas andere Weise, durchaus als repräsentativ gelten für solch selbstreferenzielles wie intertextuelles Schreiben nach vierzig bis fünfzig Jahren. Mit ihnen knüpfen die Autoren bewusst an den Erinnerungs- und Gedenkprozess an und gestalten diesen in ihrem Schreiben weiter.

Und dennoch sind sie nicht in der Überzahl, wie man als Wissenschaftler gerne annimmt, wenn man eine sich wiederholende Struktur gefunden hat und sie für typisch, notwendig, ja repräsentativ hält und erklärt.[144] Ab den 1980er Jahren erscheinen ausgesprochen viele Texte von Autoren, die nicht explizit die unterschiedlichen Erinnerungs- und Gedenkformen in ihr Schreiben hineintragen, gleichwohl mit der zeitlichen Differenz und ihren Folgen umgehen. Denn in den wenigsten Fällen sind vierzig bis fünfzig Jahre Erinnerungskultur an den Autoren vorbeigegangen oder werden einfach ignoriert. Von ihnen aus gesehen wäre das selbstreferenzielle und intertextuelle Schreiben nur eine der möglichen Varianten des Umgangs mit der Vergangenheit. Viele andere Formen sind denkbar und sind auch ausgearbeitet worden.[145] Einige möchte

---

[144] Es ist ein Trend der Forschung die selbstreferenziellen, intertextuellen Texte, in denen der zeitliche Abstand und seine Folgen reflektiert werden, repräsentativ zu setzen. Vgl. beispielsweise Manuela Günter, „Writing Ghosts. Von den (Un)möglichkeiten autobiographischen Erzählens nach dem Überleben", in: Dies. (Hg.), Überleben Schreiben. Zur Autobiographik der Shoah, Würzburg 2002, 21–50.

[145] Allein ein Blick auf Benedikt Friedmans *Ich träumte von Brot und Büchern* (Wien 1992) und Thomas Toivi Blatts *Nur die Schatten bleiben. Der Aufstand im Vernichtungslager Sobibór* (Berlin 2000) macht die große Spannbreite deutlich. Friedmans Text ist eine eigentümliche Mischung aus historischem Bericht, Roman und Autobiographie. Der Ich-Erzähler scheut sich z.B. nicht, andere Figuren intern zu fokalisieren oder von Ereignissen zu berichten, die im Grunde nur ein auktorialer Erzähler wissen könnte. Solch vorgestellte Ereignisse und Gespräche werden dann unversehens abgelöst durch historische Informationen aus Büchern, Gesprächen und später gesammeltem Wissen. Ganz anders dagegen ist der Bericht von Blatt über den Aufstand in Sobibór. T. Blatt, der mit fünfzehn Jahren nach Sobibór deportiert wurde, schreibt schon mit zwölf Jahren

ich hier zusammenfassend vorstellen, und zwar weniger unter der Fragestellung, welche Funktion und Bedeutung Erinnerung in ihnen übernimmt, sondern eher wo die Spuren des zwischen der Verfolgung und Vernichtung und dem Schreibzeitpunkt liegenden Lebens zu finden sind. Denn alle Autoren müssen diesen Zeitabstand überwinden, müssen aus der Gegenwart heraus sich der Vergangenheit zuwenden.[146]

4.1 Mehrdimensionales Erzählen

Dem Schreiben Durlachers, Steinbergs recht nahe stehen die autobiographischen Berichte von Samuel Pisar, *Blut der Hoffnung*, Ruth Bondy, *Mehr Glück als Verstand* und Werner Weinberg, *Wunden, die nicht heilen dürfen*.[147] Alle Autoren schreiben aus ihrer – auch im Text erwähnten – jeweiligen Gegenwart heraus für die Gegenwart und Zukunft. In dieser Hinsicht gleichen die Schreibweisen sich. Und doch könnten diese autobiographischen Aufzeichnungen

---

ein Tagebuch und führt dieses Tagebuch auch im Lager weiter. Die Hälfte der Aufzeichnungen ging verloren. Nach dem Krieg rekonstruierte Blatt diese und fertigte auf ihrer Grundlage 1952 ein Manuskript an, das in einem kommunistischen Verlag publiziert werden sollte. Da es nicht konform war – Blatt hat für diese Zeit sehr offen auch die mangelnde Hilfe, den Verrat und Mord der Polen an den Juden beschrieben –, kam es nicht zu einer Veröffentlichung. Blatt hat dann in jahrelanger Recherchearbeit in verschiedenen Archiven und durch Gespräche mit anderen Überlebenden die eigenen Aufzeichnungen ergänzt. Entstanden ist ein Zeitzeugenbericht aus dem Blickwinkel des fünfzehnjährigen Jungen. Das große Wissen ist unauffällig in die vielen Ereignisse und Erlebnisse eingegangen. Und da die Differenzen zwischen Erzähler und erzähltem Ich minimal sind, erscheint der Text ungewöhnlich dicht und geschlossen.

[146] Ich lasse im Folgenden beiseite, weise aber darauf hin, dass es ausgerochen viele Texte gibt, die in einer Gemeinschaftsproduktion entstanden sind. Vielfach erzählt der Zeitzeuge einem Freund, einem Forschenden oder auch dem eigenen Kind oder der Frau seine Überlebensgeschichte, welche dann von der jeweiligen Person aufgezeichnet wird. So z.B. Trudi Birger, Im Angesicht des Feuers. Wie ich der Hölle des Konzentrationslagers entkam, München 1990; Rena Gelissen-Kornreich, Renas Versprechen. Zwei Schwestern überleben Auschwitz, München 1996; auch Gerson Goldschmidt, Am seidenen Faden, Zürich 1997; Otto Schwerdt und Mascha Schwerdt-Schneller, Als Gott und die Welt schliefen, Viechtach 1998/99; oder Leon Zelman, Ein Leben nach dem Überleben, Wien 1995.

[147] Bondy (Schewarim Schlemim, Tel Aviv 1997), Gerlingen 1999; Pisar (Le sang de l'espoir, Paris 1979), Hamburg 1979; Weinberg (Self-Portrait of a Holocaust Survivor, Jefferson, North Carolina 1985), Freiburg im Breisgau 1988. Zu diesen Texten gehört auch Hans Frankenthal, Verweigerte Rückkehr. Erfahrungen nach dem Judenmord, Frankfurt am Main 1999. Wie der Titel schon sagt, richtet Frankenthal seinen Blick vor allem auf die Zeit nach der Shoah bis zum Schreibzeitpunkt 1996.

nicht unterschiedlicher sein. Es bedarf (m)eines recht eingeschränkten Blickwinkels, um sie in einem Atemzug zu nennen.

Pisars *Blut und Hoffnung* hat einen stark appellativen Charakter; es ist an die Jugend und an die Welt gerichtet. Der Text beginnt mit der Gedenkfeier in Auschwitz 1975. Ort der Handlung ist zwar das Lager, aber es ist das ehemalige Lager, die Gedenkstätte. Da Anfänge meist versteckt oder offen Fundierungsgeschichten enthalten, kann man annehmen, dass mit diesem Beginn die Koordinaten festgelegt werden, was sich im Weiteren bestätigt: Gedenken und Umgang mit der Vergangenheit gehören zu den zentralen Punkten des Textes. Ausgehend von der Gedenkfeier 1975 erzählt der Erzähler sich in die Vergangenheit des Lagers zurück, um von dort insgesamt chronologisch das Leben bis in die Schreibgegenwart zu führen. Dabei wird die ‚Häftlingsgeschichte', die nur einen kleinen Raum innerhalb der gesamten Autobiographie einnimmt, fortwährend durch narrative Pausen – die die Schreibzeit sowie Momente des gelebten Lebens andeuten –, unterbrochen. Das Lager als einziger und daher totalitärer Raum kann so kaum entstehen, auch wenn der Erzähler teilweise den eingeschränkten Blick seines damaligen Ichs wählt und das spätere Wissen zurückhält.

Ruth Bondy und Werner Weinberg haben ihre Texte weder an die Jugend noch an die Welt gerichtet, sondern für sich selbst geschrieben.[148] Ihre Erinnerungen sind nicht chronologisch, sondern thematisch geordnet und gehen innerhalb einzelner Themenkomplexe durch Raum und Zeit.[149] In mehreren Kapiteln berührt Bondy so ihre Gefangenschaft in Theresienstadt, im Familienlager Birkenau oder in Bergen-Belsen mit ein zwei Sätzen. Eine fortlaufende ‚Geschichte' im klassischen Sinne mit Anfang und Ende ensteht gar nicht erst. Ihr Blick auf die Vergangenheit gleicht eher einem Blick durch ein Kaleidoskop – jede neue Bewegung bringt ein neues Muster hervor. Ein Muster allerdings, das aus genau recherchierten Fakten zusammengesetzt ist. Ähnlich einem fremden Leben wird das eigene recherchiert, werden die Erinnerungen geprüft und mit späterem Faktenwissen in einen Zusammenhang gestellt. Kaum wird der Fokus des damaligen jungen Mädchens gewählt und wenn, wahrt die Stimme der Erzählerin immer eine gewisse Distanz. Bondys Autobiographie ist persönlich, politisch, gesellschaftlich, historisch und literarisch

---

[148] Das trifft für Weinberg nicht ganz zu. Denn der Erzähler wendet sich vor allem im letzten Kapitel, „Ein Uwechejn und Dajejnu für Bergen-Belsen", an den *Ewigen*, stellt sich damit in die religiöse Tradition.

[149] Vgl. z.B. die Kapitelüberschriften bei Bondy: „Prag – meine Liebe", „Eine Familienbilanz", „Vorfahren", „Im Dunstkreis Kafkas", „Überleben" etc. oder ebenso bei Weinberg: „Heimatstadt", „Kristallnacht", „Konzentrationslager", „Vorbereitung zum Weiterleben" etc.

breit gefächert. Die Shoah erscheint nicht im erzählten ‚Geschichtszentrum', bildet aber den dunklen Untergrund, auf dem dieses Leben erzählt wird.[150] Auch bei Bondys Text wäre weiter zu fragen, warum solche Schreibverfahren gewählt werden, oder ob es Notwendigkeiten gibt, die sie erzwingen. Sind diese Distanzen zum Beispiel auch ‚symptomatisch' zu lesen als eine Art Fernung des Ichs? Das ist hier nur eine Vermutung – eine genauere Analyse müsste sie überprüfen.

Weinbergs Bezug zum Holocaust ist eindeutiger und enger. Schon am Original-Titel kann man das sehen: *Self-Portrait of a Holocaust Survivor*. Es ist eine persönliche und auch historische Auseinandersetzung mit der Verfolgung und Vernichtung.[151] Fragen nach den Folgen, nach den Stufen des Weiterlebens und seinen Möglichkeiten sowie die Frage nach einem „Sinn" stehen im Vordergrund. Schon der Anfang des Textes ist dahin gehend charakteristisch: „Für mich persönlich habe ich sieben verschiedene Phasen in meiner Eigenschaft als Holocaust-Überlebender gezählt" (*Wunden*, 12). Es folgen diese Phasen an Beispielen erläutert. So geht es hier nicht mehr um die Geschichte des Lebens oder Überlebens, sondern um die Geschichte des Weiterlebens, geordnet nun in der Retrospektive und zugleich damit analysiert. Das gelebte Leben, die vierzig Jahre, die zwischen der Verfolgung und dem Schreibzeitpunkt liegen, werden mit in den Text hineingenommen, sind Ausgangs- und Endpunkt und machen die eigentliche Geschichte aus.[152] Das vergangene Leben kann nicht losgelöst von der Gegenwart gedacht werden. Es ist eingebettet in das sich fortschrei-

---

[150] Vgl. hierzu: „Die Shoah und die Kriege sind Wegzeichen, mit deren Hilfe ich mich durch den Plan meines Lebens navigiere" (*Mehr Glück als Verstand*, 88), schreibt die Autorin und Erzählerin. Und diese Wegzeichen sind auch im Text mal weniger, mal mehr sichtbar.

[151] Weinbergs Text ist mehrfach vom Autor überarbeitet worden. Einzelne Kapitel wurden auch schon einzeln publiziert. Die „Schwierigkeit", dass dadurch ein Ereignis mehrfach erzählt wird, versteht der Erzähler letztlich als Gewinn, da das Geschehen so von verschiedenen Seiten angeschaut werden kann und die Gegenstände „beim zusammenhängenden Lesen des Buches fortlaufend an Helligkeit und Realwert gewannen" (*Wunden*, 9). Diese Erkenntnis macht den signifikanten Unterschied zu den frühen Texten deutlich, deren Autoren bemüht sind, sich gerade nicht zu wiederholen und nicht verschiedene Blickwinkel auf ein und dasselbe Ereignis zu entwickeln.

[152] „Was das jüdische Leid betrifft, so hielt ich mich fern von Beschreibungen des Grauens, weil diese schon lange ihre Wirkungen verloren haben. Ich habe sie jedoch nicht ganz vermieden, sondern sie als etwas Bekanntes vorausgesetzt, auf das ich mich, wie nebenbei berufen konnte" (*Wunden*, 8). Der Erzähler rekurriert auf das kulturelle Wissen über die Verfolgung und Vernichtung. Sein Anliegen ist es nicht, die primäre Geschichte zu erzählen, was unmittelbar nach dem industriellen Mord notwendig und selbstverständlich war. Vgl. hierzu auch Durlacher, der sich ebenso auf schon Geschriebenes beziehen kann: „Die Ankunft im Hades ist schon viele Male beschrieben worden" (*Streifen*, 44).

bende Leben des Autors. Schrecken und Qual werden dadurch zwar fortwährend wiederholt, aber nie auf die gleiche Weise. In immer neuen und anderen Ereigniszusammenhängen sind sie ‚gehalten' und können dadurch zu einem jederzeit bearbeitbaren Teil des Ichs werden. Und sicher stellen diese mehrfachen Zuordnungen, Einordnungen und Neuperspektivierungen eine Möglichkeit dar, der „Rollenunsicherheit" des ehemaligen Häftlings (Kertész) zu begegnen, da durch sie viele verschiedene Lebensfäden aus dem „univers concentrationaire" und wieder zu ihm zurück gesponnen werden können.

Ein Beispiel hierzu: Das Kapitel „Konzentrationslager" – erstaunlich kurz übrigens, es umfasst gerade einmal zehn Seiten – ist in drei Unterkapitel gegliedert, die einen je eigenen Aspekt hervorheben: „Eine Vision in Bergen-Belsen", „Die Schmach von Bergen-Belsen", „Pilgerfahrt nach Bergen-Belsen". Die ersten zwei Kapitel beziehen sich auf je ein Ereignis während der fünfzehnmonatigen Haftzeit, das letzte Kapitel zeichnet den wiederholten Besuch der Gedenkstätte Bergen-Belsen und den sich verändernden Umgang des erzählenden Ichs mit dieser; es ist gegenwartsbezogen. Man kann diese Betrachtungen zwar nicht einen Meta-Diskurs der Shoah nennen, wie das für *weiter leben* von Ruth Klüger zutrifft, aber die Reflexionen der persönlichen Erinnerungs- und Gedenkmöglichkeiten sowie ihre Genese durch vierzig Jahre hindurch zeigen sehr genau, dass Erinnerung und ihre Verfahren nichts Festgeschriebenes sind und einem Wandel unterliegen.

Da der (abstrakte) Autor seinen Erzähler Bergen-Belsen dreifach erzählen lässt, könnte man davon ausgehen, dass – entsprechend der erzählten Geschichte – in den beiden ersten Kapiteln der Blick des damaligen Ichs dominiert, also Raum und Zeit des Lagers noch einmal entstehen wie in den frühen Texten. Das ist aber keineswegs der Fall. Schon hier sucht der Erzählende sich unterschiedliche Zugangsweisen zu seiner Vergangenheit. Nach einem allgemeinen Einleitungssatz nimmt der Erzähler sein Wissen zurück und wählt die eingeschränkte Sicht seines damaligen Häftlings-Ich – aber nur für kurze Zeit. Gleich verlässt er es wieder und blendet historisches Wissen über Bergen-Belsen ein: „Im Winter 1944/45 stand ich am Stacheldrahtzaun meines Lagerteils von Bergen-Belsen und sah auf die Lagerstraße hinaus. Bergen-Belsen bestand aus vielen Abteilungen" (*Wunden*, 90). Es folgt in einer großen narrativen Pause die räumliche Ordnung des Lagers, die Hierarchie der Häftlinge sowie eine größere Analepse über das besondere Schicksal der Diamantschleifer, deren Elend und Mord die Vision auslösen – also eine bewusst gewollte Historisierung (oder auch eine notwendige, da die konkreten Einzelheiten nur noch schemenhaft im Gedächtnis vorhanden sind?). Erst zwei Seiten später wird das Stehen am Stacheldrahtzaun wieder aufgenommen, nun aber nicht mehr aus dem Blickwinkel des einen Ichs, sondern aus dem mehrerer Häftlinge: „Einige von uns standen am Stacheldrahtzaun und beobachteten, wie der Transport auf der Lagerstraße herankroch" (*Wunden*, 92). Schon am Fokalisierungsbruch, der in der erzählten Geschichte durch den Wechsel der wahrnehmenden Figuren stattfindet, und unabhängig von der dazwischenliegenden großen narrativen Pause kann man sehen, wie wenig selbst dort, wo ein Ereignis der Vergangenheit erzählt wird, ein geschlossenes und ‚dichtes' Erzählen möglich ist. Die Ereignisse sind auf allen Ebenen offen. Das Erzählen übt keinen ‚Sog' mehr auf den Erzählenden aus und wird zum Symptom des Lagers, wie wir es aus den frühen Texten kennen.[153]

Geschichten und Erzählweise dieser Texte sind so strukturiert, dass sie nach allen Seiten Verknüpfungsmöglichkeiten bieten und aufzeigen. Wollte man mit einer narrativen Metapher das Besondere dieser Schreibweisen erfassen, so wäre der Ausdruck des ‚repetitiven Erzählens' hierfür treffend. Durch mehrere Zeiten, Räume, Figurenkonstellationen, Ereignisse oder auch narrative Verfahren wird die Verfolgung und Vernichtung mehrfach erzählt und so vielfältig erhellt und gefasst.

Während all diese Texte eine Art Historisierung, Verwissenschaftlichung des Schreibens und der eigenen Erinnerung vornehmen und damit den Mord an den europäischen Juden auf meist weltliche Weise beschreiben und erklären oder in ihren Wirkungen des eigenen Lebens danach zu fassen versuchen, gibt es einen religiösen Text ganz anderer Art, der eine transzendente Erklärung der Shoah vornimmt: Rabbi Berl Edelsteins *Schabbatnachmittage im Obstgarten. Zerbrochene Welten meiner chassidischen Kindheit*.[154]

Ich kann *Schabbatnachmittage* nicht in aller Breite untersuchen, aber möchte doch darauf verweisen, dass dort die Biographie durch die Deportation und Haft nicht als in zwei Teile zerbrochen oder für immer zerstört entwickelt wird, sondern als eine Kontinuität des Gläubigen verstanden sein will: Gerade und erst im Lager bewährt sich der Glaube, insofern wirkliche Ereignisse als göttliche Fügung verstanden und wie die babylonische Gefangenschaft zum Beispiel als Strafe Gottes an seinem Volk gedeutet werden. So machen Deportation, Inhaftierung und Befreiung nur einen kleinen Teil der erzählten Geschichte aus. Jüdisches Brauchtum und Religion, die Erziehung und Schu-

---

[153] Selbstverständlich gibt es hier auch Gegenbeispiele. In *Chronik aus einer dunklen Welt* suchen den Erzähler die Schreckensträume entsprechend mehr heim, je mehr er im Erzählen der Vergangenheit fortschreitet.
[154] Rabbi Berl Edelstein, Schabbatnachmittage im Obstgarten. Zerbrochene Welten meiner chassidischen Kindheit, Wien/Köln/Weimar 1999. Berl Edelstein wurde 1926 in Berek, unweit Szatmárs, im ungarisch-rumänischen Grenzland als Sohn eines chassidischen Rabbiners geboren. Er ist Cheder-Schüler, dann Jeschiva-Student. 1944 wird er nach Auschwitz-Birkenau, dann nach Nordhausen („Dora") und Bergen-Belsen deportiert.

lung Berl Edelsteins im chassidisch-jüdischen Glauben werden ausführlich im ersten Teil des Textes entwickelt und bilden dann auch die Grundlage der Geschichte der Deportation und Haft, da der „Talmud-Student sein Schicksal im Licht uralter Tradition und geschichtlicher Erfahrungen seines Volkes" deutet (*Schabbatnachmittage*, 9). Weniger auf der detaillierten Beobachtung des sich wiederholenden Lageralltags oder auf einzelnen Ereignissen liegt der Schwerpunkt, als im Kommentar und der Erläuterung durch Talmud und Midraschim.

Zur Struktur der oben analysierten Texte gehört die Dopplung von Zeit, Raum, Figuration auf der einen und narrativer Verfahren auf der anderen Seite. Sie sind darauf ausgerichtet, dass die Vergangenheitsgeschichte nicht ohne Gegenwartsgeschichte erzählt wird, deren Verhältnis allerdings zueinander sehr unterschiedlich sein kann: mal transformativ, oppositionell oder auch similar. In *Schabbatnachmittage* gibt es keine ‚Gegenwartsgeschichte' wie bei Durlacher, Bondy, Klüger, Weinberg und all den anderen. Und doch ist der Text keineswegs linear und eindimensional erzählt. Denn an die Stelle der ‚Gegenwartsgeschichte' rücken rabbinische Erzählungen, Legenden, Gesetzestexte. Beherrschende Figur, wenn nicht sogar die Struktur, ist damit die Analepse, die aber nicht als solche verstanden wird, da die alten Erzählungen als gegenwärtige wiederkehren. Und findet der Zweifel an der rechten Erinnerungsform – bei Ruth Klüger werden wir das vor allem sehen können – im selbstreferenziellen Schreiben seinen Ausdruck, so sind sich hier Autor, Erzähler und erzähltes Ich der Deutung der Ereignisse im biblischen Kontext gewiss und können der Selbstreferenz entbehren. Damals während der Shoah wie heute zum Schreibzeitpunkt werden die Ereignisse im festen (in sich durchaus variablen und auch widersprüchlichen) Muster der Wiederkehr begriffen. Rauch und Flammen der Krematorien in Birkenau können zu den Flammen und dem Rauch werden, der am Berg Sinai aufstieg, als Gott die Gesetzestafeln gab (vgl. *Schabbatnachmittage*, 128).

Gerade an einem solchen ganz aus der Reihe oder aus den Varianten der Reihe herausgehenden Text wird deutlich, dass diese Reihen im Großen und Ganzen doch immer weltliche Grundlagen haben. Bruch der Lebensgeschichte und Reflexion sind Merkmale solcher Schreibweisen. Bei einer religiösen hingegen, wie der Edelsteins, sind – bei gleichen Ereignissen – Kontinuität und schlichte Anknüpfung an die Tradition kennzeichnend.

4.2 Metonymisches Erzählen

Es gibt aber auch Bücher, in denen weniger offensichtlich die jeweilige Gegenwart und das gelebte Leben mit der Vergangenheit verflochten werden, oder gar die Vergangenheit allein durch das Gitter der Gegenwart erscheint. Dazu gehören David Ben-Dors, *Die schwarze Mütze*, Henry Wermuths, *Atme, mein Sohn, atme tief* und Semjon Umanskijs, *Jüdisches Glück. Bericht aus der Ukraine 1933–1944*.[155] In ihnen steht die Geschichte der Verhaftung, Deportation, Inhaftierung und Befreiung ebenso im Zentrum wie bei den frühen Schreibweisen, und die ‚Lagergeschichte' wird nicht aus unterschiedlichen Blickwinkeln erzählt. Das bedeutet, dass eine ältere Weise des Schreibens nie aufgehört hat und es eine Art überzeitliches ‚perenierendes' Schreiben gibt – so wenig man als Literaturwissenschaftler auch daran glauben mag oder es voraussetzt.

So erzählen alle drei Autoren ihre Geschichte insgesamt chronologisch. Sie beginnen mit ihrer Kindheit, dem durch Hitlers Machtergreifung sich verändernden Leben und enden mit der Befreiung. Mit dieser Art des Beginns und des Endes gleichen sie den frühen Texten in ihrem Aufbau – und das ist auffallend genug. Und doch, es gibt Unterschiede, die ebenso bedeutsam sind. Wir erinnern uns, dass in den frühen Texten Raum und Zeit ausschließlich auf das Lager bezogen werden. Ausnahmen bilden einige wenige Analepsen und Prolepsen, die durch Erinnerung des verlorenen Lebens oder Antizipation einer Zukunft den totalitären Raum und seine Zeit auflösen können. Narrative Pausen, wenn überhaupt vorhanden, sind gefüllt mit der äußeren Ordnung des Lagers oder auch kurzen Erläuterungen der Situation. Es überwiegt die interne Fokalisierung, der Erzähler hält sein Wissen zurück, tritt kaum in Erscheinung, sodass die Position des erzählenden Ichs wenig ausgearbeitet ist. Entsprechend marginal oder gar nicht vorhanden ist die Bezugnahme auf den Schreibzeitpunkt und die Folgen des Lagers im späteren Leben. Das alles ist in jedem dieser Punkte anders bei Umanskij, Wermuth und Ben-Dor. Zwar können Raum und Zeit des Lagers streckenweise ebenso ausweglos und unüberwindbar erscheinen wie in den frühen Schreibweisen, doch bleiben die Folgen der Inhaftierung, Reflexionen auf das Schreiben nicht unbenannt. Das hat wiederum Rückwirkung auf die erzählte Geschichte, weil diese in der Folge dann nicht ganz so hermetisch erscheint. Denn nicht nur im Vorwort (Ben-Dor und Umanskij) oder Prolog (Wermuth),[156] sondern auch im fortlaufenden Text

---

[155] David Ben-Dor, Die schwarze Mütze. Geschichte eines Mitschuldigen (The Darkest Chapter, Edinburgh 1996), Leipzig 2000; Henry Wermuth, Atme, mein Sohn, atme tief (Breathe deeply my Son, London 1993), München 2000; Semjon Umanskij, Jüdisches Glück. Bericht aus der Ukraine 1933–1944, Frankfurt am Main 1998.

[156] Wermuth z.B. ist sich durchaus der Erinnerungslücken bewusst: „Später, als ich über meine Vergangenheit nachdachte, kam mir zu Bewusstsein, wie viele Namen, Daten und sogar Ereignisse ich über die Jahre hinweg vergessen hatte, so dass ich lediglich ein unvollkommenes Bild meiner Erfahrung hätte wiedergeben können" (*Atme, mein Sohn, atme tief*, 9).

wird immer wieder auf das Schreiben und das jetzige Verhältnis zur Vergangenheit Bezug genommen, und zwar nicht nur in Nebensätzen wie „ich erinnere mich kaum", „das sind meine heutigen Worte und Gedanken, damals war mir das nicht so deutlich" (Wermuth), sondern auch in längeren Passagen.[157] So ist der Erzähler hier nicht fest an die Ereignisse gebunden, kann freier mit Zeit, Raum und Fokalisierung auf das vergangene Ich umgehen und die Vergangenheit auktorial zusammenfassend oder auch vergleichend strukturieren (Ben-Dor). Der unmittelbare Druck von damals hat offenbar nachgelassen, auch wenn die Vergangenheit immer noch quälend hervortritt.

Ein Beispiel: „Im Juli 1929," schreibt Henry Wermuth, „schickten meine Eltern mich nach Königstein im Taunus, einen sehr beliebten Kurort in der Nähe Frankfurts. Als ich zurückkam, wurde mir mein neugeborenes Schwesterchen, Hanna, vorgestellt. [...] Nicht weit von uns und etwa einen Monat vor Hannas Geburt wurde ein anderes kleines Mädchen geboren. Dreizehn Jahre später, als dieses andere Kind, Anne Frank, mit ihrer Familie in eine wohl vorbereitete versteckte Wohnung einzog, wo sie zwei Jahre bis zu ihrer Entdeckung verbrachten, betraten auch Hannelorchen und ihre Mutter ein winziges und unsicheres Versteck, in welchem sie nur eine einzige Nacht weilten. Doch von welcher Bedeutung ist das Schicksal zweier kleiner Mädchen im Verhältnis zu dem von fast anderthalb Millionen ermordeter Kinder?" (*Atme, mein Sohn*, 17).

Ich habe eine längere Partie aus dem Anfang von *Atme, mein Sohn, atme tief* zitiert, da der ‚Gegenwartsbezug' auf figurativer, räumlicher und zeitlicher Ebene sowie die Differenz und auch die Übereinstimmung von Stimme und Blick recht deutlich sind. Das eigene persönliche Schicksal – Kur und Geburt der Schwester wie ihr vorweggenommener Tod – werden durch das Wissen des späteren Erzählers über Raum und Zeit hinweg in Analogie gesetzt zu dem allgemein bekannten Schicksal von Anne Frank. Darüber hinaus werden diese beiden erzählbaren Geschichten an die vielen unerzählten Todesgeschichten

---

[157] Sehr auffällig ist das bei Umanskij, der ausgehend vom realen und primären Ereignis der Flucht den Bogen spannt zu den noch zum Schreibzeitpunkt währenden Folgen des Versteckens, zum früheren Nicht-Schreiben und jetzigen Schreiben. Er setzt seine Katastrophe in ein Verhältnis zu den Katastrophen anderer, nimmt Bezug auf weitere Texte und bezeugt seine eigene Intertextualität. Nicht mehr im Häftling oder hier in dem Fliehenden liegt das Wahrnehmungszentrum, sondern im späteren Erzähler, der zusammenfassend, bilanzierend auf die Vergangenheit und auf die Auseinandersetzung mit dieser blickt. Das heißt, nicht das Ereignis selbst wird fokussiert, sondern die persönlichen, textuellen wie kulturellen Folgen. Solch eine auf verschiedenen Ebenen hergestellte Bilanz können die Autoren der frühen Texte – allein schon wegen des geringen zeitlichen Abstands – nicht ziehen, wollen es auch nicht, da ihr Wille der Bericht der primären Ereignisse ist.

angeschlossen und es wird nach dem Sinn eines solchen Anschlusses oder Vergleichs gefragt. Das sind Fragen – fußend auf figurativer und zeitlicher Äquivalenz –, in denen der Umgang mit dem nicht eingrenzbaren und von daher unfassbaren Ereignis verborgen sind. Fragen, die immer bleiben, die nicht gelöst werden können und die der Erzähler aus seiner jeweiligen Gegenwart heraus mitträgt.

Bleiben Wermuth und Umanskij im vergleichenden Verfahren eher im Raum der Shoah, so geht Ben-Dors Erzähler, ähnlich wie Steinbergs oder Ruth Klügers Erzähler(in), vielfach darüber hinaus. So zum Beispiel, wenn er das anfänglich mangelnde Verständnis der litauischen Juden gegenüber den Geschichten über die Repressalien, die die Familie in Österreich erleiden musste, mit dem Verhalten der heutigen Fernsehzuschauer vergleicht, „die offenbar nicht imstande sind, zwischen den täglichen Shows zu unterscheiden, die als Realität ausgegeben werden, und der Realität, die als – für den unbeteiligten Zuschauer leicht zu konsumierende – fortwährende Show präsentiert wird mit der Möglichkeit, durch einen Druck auf die Fernbedienungstaste von Juden, die bei lebendigem Leib in Autobussen verbrannt werden, auf ein Musical umzuschalten" (*Schwarze Mütze*, 31). Hier dient das Vergleichsverfahren weniger der Frage nach einem Einzelschicksal im Verhältnis zu unzähligen anonymen Schicksalen, als der harschen Kritik an der Gegenwart. Ereignisse aus der Zeit der Vernichtung werden dann letztlich nicht durch Gegenwartsereignisse verständlich, sondern werden umgekehrt zu Metaphern der Gegenwart. Ein durchaus nicht unproblematisches Verfahren, da der Schritt zur so genannten Instrumentalisierung dann nicht mehr weit ist.

Weiter auffällig ist – neben den stark historisierenden Kommentaren und ihrer Ausarbeitung[158] – der Blick auf das eigene Innere und im Gegenzug dazu das Wissen und die Wahrnehmung anderer Häftlinge. Zwar gibt es in der frühen Literatur auch die Tendenz, möglichst viele Geschichten und Schicksale aufzuzeichnen und festzuhalten und so die anderen Häftlinge wahrzunehmen (vgl. hier die Berichte von Jenny Spritzer oder auch Raja Kagan), doch sind sie dort Zeugnis und Dokument der Beglaubigung. Bei Edelman, Stein-

---

[158] Die auffällige Einarbeitung von historischem Wissen gilt nicht nur für Umanskij, Ben-Dor oder Wermuth, sondern ist überhaupt charakteristisch für ein Schreiben, das zeitlich von den Ereignissen entfernt liegt. Man vgl. die Texte von Benedikt Friedman, Ich träumte von Brot und Büchern, Leo Klüger, Lache, denn morgen bist du tot. Eine Geschichte vom Überleben, (Dömd till livet, Stockholm 1996), München 1998; Bert Linder, Verdammt ohne Urteil. Holocaust-Erinnerungen eines Überlebenden (Condemned without Judgment, New York 1995), Graz/Wien/Köln 1997; Inka Wajsbort, Im Angesicht des Todes. Von Chorzów über Zawiercie, Tarnowitz, Tschenstochau durch Auschwitz nach Malchow und Oschatz, Konstanz 2000.

berg oder Klüger erscheinen die Schicksale der anderen hingegen als eine Art Kurzbiographie oder auch als ein Totengedenken, während in *Atme, mein Sohn, atme tief* regelrecht eine tödliche Gegengeschichte zu der eigenen Überlebensgeschichte geschrieben wird, die den Leser nicht mit dem erzählend/erlebenden Ich der Vernichtung entkommen lässt.

Ein Beispiel: Durch Zufall geraten Vater und Sohn beim Transport von Auschwitz nach Nordhausen in den Waggon der Kapos. Hier können sie relativ gesichert die unerträgliche Fahrt durchstehen.[159] Erzählt wird dies durch den Blickwinkel des Häftlings Wermuth. Die Geschichte dieser Fahrt endet aber nicht als glückliche persönliche Fügung. Der Erzähler verlässt sein erzähltes Ich und blickt in den Waggon derer, die sterben müssen wegen Überfüllung, Durst und Hunger: „Nur wenige Meter entfernt, getrennt von zwei Wänden und ein paar Puffern, fand ein Drama statt, das nur mit ähnlichen Häftlingstransporten während dieser grausamen, unmenschlichen Periode verglichen werden kann. Während wir versuchten, den Schnee loszuwerden, starben fast neben mir Menschen vor Hunger und Durst. Dort wurde um das geringste bisschen Schnee, das durch die Ritzen oder in manchen Waggons durch die vergitterten kleinen Fensteröffnungen fiel, gekämpft – oft mit tödlichem Resultat. Mit ihren Fingern und Zungen versuchten sie, kleine Vorsprünge zu erreichen, auf die sich etwas Schnee gesetzt hatte" (*Atme, mein Sohn,* 243ff).

Diesen Blick auf die anderen hätte das damalige Ich gar nicht aufbringen können. Das kann nur ein späterer Erzähler, indem er sein Häftlings-Ich durch eine winzige sprachliche Wendung – „während" – verlässt und als Erzähler in den todbringenden Waggon einzieht.[160] Solch ein Übergang und Einblick ist erzählerisch nicht nur im Nachhinein erst möglich, sondern erfordert vom Erzählenden – wenn nicht gar vom konkreten Autor – Distanz zu dem Ereignis wie zugleich die Fähigkeit, das Wissen um den Tod der anderen neben dem

---

[159] Einen Bericht aus den nicht priviligierten Waggons findet man bei Edelstein. Berl Edelstein war unter den wenigen, die den Transport von Gleiwitz aus überlebten und darüber berichtet. (*Schabbatnachmittage im Obstgarten*, 187f).

[160] Solch ein narratives ‚auf sich Nehmen' eines anderen Schicksals ist aber nicht selbstverständlich und grundsätzlich allen Texten eigen. Jeanne Levy-Rosenberg z.B. berichtet in *Durch die Hölle. Von Holland durch Auschwitz-Birkenau, Ravensbrück, Malchow, Taucha, zurück und nach Israel* (Konstanz 2000), von den ‚ertragreichen' Ungarn-Transporten, aber mit keinem Wort davon, was mit diesen Transporten geschah: „Immer wenn die ungarischen Transporte eintrafen, bekamen wir eine Portion Speck, wovon die ungarischen Juden viel mitbrachten. Wir selbst organisierten natürlich noch viel mehr" (*Durch die Hölle*, 74).

eigenen Überleben ertragen zu können.[161] Und sicher könnte solch ein Schreiben auch als eine Art Antwort auf die eingangs gestellte Frage, welche Bedeutung das Schicksal zweier ermordeter Mädchen gegen das von anderthalb Millionen habe und in der ja auch die Frage nach der Bedeutung der Erzählung des eigenen Lebens gegenüber dem nichterzählten Tod von fünf Millionen Juden steckt, gelesen werden. Denn der Erzähler kann den im Waggon Umgekommenen zwar keine Stimme verleihen, kann aber ihrer, vom eigenen glücklicheren Schicksal ausgehend und zugleich von diesem absehend, erinnernd gedenken. So macht der Text zum Thema, was alle anderen nur versteckt oder umgekehrt als Reflexion enthalten: dass sie Überlebenstexte sind.

Im Gegenzug, so hatte ich oben geschrieben, fällt der Blick auf das eigene Innere gegenüber den frühen Texten auf, in denen Gefühle kaum erwähnt und schon gar nicht erläutert werden. Kennzeichen vieler späterer Texte – ich erinnere auch noch einmal an Steinbergs Absicht ‚Bericht zu geben von der Angst', also eine Topographie der Seele und nicht des äußeren Terrors zu schreiben – ist die detaillierte Wahrnehmung des Gefühls, obwohl die Gefühle selbst oft gar nicht mehr vorhanden sind. So schreibt Hédi Fried einerseits, dass das Gefühl des Schmerzes verschwunden sei – „Ich erinnere mich, daß es weh tat, aber ich erinnere mich nicht mehr an das tatsächliche Gefühl" (*Nachschlag*, 199) –, andererseits (re)konstruiert und entwickelt sie detailliert ihr Innenleben und ihre Reaktionen auf die Ereignisse.[162] Und ähnlich hat es sich auch der Erzähler in *Atme, mein Sohn, atme tief* regelrecht zur Aufgabe gemacht, den Blick auf sein Inneres zu wenden, obwohl auch für ihn die Erinnerungen lückenhaft sind.[163] Das scheint verwunderlich und ein Widerspruch zu sein. Vor allem auch, wenn man weiß, dass umgekehrt die Erzähler in den frühen Texten keinen Blick auf ihr Inneres wenden, obwohl ihnen doch die Gefühle noch präsent sein dürften.

Ich kann dieses Paradox nicht vollständig auflösen, vermute aber, dass die Autoren und die Erzähler der frühen Texte zum einen die Fakten mit der Ver-

---

[161] Hierzu vgl. auch die in den frühen Texten und noch heute kaum denkbare Antizipation eines Todes in der Gaskammer (*Atme, mein Sohn*, 180ff). Durch einen Pronominalwechsel – Wir – Ich – einfache Leute – Ich – schreibt der Erzähler sich in die Gaskammer und den Tod hinein und wieder hinaus. Ein insgesamt vielleicht verwegenes Verfahren, welches aber exemplarisch für das Buch ist, da der Erzähler immer versucht das eigene Schicksal, das gerettete Leben, neben das tödliche Schicksal der vielen anderen zu stellen, ohne dabei aber die Toten für sich zu vereinnahmen.
[162] Hédi Fried, Nachschlag für eine Gestorbene: ein Leben bis Auschwitz + ein Leben danach (Fragments of a Life, 1992), Hamburg 1995.
[163] „Ich bemühe mich bei meiner Niederschrift stets darum, meine Gefühle und Emotionen genau zu beschreiben" (*Atme, mein Sohn*, 197).

öffentlichung vor eine Art Gericht stellen wollen, damit das Unrecht nicht ungesühnt bleibt.[164] Zum anderen aber sie auch unter einer Art Bann der Bilder und Ereignisse stehen, die kaum einen ‚Richtungswechsel' des Blicks, eine Wendung nach innen, zulassen. Der Blick ins Innere erfordert hingegen Ruhe und auch eine gewisse Distanz, die mit einem größeren Zeitabstand gewissermaßen natürlich gegeben ist und nicht mühsam durch Schreiben (wie im Tagebuch zum Beispiel) erzeugt werden muss. Aber vor allem lautet später die Frage, die den Blick ins Innere erst motiviert, ‚was ist mit mir damals geschehen?' Und die Gefühle – ob nun (re)konstruiert oder nicht, ich denke, dass ist gar nicht so wichtig – verschaffen einen Zugang zu dem Ich, das damals verloren ging oder angefochten wurde; sie können eine Brücke bilden.

Wie genau nun und auf welche Weise Wermuths Erzähler die damaligen Gefühle entwirft und daraus eine psychologische Erkenntnis ableitet, möchte ich noch einmal an einem Beispiel erläutern: Vater und Sohn wollen aus dem fahrenden Deportationszug fliehen, lassen dann aber doch davon ab. Recht dicht, ohne Wissen was kommen wird, teilweise sogar präsentisch, wird vom Vorhaben zur Flucht und dann vom Abbruch erzählt: „Ich setzte mich wieder hin. Der intensive Augenblick, in dem wir den Sprung ins Leben – oder den Tod – wagen würden, war vorüber. Momente vorher war ich gespannt wie die Sehne eines Bogens, bereit, den Pfeil abzuschießen; als ich mich dann wieder setzte, war ich eigentlich erleichtert. War nicht ein typisches ‚Jetzt noch bin ich am Leben'-Gefühl der Grund dafür, dass auch die geringste Verlängerung positiv empfunden wird. Jeder Atemzug ist ein Gewahrwerden – sogar ein Genuss – und Minuten, sogar Sekunden werden intensiv erfahren. Vielleicht bietet dieses ‚Jetzt noch lebe ich'-Gefühl auch die Erklärung dafür, dass so viele von sonst unzweifelhafter Courage sich scheinbar wie Lämmer zum Schlachten führen ließen" (*Atme, mein Sohn*, 195). Der Erzähler kann neben der Erzählung des äußeren Ereignisses mit der Metapher des Bogenschießens das vergangene Gefühl ausreichend aktivieren oder erfinden. Das genügt ihm aber nicht. Er analysiert den Gefühlsablauf von Spannung und Entspannung zugleich, verallgemeinert ihn weiter und macht ihn auf andere Situationen anwendbar. So bietet die Wendung auf das Innere nicht nur die Möglichkeit, eine neue Dimension gegenüber den äußeren Ereignissen zu erschließen, sondern auch die Möglichkeit, die eigene Biographie im Zusammenhang mit dem allgemeinen Schicksal zu sehen. So entsteht metonymisches Schreiben: Der Blick in das eigene, begrenzte Innere kann zugleich ein Blick in alle werden; aus der

---

[164] Vgl. hierzu zum Beispiel Primo Levi, der die deutschen Leser „gefesselt vor den Spiegel zerren" will (*Die Untergegangenen und die Geretteten*, 176).

intimen Selbstbeobachtung wird Erkenntnis des schwer akzeptierbaren Phänomens, dass die Opfer sich nicht gewehrt haben.[165]

4.3 Abbildendes Erzählen

Die Texte von Leo Klüger, Bert Linder, Hédi Fried, Lucille Eichengreen und Sara Tuvel Bernstein sind recht weit entfernt von dem selbstreferenziellen, reflexiven oder intertextuellen Schreiben.[166] Sie sind sozusagen eine ‚naivere Variante' der anspruchsvollen Texte der letzten Gruppierung. In ihnen wird chronologisch von der Kindheit bis zur Befreiung oder Auswanderung in ein neues Land und ein neues Leben erzählt. Sie versuchen, das damalige Gefühl und Wissen ohne allzu explizites späteres Mehrwissen wieder aufleben zu lassen. Die Autoren verstehen ihre Texte als „wahrheitsgetreue" Schilderungen. Zweifel an der Erinnerung, Reflexionen auf das Schreiben, auch Folgen der Schreckensereignisse für ihre Biographie stehen ganz im Hintergrund. Ein wie auch immer gearteter Bezug zur Gegenwart lässt sich nur im Prolog oder Epilog erkennen.[167] Das sind die üblichen konventionellen Orte, an denen Reflexivität zugelassen ist.[168] Aber auch dort werden oftmals weniger Zweifel und

---

[165] Dass dieses Verfahren schwierig und im klischierten Sinn nicht immer einfach ist, zeigt sich an Sätzen wie dem von Bert Linder: „Ich bin nur eine Stimme, stellvertretend für die Millionen im Holocaust Ermordeten, und als einer der wenigen Überlebenden rufe ich in die Welt: ‚Niemals wieder'" (*Verdammt ohne Urteil*, 10). Linder setzt seine Biographie exemplarisch. Er ist eines der vielen Opfer, das verhindern soll, dass andere erneut Opfer werden. Dadurch gibt nicht nur der Autor seinem Leben einen Sinn, sondern auch die Veröffentlichung dieser Biographie wird notwendig.

[166] Lucille Eichengreen, Von Asche zum Leben, Hamburg 1992; Hédi Fried, Nachschlag für eine Gestorbene: ein Leben bis Auschwitz + ein Leben danach; Leo Klüger, Lache, denn morgen bist du tot; Bert Linder, Verdammt ohne Urteil. Holocaust-Erinnerungen eines Überlebenden; Sara Tuvel Bernstein, Die Näherin. Erinnerungen einer Überlebenden (The Seamstress – a memoir of survival, 1997) München/Wien 1998.

[167] Man vgl. hier das letzte Kapitel von Lucille Eichengreen: „Fünfzig Jahre später. Reise nach Deutschland und Polen. Herbst 1991" (*Von Asche zum Leben*, 222). Die Erzählerin berichtet vom Besuch ihrer Geburtstadt Hamburg, von Warschau und dem ehemaligen Ghetto in Łodz sowie der Gedenkstätte Auschwitz-Birkenau. Es ist ein sehr reflexiver und nachdenklicher Bericht über die Veränderungen, den mehr oder weniger kuriosen bis erschreckenden Umgang mit der Vergangenheit.

[168] Was üblicherweise im Prolog oder Epilog steht kann natürlich auch im fortlaufenden Text erscheinen, wie das bei Jeanne Levy-Rosenberg der Fall ist. Folgeereignisse werden dort durch Kursivdruck von der Vergangenheitsgeschichte abgesetzt. Strukturell gleichen solche Texte aber den oben genannten, da eine Verflechtung und Anfechtung der Vergangenheit durch die Reflexionen der Gegenwart nicht stattfindet.

Fragen geäußert als ihr Zeugnischarakter und ihr Wahrheitsgehalt betont. In dieser Hinsicht gleichen die Texte den frühen Berichten, in denen immer wieder beteuert wird, dass ‚alles vom ersten bis zum letzten Wort wahr' sei. Ich zitiere kurz aus dem Prolog von Leo Klüger, da solche Versicherungen innerhalb der rezipierten, hochartifiziellen Literatur schon erstaunen: „Das ist kein Roman. In diesem Buch möchte ich wahrheitsgetreu von meinen Erlebnissen während des Zweiten Weltkrieges berichten. Ich habe mich bemüht, nichts hinzuzutun und nichts auszusparen. Spekulationen oder Analysen, warum das alles so geschehen ist, habe ich vermieden. Statt dessen habe ich mich dafür entschieden, von jener Zeit so zu erzählen, wie ich sie damals erlebt habe" (*Lache* 7f).[169] Der Erzähler in Leo Klügers *Lache, denn morgen bist du tot* ist sich auch nach fünfzig Jahren ganz sicher, dass er seine Geschichte in der gleichen Weise wiedergeben kann, wie er sie erlebt hat. Mit der Analyse der Erzählverfahren kann man nachweisen, dass das kaum möglich ist und auch nicht gelingt. Allein die vielen iterativen und summativen Eingriffe des Erzählers zeugen davon sowie die eingefügten historischen und psychologischen Kommentare. So wird das in den frühen Texten sehr ausführlich erzählerisch nachvollzogene und für den Schreibenden erneut durchlebte Aufnahmeritual in das jeweilige Lager zum Beispiel hier sehr kurz zusammengefasst und auch die Arbeit, die für den Erzähler bei Levi oder Glazar noch sprachlich qualvoll ist, in zwei Sätze gebannt: „Man füllte die Kipploren mit Sand, schob sie ein Stück vorwärts und leerte sie nach und nach" (*Lache* 201).

Doch denke ich, dass wir als Leser solches Wissen um die Konstruktion der Ereignisse auch zurückstellen können und müssen. Einerseits, weil Autoren wie Leo Klüger einen einfachen umgangssprachlichen Gebrauch von Wahrheit besitzen und damit die immer vorhandene Faktizitätsschicht bezeichnen. Andererseits, weil das Bedürfnis all dieser, aus literarischer Sicht oftmals einfachen Texte ist, das Geschehen öffentlich zu bezeugen und mit diesem Akt Teil des kulturellen Gedächtnisses zu werden. So scheint die dazwischenliegende Zeit, seien es nun vierzig oder fünfzig Jahre, das Bedürfnis, Zeugnis abzulegen, noch eher verstärkt als abgemildert zu haben.[170] Gründe hierfür sind sicher auf mehreren Ebenen denkbar. Zum einen spielen politische Ereignisse – immer wiederkehrender Völkermord und Krieg – eine Rolle, aber auch die Zunahme revisionistischer Ansichten und rechtsradikaler Anschläge for-

---

[169] Vgl. auch Bert Linders Versicherung im Epilog: „Jedes Wort in diesem Buch entspricht der Wahrheit" (*Verdammt ohne Urteil,* 325).

[170] Hédi Fried z.B. schreibt: „Ich brauchte vierzig Jahre, um zu erkennen, daß ich eine Zeugin bin und es meine Aufgabe ist zu erzählen, was ich erlebt habe, auch wenn ich keine Schriftstellerin bin. Wir, die überlebt haben, sind so wenige. Wir müssen von dieser unmenschlichen Sache erzählen, die im zwanzigsten Jahrhundert verübt wurde. Es darf nicht vergessen werden. Und es darf nie wieder geschehen" (*Nachschlag,* 199).

dern die bisher schweigenden Stimmen heraus. Erzählt werden kann aber umgekehrt auch nur, weil die Bereitschaft oder auch Nicht-Bereitschaft der Öffentlichkeit und die sie steuernde mediale Landschaft präsent sind und einen Boden bieten, dessen Tragfähigkeit allerdings dahingestellt bleibt. Anders als in der Nachkriegszeit werden die Zeitzeugen vor allem von ihren Enkeln gefragt, aber auch von Wissenschaftlern.[171] Die Niederschrift der Biographie wird verlangt – sicher aus unterschiedlicher Motivation. Von den einen wohl, um möglichst viele Berichte zu bewahren, von den anderen, um sich in eine Tradition zu stellen und vielleicht eine Spur von Vergangenheit in unserer schnelllebigen und unsicheren Welt zu finden.

So weisen diese Texte viele Ähnlichkeiten mit der frühen Literatur auf und sind nur bedingt anschließbar an das sich ab den 1980er Jahren entwickelnde selbstreferenzielle und intertextuelle Schreiben. Bedingt deshalb, weil die Selbstreferenzialität und der Gegenwartsbezug an Anfang und Ende verwiesen werden, aber auch, da es vielfach den Anschein hat, dass die Autoren ihre späteren Überlegungen gar nicht mit in die Texte hineinnehmen wollen, weil sie das nachfolgende Leben und die damit bewusst oder auch unbewusst verflochtenen Reflexionen darüber als etwas ganz anderes ansehen.[172] Im Sinne von Inka Wajsbort „Das Leben, was dann folgt, das ist eine andere Geschichte".[173] Solche Sätze sprächen natürlich auch dafür, dass sich inzwischen eine Art Genre etabliert hat, dem diese Autoren folgen, und das sie im Schreiben bestimmt. Genau wie das hochreflexive Schreiben eine literarische Strömung darstellt, der man sich nicht entziehen kann, wenn man angeschlossen ist oder sein will an den Prozess der Hochliteratur.

---

[171] So geben die Enkel, die vielfach metonymisch für die Jugend stehen, oftmals den Anstoß, sich zu erinnern und die Erinnerung in die Öffentlichkeit zu stellen. Sie sind Teil der Jugend, an die sich die Autoren wenden und die verantwortlich sein sollen dafür, dass solch eine Katastrophe nie wieder geschehe. Vgl. hierzu Leo Zelman, Bert Linder, Henry Wermuth, Jeanne Levy-Rosenberg, Hédi Fried.

[172] Mir sind mündliche Äußerungen bekannt, dass die Autoren bewusst auf einen Kommentar aus der Gegenwart verzichten.

[173] Vgl. auch Wermuth: „Ich habe bereits begonnen, die Geschichte meines zweiten Lebens niederzuschreiben. Ich gab ihr den Titel – ‚Die trockene Kartoffel'" (*Atme, mein Sohn*, 320). In gewisser Weise holen die Autoren so nach, was sich bei einigen über ein ganzes Leben erstreckt.

4.4 Unveröffentlichte Manuskripte: eine kaum beachtete Variante – Literaturprozess und persönliches Schreiben

Ein Blick in das Archiv des Zentrums für Antisemitismusforschung in Berlin und dort in die Autobiographische Sammlung meist unveröffentlichter Texte bestätigt, dass die Schreibweisen Ruth Klügers, Paul Steinbergs, Gerhard Durlachers eher eine schmale Schicht ausmachen als den Hauptanteil.[174] Auch wenn experimentelle Texte vorhanden sind, wie ein Lipogramm, das „ohne den Buchstaben ‚r' auszukommen" sucht oder ein Text, in dem jeder Buchstabe mit der Korrekturtaste gelöscht ist – „der autobiographische Text also als reflektierte Aussparung" zu lesen ist,[175] sind die meisten Texte aus den 1980er Jahren, die dort gesammelt werden, im Stil einer Chronik verfasst. Es sind ‚Lebenserinnerungen', die mit dem Geburtsdatum des Chronisten, einer Skizze der Familiengenealogie oder aber auch mit den historischen Ereignissen ab 1933 beginnen. Meist enden die Erinnerungen mit der Befreiung aus dem jeweiligen Lager. Eher selten sind kurze Nachträge von biographischen Daten in einem Epilog oder gar ein gleichwertiger zweiter Teil, der sich mit den Ereignissen nach 1945 bis zum Schreibzeitpunkt befasst. Die Ereignisse sind auf einen chronologischen Faden gereiht, manches Mal aber auch thematisch geordnet. Gegenwartsbezüge beschränken sich auf Äußerungen wie „noch heute fühle ich ...", „heute weiß ich, dass ...".

Narrative Pausen selbstreferenzieller, ethischer, soziologischer oder historischer Art, in denen die primäre Geschichte verlassen und in einen anderen Zusammenhang gestellt werden würde, gibt es kaum. So sind auch Prolepsen selten, die einen anderen Raum und eine andere Zeit evozieren könnten. Raum, Zeit und Figuration sind ausschließlich auf das Lager und seine Zeit

---

[174] Dieses Archiv kommt mir wie ein wundersames Kästchen vor, das eine ganze Welt in sich trägt. Zwar werden dort vor allem Berichte von Emigranten gesammelt, da die Autobiographische Sammlung eingegliedert ist in eine Sammlung von biographischen Unterlagen zu rund 25 000 deutschen Emigranten, die 1933 Deutschland verlassen haben, doch finden sich trotz dieser Spezifizierung alle nur denkbaren Formen der Erinnerung. Von Reisepässen, Postkarten, Ernennungsurkunden, Lebensmittelkarten, ärztlichen Attesten, Schulheften, Stammbäumen über Kurzbiographien von einer Seite bis zu Romanmanuskripten von 500 Seiten, Briefwechseln, aufgezeichneten Gesprächen, Tagebüchern, Autobiographien, Memoiren, Gedichten, einer „Modernen Jobsiade" bis zu einem „Divertimento" ist alles vorhanden.

[175] Diese Angaben habe ich aus Mona Körte, „Der Krieg der Wörter. Der autobiographische Text als künstliches Gedächtnis", in: Berg 1996, 213. Liest man den Aufsatz von Mona Körte, so hat es allerdings den Anschein, dass der größte Teil der unveröffentlichten Texte experimentell verfährt. Dies kann ich allerdings nach meiner Lektüre nicht bestätigen. Zumal alle experimentellen Texte nicht mehr im Archiv sind und mir leider auch nicht zur Ansicht vorlagen.

bezogen. Getreulich werden die Ereignisse aufgezeichnet. Dies kann ebenso summarisch wie erstaunlich detailliert geschehen. Ein Beispiel: „Jetzt mußten wir vor einen anderen Häftling treten, welcher mit einem Schmierlappen in einen Blecheimer hineintunkte. Jeder wurde mit dem stinkenden und brennenden Desinfektionsmittel, erst auf den Kopf, dann unter den Armen, und besonders zwischen den Beinen beschmiert."[176] Dieser schreibende Nachvollzug der entwürdigenden Desinfektion erinnert sehr an die frühen Texte eines Primo Levi oder Richard Glazars. Die Ereignisse scheinen auch nach vierzig Jahren noch unmittelbar gegenwärtig zu sein. Sind „Erinnerungslöcher" vorhanden, was nach fünfzig Jahren nicht unwahrscheinlich ist, so wird das im Text nicht eigens erwähnt: Sie erscheinen also gar nicht in der Schrift. Das ist sehr verständlich. Denn mit der Erwähnung und Anerkennung von Brüchen, ‚Löchern' und Verlusten würde die von den Nationalsozialisten erschütterte, oft zerstörte und im Laufe eines Lebens mühsam wieder errungene Identität erneut untergraben. So habe ich in der ganzen Manuskriptsammlung auch nur einen Hinweis darauf gefunden, dass nach fünfzig Jahren mangels vollständiger Erinnerung eine kontinuierliche Geschichte nicht mehr geschrieben werden könne, da Daten und Zusammenhang fehlten.

Aber auch mit der Wahl des kollektiven Wir als Zentrum des Blicks auf die Dinge gleichen diese Manuskripte den frühen Zeugnissen. Der Autor ist zwar Zeuge und Garant und bürgt für die Wahrheit des Berichteten, doch die eigene Leidensgeschichte ist in eine allgemeine eingebettet. Und selbst wenn in einem Vor- oder Nachwort betont wird, dass die Geschichte der deutschen Juden erzählt wird, „wie ich sie erlebt habe"[177] oder es heißt, „ich drücke meine Gefühle aus, um dem Leser zum vollen Verständnis zu verhelfen"[178], also durchaus ein Einzelschicksal in den Blick genommen wird, ist der Blick auf das erzählte Ich gerichtet, aber nicht in das Innere dieses Ichs. Die Wahrnehmung der Gefühle beschränkt sich auf ähnlich einfache Benennungen wie in den frühen Texten. Ganz anders als wir das bei Steinberg, Durlacher oder Wermuth kennen gelernt haben, die ihre Aufmerksamkeit auf ihre Gefühle wenden und sie mit großer Genauigkeit (re)konstruieren. Denn die Vernichtung zielte bewusst auf das Innere der Menschen. Leib, Seele und Geist, der ganze Mensch sollte vernichtet werden. Solcher Verlust der eigenen Menschlichkeit und die Auslöschung der Gefühle gingen einher mit dem Verlust der Selbstachtung, war begleitet von Scham und Depressionen, sodass das Schreiben darüber

---

[176] Herbert Stocker, Ich war dabei – Persönliche Erlebnisse aus meiner Jugend und Verfolgung wegen rassischer Abstammung, (Autobiographische Sammlung Berlin).
[177] Hans Winterfeldt, Nur eine Familie überlebt Auschwitz. Erlebnisse eines deutschen Juden während des Naziregimes, (Autobiographische Sammlung Berlin).
[178] Vgl. Stocker.

schmerzhaft und schwer oder fast unmöglich werden konnte. So gelingt ein Schreiben oft nur mit therapeutischer Hilfe oder auch mit literarischem Wissen und einer sehr verfeinerten Schreib-Kompetenz. Denn sowohl in der einen als auch in der anderen Form der Veräußerung kann ein zweites Ich in einem neuen Bezugssystem geschaffen werden, durch das Distanz zum damaligen Ich und Beobachtung desselben möglich wird.[179] Gelingt das nicht, so ist allein schon die Erinnerung an die ‚äußeren Leiden' gewaltig genug, um die Schreibenden und Erzählenden noch einmal „in die Tiefe zu führen".

So erscheint es fast absurd, auf solche Erinnerungsliteratur die in der Wissenschaft üblichen Betrachtungsweisen anzuwenden. Denn die dialogischen und mehrdimensionalen Schreibweisen von Steinberg, Durlacher, R. Klüger sind nicht Ziel und Zweck der Berichte. Ebenso wie in den frühen Texten, wie auch bei Bert Linder und Leo Klüger, sollen Fakten erzählt werden: „Ich habe mich bemüht nichts zu übertreiben oder so darzustellen, als wolle ich nur Mitleid oder Sympathie erwecken. Im Gegenteil, in den meisten Fällen berichte ich nur Tatsachen, wie ich sie mit eigenen Augen sah und ohne schriftstellerische Ummalung."[180] An diesem, dem Vorwort entnommenen Zitat, sieht man, wie stark der Wunsch sein kann, auch noch nach fünfzig Jahren das mit eigenen Augen Gesehene zu bezeugen. Und es wird deutlich, dass Literatur nicht als ein Okular verstanden wird, das Verborgenes sichtbar macht, sondern Schmuck oder stilistischer Dekor gegenüber der krassen Wirklichkeit bedeutet. Schreiben ist nicht, die eigene Lebensgeschichte zu entziffern, sondern sie zu sichern.[181] Werden ‚Tatsachen' berichtet, die mit eigenen Augen wahrgenommen wurden, so sind Authentizität und Wahrheit des Erinnerten verbürgt und unumstößlich. Und der konkrete Autor übernimmt nicht nur eine verpflichtende Verantwortung, sondern begreift das Schreiben als eine „moralische Verpflichtung"[182] gegenüber den Ermordeten und als Pflicht angesichts der zukünftigen Generationen. So sind die Texte an die Welt, die jüngere Generation, aber auch und vor allem an die Familie und Freunde adressiert. Und vielfach ist der engste Umkreis der ‚Auftraggeber'. An ihn und für ihn wird geschrieben. Von daher verbleibt die Geschichte im familiären Raum und Rahmen – der chronikale Stil ist verständlich.

---

[179] Distanz zum damaligen Ich kann auf unterschiedliche Weise hergestellt werden. Eine Möglichkeit wäre die Wahl einer Fremdsprache wie bei Goldschmidt. „Erst die Übertragung in eine Sprache, in der die Erinnerung alles erfinden mußte, ohne es erlebt zu haben, macht das Schreiben möglich" (Georges-Arthur Goldschmidt, Ein Garten in Deutschland, Frankfurt am Main 1991, 184).
[180] Vgl. Stocker.
[181] Vgl. Lejeune 1994, 421.
[182] Vgl. Winterfeldt.

Der Literaturwissenschaftler – und ich nehme mich da nicht aus – glaubt gerne, dass ohne Wissen um die Konstruktion der Erinnerung und deren jeweilige Perspektive keine Erkenntnis möglich ist. Und dieser Glaube wird ironischerweise als „wahres Wissen" oder gar „Wahrheit" proklamiert. Aber die eben charakterisierten Manuskripte zeigen, dass mit solchen Aussagen vorsichtig umgegangen werden sollte. Wahrheit liegt auch in dem einfachen abbildenden Erinnern – eher sollte man es als eine Erinnerungsvariante von vielen betrachten. Und es ist an dem einzelnen Leser, die Erinnerung nicht als zeitunabhängige Spiegelung der Realität zu begreifen, sondern als subjektive Wahrnehmung mit psychischen und zeitbedingten Verschiebungen.

II Verlorene Erinnerung: Texte von ‚verfolgten Kindern'

„Könnte ich je erfahren, wer oder was ich bin."

Kinder in Arbeits- und Vernichtungslagern

„‚Wenn ich dir eine kurze Hose anziehe, lassen sie dich wahrscheinlich bei den Frauen und Kindern. Dann bleiben wir auf dem Transport zusammen. Wenn du eine lange Hose anhast, wirst du mit den Männern gehen. Du bist jetzt ein großer Junge, hörst du? Du könntest arbeiten, dann hättest du vielleicht...' Sie verstummte. Ich sah sie angstvoll an, während ich die lange Hose, die sie mir gab, anzog."[183]

Die Entscheidung der Mutter, dem Sohn die lange Hose zu geben, rettet Samuel Pisar das Leben. Der Waggon, in dem Mutter und Schwester sich befinden, wird abgekoppelt und nach Treblinka weitergeleitet.[184] Kinder waren von vornherein zum Tode verurteilt, da sie keine Arbeitskräfte darstellten. 1,5 Millionen der jüdischen Kinder aus Europa wurden ermordet.[185] Ihre Todesgeschichten sind unerzählt. Sie sind der Abgrund, über dem die wenigen Lebensgeschichten schweben.

Mit einer langen Hose bekleidet, in der Rolle eines Erwachsenen, hatten die Kinder eine kleine Chance der sofortigen Vernichtung zu entgehen.[186] Doch

---

[183] Samuel Pisar, Das Blut der Hoffnung (Le sang de l'espoir, Paris 1979), Hamburg 1979, 40f.
[184] Treblinka war ein Vernichtungslager, das vom 23. Juli 1942 bis zum 19. August 1943 existierte. Bis auf die Juden, die die Nationalsozialisten als Arbeitskräfte für die Aufrechterhaltung der systematischen Morde benötigten, wurden alle sofort nach der Ankunft durch eine schmale Gasse aus Stacheldraht in die Gaskammern getrieben. Gemordet wurde dort mit dem Abgas von Dieselmotoren.
[185] Vgl. zu der historischen Situation der Kinder ausführlich vor allem Debórah Dwork, Kinder mit dem gelben Stern. Europa 1933–1945, München 1994, aber auch zusammenfassend und informativ Lezzi 2001, besonders 69–80.
[186] Bei Dwork findet sich ein Gegenbeispiel, das die Bedeutsamkeit der äußeren Erscheinung hervorhebt. András Garzó war zwölfeinhalb Jahre alt, als er mit seinem Vater in Auschwitz ankam. Er hatte noch kurze Hosen an und fiel in der Reihe der Männer sofort

nur mit entsprechender Körpergröße und -kraft konnten sie diese angenommene und aufgezwungene Rolle nach außen behaupten. Meist schon zu Hause, spätestens im Ghetto und Durchgangslager mussten die Kinder Stück für Stück ihr Kindsein aufgeben. Zunehmend gingen ihre Spiel- und Lebensräume verloren: Die Schule, die Parkanlagen, der Hof durften nicht mehr betreten werden. Und oft gab es auch innerhalb der Familie keinen ‚Platz' mehr für ein Kinderleben, da manches Mal durch den Tod der Mutter und des Vaters die größeren Kinder die Verantwortung für die Familie übernehmen mussten und in der Folge die kleineren die Aufgaben der größeren.[187] Mit Eintritt in das Arbeitslager aber war dann, wenn die Kinder die erste Selektion überhaupt überstanden, die Kindheit für immer vorbei. „Aus Kindern", schreibt Debórah Dwork, „die durch die Tore von Auschwitz kamen und die Selektion überlebten, wurden in irgendeinem Teil des Komplexes erwachsene Zwangsarbeiter [...] Kleine Kinder oder ein eigenes kindliches Leben gab es hier nicht."[188] Die Situation der Kinder im Arbeits- und Vernichtungslager ist folglich zu unterscheiden von der im Ghetto und Durchgangslager, wo die Kinder zwar fragmentarisch und bruchstückhaft, doch immerhin noch gewisse Formen und Rituale des Kindseins bewahren konnten, während sie zugleich die Rollen der Erwachsenen übernahmen.[189]

Den von Debórah Dwork beobachteten und durch zahlreiche Interviews belegten Bruch zwischen Ghetto und Arbeitslager findet man auch in man-

---

[186] (Fortsetzung)
auf. „Ich stand in der Mitte unserer Reihe, nicht außen. Ich war der einzige in kurzen Hosen. [...] Der SS-Mann bemerkte mich. Er entdeckte mich in der Mitte, und ich glaube, er nahm an, daß ich mich heimlich in die Reihe geschlichen hätte. Er befahl uns stehenzubleiben und ging zu Mengele" (Dwork 1994, 228). András Garzó wird dann nicht aus der Reihe ausgesondert.

[187] Dafür gibt es viele Beipiele. Ich nenne hier nur eines. David Faber übernimmt die Verantwortung für die Familie mit dreizehn Jahren: „Vater und Romek [der ältere Bruder] waren tot. Fella war wieder zu uns zurückgekommen. Ich war jetzt das Familienoberhaupt, verantwortlich für Mutter und meine Schwestern. Das war die Bedeutung von Bar-Mizwa gewesen: Ich war jetzt ein Mann. Und ich fühlte mich wie ein Mann" (Romeks Bruder. Erinnerungen eines Holocaust-Überlebenden, München 2000, 114).

[188] Dwork 1994, 222. Inwieweit es noch ein kindliches Eigenleben gab, hing auch vom jeweiligen Lager ab. In Bergen-Belsen oder Ravensbrück konnten die Kinder manchmal bei ihren Müttern bleiben. Es gab mehrere Kinder und damit immer auch einen gewissen ‚Spielraum'. Siehe zu Ravensbrück: Britta Pawelke, „Als Häftling geboren. Kinder in Ravensbrück", in: Dachauer Hefte Bd. 9 (1993), 91–101.

[189] Oftmals führten die Kinder „ein Leben auf zwei verschiedenen Ebenen", wie es Dwork (1994, 264) nennt. Einerseits passten sie sich der veränderten Situation an und übernahmen die Aufgaben der Erwachsenen, andererseits verteidigten sie noch im Ghetto oder Durchgangslager ihren spezifischen Kindheitsraum.

chen autobiographischen Texten wieder. David Ben-Dors *Die schwarze Mütze*, David Fabers *Romeks Bruder*, Roman Fristers *Die Mütze oder der Preis des Lebens*, Samuel Pisars *Das Blut der Hoffnung* sind Texte, in denen von einer Kindheit noch berichtet wird, dann aber mit Eintritt in das Lager jegliches Kindsein beendet ist und auch ein konstruierter ‚Kinderblick' auf die Ereignisse nicht mehr gewählt wird.[190] Das Leben im Lager ist das eines erwachsenen Häftlings. Nur selten schimmern Empfinden und Blick des Kindes hindurch – meist nur in der engen Bindung an andere Häftlinge.[191] In anderen Texten wiederum zeigt sich, dass die Kinder nach außen ihr Kindsein verloren hatten, innerlich aber Kinder blieben. Zwar mussten sie erwachsen sein, waren den gleichen Gesetzen, Zwängen, Quälereien unterworfen wie die anderen Häftlinge, doch als Kinder spielten sie nur die Rolle eines erwachsenen Häftlings. Mit der Eintätowierung der Nummer verloren sie so nicht nur die an den Eigennamen gebundene Identität, sondern mussten selbst das, was sie dafür erhielten, das Nichts, die Nummer, nach außen verteidigen. Ihr Sein war somit immer ein doppelt gefährdetes und anfechtbares. An den Autobiographien von Stella Müller-Madej, *Das Mädchen von der Schindler-Liste*, Schoschana Rabinovici, *Dank meiner Mutter* und Renata Yesner, *Jeder Tag war Jom Kippur*, wird jene physische und psychische Überforderung und Dopplung besonders deutlich.[192] Renata Yesner schreibt: „Ich mußte eine Ewigkeit auf Zehenspitzen stehen, damit ich größer wirkte als ich in Wirklichkeit war" (*Jeder Tag war Jom Kippur*, 106). Und fühlt die achtjährige Renata sich einsam und elend, so muss sie dies mit sich selbst ausmachen: „Ich fühlte mich immer elend, und nirgends gab es Kinder, mit denen ich reden konnte. Wenn ich weinen wollte, mußte ich in den Waschraum gehen, damit Mutter und die anderen mich deshalb nicht ausschimpften" (*Jeder Tag war Jom Kippur*, 107).

---

[190] Roman Frister, Die Mütze oder der Preis des Lebens. Ein Lebensbericht, Berlin 1997.
[191] Es gibt eine Reihe von Texten von Autoren, die 1928/29 geboren wurden, die ihre Kindheit im nationalsozialistischen System verbrachten, bei der Verhaftung aber schon Jugendliche oder durch die Umstände kleine Erwachsene waren. Ihre Zeugnisse sind als literarische Texte kaum zu unterscheiden von den Texten der ‚ersten Generation'.
Ich habe für meine Einzelanalysen Texte von Autoren gewählt, die 1945 nicht älter als sechzehn Jahre alt waren. Diese Begrenzung ist in gewisser Weise willkürlich und rechtfertigt sich aus der Sache heraus nur, insofern in den Texten von damals älteren Autoren – wie angedeutet – von einer Kindheit im Grunde gar nichts mehr zu verspüren ist. In meinem Zusammenhang ist diese Einteilung nicht so streng zu handhaben, da meine primäre Frage die Schreibweisen sind – unabhängig von Alter und Sozialisation.
[192] Stella Müller-Madej, Das Mädchen von der Schindler-Liste. Aufzeichnungen einer KZ-Überlebenden (Oczami dziecka, 1991), Augsburg 1994; Schoschana Rabinovici, Dank meiner Mutter, Frankfurt am Main 1991; Renata Yesner, Jeder Tag war Jom Kippur. Eine Kindheit im Ghetto und KZ, Frankfurt am Main 1995.

Schoschana Rabinovici ist elf Jahre alt, muss aber ein siebzehnjähriges Mädchen sein. Dafür weckt die Mutter sie jeden Morgen ein halbe Stunde vor dem Aufstehen und macht sie zurecht: „Sie zog mir den mit Watte ausgestopften Büstenhalter an. [...] Sie schmierte mir etwas Rouge auf die Wangen, damit ich gesund und kräftig aussah, dann band sie mir kunstvoll, als wäre es ein Turban, ein Tuch um den Kopf. Über diesen Turban kam noch ein Kopftuch, das sie mir wie ein Omatuch zuband. Die Tücher waren grau, um keine Aufmerksamkeit zu erregen, doch ihre besondere Befestigungsweise ließ mich um einige Zentimeter größer erscheinen und älter aussehen" (*Dank meiner Mutter*, 142). Immer gezwungen größer und älter zu wirken, mussten die Kinder nicht nur den alltäglichen Kampf ums Überleben führen, sondern kämpfen, um überhaupt dies klägliche Leben führen zu dürfen.

Schwierigkeiten und psychische Folgen des erzwungenen Rollenspiels sind allerdings nicht bei allen Kindern gleich. Sie hängen vom Alter ab, wie auch davon, ob die Kinder schon vorher von ihrer Familie getrennt wurden oder nicht, ob sie direkt von zu Hause oder aus einem Ghetto in das Lager kamen. Für einen 14-jährigen Jungen wie Gerhard Durlacher war es weitaus einfacher erwachsen zu sein und zu wirken, als für ein achtjähriges Mädchen wie Renata Yesner. Ebenso konnte die Anwesenheit von Mutter oder Vater Schutz und Sicherheit geben wie auch Hass hervorrufen, da die Kinder immer die Personen, die auf dem lebenserhaltenden Rollenspiel beharrten, verantwortlich für Hunger und Not machten, zugleich aber bei ihnen Zuflucht suchten.[193] War das größere Kind hingegen auf sich selbst gestellt, wurde die Rolle bald nicht mehr als Rolle verstanden, sondern als Teil des eigenen Ichs.

So hatten größere Kinder und Jugendliche oftmals bessere Überlebenschancen als erwachsene Häftlinge, da es ihnen leichter fiel sich in die neue Situation einzufügen. Ohne Sorge für andere tragen zu müssen (Mann, Frau oder Kinder), konnten sie alle Kraft auf das Überleben konzentrieren, erregten aber auch manches Mal Mitleid unter den älteren Häftlingen und fanden prominenten Schutz.[194] Schnell schlossen sie Freundschaft mit Gleichaltrigen und

---

[193] „Mutter trieb mich fortwährend an, und mit dem Bissen Brot blieb mir noch etwas Kraft zum Durchhalten. Morgens, wenn sie mir mein Brot gab, liebte ich sie, aber abends, wenn sie den Rest vor mir versteckte und mir verbot, mich zu kratzen, haßte ich sie" (*Jeder Tag war Jom Kippur*, 140).

[194] Der Schutz war meist mit großen Gefahren verbunden, da als Gegenleistung oft sexuelle Dienste gefordert wurden. Wurden diese nicht ausreichend erfüllt oder wurde der Prominente des Jugendlichen überdrüssig, so kam dies meistens einem Todesurteil gleich. Vgl. hierzu: Bertrand Perz, „Kinder und Jugendliche im Konzentrationslager Mauthausen", in: Dachauer Hefte Bd. 9 (1993), 71–90 besonders 79 oder auch die titelgebende Geschichte aus Fristers Roman, *Die Mütze oder der Preis des Lebens*.

bildeten so eine Lebensgemeinschaft in einer tödlichen Welt, die auf Anonymität und Isolation angelegt war: „Es war erstaunlich, wie sehr wir Jugendlichen uns von unseren erwachsenen Landsleuten unterschieden. Wir hatten noch nicht all die nationalen Vorurteile und Illusionen in uns aufgenommen, die den Hass nähren. Wir waren noch nicht an eine bestimmte Lebensweise gewöhnt, das hatte der Krieg verhindert. Jetzt trugen wir unser Los gemeinsam, weil uns alle eines verband: unsere Jugend", schreibt Thomas Geve in *Geraubte Kindheit*.[195] Weitaus skeptischer allerdings erinnert Gerhard Durlacher fünfzig Jahre später die Solidarität der Jugendlichen untereinander und hält sie gar für eine romantische Retrospektive.[196]

Schon nach diesem flüchtigen Blick auf die Situation der größeren Kinder in den Lagern wird deutlich, dass diese sich einerseits – was Strafen, Arbeit, Essen und den ganzen Lageralltag anbelangt – nicht unterscheidet von der der Erwachsenen, andererseits sich Differenzen feststellen lassen. Dabei spielen das Alter, die familiäre Situation, die Vorgeschichte und vor allem die Struktur des jeweiligen Lagers eine nicht unerhebliche Rolle, wie ich kurz angedeutet habe. Gerade vor solchen historisch, soziologisch oder psychoanalytisch rekonstruierten Situationen der Wirklichkeit wird sichtbar, was erzählendes Erinnern bedeutet und möglich macht. Von daher behalte ich die Unterschiede im Blick, werde sie aber zugunsten der narratologischen Analyse zurückstellen.[197]

---

[195] Thomas Geve, Geraubte Kindheit. Ein Junge überlebt den Holocaust (Youth in Chain, Jerusalem 1958), Konstanz 2000, 82. Vgl. auch David Faber: „Ein Junge ungefähr so alt wie ich, schlief in derselben Pritsche. [...] Wir fühlten uns von Anfang an zueinander hingezogen, wir brauchten einander, um den Kummer und die Einsamkeit zu teilen" (*Romeks Bruder*, 136). Solche Sätze findet man kaum in den Autobiographien älterer, männlicher Häftlinge – schon eher bei Frauen. Man bedenke, welche Qual zum Beispiel für die Häftlinge der oftmals unbekannte Bettnachbar bedeutete: „Wer mein Bettkamerad ist, weiß ich nicht [...] Rücken gegen Rücken versuche ich, mir einen angemessenen Platz auf dem Strohsack zu erkämpfen; mit meinem Kreuz drücke ich immer stärker gegen sein Kreuz, dann drehe ich mich anders herum und nehme die Knie zu Hilfe [...] aber alles ist vergeblich" (*Mensch*, 68ff).

[196] Auf die Rede eines Freundes, der die Hilfsbereitschaft der Kinder und Jugendlichen untereinander beschwört, schreibt Durlacher: „Mich beschleicht das unbehagliche Gefühl, daß der Gedanke der Solidarität sich allzu ‚romantisch' in sein Gedächtnis eingenistet hat. Die kaum überbrückbaren Klüfte, die sich zwischen den Nationalitäten und Muttersprachen auftaten, wollen mir das Bild der Zusammengehörigkeit weniger intakt erscheinen lassen, doch ich schweige. Denn was ist Gedächtnis, was ist Trost? (*Die Suche*, 39)

[197] Eine generelle Anmerkung an dieser Stelle: Es gibt immer eine gegenseitige Abhängigkeit zwischen den sich ereignenden ‚Fakten', der Erfassung der ‚Fakten' wie ihrer schreibenden (Re)konstruktion. Ich kann die Fakten (in diesem Fall Alter, Sozialisation usw.) nicht vollständig ignorieren, da sie schon während der Ereignisse die Wahrnehmung und

1 Forschungsstand und Vorüberlegungen

Blicken wir auf die Forschung zu den Biographien der Kinder und ihren geschriebenen Lebensentwürfen, so fallen die zahlreichen Studien auf psychoanalytischem und psychotherapeutischem Gebiet auf.[198] Zu Recht bemerkte Barbara Bauer noch 1997, dass die Literaturwissenschaft der „psychoanalytischen, psychiatrischen und sozialpsychologischen Forschungsdiskussion hinterher [hinke]."[199] Das hat sich inzwischen durch Tagungen, die daran anschließenden Publikationen und durch zwei Dissertationen geändert.[200]

Auf eine der Dissertationen möchte ich hier etwas ausführlicher eingehen, nicht nur weil sie eine Fülle von Informationen enthält, sondern auch, weil sie mir meinen eigenen Analyse-Ansatz – der teilweise zu ähnlichen Aussagen, aber unter anderen Vorzeichen führt – noch einmal deutlich werden ließ und eine Auseinandersetzung forderte. Eva Lezzis schon in der Einleitung erwähnte Studie, *Zerstörte Kindheit. Literarische Autobiographien zur Shoah*, ist die erste große Untersuchung zu Texten von Autoren, die als Kinder verfolgt und in Konzentrations- und Vernichtungslagern inhaftiert waren.[201] Ihren vier exemplarischen Textanalysen ist ein breit angelegter und gut recherchierter

---

[197] (*Fortsetzung*)
innere Erzählung bestimmen, um es mit Young zu denken. Im Schreibprozess, in der Erinnerung stehen nun diese Fakten sowie die Erinnerungen der ersten Erinnerungen und Verarbeitungen zur Verfügung, werden aber ebenso durch die Wahl des Genres und der Verfahren, die wiederum in einem Zusammenhang mit der jeweiligen Lebenssituation des Schreibenden wie den herrschenden Diskursen stehen, erst erzeugt. Vgl. hierzu auch das Kapitel „Schluss. Das narrative Gedächtnis".

[198] Ein Blick in die Bibliographie von Judith Kestenberg; Ira Brenner, *The last witness. The Child survivor of the Holocaust* (Washington/London 1996), macht den Schwerpunkt in der Forschung deutlich. Von den rund 300 Titeln sind gut zwei Drittel Studien zur Traumatisierung von Kindern und Jugendlichen zur Zeit der Verfolgung und Vernichtung und danach.

[199] Barbara Bauer; Waltraud Strickhausen (Hg.), „Für ein Kind war das anders." Traumatische Erfahrungen jüdischer Kinder und Jugendlicher im nationalsozialistischen Deutschland, Berlin 1999, 16.

[200] Vgl. vor allem Viktoria Hertling, Mit den Augen eines Kindes. Children in the Holocaust – Children in Exile – Children under Fascism, Amsterdam/Atlanta 1998; Bauer 1999; sowie Tanja Hetzer, Kinderblick auf die Shoah. Formen der Erinnerung bei Ilse Aichinger, Hubert Fichte und Danilo Kiš, Würzburg 1999 und Lezzi 2001.

[201] Eine ebenfalls ganz den damaligen Kindern und heutigen Autoren gewidmete Arbeit ist die schon erwähnte von Hetzer 1999. Hetzer fragt nach den Möglichkeiten und Formen der Erinnerung und Deutung der NS-Zeit durch einen literarischen Kinderblick, fragt, wie der Erinnerungsvorgang dargestellt ist und welche Bilder spezifisch für die Kinder sind.

erster Teil vorangestellt, in dem unter anderem die Entwicklung der deutschjüdischen Autobiographik und der Kindheitsautobiographik im Besonderen wie die Funktion des ‚autobiographischen Paktes' erläutert werden, in dem nach der Bedeutung von Erinnerung innerhalb des Judentums im Allgemeinen und im Einzelnen gefragt wird, aber auch die historische Situation der Kinder unter dem nationalsozialistischen Regime und die Folgen der Traumatisierung dargestellt sind. In ihren literaturwissenschaftlichen Einzel-Analysen verfolgt Lezzi einen psychoanalytischen Ansatz, der vor allem auf Freuds Konzept von „Erinnern, Wiederholen, Durcharbeiten" aufsetzt, aber auch Charlotte Delbos dichotome Unterscheidung von „la mémoire profonde" und „la mémoire ordinaire" miteinbezieht.[202] Ihr zweiter Schwerpunkt ist die Rezeption beziehungsweise die Interaktion zwischen Autor-Text-Leser, die mit der Debatte um Binjamin Wilkomirskis noch einmal neues Gewicht bekommen hat.[203]

Lezzi geht in der Analyse meist bestimmten Motiven nach, die spezifisch für die verschiedenen Texte sind, fragt aber auch nach Funktion und Bedeutung der Erzählperspektive. Dabei lässt sie den Texten ihre Verschiedenheit und versucht nicht etwa, sie auf ein einheitliches Modell zu bringen – eher das Gegenteil ist der Fall, wenn sie am Schluss feststellt, dass das „Verbindende dieser Texte [...] in der je erreichten Individualisierung [besteht]", die Widerstand gegen die alles Individuelle zerstörende nationalsozialistische Vernichtung leistet.[204]

Der lange einleitende Teil über autobiographisches Schreiben und Erinnern und die damit verbundenen Fragen nach Genres und Schreibweisen würde vermuten lassen, dass die Autorin die Tradition von Schreibmustern und die Konstruktion, vielleicht auch das Konstruktivistische der Texte betont. Begriffe und gängige Formulierungen solcher Theoreme scheinen diese Vermutung zunächst auch zu bestätigen.[205] Doch schon in der ersten Eingangsfrage, der Leitfrage wird diese Vermutung unterlaufen, wenn es heißt: „Wie haben jüdische Kinder und Jugendliche die nationalsozialistische Verfolgung erlebt und wie läßt sich diese Erfahrung sprachlich gestalten?" Was hier noch mit ‚Gestaltung' benannt ist, wird im weiteren Text durch ‚Ausdruck' ersetzt. Ob Sprache, Text oder Genre, immer sind sie „Ausdrucksmedium der Erinnerung" und

---

[202] Vgl. Lezzi 2001, 107–115.
[203] Vgl. Lezzi 2001, 133–141.
[204] Vgl. Lezzi 2001, 338.
[205] So z. B.: „Der Prozeß der Erinnerung schreibt sich in die Struktur des Textes ein" (Lezzi 2001, 353).

nicht etwa ein Ereignis, das sie hervorbringt und prägt.[206] Solche Denkweise durchzieht unterschwellig den ganzen Text und lässt Lezzi mehrfach zu dem Schluss kommen, dass die Texte die ‚Wirklichkeit abbilden', was sie allerdings auf der Oberfläche so nie formulieren würde. Am auffälligsten ist das dann bei Jona Oberskis *Kinderjahre*. Obwohl der Autor Lezzi brieflich mitteilt, dass es ihm beim Schreiben nicht möglich gewesen sei zu unterscheiden „between real events, and what I later read, heard from other people, fantasised, and dreamt'"[207], also mit dieser Aussage nicht deutlicher werden könnte, wie sehr der Schreibende auf Konstruktion, Erfindung und verschiedene Medien der Vermittlung angewiesen ist, geht sie an anderer Stelle von der „Erinnerungsdichte" des Autors aus.[208]

Und genau hier unterscheidet sich meine Herangehensweise von der Eva Lezzis.[209] Zwar gehe ich auch davon aus, dass es ‚Erinnerungsreste' gibt, die allerdings kaum zu unterscheiden sind von Erinnerungen der ersten Erinnerungen und Verarbeitungen, von späteren Wiederholungen dieser Erinnerungen, von fremden Erzählungen usw.. Und ihre Fassung und Deutung in der Schrift wird wiederum bestimmt durch die gewählten Schreibweisen, Diskurse oder Lebenssituationen.[210] Das heißt aber nicht, dass nicht umgekehrt – und darin liegt das Paradox dieses Schreibens, welches immer referenziell ist –, die Schrift geprägt ist von den Ereignissen und die ‚Wahrheit' in Lessings Sinne in ihr erscheint. Ähnlich wie Young dies für die Tagebuchschreiber formuliert hat (und wie es auch auf die retrospektiv entstandenen Texte zu übertragen ist), in deren Zeugnissen die „authentische Wahrheit" der Ereignisse in ihrer „Interpretation", in der „Darstellung" zu finden ist und nicht in der „vermeintlichen Faktizität."[211]

---

[206] Vgl.: „Außer der Sprache in ihrer Materialität und stilistischen Formung kann auch die Textstruktur als tradierte, jedoch zu variierende und neu zu prägende äußere Gestalt des Genres zum Ausdrucksmedium der Erinnerung werden" (Lezzi 2001, 109) oder „Der Versuch, den Erfahrungshorizont des verfolgten Kindes literarisch zu inszenieren" (Lezzi 2001, 1).
[207] Lezzi 2001, 153.
[208] Lezzi 2001, 132.
[209] Zur Auseinandersetzung mit Lezzi an einem Beispiel vgl. dann auch hier 2.2. „Erzählverfahren – die poetische Erzeugung der Vergangenheit oder der Text als Ereignis".
[210] Vgl. vor allem auch Welzer, der eindrücklich zeigt, dass Erinnerung nie gleich Erinnerung ist, sondern dass sie fortwährend neu organisiert und neu gebildet wird. Und ob die Erinnerungen „Erinnerungen an Erinnerungen [sind], Erinnerungen an Selbsterlebtes, Erinnerungen an Gesehenes und Mitgeteiltes" ist letztlich nicht mehr zu unterscheiden (vgl. Welzer 2002, 193).
[211] Young 1992, 68.

Da ich aber keine allwissende Erzählerin bin, die in die inneren Prozesse des Erinnerns oder des Schreibens und Erzeugens der Erinnerung eintreten und das komplizierte Wechselspiel erläutern könnte, sind die Kommentare der erzählerischen Verfahren hinsichtlich ihrer Bedeutung und Funktion immer auch an Hypothesen gebunden, genau wie auch Lezzi dies tun muss, wenn für sie der Text ‚Ausdruck' dieser oder jener Erfahrung ist.

*

Überblickt man die Texte der Autoren, die zur Zeit der Verfolgung und Vernichtung Kinder waren, so finden sich kaum selbstständige Berichte von Kindern, die zu Beginn der Haft die von den Nationalsozialisten gesetzte Altersgrenze von sechzehn Jahren unterschritten. Doch gibt es mehr Kleinkinder, die das tödliche System überlebten, als man denkt und kennt. Wenige sind es angesichts der Getöteten. Ihre Lebensläufe finden sich meist in soziologischen, psychoanalytischen oder psychotherapeutischen Fallstudien, wie überhaupt die meisten Biographien der Kinder und Jugendlichen dort aufgenommen sind.[212] So haben Judith Kestenberg und Ida Brenner für ihre Studie *The last witness. The Child survivor of the Holocaust* 1500 überlebende Kinder befragt. Einige von ihnen wurden im Lager geboren, einige lebten dort als Kleinkind – versteckt und geschützt durch die Erwachsenen.[213] Ich nehme diese teilweise recht kurzen und fragmentarischen Berichte als Material hinzu. Sie geben oft erstaunliche Einblicke in die spezifische Wahrnehmungsweise der Kinder sowie ihre Verlusterfahrungen und Identitätskonstitutionen in einer Welt, die ihre Existenz auf jeder Ebene negiert.[214]

---

[212] Einige seien genannt: Inge Deutschkron ist Berichterstatterin beim Frankfurter Auschwitz-Prozess für die israelische Zeitschrift *Maariv* gewesen. In ihrem Buch, *... denn ihrer war die Hölle. Kinder in Ghettos und Lagern* (Köln 1965), trägt sie Prozessausssagen über Kinderschicksale zusammen, um durch Schildern der Leiden unschuldiger Kinder, „die Barriere des Nicht-Wissen-Wollens zu durchstoßen" (*denn ihrer war die Hölle*, 17). Alwyn Meyers Band *Die Kinder von Auschwitz* (Göttingen 1992) enthält Lebensgeschichten, die bis in die Gegenwart führen und auf Gesprächen beruhen, die Tadeusz Szymanski, Kustos der Gedenkstätte Auschwitz, aufzeichnete. Judith Hemmendinger, Leiterin eines der Häuser, die von der O.S.E. – einer jüdischen Kinderhilfsorganisation – genutzt wurde, berichtet in *Die Kinder von Buchenwald* (Rastatt 1987) vor allem von der Integration der Jugendlichen in die Welt ohne Lager. Dann gibt es noch einen Sammelband, der von der Gesellschaft der Kinder des Holocaust herausgegeben wurde, Roswitha Matwin-Buschmann (Hg.), *Kinder des Holocaust sprechen...: Lebensberichte* (Leipzig 1998). Hier werden die Berichte unkommentiert aufgezeichnet. Man sieht die Ansätze sind recht unterschiedlich, aber allesamt sehr aufschlussreich.
[213] Judith Kestenberg; Ira Brenner 1996.
[214] Zur narrativen Struktur der Gespräche oder Interviews, die meist auf Anfrage entstanden sind vgl. die Oral-History-Untersuchungen von Eva Lezzi, „Verfolgte Kinder:

Die meisten autobiographischen Veröffentlichungen, wie mit dem Eingangszitat von Samuel Pisar schon gezeigt, sind Berichte von größeren Kindern und Jugendlichen. Auffällig auch bei diesen Zeugnissen ist der relativ späte Schreibschub ab Mitte der 1980er Jahre und verstärkt ab Anfang der 1990er. Gründe hierfür gibt es sicher mehrere. Einer davon ist, dass die Autoren, die zur Zeit der Shoah Kinder waren, die letzten Zeitzeugen sind und damit auch die Verantwortung für die Art des Gedenkens und Erinnerns auf sich nehmen wollen. Weiter ausschlaggebend ist sicher auch die Lebenszeit, in der die Schreibenden stehen. Ab einem gewissen Alter muss um Lebensziel, Beruf und Kinder nicht mehr gekämpft werden. Ein Freiraum entsteht für die Veräußerung der Erinnerung. Doch nicht nur das. Inzwischen ist viel über die Verfolgung und Vernichtung publiziert worden, und das Publizierte bildet in mehrfacher Hinsicht die Grundlage für die Möglichkeiten eines eigenen Erinnerns. Es regt die eigene Erinnerung an, erinnert vielleicht auch manches Mal erst an das andere Leben und vor allem stellt es einen Bezugsrahmen her. Da der Lebensbeginn der Kinder mehrfach verneint wurde, sie alle Ereignisse auf ihre eigene kleine Persönlichkeit bezogen, konnten sie rasch zu einem Nichts reduziert werden. Ruth Klüger zum Beispiel deutet die notwendige Flucht des Vaters vor den Nazis als einen bewussten Akt des Verlassens; Louis Begley folgert aus dem Verhalten der Nationalsozialisten, dass er etwas „Erbärmliches, ein Nichts sei", da man ihn töten durfte.[215] Sind die Erinnerungen an die Zeit vor und während der Verfolgung nicht nur negativ besetzt und verneinen das werdende und sich formende Ich, sondern sind sie zudem brüchig und schemenhaft, gibt es weder Mutter noch Vater, die fähig wären diese Erinnerungslücken zu füllen oder Verschiebungen zu korrigieren, so kann die Erinnerung auch nicht formuliert werden.[216] Mit Maurice Halbwachs und Jan Assmann gesprochen, fehlt der soziale Bezugsrahmen, durch den die persönliche, „biographische Erinnerung" im kommunikativen Gedächtnis bewegt werden

---

[214] (*Fortsetzung*)
Erlebnisweisen und Erzählstrukturen", in: Menora Bd. 9 (1998), 181–223 und Cathy Gelbin u.a. (Hg.), Archiv der Erinnerung. Interviews mit Überlebenden der Shoah. Bd. 1: Videographierte Lebenserzählungen – und ihre Interpretation, Potsdam 1998.
[215] Vgl. hierzu das Interview von Joachim Köhler mit Louis Begley im *stern* am 12. 1. 1995.
[216] Agnes Sassoon notiert in ihren Erinnerungen *Überlebt. Als Kind in deutschen Konzentrationslagern* (Weinheim 1992): „Meine Erinnerungen an diese Tage schienen durch das ständige Elend und die Monotonie verwischt zu sein. Ich denke jetzt mit einer merkwürdigen Distanz daran zurück – als ob dies eine Episode aus dem Leben anderer Menschen auf einem anderen Planeten gewesen wäre. Es scheint eine Ewigkeit her zu sein, eine andere Zeit, einen anderen Ort, eine andere Person zu betreffen. Meine Erinnerung besteht aus Dunkelheit und Verderben; Druck, Niedergeschlagenheit, Einsamkeit – alles in trübsinniges Grau gehüllt" (*Überlebt*, 48).

könnte. Die identitätsstiftenden Anfangserzählungen fallen weg. Wie soll ein Leben erzählt werden, das mit Negationen beginnt, denen keinerlei fremde Erzählungen entgegengesetzt werden können, und das – um einen narratologischen Ausdruck für den Text auf einen inneren, psychischen Vorgang zu übertragen – aus Ellipsen besteht, die niemand füllen kann? Dazu braucht es Mut, aber auch als Grundlage ein gelebtes und nicht negiertes Leben, und vor allem braucht es entsprechende Erzählmuster, die die Leerstellen und Negationen auffangen. Mit den zahlreichen Veröffentlichungen ist dies gegeben und sichtbar zu machen. Sie bilden den Boden, der den Kindern geraubt wurde. Das individuelle Gedächtnis kann ersetzt oder ergänzt werden durch die Strukturen, aber auch durch die Geschichten des kollektiven Gedächtnisses; auch dies also eine notwendige Bedingung dafür, dass so spät mit dem Schreiben begonnen wird.

Die erzählten Geschichten sind sehr unterschiedlich.[217] Auf recht divergente Weise können die Autoren die Welt des Kindes entwerfen und wählen dazu unterschiedliche Verfahren: „vom einfachen chronologischen Bericht über komplizierte Montagen verschiedener Erzählebenen und dokumentarischen Materials bis hin zur literarischen Stilisierung und Verfremdung etwa mit Mitteln der Groteske" kann man alles finden.[218] Und es scheint mir unwahrscheinlich, dass „die Wahl der Gattung und Schreibweise in einem Sinnzusammenhang [steht] mit dem Alter, und wie den Kindern und Jugendlichen ihre Stigmatisierung als

---

[217] Barbara Bauer hat angefangen diese Geschichten in ihrem Vortrag „Drama – Märchen – Gleichnis – Parabel. Wie Kinder den Holocaust erlebten und wie sie ihn als Erwachsene darstellten" zu ordnen. Als Drama, Märchen, Gleichnis und Parabel liest sie die Texte von Halina Birenbaum, Renata Yesner, Imre Kertész, Georges Perec. Dabei leuchten die Analysen der ersten beiden Texte sehr ein – obwohl, wie so oft, der Blick mehr auf der Geschichte als auf der Erzählung liegt – , während die Analyse des Kertész-Textes weniger überzeugt, wenn Bauer z.B. schreibt: „der Ich-Erzähler Kertész hält sich mit seinem Wissen vom Ende und Wertungen ganz zurück und versetzt sich auf diese Weise in das Denken und Fühlen des Dreizehnjährigen, die den historisch aufgeklärten Leser abstoßen" (Bauer, in: Hertling 1998, 51–85, hier 67). Hier geht der Konstruktionscharakter des Textes verloren. Kein Dreizehnjähriger nimmt derart verlangsamt, künstlich oder auch begriffsstutzig wahr wie der Junge im *Roman eines Schicksallosen*. Das ist hochartifizielle Fiktion. Gerade die Jugendlichen, das wissen wir aus den anderen Texten, haben sehr schnell begriffen, wo sie sich befanden, was um sie herum geschah, und was sie tun mussten.

[218] Waltraud Strickhausen, „Umwoben, vereinnahmt, verfolgt. Kinderwelten im Nationalsozialismus als Thema in Film und Literatur", in: Hertling 1998, 272–302, hier 278. Vgl. aber vor allem auch Lezzi, die die Unterschiede betont, sogar von unterschiedlichen „Modellen" spricht, ohne allerdings über ihre Texte hinaus diese Modelle verbindlich zu machen (vgl. Lezzi 2001, 341).

Jude erklärt wurde."[219] Die vielen verschiedenen Erzählweisen – obwohl die Kinder eines Alters waren und aus ähnlichem Umfeld kamen – sprechen dagegen. Sicher ist, dass das Alter, die Stigmatisierung als Jude, wie vieles mehr entscheidend für das Verständnis der Dinge, aber noch lange nicht für die Wahl der Schreibweise sind. Diese wird ebenso bestimmt von der jeweiligen Lebenssituation wie dem herrschenden Diskurs und vielem mehr.

Nun gibt es aber Verfahren, die bevorzugt gewählt werden, um eine Kindheit in einer Erzählung zu fassen. Auf der Ebene der Geschichte fällt vor allem die Bedeutung der Beziehung zu anderen Menschen – Eltern, Bekannten und Gefährten – auf, während der historische Raum und die Zeit eher in den Hintergrund rücken. Doch die meisten Möglichkeiten und auch Schwierigkeiten bieten sich sicher im Zusammenspiel von ‚Stimme‘ und ‚Blick‘. Denn „Kinder erleben anders, sie haben noch kein Deutungssystem, in das sie das Erlebte einordnen können, sondern erarbeiten es sich erst. Sie bewahren das, was sie beeindruckt, erstaunt, [...] bekümmert, anders im Gedächtnis auf."[220] Der Rückhalt des späteren Wissens und die Dominanz einer ganz über die Sinne und weniger über die Begriffe laufenden Wahrnehmung des Kindes wäre so eine der erzählerischen Möglichkeiten, eine Kindheit zu entwerfen.[221] Meist wird das Erzählen von Kleinstereignissen, das Detail bevorzugt, durch das die ‚große Geschichte‘ erzählt werden kann. Kombiniert mit dem vor allem im Formalismus entwickelten Verfahren der Verfremdung kann die erlebte Welt ‚unmittelbar‘ und neu entstehen. Diese erzählerisch extremen Einschränkungen, die in gewisser Weise an die frühen Schreibweisen erinnern, werden unterschiedlich stark eingesetzt und schließen nicht eine zweite Zeitebene aus. Oft wird dem eingeschränkten Blick das Wissen des späteren Erzählers gegenübergestellt.[222] Die Texte sind also so gesehen durchaus als ein Teil des sich ändernden Umgangs mit der Erinnerung und der Vergangenheit zu lesen.

---

[219] Bauer, in: Hertling 1998, 85.
[220] Bauer 1999, 15.
[221] Der erzählerische Abgrund zwischen erzählendem und erzähltem Ich, der in den Kindheitserinnerungen noch einmal unter besonderer Spannung gerät, ist nicht nur charakteristisch für die Texte von Autoren, die die Shoah als Kinder oder Jugendliche überlebten. In seiner kleinen Geschichte der Kindheitsdarstellungen (Kindheitsmuster: Kindheit als Thema autobiographischer Dichtung, Berlin 1982) zeigt Werner Brettschneider, dass für die Autoren des 18. Jahrhunderts und auch des 19. Jahrhunderts die Darstellung des Kindes aus der Erwachsenenperspektive noch relativ unproblematisch ist. Hingegen ab dem 20. Jahrhundert das Wissen um die Differenz zum Schreiben dazu gehört und Reflexionen auf das Schreiben, Selbstkritik und Ungenügen im Schreiben angesichts der Kinderseele nach sich ziehen.
[222] Vgl. hierzu Lezzi, die das Hin und Her zwischen den Zeiten, Räumen und Ereignissen als jüngste Tendenz in der Kindheitsautobiographik festmacht (Lezzi 2001, 126f).

2 Jona Oberski: *Kinderjahre*

Jona Oberskis *Kinderjaren* sind 1978 mit großem Erfolg in den Niederlanden veröffentlicht worden.[223] 1980 erschien die deutsche Übersetzung *Kinderjahre*. Ich stelle Oberskis *Kinderjahre* an den Anfang meiner Analyse, weniger weil sie besonders charakteristisch wären für ein Schreiben ab den 1980er Jahren – eher das Gegenteil ist der Fall –, sondern vielmehr weil hier eine Schreibweise gewählt wurde, an der das Spezifische des Kindseins gegenüber einem Erwachsenenleben besonders deutlich wird. In das Zentrum der Ereignisse hat der Autor einen 4–7-jährigen Jungen gestellt. Er ist die Erzähl- und Wahrnehmungsinstanz. Der Ich-Erzähler des Textes, ein Junge, dessen Namen der Leser bis zum Ende nicht erfährt, wird zusammen mit seinen Eltern in das Durchgangslager Westerbork und von dort in das Konzentrationslager Bergen-Belsen deportiert.[224] Der Vater erkrankt im Lager und stirbt dort, während die Mutter die Befreiung erlebt, aber einige Tage darauf elend zugrunde geht. Das Kind kehrt nach Amsterdam zurück und wird dort in eine Pflegefamilie aufgenommen. Soweit die erzählte Geschichte.

Diese Geschichte ist 1977 von dem Autor für die Pflegeeltern aufgezeichnet worden, wie wir aus der nachgestellten Widmung erfahren. Ohne diese Widmung wäre der Text weder als fiktive Autobiographie zu lesen, noch ließe sich – abgesehen von der Anordnung der Ereignisse in den einzelnen Kapiteln, der Einteilung der Kapitel in vier nummerierte Teile, wie der Wahl des Präteritums als Erzählform – eine Differenz zwischen dem späteren (extradiegetischen) Erzähler und dem früheren Ich, dem Jungen, ausmachen. Denn Stimme und Blick sind ungewöhnlich dicht miteinander verschmolzen, alles spätere Wissen ist gegenüber dem Unwissen des Jungen zurückgestellt. Erzählerisch ähnlich geschlossen verfährt nur Imre Kertész in seinem *Roman eines Schicksallosen*, dessen wahrnehmende und erzählende Figur allerdings doppelt so alt ist wie der Junge in *Kinderjahre*. Sind nun Wahrnehmungs- und Erzählzentrum

---

[223] Jona Oberski, Kinderjahre (Kinderjaren, 1978), Zürich 1999.
[224] Ab Juli 1942 wurde aus dem Flüchtlingslager Westerbork ein „Polizeiliches Durchgangslager" für niederländische und deutsche Juden. Von dort aus deportierten die Nationalsozialisten 120 000 Juden in die Vernichtungslager. Zu Westerbork vgl. Jaques Presser, Ashes in the Wind: the Destruction of Dutch Jewry, Detroit 1988, 406–464.
In Bergen-Belsen entstand 1943 ein „Aufenthaltslager" für einige wenige Gruppen europäischer Juden, die nicht sofort in die Vernichtungslager deportiert wurden, um für „Austauschzwecke" zur Verfügung zu stehen. Wahrscheinlich gehörte die Familie Oberski zu den so genannten „Austauschjuden", die auf die Einreise nach Palästina warteten. Zu Bergen-Belsen vgl. Kolb 1996.

gleichermaßen im kleinen Kind, so hat das entscheidende Folgen nicht nur für die Narration, sondern auch für die erzählte Welt, wie wir gleich sehen werden.

2.1 Zeit, Raum, Figuration – Fragmentierung, Verfremdung, Kontinuität

Die Zeit in der Geschichte und ihre Organisation durch die Erzählung

Der historische ‚wirkliche' Raum und seine Zeit sind in *Kinderjahre* bedeutungslos, während im Gegenzug die Figurenkonstellation an Bedeutung gewinnt. So fehlen Zeitangaben, die größere Zeiträume erfassen und strukturieren, wie Jahreszahlen oder Jahreszeiten.[225] Und selbst den Tag als eine strukturierende Einheit mit Morgen und Abend gibt es nicht mehr. Zeit als ein Organisationsfaktor der Geschichte und der Erzählung entfällt.[226] Darin unterscheiden sich Oberskis *Kinderjahre* grundsätzlich von den meisten anderen Zeugnissen – auch von den frühen. Grundsätzlich, da zwar das Leid des Zeitverlusts in den frühen Texten erzählerisch seinen Abdruck findet, aber der Verlust auch immer eigens betont und erzählt wird – „und darum scheint es unmöglich, daß es jenseits dieser unserer Welt in Dreck und Morast, jenseits unserer unfruchtbaren, stagnierenden Zeit, deren Ende wir uns nun gar nicht mehr vorzustellen vermögen, noch eine andere Welt und eine andere Zeit gibt", heißt es bei Levi (*Mensch*, 141). Hier, bei Oberski, gibt es noch nicht einmal das Wissen vom Verlust.

Allein durch kleine Handlungsabläufe, Ereigniszusammenhänge oder auf anderer Ebene, durch Erzählungen der Mutter, kann ansatzweise eine Art Zeitraum, weniger ein zeitliches Kontinuum im Bewusstsein des Erzählenden entstehen. Selbstverständlich findet man beim genauen Lesen auch Zeitangaben

---

[225] An manchen Stellen kann man allerdings die Jahreszeiten erschließen. Tautropfen auf den Grashalmen schließen z.B. den Winter aus und verweisen auf die wärmeren Jahreszeiten.

[226] Insgesamt ist die Erzählung chronologisch aufgebaut, insofern sie mit der ersten Inhaftierung in Westerbork beginnt und mit der Rückkehr nach Amsterdam endet. Die Aussage, dass die *Kinderjahre* allerdings ein „Erzählmodell des im Präteritum verfaßten chronologischen Berichts" realisieren (Lezzi 2001, 153), oder dass „mit der eingehaltenen Chronologie [...] Oberski die spontane Gegenwartsbezogenheit des Kindes nach[empfindet]" (Lezzi 2001, 164) verdeckt erstens den Umstand, dass gerade durch Detaillisierung und Minimalisierung einem linearen Zeitmodell entgegengeschrieben wird, zweitens, dass gerade Kinder nicht in einem chronologisch organisierten Zeitraster leben, sondern im Augenblick.

wie „anderntags", „am Tag darauf", „später", „eine Woche später", doch werden diese sehr spärlich verwandt und haben einzig die Funktion, das erzählte Ereignis noch einmal aufzugreifen und abzuschließen. Kurze Nachträge sind es, meist nur von ein paar Zeilen.

Da nun jedes zeitlich nicht weiter lokalisierte Ereignis einem Kapitel zugeordnet ist, besteht der gesamte Text in einer Aneinanderreihung von Minimalereignissen.[227] Diese Makrostruktur – Minimalisierung und Zerlegung – wiederholt sich auf der Mikroebene, insofern die verschiedenen Handlungen fast konjunktionslos aneinander gereiht werden. Gerade daran zeigt sich im Übrigen, dass diese so ungemein ‚wirklich' wirkenden Erinnerungen durch Schrift erzeugt werden. So erinnert man nicht, so schreibt man ein Buch. Aber dieses Buch kann eine ‚Wahrheit' werden, weil es nicht die Lücken füllt, Übergänge oder gar eine Chronologie schaffen und Erinnerungsreste rekonstruieren oder zusammenstellen muss, sondern Ereignisse evoziert – die vielleicht erfunden sind –, die aber dem Autor ermöglichen, sich ganz auf diese Einzelheiten zu konzentrieren, sie schreibend zu wiederholen.

Gleich im ersten Beispiel nun, wie wir sehen werden, fehlen die üblichen sprachlichen Verbindungen, die Kontinuität und Zusammenhang herstellen würden: „Meine Mutter weckte mich. Sie hielt einen Finger vor den Mund. Es war ganz still in der Baracke. Sie flüsterte. Ich solle mich rasch anziehen. [...] Wir liefen auf Zehenspitzen hinaus. Es war schon hell. Vor der Tür hielten wir kurz an" (*Kinderjahre*, 60). Ein zeitliches Nacheinander wird in diesem konjunktionslosen Text allein durch die Abfolge der Handlungen beziehungsweise durch die Wahrnehmung des Jungen hergestellt.[228] So besteht die Vergangenheit als Erzählgegenwart aus Bruchstücken, die im Erzählen nicht zusammengesetzt werden können. Und da auch summative oder iterative Erzählverfahren, die Zusammenhänge schaffen könnten, sehr selten sind, bleibt die wahrgenommene und erzählte Welt auf Details beschränkt, fragmentarisch und gleichsam zeitlos.[229]

---

[227] Das lässt sich schon an den Kapitelüberschriften erkennen: „Der Hampelmann", „Der Fensterputzer", „Kartoffeln", „Die Torte", „Lange Nase" usw.

[228] Diesem Erzählprinzip entsprechend ist der Junge am Ende des Textes auch wieder in Amsterdam. Doch zögere ich dieses reihende Erzählen unter dem Begriff der Chronologie zu fassen, da nicht die Abfolge, sondern das Punktuelle, Einmalige jeder Handlungssequenz im Blick liegt und der Text von daher auch enorme Ellipsen aufweist.

[229] Ein Verzicht auf iterative Erzählverfahren ist insofern auffällig, da im iterativen Erzählen die Möglichkeit liegt, die Gleichförmigkeit des Lageralltags zu erfassen, sie darin zu bannen. Zudem gründen gerade Kinder ihre Identität auf der Wiederholung des immer Gleichen. Man vergleiche zum Beispiel Louis Begley, *Wartime Lies* (New York 1991), dessen Kind-Erzähler sich im ersten Kapitel durch häufige iterative Wendungen der noch heilen Kindheit vergewissert.

Es gibt allerdings zwei größere Analepsen der Mutter, durch die ein zeitliches Kontinuum auf der Ebene der Geschichte versuchsweise hergestellt wird. Mit dem einen Rückgriff holt die Mutter die heile Vergangenheit – Geburt und Leben mit den Eltern – in das Gegenwartsbewusstsein des Kindes und deckt die Realität von Westerbork zu. Der andere Rückgriff soll eine Erinnerungslücke schließen – die Fahrt von Bergen-Belsen ins Nichts. Mit beiden Rückgriffen versucht die Mutter, dem Jungen ein Bewusstsein von Kontinuität und Identität entgegen der absolut tödlichen Gegenwart zu geben. Der Junge hingegen kann sich – bis auf eine Ausnahme[230] – nicht erinnern, und wenn er sich erinnert, so ist das ein passiver Akt, der auf Konventionen beruht.

Als er das Privileg hat, die Kessel ‚sauber zu machen' – was er nicht will, da er nicht versteht, dass dies eine zusätzliche Portion von Essen bedeutet –, verlangt er einen Löffel, weil er niemals mit den Fingern essen durfte. Diese Situation ist so absurd, da der Junge an ‚falscher Stelle' versucht, Gewohnheiten – die bei Kindern die ersten Spuren einer Identität sind – zu bewahren. Das heißt weiter, dass seine auf Konvention und Gewohnheit beschränkten Erinnerungsversuche ohne Schutz der Erwachsenen in den Tod führen würden.[231]

Die Vergangenheit ist ihm verschlossen, und das, was erinnerbar ist, taugt nicht viel für ein Leben im Lager – eher gefährdet es das Kind noch innerhalb dieses tödlichen Systems. Und anders als in den Texten ab den 1980er Jahren (vgl. Ruth Klüger, Gerhard Durlacher, Renata Yesner, Agnes Sassoon und andere), aber auch anders als in den frühen Schreibweisen wo wenige, dafür aber um so signifikantere Prolepsen auf das Überleben verweisen und den Erzählvorgang erträglich machen, ist das Wissen von der Zukunft, die der Erzählende hat, versperrt. Der Erzähler kennt keine Vorgriffe – auch das ist ein literarisches Verfahren, das mit einem ‚natürlichen Erinnern' nichts zu tun hat. Und selbst auf der Ebene der Geschichte erweisen sich die Zukunftsvisionen der Erwachsenen als Schein. Immer erneut wird der Junge von der Mutter und Trude, der Freundin der Mutter, auf ein besseres Leben in einem anderen Land verwiesen. „Später" heißt es von ihnen bei jeder Frage des Kindes. Doch dieses „später", in dem alle Hoffnung liegt, wird es nie geben.[232]

---

[230] Als der Vater auf dem Krankenlager liegt, erkennt der Junge langsam in dem abgezehrten Gesicht und in den Händen den Vater von früher. Für einen Moment erinnert er sich.

[231] Zu dieser Art von Erinnerung gehört auch die Erinnerung von Gesten, welche die in Begriffen gefassten Erzählungen teilweise ersetzen können (vgl. Lezzi 2001, 165).

[232] Die Bedeutung von „später" ist am eindrücklichsten beim Tod der Mutter. Auf die Frage des Jungen, wann er wieder zur Mutter dürfe, antwortet Trude: „‚Später'" (*Kinderjahre*, 124). Und der Leser weiß, dieses ‚später' wird es nie mehr geben. Es bleibt eine Fiktion. Die Mutter ist tot.

Jona Oberski: *Kinderjahre*

Raum durch Sinneswahrnehmung

Wenden wir uns dem Raum zu, so verhält es sich mit diesem ähnlich wie mit der Zeit. Auch wenn Ortsnamen fallen, wie der Bahnhof Muiderpoort in Amsterdam, Westerbork oder Bergen-Belsen, so werden die entsprechenden Orte nicht als eigenständige, unabhängig von Wahrnehmung und Erlebnis existierende Räume gestaltet. An zwei unterschiedlichen Beispielen möchte ich dies erläutern:

„,Nicht erschrecken, es ist alles gut, ich bin bei dir.' Die Hand, die sich auf meine Wange legte, war die meiner Mutter. Ihr Gesicht war nah bei meinem. Ich konnte sie kaum sehen. Sie flüsterte und streichelte mir über den Kopf. Es war dunkel. Die Wände waren aus Holz. Es roch fremd. Es klang, als wären noch mehr Leute da. Mutter hob meinen Kopf und schob ihren Arm darunter. Sie zog mich an sich. Sie küßte mich auf die Wange." So der Anfang in *Kinderjahre*. Schemenhaft wird der unmittelbar umgebende Raum wahrgenommen – Holzwände, fremden Geruch und Stimmen macht der Junge aus, mehr nicht.[233] Zwar wird diese tastende Wahrnehmung des Raums bedingt durch die Nacht, kann aber metonymisch gelesen werden, da auch die folgenden Tage keine Erhellung, oder einen Überblick und eine Ordnung bringen. Dass Mutter und Sohn sich in einer Baracke in Westerbork befinden, wird erst bei der zweiten Festnahme erwähnt. Weitaus wirklicher und bedeutsamer hingegen ist die Anwesenheit der Mutter. Mit ihrem Leib und ihrer Stimme bildet sie einen schützenden Raum um das Kind und garantiert ihm einen Lebensraum in der fremden und feindlichen Welt.[234] Der äußere Raum ist hier sekundär, oder zugespitzt formuliert, er kann durch die entsprechenden Personen ersetzt werden.

Das zweite Beispiel: Vater, Mutter und Sohn sind in Bergen-Belsen inhaftiert. Ältere Kinder überreden den Jungen, einem SS-Mann die Zunge herauszustrecken und dazu eine lange Nase zu machen. Er tut dies. Der SS-Mann sieht es nicht, die Sache geht gut aus. Es folgt eine Auseinandersetzung mit der Mutter. Ich setze an dieser Stelle ein, da man an dem Gespräch sehr gut erkennen kann, wie wenig der Junge das Lager als einen begrenzten und tödlichen Raum erfasst und sich entsprechend angepasst hat und wie sehr er auf die ihn umgebenden Menschen angewiesen ist.

---

[233] Eva Lezzi weist darauf hin, dass insgesamt über Sinneswahrnehmung die Welt wahrgenommen wird und entsteht. Grundsätzlich wohl auch ein typisches Erzählverfahren in der Kindheitsautobiographik (vgl. Lezzi 2001, 155).

[234] Zum Leib der Mutter als Schutzraum vgl. Lezzi 2001, 162ff. Lezzi entwickelt dort sehr ausführlich und überzeugend die Bedeutung, die vor allem der Leib der Mutter für den Jungen übernimmt.

„Ich sagte, es wären weiter überhaupt keine Deutschen in der Gegend gewesen. ‚Und die Wachtposten?' schrie sie. Ich verstand nicht, was für Wachtposten sie damit meinte. Sie stand auf und zog mich mit sich hinaus. [...] ‚Schau über meine Schulter. Siehst du den Wachtturm?' Ich sah nur die Baracken und hinter dem Zaun ein paar hohe Pfähle. Das sagte ich ihr. ‚Die Pfähle', fragte sie weiter, ‚was ist oben auf den Pfählen?' Ich blickte etwas höher und sagte: ‚Eine Art Hütte.' ‚Die Hütte ist der Wachtturm. An allen Stellen stehen Wachttürme. Hast du das nicht gewußt?' Ich sagte, daß ich das nicht gewußt habe und, daß die Pfähle übrigens ja draußen vor dem Stacheldraht stünden und also gar nicht zu unserem Lager gehörten" (*Kinderjahre*, 72ff).

Vor allem aus frühen Textzeugnissen wissen wir, dass mit fortdauerndem Aufenthalt im Lager die Existenz der Außenwelt immer unwirklicher wird, ganz verloren gehen kann und schließlich nur noch das Lager existiert. Doch dieser Verlust des anderen Raums, der schon einsetzt mit dem Verlust des Arbeitsplatzes, dem Betreten öffentlicher Anlagen, fortschreitet durch die Ghettoisierung und darin kulminiert, dass noch nicht einmal der Schlafplatz der eigene ist, geht – anders als bei Oberski – allmählich vor sich. Und auch wenn die feindliche Welt immer näher rückt und letztlich so nah ist, dass nur noch sie existiert, so bleibt doch die Existenz der tödlichen Grenze, der vier Meter hohe mit Starkstrom geladene Stacheldrahtzaun, der Todesstreifen, die Kette der Wachtposten den Häftlingen schmerzlich bewusst. In *Kinderjahre* hat der Junge nicht einmal die Grenze und die mit ihr verbundene Gefahr wahrgenommen. Und als die Mutter ihm die Bedeutung der Pfähle und Hütten und die davon ausgehende Gefahr deutlich zu machen versucht, weist er diese zurück, da die Pfähle nicht zum Lager gehörten. Damit wird das Lager irrsinnigerweise zu einem sicheren Hort.

Das Lager als ein Ort der Gefangenschaft, von dem plötzlich wie planvoll der Tod ausgeht, als ein Ort, der eine bestimmte Größe hat mit einer bestimmten Anzahl von Baracken verschiedenster Funktionen, als ein Ort, der für sich selbst besteht, existiert für den Jungen nicht. Vom Lager wird nur dasjenige wahrgenommen, was unmittelbar Sinn und Bedeutung für den Jungen hat, und diese Bedeutung ist oftmals sehr eigen und dient keineswegs der Erfassung des Lagers als ganzen Komplex. Man bedenke, dass selbst in den frühen Schreibweisen, in denen Häftling und Erzähler sich das Lager als Raum durch Handlung und geschriebene Handlung erschließen, in einer narrativen Pause der Erzähler das Lager in Größe und Anordnung ausmisst, beschreibt und damit die vergangenen Wahrnehmungen ordnet. Hier, bei Oberski hingegen, findet man keinerlei Ordnungsverfahren. Junge und Erzähler beziehen sich nicht auf den Ort als solchen, schon gar nicht auf die Zeit und wenn, nur auf einen verfremdeten Raum. Der Junge ist Raum und Zeit; er ist ganz Gegenwart.

Figuration

Leben in solch schierer Gegenwart wird nur durch andere Menschen, insbesondere durch die Mutter möglich. Ohne entsprechende Personen, die fortwährend des Jungen verschobene – erzähltechnisch gesehen verfremdende – Wahrnehmungen des Lagers ausgleichen und auffangen, aber auch weitertreiben (Palästina-Visionen), und die zugleich einen psychischen wie physischen Lebens- und Schutzraum in der feindlichen Welt bilden – so bleiben die SS-Männer zum Beispiel auch hinter dem Zaun, sie gehören eigentlich nicht zur Figuration des Kindes –, wäre der Verlust des konkreten Raums und der Zeit wahrscheinlich tödlich für den Jungen. Das Bindeglied fehlte, welches die Gegenwart des Kindes mit der der Erwachsenen in ein Verhältnis bringt. Das wird deutlich, als der Junge nicht mehr im Lager ist, als er schon bei den Pflegeeltern lebt.

Seine Pflegemutter, Frau Paul, will dem Jungen einen Kuss geben, um ihn von seiner Vergangenheit zu erlösen und ihn ihrer Liebe zu vergewissern. Doch dieser Kuss erzeugt beim Kind nur Entsetzen und Angst vor Krankheit und Tod und es schreit: „Du hast mich auf den Mund geküßt. Jetzt muß ich sterben. Das hat meine Mutter selbst gesagt.' Erbrochenes füllte meinen Mund. Ich erstickte fast. Dann sprudelte es heraus auf den Boden" (*Kinderjahre*, 142). Für den Jungen, der gerade noch im Lager lebte, ist ein Kuss verboten, so hat er es von der Mutter gelernt. Er weiß nicht mehr, dass der Kuss eine Liebesgabe ist, ebenso wenig wie Frau Paul davon weiß, dass er Krankheit und Tod bringen kann. So ist der Junge nach der Befreiung mit seinem Wissen wie Unwissen allein. Niemand ist mehr da, der ihm den Kuss deuten könnte. Vater und Mutter sind tot, Trude ist weggegangen. Keiner vermittelt mehr zwischen den Zeiten und Räumen. Frau Paul kann keine Analepse machen, die den Bedeutungswandel des Kusses dem Jungen vor Augen führen könnte.[235] Jegliche Identitätsgaranten und -erzeuger fehlen. Der Junge ist auf sich selbst verwiesen, und da muss er fast ersticken. Denn seine Deutung und seine Erinnerung in Bezug auf die Gegenwart sind falsch. So erstickt er buchstäblich an der Vergangenheit, die in ihm hochkommt, weil er die Gegenwart nur als Vergangenheit deuten kann. Das ist ein merkwürdiges und schreckliches Paradox: Erinnert er sich – was er sonst nicht tut –, so scheitert er mit dieser Erinnerung, da in der neuen Gegenwart sein Bezugssystem nicht richtig ist. (Ähnlich sind die Situationen, wo er die guten Manieren im Lager behalten will.) Das Kind ist also immer angewiesen auf die ‚richtige Figuration', da nur diese ihm ein gewisses Leben in der tödlichen Welt garantiert.

---

[235] Zum Bedeutungswandel, den der Kuss erfährt vgl. Lezzi, in: Bauer 1999, 265–269 und auch Lezzi 2001, 172.

2.2 Erzählverfahren – die poetische Erzeugung der Vergangenheit oder der Text als Ereignis

Dass diese sehr spezifisch kindlichen Erfahrungen von Welt im Text sichtbar werden können, beruht nicht auf einer einfachen Abbildung von einer kindlichen Wirklichkeit, sondern ist eine erzählerische Höchstleistung – auch wenn der Text so schlicht in Geschichte und Erzählung erscheint. Denn das, was wir von der Vergangenheit besitzen, der ‚authentische Rest', ist fast immer schon in eine Erzählung gefasst, ist unweigerlich durch den späteren Blick bestimmt. Das unwissende, gegenwärtige Erleben der Ereignisse im Lager und der Zeit davor ist als solches, in seinem prozessualen, langsamen Vorgang nicht zu erinnern. Und auch wenn die erzählten Ereignisse aus einer ‚Tiefenschicht' kommen – unerwartet aus dem ‚Speichergedächtnis' Eingang in die ‚Lebensgeschichte' finden – müssen sie, sprachlich gefasst, bearbeitet und in das zeitliche Nacheinander der Sprache gebracht werden.[236] Und das geht nur anhand komplizierter Erzählverfahren. Nur durch die teilweise schon erwähnten Verfahren – Verzicht auf summative und iterative Sätze, Verzicht auf Analepsen und Prolepsen, dafür meist singulatives Erzählen, Ellipsen, kaum Konjunktionen, die Einheit von Stimme und Blick – kann überhaupt das Lager als ein erstaunlich fremdartiges Gebilde möglich werden.[237] Selbst das Präteritum, das grundsätzlich die Distanz des Erzählers zum erzählten Ich betont, kann diese Einheit hier nicht weiter erschüttern.[238]

Für den Erzähler und im weiteren Sinne auch den Autor bedeutet die Beschränkung auf die Wahrnehmung und das Wissen des kleinen Jungen mit all den dafür notwendigen erzählerischen Verfahren auch den Verzicht auf einen Schutz aus der Gegenwart. Ohne Filter von Reflexion und Wissen um das Überleben und Weiterleben, müssen diese erneut durch die Vergangenheit gehen, als ereignete sie sich im Schreiben noch einmal.[239]

---

[236] Vgl. hierzu auch meine Überlegungen im Kapitel „Schluss. Das narrative Gedächtnis".
[237] In der Umkehrung ist auch die wahrnehmend-erzählende Figur ein ‚poetisches Produkt' und keine ‚authentische Figur'. Das kann man daran sehen, dass der Autor seiner Figur jegliche Erinnerungsfähigkeit verweigert, welche ein Kind in diesem Alter entwickelt. So zeigt Hans Keilson zum Beispiel in *Sequentielle Traumatisierung von Kindern* (Stuttgart 1979), dass die Kinder zwischen dem vierten und siebten Lebensjahr ihre Erinnerungsfähigkeit so entwickeln, dass sie verschiedene Zustände, Erfahrungen miteinander in Beziehung setzen und verknüpfen können (Keilson 1979, 176).
[238] Eva Lezzi sieht das anders. Sie begreift die Verwendung des Präteritums als Ausdruck der Differenz zwischen „Autorenposition und direktem Erleben des Kindes", die es im Schreiben und Erinnern zu überwinden gilt (Lezzi 2001, 155).
[239] Eva Lezzi kommt hier wieder zu einem anderen Schluss, da sie den Text als Ausdrucksmöglichkeit der Wirklichkeit begreift und für sie folglich auch die Schreibverfahren

So ist dem Text zwar eine Widmung nachgestellt, die die Schreibgegenwart benennt – Korrespondenzen zwischen den verschiedenen Instanzen wären also theoretisch möglich –, doch ist eine Widmung, ob nun voran- oder nachgestellt, kaum als Teil der Erzählung zu lesen. Mir scheint es von daher nicht ganz unproblematisch, Eva Lezzi zu folgen, wenn sie schreibt, dass „das Schreiben, das Verfassen einer in sich abgeschlossenen Erzählung, die die Lebensspanne von der Geburt bis in die Erzählgegenwart beinhaltet, vielleicht auch dem Rückgewinn von eigener Kohärenz und Identität [dient]."[240] Wenn überhaupt, treffen diese Aussagen nur für den (abstrakten) Autor zu und nicht für den Erzähler. Denn zum einen wird die Geburt nur durch eine Analepse der Mutter in die Erzählung geholt – logischerweise erzählt der Junge nicht von seiner Geburt. Und zum anderen erscheint die Erzählgegenwart nur in der Widmung und das ist nicht besonders viel. Beide Erzählverfahren sind folglich Akte eines abstrakten Autors und nicht des Erzählers. Für diesen ist eher das Gegenteil der Fall. Durch die Übereinstimmung von Stimme und Blick wird die Orientierungslosigkeit und das Zerbrechen der ohnehin kaum vorhandenen und sich erst bildenden Identität betont. So bedient die Erzählung gerade nicht das übliche autobiographische Muster, dass am Ende die Narration die Geschichte einholt und Held und Erzähler sich die Hand reichen. Ellipse und Bruch, die zwischen Widmung und erzählter Geschichte liegen, werden nicht getilgt, sondern bleiben als Wunde bestehen. Die Ereignisse der Vergangenheit sind Fragmente, unerklärt durch den Wissenden, nur in Kapitel geordnet oder getrennt.

---

dazu dienen, Erfahrungen, Erlebnisse, ‚Authentisches' auszudrücken. So spricht sie hinsichtlich der genauen, detaillierten Wahrnehmungen des Jungen von einer „gelungenen Vergegenwärtigung kindlicher Erfahrung" und erklärt den Detailreichtum psychologisch als „Sehnsucht […], die mit den Eltern durchlebte Zeit erinnernd zu bewahren, oder aus einer aufgrund der traumatischen Erfahrungen einsetzenden Verunsicherung des Jungen, die ihn dazu brachte, alles visuell wie sensuell minutiös zu speichern." Und weiter: „Vielleicht soll der Detailreichtum des Dargestellten auch keinen Freiraum für Ahnungen oder Assoziationen lassen, die etwa das Elternbild ambivalenter gestalten könnten" (Lezzi 2001, 175). Man sieht, Lezzis Erklärungsmuster zielen alle auf ‚Wirklichkeiten' außerhalb des Textes, die deshalb Vermutungen bleiben müssen. (Das muss nicht heißen, dass sie nicht stimmen. So finde ich es durchaus einleuchtend, dass der Erzähler im Erzählen eine Nähe zur Mutter erzeugt vgl. Lezzi 2001, 353). Lezzi geht also davon aus, dass der Autor das Erlebte „bewahren" und „speichern" konnte. Während ich gerade umgekehrt den Detailreichtum für poetisch erzeugt und keineswegs als wirklich und wahrhaftig erachte. Wird gefragt, wie „Erfahrungen sprachlich gestalte[t]" werden können (Lezzi 2001, 1), so entfällt im Grunde die Frage, was Schreiben und Erzählen in jedem einzelnen Text an jeder Stelle bedeuten kann. Denn gerade an solchen Texten wie dem von Oberski wird sichtbar, wie im Erzählvorgang selbst das erzählende Ich noch einmal den Ereignissen ausgeliefert ist.

[240] Lezzi 2001, 173.

Redeformen und Sprechweisen

Gerade weil man nicht weiß, was psychisch im Erinnern geschieht und was ‚wirklich' im Lager geschah, können wir einmal an der Verteilung der Rede und der Sprechweise probieren, ob wir im Text Verfahren oder Zeichen finden, die die Spur der ‚Wirklichkeit' tragen.

Denn ausgesprochen auffällig ist, dass das erzählend/erlebende Ich nicht direkt spricht. Allen anderen Figuren hingegen, ob nun Vater oder Mutter, Kindern oder Trude, wird die direkte Rede wie auch die indirekte zugestanden.[241] An sich ist solche Redeverteilung für eine Ich-Erzählung üblich. Denn oft wird die eigene Rede in indirekter Rede wiedergegeben – meist allerdings in zusammenfassenden Sätzen wie „ich erzählte ihr die Geschichte." Folgt man nun den verschiedenen Erzähltheoretikern, gleich ob Stanzel oder Genette, so ist die indirekte Rede immer ein Modus, der die Erzählposition stärkt und die Anwesenheit des Erzählers schon auf der Ebene der Syntax hervorhebt. Zugegebenermaßen kann ich nicht umhin, einen Bruch in der Einheit oder gar Ununterscheidbarkeit von Erzähler und erlebendem Ich, allein schon durch die Inquit-Formeln, zu konstatieren. Doch, da die wiedergegebene Rede nicht zusammenfassend ist, sondern in den gleichen kurzen Sätzen erfolgt wie alles andere Geschehen erfasst wird, gibt es keinerlei qualitative Unterschiede zwischen einer vorherigen ‚wirklichen Rede' oder der Wahrnehmung einer Handlung. Die Einheit oder gar Ununterscheidbarkeit zwischen dem erlebenden und erzählenden Ich bleibt dadurch bestehen und wird verstärkt durch die direkte Rede der anderen Figuren, die damit als ‚Außenwelt' entworfen werden. Das trifft allerdings nicht zu, wenn die direkte Rede der anderen in indirekter Rede wiedergegeben wird. Denn dann wird die ganze äußere Welt in den Jungen hineingeholt. Alles wird durch sein Bewusstsein geschleust – die Welt ist nur durch ihn und in ihm präsent, was in gewisser Weise auch auf anderer Ebene der kindlichen Egozentrizität und der Zubereitung der Dinge durch das Kinderauge entspräche. Auf der Ebene der Erzählung könnte dies vielleicht doch einen Wiedergewinn der Vergangenheit bedeuten, wenn die toten Stimmen angeeignet werden und anerkannt wird, dass diese Stimmen tot sind und nur in der eigenen Rede sprechen können. Und insofern könnte ich Eva Lezzi zustimmen, dass der literarische Text für den abstrakten und konkreten Autor „identitätsstiftend" wirkt.[242]

---

[241] Nach Lezzi ist das Zitieren von Erwachsenen ein wichtiges Stilmittel in den Kindheitsautobiographien, da dadurch verschiedene Bewusstseinsebenen deutlich würden, ohne dass der Blick des Kindes aufgegeben werden müsste (vgl. Lezzi 2001, 159).
[242] Lezzi, in: Bauer 1999, 269.

Jona Oberski: *Kinderjahre*

Es fällt weiter auf, dass anders, als in Ich-Erzählungen üblich, die innere Rede, in der das ganze Innenleben des erzählenden und erzählten Ichs reich entwickelt wird, gänzlich fehlt.[243] Wir erfahren vom Kinde ausschließlich die erzählten Handlungen und gesprochenen Worte. Ähnlich den frühen Schreibweisen ist auch hier alles Erleben auf die Außenwelt gerichtet. Man könnte sagen, dass Kind ist (noch) ganz Außenwelt. Aber nicht, weil die Last der äußeren Ereignisse einen Blick nach innen unterbindet und der Text ein Zeugnis der ‚Fakten' sein will, sondern weil die innere Welt des kleineren Kindes noch ganz in den Dingen, in der Umgebung liegt. Umso verletzlicher ist solch ein Ich, was sich erst noch von außen nach innen bilden muss, was noch an der Peripherie lebt.

Fakten und Fiktionen

Für einen Leser, der etwas über das System des Lagers, seine Struktur und den täglichen Ablauf erfahren möchte, der auf der Suche nach historisch verbürgten und dokumentierten Fakten ist, wäre Oberskis Text sicher eine Enttäuschung. Gerade einmal den Namen des Durchgangs- und des Konzentrationslagers erfährt der Leser, wobei schon die Bezeichnung der zwei unterschiedlichen Formen – die entscheidend für das Leben der Häftlinge war – von mir hinzugefügt ist. Bergen-Belsen wird als „neues Lager" bezeichnet. Dass dieses „neue Lager" aus fünf Nebenlagern bestand, im April 1943 offiziell als „Aufenthaltslager" für „Austauschjuden" eingerichtet und im Dezember 1944 in ein Konzentrationslager umgewandelt wurde, kann der historisch interessierte Leser nur aus entsprechenden Nachschlagewerken erfahren. Mit diesen in der Hand kann man erschließen, dass Oberski wahrscheinlich als „Austauschjude" im „Sternenlager" inhaftiert war.[244] Ebenso bleibt die Fahrt in ein anderes Lager zu Kriegsende, welche in den meisten Texten einen großen Raum einnimmt, entsprechend dem Wissen und der Wahrnehmung des Jungen, unbestimmt. Will man Genaueres über die Irrfahrt mit dem Zug gegen Kriegsende wissen, will man wissen, in welchem Ort der Zug stehen blieb, wo

---

[243] Anders zum Beispiel als bei Kertész' *Roman eines Schicksallosen*, wo alles Beobachtete nach innen in das Bewusstsein der erlebend-erzählenden Figur geholt ist.

[244] Das „Sternenlager" war das größte Nebenlager mit 18 Baracken und hatte bis 1944 eine Selbstverwaltung. Die Häftlinge durften ihre eigene Kleidung tragen, die aber mit einem Stern gekennzeichnet war. Daher der Name. Die meisten Gefangenen waren Juden aus den Niederlanden, die zwischen Januar und September 1944 in acht Transporten aus Westerbork kamen.

die Mutter starb, so muss man ebenfalls nachschlagen.[245] Sämtliche Daten und Fakten müssen durch andere Lektüre ergänzt werden. Liest man den Text hingegen, um zu erfahren, was das Vernichtungssystem für den Häftling, hier für das Kind bedeutete, welche Wirkung es hatte und wie es verstanden wurde, so sind *Kinderjahre* erschreckend aufschlussreich. Gerade die erzählerische Verweigerung jeglicher Erläuterung, Erklärung oder Psychologisierung der Ereignisse, der Verzicht darauf, eine ‚Geschichte' erzählen zu wollen, jene „Konstruktion, welche die ursprünglich ganz anders verlaufenden Ereignisse im nachhinein festlegt" (Kertész, *Galeerentagebuch*, 29) macht den Text zu einem Dokument der (unmittelbaren) Wahrnehmung und nicht der so genannten Fakten an sich. Die ‚Unmittelbarkeit' ist allerdings – wie gesagt – erzählerisch erzeugt, auch wenn bei Autoren, die als Kinder inhaftiert waren, der konstruierte ‚Kinderblick' ontologisch begründet scheint. Dass allerdings das Kind mit seinem nicht temporär-kausal verknüpfenden Denken und Wahrnehmen, welches jeden Gegenstand neu und fortwährend anders definiert und auch anders benennt, besonders als Wahrnehmungs- und Erzählinstanz geeignet ist, ist keine Frage. „Das Kind versteht nicht, was es sieht [...] Sein Mangel an Verstehen entspricht der Unfähigkeit des Erwachsenen, Erlebnisse, wie sie im Lager an der Tagesordnung waren, in Worte zu fassen. Die Situation des Kindes kann daher dem erwachsenen Autor als Mittel dienen, diesem Mangel abzuhelfen."[246] Die gewählte kindliche Betrachtungsweise (das heißt die Einheit von Stimme und Blick sowie die damit verbundenen weiteren Erzählverfahren) stellt – um die Aussage von Andrea Reiter noch ein wenig weiter zu treiben – eine Form dar, die das nationalsozialistische Vernichtungssystem von innen (intern) in seiner absoluten Geschlossenheit noch einmal in der Schrift erzeugt, um es zugleich zu zerstören, da das Lager im Blick des Kindes ‚verfremdet' und ad absurdum geführt wird – zumindest für den abstrakten Autor und Leser. Ich denke, damit gelingt Oberski, was Imre Kertész von sich als Erzähler für seinen *Roman* forderte und was den Autor als ständige Frage

---

[245] Ich habe nachgeschlagen und zwar bei Jaques Presser, *Ashes in the Wind. The Destruction of Dutch Jewry*. Anfang April 1945 verließen zwei Züge mit niederländischen Juden Bergen-Belsen. Sie sollten nach Theresienstadt deportiert werden. Der erste Zug wurde gleich bei Magdeburg von den Alliierten gestoppt. Der zweite reiste 13 Tage durch Deutschland, kam zum Stillstand dann in Tröbitz, nahe bei Leipzig. Die Russen befreiten die Häftlinge, die in einem katastrophalen Zustand waren. Obwohl sehr hilfsbereit, konnten die russischen Truppen den Typhuskranken nicht helfen. Die meisten starben. Nach zwei Monaten kam es dann zur Repatriierung der Überlebenden in die verschiedenen Länder. Oberski befand sich wohl mit der Mutter im zweiten Zug, wie man aus der Erzählung mit dem historischen Wissen zusammen rekonstruieren kann.

[246] Andrea Reiter, „Die Funktion der Kinderperspektive in der Darstellung des Holocaust", in: Bauer 1999, 215–229, hier 217.

begleitete: „Wie können wir eine Darstellung aus dem Blickwinkel des Totalitären vornehmen, ohne den Blickwinkel des Totalitären zum eigenen Blickwinkel zu machen?" (*Galeerentagebuch*, 21).

3 Konstanten, Variationen und Reduktionen: Weitere Texte im Vergleich

Eingangs hatte ich Oberskis *Kinderjahre* als einen Text bezeichnet, der der Wahrnehmungsweise des Kindes, soweit sie aus Anschauung und Wissenschaft bekannt ist, recht nahe kommt. Kinder überschauen komplexere Zusammenhänge nicht, sie leben auch nicht in einer eingeteilten Zeit mit Blick auf eine Zukunft und einen Rückhalt in der Vergangenheit.[247] Ihre Zeit ist der Augenblick, ihr Gegenstand ist das Detail – in ihm kann die ganze Welt enthalten sein. Denken und Handeln sind nicht langfristig ziel- und sinnorientiert. So vergisst das Kind bei Oberski über den glitzernden Tropfen auf den Grashalmen die Botschaft, die der Arzt ihm an seine Mutter auftrug. Es spielt stattdessen ein Spiel mit Schatten und Licht, mit den Schuhen des sterbenden Vaters an den Händen. Entsprechend hat der abstrakte Autor das Kapitel auch mit „Schatten" und nicht mit „Tod des Vaters" überschrieben und so mit der Benennung dem aus Erwachsenenperspektive Unwesentlichen Bedeutsamkeit zugewiesen.

Konstanz und Dauer sind folglich keine Kategorien des Kindes. Dinge können fortwährend neu benannt und interpretiert werden – ihre Bedeutung liegt nicht fest. Die so genannte Wirklichkeit ist ein loses Gefüge – immer veränderbar. So kommt dem Raum als historisch-realem Ort keinerlei Funktion zu – wohl aber dem Raum, den das Kind sich schafft und zubereitet.[248] Umso wichtiger sind die Rollen, die Mutter, Vater oder nahe stehende Personen übernehmen. Ihre konstante Anwesenheit ist der Grund, auf dem die Kinder stehen; durch sie kann Identität geschaffen werden, weniger durch Erinnerung oder Sinnentwurf in die Zukunft. Erst mit dieser seelisch-physischen Konstanz kann das Kind der Außenwelt ungefährdet und ohne Verlust die jeweils erspielten oder erträumten Bedeutungen zuweisen.

---

[247] Ich spreche hier immer von Kindern im ersten Jahrsiebt.
[248] Denn es ist etwas anderes, ob die Außenwelt vom Kind fortwährend neu gefasst wird oder ob diese sich selbst ändert oder geändert wird. Der gewaltsame Verlust einer bekannten und vertrauten Welt kann auch eine gewaltige Verunsicherung in der Entwicklung des Kindes sein.

Oberskis Text entwirft in vielem die Verhaltensweisen eines Kindes. Allerdings in einer Welt, die jegliches Kindsein verneint. Kaum deutlicher und näher könnten durch diesen Widerspruch Schrecken und Tödlichkeit des Lagers – zumindest für den Autor und den wissenden Leser – herangerückt werden. Wenn auf die Frage des Jungen, „ob es dem Vater schon wieder bessergehe", der Arzt anwortet: „‚Er geht fast hinüber, deine Mutter soll nur rasch kommen'" und der Junge daraufhin meint, dann bräuchte er die Kleider ja nicht mitzunehmen (*Kinderjahre*, 76), so wäre dies sprachliche Missverständnis normalerweise ein Witz. Hier allerdings bleibt das Lachen im Halse stecken.

Nun gibt es inzwischen ja recht viele Veröffentlichungen von Autoren, die zur Zeit der Verfolgung und Vernichtung noch Kinder waren. Ich möchte einen vergleichenden Blick auf einige dieser Texte werfen, bevor ich mich der Analyse von Ruth Klügers *weiter leben. Eine Jugend* zuwende, das in gewisser Weise ein Gegenstück zu Oberskis Text darstellt, da dort der Erzähldiskurs, die Reflexionen aus der Gegenwart in die Vergangenheit den Schwerpunkt bilden. *Weiter leben* kann so als ‚Prototext' für die Schreibweisen ab den 1980er Jahren angesehen werden.

Ein Vergleich mit anderen Zeugnissen zeigt schnell, dass nur Elemente der für Oberski festgestellten Schreibweise auf die anderen Texte zutreffen. Woran man im Übrigen auch sehen kann, dass der ‚Kinderblick' eine Wahl des Autors ist, rekonstruiert, hochpoetisch und nicht selbstverständliche Abbildung oder Umsetzung der Vergangenheit.[249] Die von mir zum Prototext erklärten *Kinderjahre* stellen also eher eine Ausnahme dar oder sind als ein Modell unter mehreren anderen zu lesen. Eher wenige Autoren wählen ein Kind als fast ausschließliches Wahrnehmungs- und Erzählzentrum. Gerhard Durlachers zweiter Text *Ertrinken* und auf ganz andere Weise Kertész' *Roman eines Schicksallosen*, wie auch Stella Müller-Madejs *Das Mädchen von der Schindler-Liste* kommen hier *Kinderjahre* am nächsten.[250] Wahrnehmungs- und Erzählinstanz bilden in allen drei Texten tendenziell eine Einheit, der Erzähler weiß nicht mehr als das erzählte Kind, hat aber umgekehrt eine große Fähigkeit zur Benennung. Bei Durlacher äußert sich das in der reichen Metaphernsprache und dem Satzbau, der nicht der Sprache eines Kindes entspricht.[251] Wie auch überhaupt das Ziel der Autoren nicht sein kann, eine möglichst authentische Kindersprache abzu-

---

[249] Gerhard Durlacher mit seinen unterschiedlichen Texttypen wäre dafür ein weiteres gutes Beispiel.

[250] Stella Müller-Madej, geboren 1930, kommt mit ihrer ganzen Familie ins Ghetto, dann in das KZ Płaszow, nach Auschwitz und dann auf Schindlers Initiative nach Brünnlitz.

[251] Insgesamt sind die Texte von Durlacher und Müller-Madej nicht ganz so geschlossen wie Oberskis *Kinderjahre*. Trotz des präsentischen Erzählens gibt es auch Differenzen zwischen Stimme und Blick, allein schon dadurch, dass manches Mal iterative oder sum-

bilden, sondern Verfahren zu suchen, die literarisch ein Kinder-Ich gestalten. Narratologisch formuliert hieße das, die Stimme des Erzählers mit dem internen Blick im Kind zu korrelieren.

Die Ereignisse werden also nur insoweit erläutert, als sie im Verständnishorizont der Kinder bzw. Jugendlichen liegen, von daher sind Vorgriffe – ähnlich wie in den frühen Texten – sehr selten, Rückgriffe allerdings häufiger. Anders als der Junge aus *Kinderjahre* begreift das erzählte Ich in *Ertrinken* und auch in *Das Mädchen von der Schindler-Liste*, was um es herum vorgeht. Das Wissen wird allerdings nur über die Lebensgeschichten der Häftlinge und Figurenkonstellationen vermittelt (Müller-Madej und Kertész) und über die sich immer mehr verändernde und enger werdende Welt vor der Inhaftierung.[252]

Ein Beispiel hierzu aus Durlachers Text: Der sechsjährige Junge ist von einer nationalsozialistischen Kundgebung in Baden-Baden fasziniert. Ich zitiere wie folgt: „Ich ziehe Mutter nach vorn, um besser sehen und hören zu können. Sie will nicht zwischen den Fähnchen schwenkenden Kindern und ihren Eltern stehenbleiben. Widerwillig folge ich ihr zu unserer Wohnung. [...] Um mich herum Kinder, älter und jünger als ich, stolz auf ihre Fähnchen. Ich komme mir nackt und ausgestoßen vor, als ich, von Mutter mühsam mitgezerrt, die schwere Tür hinter mir ins Schloß fallen höre. Allmählich verklingt die Marschmusik. In Vaters Sessel sitzend, schlägt Mutter die Hände vor die Augen, auf ihren Wintermantel tropfen Tränen" (*Ertrinken*, 23).

Warum die Mutter nicht stehen bleiben will, warum sie letztlich weint, wird nicht eigens vom Erzähler kommentiert. Auf der Ebene der Geschichte bleiben das Verhalten der Mutter, ihre Tränen unverständlich und stehen dem Wunsch des Jungen entgegen, bei der Kundgebung dabei sein zu wollen. Doch der Erzähler (besser wohl, der abstrakte Autor bzw. um in Genettes System weiter zu denken, eine ‚extradiegetische Instanz') lässt dieses kleine Ereignis von der Kundgebung mit den Tränen der Mutter enden und nicht etwa mit dem Unwillen und Widerstand des Kindes. Das heißt, allein durch die Positionierung der Tränen am Ende der Geschichte verleiht der abstrakte Autor dem Ereignis seine bedrohliche Bedeutung. Der Kommentar der Situation erfolgt nicht – wie in einer autobiographischen Erzählung doch durchaus mög-

---

mative Erzählverfahren die Ereignisse im Nachhinein strukturieren. So besitzen Gerhard in *Ertrinken* und Stella in *Das Mädchen von der Schindler-Liste* eine größere Autonomie als der Junge der *Kinderjahre*. Sie dürfen oder können sich erinnern, ihr Bezugshorizont ist physisch und psychisch um einiges größer.

[252] Gerade bei Kertész und Durlacher ist der Rückhalt des historischen Wissens sehr auffällig, da beide über ein großes Wissen verfügen. Durlacher ist Dozent für Soziologie an der Universität in Amsterdam und forscht seit Jahren über die Formen des Überlebens in den Konzentrationslagern, wie wir aus zwei anderen Texten erfahren.

lich – durch die Erzählstimme, die sich absetzt, sondern durch eine „höhere Instanz", die das Ereignis mit seiner Organisation – hier den Abbruch – kommentiert. So bleiben der Kinderblick und das Nicht-Wissen erhalten, ohne diese einfach abzubilden.

Doch die wenigsten Zeugnisse greifen, wie gesagt, die Strukturen einer dichten und geschlossenen Darstellung auf. Eher charakteristisch für die Texte, die ab den 1980er Jahren geschrieben werden, ist der Wechsel zwischen dem eingeschränkten (internen) Kinderblick und -wissen und dem durch späteres Wissen gewonnenen Überblick des Erzählers – ähnlich wie überhaupt in den Texten der ‚ersten Generation'. Solch ein Wechsel und auch die Gewichtung oder die Differenzen zwischen Stimme und Blick können verschieden aussehen. Mal überwiegt mehr der Blick des Kindes wie in Renata Yesners *Jeder Tag war Jom Kippur*, dann wird dieser Kinderblick wieder öfters gebrochen wie bei Schoschana Rabinovicis *Dank meiner Mutter* oder Thomas Geves *Geraubte Kindheit*. Historische Einblenden über die Entstehung des Lagers und seine Strukturen sind nicht besonders häufig, leiten aber oftmals ein neues Kapitel ein wie bei Rabinovici. Wissen wird eher, wie oben schon gezeigt, über die Figuren und Ereignisse transportiert. So sind die Texte von Rabinovici, Geve, aber auch Solly Ganor, Agnes Sassoon, Jakob Bresler reich an biographischen Skizzen und Lebensläufen anderer Häftlinge.[253] Dieses figurenbezogene Wissen, wie ich es einmal nennen möchte, kann sehr eng auf die individuelle Geschichte gerichtet sein wie bei Müller-Madej, oder recht weit gespannt wie bei Geve, der die eigene Geschichte immer wieder anhält zugunsten einer anderen, fremden Lebensgeschichte.

Weiter fällt auf, vielleicht auch gerade im Unterschied zu Oberski, Durlacher, Müller-Madej und Kertész, dass der unwissende Blick des Kindes, seine sehr spezifische Wahrnehmung fast immer als solche vom Erzähler gekennzeichnet und durch späteres Wissen ergänzt wird: „Mir wurde befohlen, Grasbüschel mit einem harten Metallwerkzeug, das aussah wie eine Kehrschaufel, zu sammeln, um sie dann strategisch geschickt zu positionieren. Was ich nicht wußte: die Grasbüschel sollten die Gräben, die für die Feinde des Dritten Reichs bestimmt waren, tarnen. Für mich war es ein Geschicklichkeitsspiel, das ich genoß, denn ich wurde dafür gelobt und fühlte mich sehr bedeutend" (*Jeder Tag war Jom Kippur*, 124).

Ließe man dieses „was ich nicht wußte" weg – es wäre die Tarnung der Gräben eben ein Spiel, ähnlich dem Spiel des Jungen bei Oberski mit den Schuh-

---

[253] Solly Ganor, Das andere Leben. Kindheit im Holocaust, Frankfurt am Main 1997; Jakob Bresler, Du sollst nicht mehr Jakob heißen: Kindheit im Ghetto und KZ. Dokumentation einer Sprachlosigkeit, Wien 1988.

en des Vaters, die aber Zeichen dessen Todes sind. Doch die Erzählerin weiß, dass das damalige Spiel erzwungene Kriegshilfe war und kommentiert eigens den Unterschied zwischen damaligem Unwissen und heutigem Wissen in einer narrativen Pause. Damit bleibt immer eine Differenz zwischen dem erzählenden und dem erlebenden Ich bestehen, als ob die Erzählerin noch nachträglich ihr Unwissen und ihre unbewusste und erzwungene Anpassung an das Regime korrigieren wollte.[254]

So ist die Präsenz des erzählenden Ichs vielfach an den summativen und iterativen Erzählhandlungen spürbar und wird noch verstärkt durch Referenzen auf den Erzählzeitpunkt in der Art wie „Meine Erinnerungen an diese Tage" (*Überlebt. Als Kind in deutschen Konzentrationslagern*, 48), „Ich kann unsere Einsamkeit und unsere Trauer auch heute noch nicht beschreiben" (*Du sollst nicht mehr Jakob heißen*, 83) oder „Wenn ich ehrlich bin, liebte ich das Arbeitslager" (*Jeder Tag war Jom Kippur*, 118). Zwar werden in kaum einem Text die möglichen Verfahren und Formen von Erinnerung und Gedächtnis eigens thematisiert wie bei Ruth Klüger, doch wird in den meisten Texten in Nebensätzen sowie in Vorwort oder Epilog, wie bei dem noch folgenden von Louis Begley, auf die Gegenwart Bezug genommen und diese als Ausgangspunkt für eine Rückkehr in die Vergangenheit betrachtet, womit ebenso in den Kindheitstexten Spuren des ab den 1980er Jahren einsetzenden strukturellen Wandels zu finden wären.

Blicken wir von hier aus noch einmal zurück, so zeigt gerade der Vergleich dieser Texte mit denen von Kertész und Oberski, dass der ‚Kinderblick' nicht einfach authentische Erinnerung, also symbolische oder symptomatisch-traumative Wiederholung sein kann – sonst müsste er sich in allen Texten automatisch und unwillkürlich einstellen. Die Erinnerungen sind poetische Organisationen mit mancherlei Wahl von erzählerischen Mitteln, und sie stehen in einem historisch sich ändernden Feld von Mustern des Schreibens, die die Wahl mitbestimmen. Und was wiederum aus dem Leben des konkreten Autors dieses schreibende Erinnern organisiert und formt – wer könnte es wissen.

---

[254] Das Kind begreift das Lager als ein Spiel oder auch ein Märchen, wie Barbara Bauer an mehreren Beispielen herausarbeitet, nicht aber die Erzählerin oder gar die Autorin; und das ist der entscheidende Unterschied zu einem Text von Kertész oder auch Oberski.

4 Ruth Klüger: *weiter leben. Eine Jugend*

„Um mit Gespenstern umzugehen, muß man sie ködern mit Fleisch der Gegenwart. Ihnen Reibflächen hinhalten, um sie aus ihrem Ruhezustand herauszureizen und sie in Bewegung zu bringen."[255] Die Gespenster sind die Toten. Unbekannte und bekannte Tote, die unerlöst anwesend sind und sich zugleich jedem Zugriff entziehen. Sie spuken, weil sie unschuldig ermordet wurden, weil sie kein Grab haben – weil niemand weiß, wie sie gestorben sind. Niemand ist in der Gaskammer dabei gewesen.

Literarische Gespenster können in der Regel durch eine gute Tat erlöst werden. Ob diese Gespenster auch erlöst werden können oder sollen, beantwortet die Erzählerin nicht. „Umgehen" will sie mit ihnen, „sich auseinandersetzen", wie es am Ende des Textes heißt. Mit dem „Fleisch der Gegenwart" sollen die Toten geködert und zum Sprechen gebracht werden, gleich den Toten, die Odysseus durch ein Blutopfer lockt und beschwört. Die Beschwörung der Toten versteht die Erzählerin als eine gemeinsame Tat. Eine Erinnerungsgemeinschaft will sie gründen, die im vergleichenden Gespräch aus der Gegenwart die Vergangenheit wiederentdeckt oder auch neu entwirft: „Wenn es mir gelingt, zusammen mit Leserinnen, die mitdenken, und vielleicht auch ein paar Lesern dazu, dann [...] fänden [wir] Zusammenhänge (wo vorhanden) und stifteten sie (wenn erdacht)" (*weiter leben*, 80). Durch Schreiben auf der einen, und Lesen auf der anderen Seite soll die Erinnerungsgemeinschaft entstehen, die mit den Toten umgehen lernt. Doch diese Gemeinschaft, die ein großes und auch ganz persönliches Ziel des Buches ist, kommt nicht zustande. Denn zwischen den Lesern und der Erzählerin liegt der Styx oder befindet sich, wie es im Text fortwährend heißt, ebensolch „rostiger Stacheldraht" wie zwischen den Überlebenden und den Ermordeten.

weiter leben. Eine Jugend ist 1992 mit großem Erfolg in Göttingen veröffentlicht worden. 1993 verzeichnen Stefan Braese und Holger Gehle schon 130 Rezensionen.[256] Die unterschiedlichsten Rezeptionsansätze wurden an dem Buch erprobt und durchgeführt, woran sicher auch die Offenheit und Vielfalt der erzählten Geschichten und ihrer Verfahren zu sehen ist. Eva Lezzi versucht *weiter leben* autobiographiegeschichtlich zu fassen, nimmt aber auch Sigrid

---

[255] Ruth Klüger, weiter leben. Eine Jugend, Göttingen 1992, 79.
[256] Stephan Braese; Holger Gehle (Hg.), Ruth Klüger in Deutschland, Bonn 1994. Wirksam für die reiche Rezeption ist wohl Reich-Ranickis Ausspruch gewesen, das Buch „zählt zum Besten, was in diesen letzten zwei, drei, vier Jahren in deutscher Sprache erschienen ist" (vgl. Braese 1994, 76).

Weigels feministisches Deutungsmuster auf und führt es weiter. Neva Šlibar untersucht *weiter leben* im Zusammenhang mit Robert Schindels *Gebürtig* im Postmoderne-Diskurs. Dagmar Lorenz wiederum unterzieht den Text einer literaturwissenschaftlichen Analyse, versteht ihn als „landmark" zwischen älterer und neuerer Literatur über die Verfolgung und Vernichtung.[257] „landmark", da *weiter leben* Autobiographie und Metadiskurse der Shoah vereinigt.[258]

Ruth Klüger wurde 1931 in Wien geboren und hat ihre Kindheit im nationalsozialistischen System und seinen Lagern lassen müssen. Und doch ist *weiter leben*, trotz dieser äußeren Daten, kaum ein Zeugnis von einer Kindheit im Sinne von Oberskis *Kinderjahre*, obwohl wir nicht wenig über die Negation eines Kinderlebens im nationalsozialistischen Wien, dann Theresienstadt, Birkenau und Christianstadt erfahren. Auch Klüger schildert, gleich Durlacher, Yesner und anderen, wie sich das Netz um das Kind, das sie gewesen, immer enger zusammenzieht, dass es aus der Schule ausgeschlossen wird, von den öffentlichen Anlagen vertrieben, weder Kino noch Schwimmbad besuchen darf, sodass das Kind, Ruth, schließlich, ganz isoliert unter den wenigen verbleibenden Erwachsenen lebt. Doch trotz all dieser geschichtlichen Ähnlichkeiten gibt es kaum Berührungspunkte zwischen dem geschlossenen Bericht aus der Sicht des 4–7-jährigen Jungen bei Oberski und dem nach allen Seiten hin offenen hochreflexiv dialogischen Text, in dem eine Erzählerin aus den verschiedensten Blickwinkeln die Ereignisse erzählt.[259] Äußerst selten wird das reiche Wissen zurückgehalten und der Blick des Kindes unkommentiert gelassen, wenn das Kind überhaupt als Fokus gewählt wird. Denn Ausgangspunkt ist nicht die Vergangenheit mit ihren Ereignissen – gleichwohl Ursprung –, sondern die durch Gespräch, Studium, Forschung und gelebtes Leben komplex angereicherte Gegenwart. Sind in *Kinderjahre* der historische Raum und die Zeit kaum zu erschließen, und entstehen sie meist nur durch einzelne Handlungen, so lokalisiert die Erzählerin von *weiter leben* die Ereignisse der Kindheit

---

[257] Dagmar Lorenz, "Memory and Criticism: Ruth Klügers ‚weiter leben'", in: Woman in Yearbook: Feminist Studies in German Literature and Culture, Lincoln NE 1993, 204–224.

[258] Vgl. hierzu auch Lezzi, die ebenfalls von einem „Diskurswechsel" spricht, den der Klügersche Text vollzieht, indem in der autobiographischen Schrift die Erinnerungskultur auf einer Metaebene diskutiert und mit der biographischen Erinnerung verbunden wird (vgl. Lezzi, 2001, 242).

[259] Die unterschiedlichen Blickwinkel oder auch Wissenspositionen begreift Eva Lezzi – ihrer Ausgangsfrage entsprechend – als „genuinen Bestandteil von Kindheitsautobiographien" (Lezzi 2001, 230), während ich sie – entsprechend meiner Fragestellung – als typisches Merkmal für die Veränderungen im Schreiben und Erinnern der Shoah verstehe.

und Jugend recht genau in Raum und Zeit. Theresienstadt zum Beispiel wird historisch, literarisch, durch den Fokus des Kindes, durch die Erinnerungen, die die Erzählerin an Theresienstadt hat sowie durch einen Besuch der Autorin erzählt. Weder entsteht ein nur auf das Kind bezogener Raum noch ein durch einen Blickwinkel festgeschriebener Ort. Es ist eher ein räumliches Gebilde, durch verschiedene Zeitschichten und Blicke auf verschiedenen narrativen Ebenen erhellt, zusammengehalten und ergänzbar nach allen Seiten.

Allein an der Figuration ließe sich Spezifisches für eine Kindheit festmachen und der Text sich als ein ‚Kindertext' lesen. Wir hatten gesehen, dass eine Kinderwelt eine Personenwelt ist, und die das Kind umgebenden Menschen, auf die es sich beziehen kann oder muss, entscheidend sind für Leben und Identität. So ist auch das figurative Netz in *weiter leben* sehr dicht gewoben und bestimmt Geschichte und Erzählung.

Doch das Autobiographische in *weiter leben*, das sich auf Kindheit und Jugend richtet, bleibt immer Fragment – ist ‚Vignette', wie es die Erzählerin einmal bezeichnet; Vignette in der Gegenwartserzählung über den Umgang mit der Vergangenheit. *weiter leben* ist Zeugnis und Geschichte der verschiedenen Diskurse über die Verfolgung und Vernichtung und weniger Geschichte der primären Ereignisse des Lagers. Wird von Kindheit und Jugend erzählt, so meist mit der Funktion, zwischen den möglichen und den gelebten Erinnerungsdiskursen den angemessenen zu finden.[260] Diese Suche dokumentiert die

---

[260] Schon der Titel ist repräsentativ: *weiter leben*; das Leben nach 1945 steht im Brennpunkt und nicht die Zeit der Lager. Und in *weiter leben* ist implizit, was es weiter zu leben gilt. Das ist das Leben vor und in den Lagern. Damit wird mindestens eine doppelte Geschichte erzählt. Das wäre der erste Unterschied zu den Texten, die gleich nach 1945 entstanden sind, die ausschließlich die Geschichte des Konzentrationslagers erzählen und mit der Befreiung enden.
Eine Jugend markiert eine bestimmte Zeitspanne. Sie endet hier im Sommer 1951 in den USA. Ruth Klüger trennt sich von ihrer Mutter und will nach Mexiko gehen. Endet die Geschichte nun mit der Trennung der Tochter von der Mutter, so ist deutlich, dass auch eine Mutter-Tochter-Geschichte erzählt wird. (Nach Lezzi im Übrigen auch ein typisches Moment von Jugendautobiographien, vgl. Lezzi 2001, 253.) Der Untertitel verweist also auf eine Geschichte, die zeitlich begrenzt ist. Mit dem Obertitel kann die zeitliche Begrenzung aufgehoben werden. Denn *weiter leben* indiziert einen beliebigen Zeitraum des weiterlebenden Subjekts. Die Zeit geht also bis zum Schreibzeitpunkt und manchmal darüber hinaus, wenn z.B. Regeln für ein ‚weiter leben' formuliert werden. Die Fragen nach einem ‚weiter leben', die sich mit Kriegsende stellen, sind unter diesem Aspekt zeitlich unbegrenzt. Als solche werden sie in die erzählte Geschichte eingeblendet. Innerhalb des Textes besteht somit eine Spannung zwischen einer erzählten Geschichte, die zugleich eine KZ-Geschichte, eine Mutter-Tochter-Geschichte und auch eine Geschichte des ‚weiter lebens' ist, sowie überzeitlichen Fragen und Anweisungen nach einem richtigen Umgang mit der Vergangenheit, die sich aus dem ‚weiter leben' ergeben.

Erzählerin zum einen durch persönliche Gespräche, die Ruth Klüger mit deutschen Zeitgenossen – Freunden, Bekannten, Studenten – führt und als Erzählerin weiterdenkt, zum anderen durch die Auseinandersetzung mit unterschiedlichen Umgangsweisen mit der Shoah (zum Beispiel Lanzman, Weiss, Adorno). Dem Genre nach gleicht *weiter leben*, neben der Autobiographie, ebensoso einem Interview wie auch einer wissenschaftlichen Abhandlung. Wobei die Gesetze des Genres fortwährend unterlaufen werden. Denn die Stimmen der anderen sind durch die Sicht und Stimme der Erzählerin gebrochen oder werden zumindest durch diese kommentiert. Die „Deutschen" kommen gar nicht zu Wort, da meist nur Versatzstücke ihrer Äußerungen zitiert werden. Ebensolche Interpretation geschieht auch Adorno, wenn zwar der gängige Satz ‚Lyrik nach Auschwitz sei barbarisch' zitiert, aber nicht die Zurücknahme dieses Satzes in der *Negativen Dialektik* erwähnt wird. Alle drei, nicht voll, doch ansatzweise ausgebildeten Genres – Autobiographie, Interview, wissenschaftliche Abhandlung – existieren nun nicht nebeneinander, sondern sind ineinandergeschoben und bedingen sich gegenseitig, sodass die Erzählerin mit ihnen drei Gedächtnisformen zusammenführen kann: das individuelle Gedächtnis (Autobiographie), das kommunikative (Gespräche) und das scientische Gedächtnis (wissenschaftliche Abhandlung), die zusammengenommen ein kulturelles Gedächtnis bilden sollen.

Alle drei Formen und Genres werden durch das erzählende Ich zusammengehalten, welches allerdings keine Einheit ist, sondern sich in verschiedenen Rollen äußert.[261] So verknüpft die Erzählerin die autobiographischen Partien mit den theoretisch-praktischen Gesprächen über individuelles und kollektives Gedenken durch ihre Rolle als Germanistin und ihr Leben als Jüdin. Als Germanistin ist es ihr selbstverständlich, alles zu analysieren und zu kommentieren. Als Opfer der nationalsozialistischen Verfolgung nimmt die jetzige Germanistin sich dann vielfach und wahrscheinlich auch in bewusst provokanter Weise die Legitimation, alles Analysierte als richtig oder falsch hinzustellen. So nutzt sie ihr berufliches Wissen dahin gehend, die Formen des kulturellen Gedächtnisses in Beziehung mit den eigenen Erfahrungen zu stellen, wodurch dieser wissenschaftlich-persönliche Bericht entsteht.

Doch zuvorderst ist die Schreibende Jüdin. Nicht unbefragt, aber doch mit einer ruhigen Selbstverständlichkeit. Als öffentliche und private Person

---

[261] Vielleicht ist hier eine Bemerkung zum Verhältnis von dem erzählten Ich, der Erzählerin und Autorin vonnöten. Da es sich um eine Ich-Erzählung handelt, besteht eine Personalunion zwischen diesen drei Größen, und nicht immer lässt sich mit Sicherheit bestimmen, welches Ich spricht oder wahrnimmt. Ruth Klüger ist Autorin, ist extradiegetisch-autodiegetische Erzählerin, ist Figur des Textes sowohl als Erwachsene wie auch als Kind.

bekennt sie sich zum Judentum. Als stolze und verletzliche Jüdin schreibt sie ein Buch für und gegen die Deutschen. Sie führt jüdisch/deutsche Gespräche, die den Deutschen einen Spiegel vorhalten und Verständigungsmöglichkeiten zwischen Juden und Deutschen eröffnen sollen. Begeistert wurde dies Dialogangebot aufgenommen, doch unversehens das spezifisch Jüdische dem Deutschen einverleibt.[262] Dass Ruth Klüger in ihrem Bericht letztendlich Zeugnis ablegt vom grundsätzlichen Unverständnis zwischen Juden und Deutschen, wird, wie Braese und Gehle in ihrem Aufsatz zeigen, kaum wahrgenommen. So scheitert das provokative Dialogangebot letztlich und die Erinnerungsgemeinschaft, die die Toten beschwören soll, bleibt ein Wunsch.[263]

4.1 Erzählverfahren – die Suche nach Erinnerungsfiguren

Ortsnamen gliedern den Text in vier Teile mit einzelnen Kapiteln und einem Epilog: Wien, Die Lager (Theresienstadt, Auschwitz-Birkenau, Christianstadt), Deutschland, New York und Göttingen geben eine räumliche Ordnung in chronologischer Reihenfolge, wobei Zeit und Raum zwischen New York und Göttingen in einer großen Ellipse verschwinden, entsprechend dem Buchtitel *Eine Jugend*. Denn diese Jugend endet in New York mit der Trennung von der Mutter. Etwa sieben Jahre ist das Kind Ruth alt, als es in Wien lebt – die Differenz zwischen erzählendem und erzähltem Ich ist groß. Im Epilog (geschrieben 1989) hingegen bilden das erzählte Ich und seine Erzählerin eine Einheit. Ein ganzes Leben – Ausnahme bildet natürlich die Zeit der Ellipse – ist fragmentarisch in die Schrift gebannt.

Das durch die Kapitelüberschriften gegebene räumlich-chronologische Muster ist uns bekannt aus den älteren Schreibweisen, wobei dort allerdings die Geschichte mit der Befreiung endet und nicht über die Zeit des Lagers hinausgeht. Der Aufbau der Kapitel selbst hingegen hat nichts mit diesem älteren Modell gemein, da das relativ eindeutige chronologisch-räumliche Muster aufgehoben wird durch die referierten, zitierten und imaginierten Gespräche

---

[262] Vgl. hierzu: Stephan Braese; Holger Gehle, „Von ‚deutschen Freunden'. Ruth Klügers *weiter leben* in der deutschen Rezeption", in: Der Deutschunterricht 47 (1995) H6, 76–87.

[263] Ich wende mich hier gegen Lezzi, die zwar das ambivalente und auch negative Bild der Deutschen herausarbeitet, aber letztlich von „positiv gezeichneten deutschen Zuhörer[n] und Leser[n]" (Lezzi 2001, 279) oder „einfühlsamen Gesprächspartnern und Zuhörern der Göttinger Zeit" spricht (Lezzi 2001, 273). Zwar stimmt es, dass die Deutschen der Göttinger Zeit der verunglückten Ruth Klüger Anteilnahme entgegenbringen, aber Äußerungen von Deutschen, die die Erzählerin positiv wertet, gibt es so gut wie gar nicht.

und Referenzen auf andere Texte. Fortwährend werden der von außen gesetzte Raum und die Zeit überschritten. Betont wird die Überschreitung dadurch, dass die einzelnen Kapitel meist durch gegenwartsspezifische Erinnerungsformen der Vergangenheit eingeleitet werden und die Erzählerin so explizit auf ihren Standort und Blickpunkt verweist, der in der Gegenwart und nicht in der Vergangenheit liegt.[264] Damit bleibt die zeitliche Distanz zum Geschehen, „der Stacheldraht zu den Toten", wie es im Text mehrfach heißt, präsent. Autorin und Erzählerin gehen nicht über ein halbes Jahrhundert Geschichte, das zwischen der Shoah und der Schreibgegenwart liegt, hinweg, sondern machen allgemeines und persönliches Wissen und Erfahrung, die sich in diesem halben Jahrhundert gebildet haben, zum Ausgangspunkt ihrer Betrachtungen.

Man kann also sagen, dass die innere Ordnung der einzelnen Teile und Kapitel geschaffen wird – entgegen der äußeren Ordnung – durch zeit- und raumübergreifend dialogisch aufgebaute Erzählverfahren, sowohl auf der Mikro- wie auf der Makroebene.

Die eigene Vergangenheit wird zur Folie der Gegenwartserzählung; einer Gegenwartserzählung, die die Unangemessenheit in jeder Form der Erinnerung – auch der eigenen – in ihren Blick rückt und nicht die vergangenen Ereignisse zu generieren versucht. Und man könnte hinzufügen, dass diese eigenen Erfahrungen als eine Art Legitimation der kritischen Erzählung der Gegenwart dienen.

Damit legt der Text nicht nur die grundsätzliche Unüberbrückbarkeit zwischen den Ereignissen und ihrer Erzählung frei, sondern macht diese zu seiner Struktur. Die Rede über die Undarstellbarkeit und Unsagbarkeit, die zu einem vereinfachten Topos verschlissen ist, wird so noch einmal neu als strukturelles und weniger als inhaltliches Problem vor Augen geführt: Die Tode, die die Menschen gestorben sind, den Hunger, die Krankheiten und die Entwürdigungen, die sie am eigenen Leib erlitten haben – jede Rede darüber bleibt Wort oder Bild in einer Zeit, die frei von diesem Leid ist.

---

[264] Ein gutes Beispiel gibt hier die Einleitung in die Lager, die eine Auseinandersetzung mit der Museumskultur ist und mit dem Vorsatz endet ‚Brücken zwischen der Gegenwart und der Vergangenheit zu bauen'. So berichtet die Erzählerin von den sensationslüsternen und pflichtbewussten Touristen, die Buchenwald und Dachau besuchen, von den Zivildienstleistenden in Auschwitz, von einer Psychiaterin, die Flossenbürg kurz nach dem Krieg mit einer Kinderschar besichtigte, von Peter Weiss' *Meine Ortschaft*, von Lanzmans *Shoah*. Zusammen ist das eine ziemlich bunte Mischung von Erinnerungsarten. Die Erzählerin präsentiert diese verschiedensten Erinnerungsfiguren aber nicht einfach, sondern verwirft sie meistens und zeigt mehr oder weniger zart deren Unzulänglichkeiten auf, um aus diesen ihre Sicht zu entwickeln.

Diese unhintergehbare Tatsache arbeiten (abstrakte) Autorin und Erzählerin fast verzweifelt an jeder Stelle heraus, beklagen sie und klagen sich selbst und all die anderen Erinnernden dafür an. Darüber vergisst man fast und verliert auch der Text fast aus dem Blick, dass ein aus unzähligen persönlichen Zeugnissen vielstimmiger und gewaltiger Chor entstanden ist, der allein durch seine Existenz diese Tatsache zwar nicht aufhebt, aber ihr entgegensteht.

Narrative Pausen

Am auffälligsten gegenüber den älteren Schreibweisen, aber auch gegenüber den zitierten Texten einer negierten Kindheit, ist die Dominanz der Erzählung gegenüber der Geschichte, oder im Kleinen, der Vorrang der narrativen Pause vor der Handlung. Gilt in den älteren Texten die Pause als ein zwar notwendiger, aber erheblicher Mangel, da die Ereignisse möglichst ungebrochen, und das heißt, ohne Wissen und Kontext des erzählenden Ichs, erzählt werden sollen, wird die Pause hier zu einem Wert und zur unverzichtbaren Brücke von der Gegenwart in die Vergangenheit. Am auffälligsten ist das im Wien-, Theresienstadt- und Birkenau-Kapitel, während Christianstadt und die Flucht relativ chronologisch, dicht und ohne Unterbrechung erzählt sind. Gründe für diese ungewöhnliche Dichte gibt es wahrscheinlich mehrere. Zum einen kann es sein, dass die Erzählerin sich an die Ereignisse herangeschrieben hat – ähnlich wie Steinberg zum Beispiel –, zum anderen ist vielleicht die Suche nach den Erinnerungsformen und die Auseinandersetzung mit diesen bis zu einem Punkt vorgeschritten, wo sie ruhen kann. Dann spielt sicher eine Rolle, dass in Wien das Kind noch recht klein war, die ‚Erinnerungsreste' an diese Zeit ohnehin bruchstückhaft sind und die vorhandenen Zwischenräume und Lücken für Reflexionen sich anbieten.[265]

So wählt die Erzählerin im ersten Teil „Wien" mehrfach den Blick des Kindes auf den Vater. Doch wird der Ablauf der Handlung in der Vergangenheit – die ursprünglich die primäre Geschichte darstellt – fortwährend angehalten, abgebrochen oder erst durch Reflexionen der Erzählerin erzeugt.

Auf engstem Raum können die Suche nach einer rechten Erinnerungsform, eine feministische Spitze gegen die jüdische Religion, Erinnerungsbilder an den Vater und Differenzen zwischen den Generationen zusammenrücken. Ich zitiere eine längere Partie, da so das dialogisch kreisende Erzählverfahren am offensichtlichsten wird:

---

[265] Sehr einleuchtend erscheint mir auch Lezzis Schlussfolgerung, dass mit der zurückgewonnenen Freiheit, der Aktivität und Individualität die Geschichte auch als eine „eigene" erzählt werden kann – unabhängig von Zitaten, Reflexionen, Diskursanalysen etc. (vgl. Lezzi 2001, 251).

„Wär's anders und ich könnte sozusagen offiziell um meine Gespenster trauern, zum Beispiel für meinen Vater Kaddisch sagen, dann könnte ich mich eventuell mit dieser Religion anfreunden, die die Gottesliebe ihrer Töchter zur Hilfsfunktion der Männer erniedrigt [...] Du unterschätzt die Rolle der Frau im Judentum, sagen mir die Leute [...] Und warum willst du Kaddisch sagen? fragen mich dann die Leute erstaunt. Bist doch sonst nicht aufs Beten versessen und raufst dir auch die Haare nicht in der Öffentlichkeit. Ja, aber die Toten stellen uns Aufgaben, oder? Wollen gefeiert und bewältigt sein [...] Also wie soll ich ihn feiern? Beim Namen kann ich ihn nennen, das ist schon alles. Viktor hieß er. Auf dem kleinen Schild unten am Haus stand ‚Frauen- und Kinderarzt' und darüber Doktor Viktor Klüger, und ich fand die Verdopplung der Silbe ‚tor' lustig, als ich sie zum ersten Mal richtig lesen konnte. Die Erwachsenen fanden das nicht komisch, was mich erstaunte, wie so oft, diese Diskrepanz der Wahrnehmungen" (*weiter leben*, 23ff).

Rede, Blick und Handlung liegen in der Gegenwart. Die Vergangenheit ist höchstens in Form eines Splitters – im Spiel des Kindes mit den Signifkanten (Viktor Doktor) – enthalten. Narratologisch gesprochen, dominiert die Pause die Handlung.

Der getötete Vater will erinnert sein. Aber wie soll er erinnert werden, wenn die persönlichen Erinnerungen auf Kleinigkeiten reduziert sind, auf „Kindereien", wie es andernorts heißt. Und eines Toten, eines schändlich Ermordeten mit diesen marginalen Resten zu gedenken, ist ein Widerspruch, der Verzweiflung bei der Erzählerin hervorruft. Eine Verzweiflung, die nicht durch einen unpersönlichen, aber unantastbaren Ritus aufgehoben oder beheimatet werden kann, da das Totengebet einer Frau nicht zusteht. Die biographische Erinnerung also ist ungenügend und unangemessen und die rituelle wird ihr offiziell verweigert, sodass der Erzählerin nachträglich der Vater noch einmal genommen wird. Das ist ein doppelter Verlust.

Innerhalb des Textes allerdings verbleibt es bei einem selbstreferenziellen Gestus und der Kritik an den anderen (hier die feministische Kritik an der patriarchalischen Väterreligion[266]). Und die Erzählerin zieht keine erzählerischen Konsequenzen daraus.

Der Autor der *Kinderjahre* hätte wahrscheinlich aus dem Blick auf die Dopplung der Silben im Namen Viktor und Doktor eine Geschichte gemacht und dieses Minimalereignis wäre keine Kinderei mehr. Die Erzählerin und Figur Ruth Klüger tut dies nicht, nützt das Erinnerungsfragment nicht, um sich den

---

[266] Zum feministischen Deutungsparadigma vgl. sehr ausführlich Lezzi 2001, 254–266 und Sigrid Weigel, „Der Ort von Frauen im Gedächtnis des Holocaust. Symbolisierungen, Zeugenschaft und kollektive Identität", in: Sprache im technischen Zeitalter, 33/1995, 260–268.

Vater schreibend zu erfinden. So geben selbst die wenigen Bilder oder Erzählungen keine Möglickeit eines Gedenkens ab und können auch nicht identitätsstiftend wirken.

Würde man diesen Vorgang einmal deuten wollen, so gäbe es zwei Möglichkeiten: Man kann das Schweigen über den Vater und die Nichtwahl der Erfindung des toten Vaters durch die Schrift als ein Symptom der Verletzung und des nachhaltigen Verlusts lesen. Man kann aber auch denken, dass der Diskurs, in dem Autorin und Erzählerin stehen – eine Geschichte über die immerzu unangemessenen und unmöglichen Erinnerungsformen zu schreiben – gar nicht erst zulässt, eine Kindheit im Sinne Oberskis zu erfinden.

Beides wäre sicher möglich, muss aber Vermutung bleiben, da wir in die verborgenen Mechanismen des Schreib- und Erinnerungsprozesses nur so weit schauen können, wie die Textzeichen es zulassen.[267]

Erzählungen von Worten

Ruth Klüger sitzt nach einem Vortrag mit Kollegen aus der Universität im Restaurant. Die Unterhaltung geht über Widerstand und Nichtwiderstand der Juden. Zur Erläuterung einer bestimmten Position erzählt ein Historiker vom Ende eines Transports in Riga. Zufällig war dies der Transport des Bruders der Erzählerin:

„Er beschrieb das Ende dieses Transports, wie er sich nach Einsicht in die Dokumente erschloß. Man kennt solche Berichte, ich muß diesen hier nicht nacherzählen um der Details willen, die ihm bemerkenswert schienen und mich fesselten, weil sie meinen Bruder betrafen [...] So habe ich die Einzelheiten über Schorschis Tod, die ich mir als Halbwüchsige in New York zusammenphantasierte, in Princeton zum Cognac aufgetischt bekommen, ohne dass der Erzähler es beabsichtigte. Da war sie wieder einmal, die Diskrepanz zwischen dem geselligen Universitätsbetrieb, der mein eigentliches Zuhause geworden war, dem gemütlichen Essen, und diesen aberwitzigen Geschichten, die es gar nicht geben sollte [...] Nackte, frierende Gespenster am gedeckten Tisch [...] Unübersteigbarer Stacheldraht zwischen uns und den Toten" (*weiter leben*, 97).

---

[267] Für die letzte Deutungsmöglichkeit spräche der eigens markierte fragmentarische Charakter der Erinnerungen im Teil über Auschwitz – diese sind allerdings auch nicht als Kindereien dargestellt. Dort sind die Erinnerungsfragmente unter dem Begriff „Vignette" geordnet. Es heißt dann: „Zweite Vignette [...], Dritte Vignette[...]" etc. Es soll also eindeutig keine Kontinuität hergestellt werden, keine ‚Erzählung' täuscht über den Bruch hinweg, die Verfolgung und drohende Vernichtung hinterlassen haben.

Zweierlei möchte ich hier hervorheben: Die Erzählerin spart den Bericht des eigentlichen Ereignisses aus und verweist die Leser auf deren allgemeines Wissen über solche Ereignisse. Die Tatsachen sind heute, nach einem halben Jahrhundert, bekannt, so Ruth Klüger. Das primäre Ereignis verschwindet in einer narrativen Ellipse, was undenkbar in den frühen Textzeugnissen wäre.[268] Dagegen dokumentiert die Erzählerin, wie sich die in der Realität erzählte, aber im Text nun nicht mehr erzählte Vergangenheit in ihrer Gegenwart ausnimmt; wie die Vergangenheit durch das Gitter der Gegenwart erscheint. Der erzählerische Blick liegt auf der Rezeption des Ereignisses und ihrer unweigerlichen Diskrepanz zu den Tatsachen. Im Restaurant in Princeton wird vom elenden Mord in Riga erzählt, während des Essens und Trinkens wird erzählt von denen, die hungerten und ermordet wurden. Das sind unvereinbare und unvermeidbare Gegensätze. Denn erinnert und erzählt werden kann nur aus der ruhigen Sicherheit des Lebens, und schon damit wird der Erzählende schuldig vor den Toten. Richtig erinnern könnte man nur mit den Toten, wie die Erzählerin immer wieder betont. Denn nur sie könnten, indem sie erschienen in ihrer geschändeten Gestalt – wie die Toten im Hades vor Odysseus – sich Sprache geben. So ist Erinnerung immer schief und nicht recht. Unweigerlich dominiert die Gegenwart die Vergangenheit. Und doch: Erinnerte man nicht aus der lebendigen und gegenüber dieser Vergangenheit profanen Gegenwart heraus, so verfiele alles dem Vergessen. So ist gerade das grundsätzlich Unangemessene die Bedingung des falschen – aber notwendigen Erinnerns.[269]

Für solche Diskrepanzen und Schwierigkeiten, die nicht immer so extrem sein müssen wie in diesem Fall, aber immer vorhanden sind, hat die Erzählerin einen besonderen Sinn.[270] Sie weist auf diese von verschiedenen Seiten hin, wie auch die Auseinandersetzung mit den verschiedenen Diskursen oder Meinun-

---

[268] Lezzi liest diese Stelle anders. Nach ihrer Sicht ist die Vermeidung literarischer Repetition „vordergründig" und dient dazu, „den Tod des Bruders nicht einem voyeuristisch interessierten Leserblick auszuliefern" (Lezzi 2001, 223.).

[269] Vgl. zu dieser Problematik auch mein Kapitel III. „Ererbte Erinnerung: Texte der ‚zweiten Generation'". Gerade in Robert Schindels Roman *Gebürtig* erscheint das Verhältnis zwischen dem ‚banalen' Alltag oder der ‚profanen' Gegenwart recht zugespitzt als Ereignis der Narration.

[270] Gerade in der Profilierung solch unvereinbarer Gegensätze liegt die große Stärke des Textes. Zwei Beispiele seien hier noch erwähnt. Das eine bezieht sich auf Tante Rosa, das andere auf den Vater. Tante Rosa, die das Kind gequält und schikaniert hat, wurde vergast. Die Abneigung gegenüber dieser Tante und das Wissen um ihren elenden Tod stehen fremd nebeneinander: „So verkörpert sie festgefroren im Tod, den Abstand zur Elterngeneration, und ich kann an sie und den dazugehörigen Onkel nicht mit Rührung zurückdenken. Gleichzeitig entsetzt es mich, daß die vergaste Tante Rosa nur eine Kind-

gen Zeugnis davon ablegt, den ganz persönlichen wie kulturellen Hiat zwischen der Gegenwart und der Vergangenheit, dem Wissen und der Erfahrung, dem kulturellen und individuellen Gedächtnis vielleicht nicht zu überwinden, aber doch handhabbar zu machen.

Selbstreferenzen

Dadurch erlangt der Text ein Höchstmaß an Dialogizität oder auch scheiternder Dialogizität. Verstärkt wird dieses dialogische Verfahren durch die starke Selbstreferenz. Immer wieder kommentiert die Erzählerin ihr Erzähl- und Erinnerungsverfahren und betont die verschiedenen Inkommensurabilitäten: „Ich wollte meine Erinnerungen ‚Stationen' nennen und ganz unbefangen an Ortsnamen knüpfen [...] Wiederholt bin ich gestrandet und so sind mir die Ortsnamen wie die Pfeiler gesprengter Brücken. Wir können nicht einmal sicher sein, daß es die Brücken hier, wo es nach Pfeilern aussieht, gegeben hat, und vielleicht müssen wir sie erst erfinden, und es könnte ja sein, daß sie, obwohl erfunden, trotzdem tragfähig sind" (*weiter leben*, 79). Die Erzählerin kommentiert hier den Erinnerungs- und Schreibprozess, um zugleich aus dem Kommentar über das persönliche Versagen – „wiederholt bin ich gestrandet" –, einen Vorschlag und einen Versuch einer allgemeingültigen Mnemotechnik zu entwickeln. Aus dem Ich der persönlichen Erinnerung und Schreiberfahrung wird das Wir einer kollektiven Erinnerungsgemeinschaft, und aus der individuellen Erfahrungsgeschichte wird die Möglichkeit eines kollektiven Gedächtnisses. Das sind besondere Formen von Selbstreferenzen, die zeigen, wie sehr der Text – bis in die Narration hinein – Suche nach der rechten Erinnerungsform ist.

Nicht immer aber müssen die Referenzen auf das schreibende Erinnern oder erinnernde Schreiben Kernfragen profilieren. Oft sind sie ganz einfacher Art wie „ich erzähle diese Kindereien, weil sie alles sind, was ich von ihm habe" (*weiter leben*, 26). Auffällig allerdings ist ihre Häufigkeit, und ich würde vermuten, dass diese unter poetischen Aspekten oftmals sinnlosen Referenzen nicht nur aus postmoderner Spiegeltechnik oder germanistischem Analyse-

---

[270] (*Fortsetzung*)
heitserinnerung bleibt" (*weiter leben*, 12). Ebenso schwer verbindbar bleibt die Rekonstruktion des Todes des Vaters aus dem allgemeinen Wissen über den Tod in der Gaskammer heraus mit den fragmentarischen Erinnerungen an den lebenden Vater: „Ich sehe meinen Vater in der Erinnerung höflich den Hut auf der Straße ziehen, und in der Phantasie sehe ich ihn elend verrecken, ermordet von den Leuten, die er in der Neubaugasse begrüßte, oder doch von ihresgleichen. Nichts dazwischen [...] und ich kann die richtigen Gefühle für den lebenden und den sterbenden Vater aufbringen, aber sie vereinigen für die eine, untrennbare Person kann ich nicht" (*weiter leben*, 27ff).

zwang heraus entstehen, sondern auch die Funktion der Beglaubigung übernehmen — eine Art Identität auf erzählerischer Ebene auch in der Negation schaffen. Denn die Autoren der älteren Texte konnten eine fortlaufende Geschichte erzählen, die ein einheitliches Ich herstellte und somit dem erzählenden Ich in Stellvertretung Heimat und Sicherheit gewährte. Ruth Klüger kann solche Geschichten nicht mehr erzählen, will es auch nicht. Und die neue Geschichte, die sie erzählt, die Geschichte von der Suche nach Erinnerungsfiguren, ist eine Geschichte der Negationen. Da kein Individuum ohne eine gewisse Heimat und Sicherheit auskommen kann, denke ich, dass hier die selbstreferenziellen Schleifen (in einem fiktionalen Text könnte man auch von Metalepsen sprechen) Heimat gewähren, indem sie die Erzählerin und ihre Erzählungen verorten. So verdoppelt die Erzählerin sich in der Metalepse und kann sich über die Richtigkeit des Erzählten vergewissern. Zugleich stellt sie sich indirekt in die Gemeinschaft der Leser, auf deren Bestätigung sie hofft, deren Ohr sie einfordert.

4.2 Figuration — Dialog oder Monolog?

Im vorherigen Kapitel hatten wir gesehen, wie sich das Verhältnis und der Wert von Vergangenheits- und Gegenwartserzählung, Geschichte und Narration, Handlung und Pause etc. verschieben. Und schon aus den zuvor bearbeiteten Beispielen ist deutlich geworden, dass auch die Figurenkonstellation auf verschiedenen Ebenen betrachtet werden kann und muss. Denn die starke Ausarbeitung der Gegenwartserzählung auf der Ebene der Geschichte wie in der Erzählung erzeugt weitere Figurationstypen, die zwar ineinander verschränkt sind, aber lohnen, differenziert und analysiert zu werden. Gerade sie profilieren Pluralität und Polyphonie des Textes und zeigen, weswegen *weiter leben* zu Recht als „landmark" bezeichnet werden kann.

Die erste Figuration ist die des Kindes und dann der Jugendlichen in der erzählten Kinder- und Jugendgeschichte bis Kriegsende; die zweite ist die Figuration des ‚weiter lebens', die ihre Prägung in der Nachkriegszeit erfährt, zeitlich und räumlich aber unbegrenzt ist; die dritte Figuration ist die innerhalb der selbstreferenziellen Schleifen — Erzählerin und Leser stehen sich hier gegenüber.

Das Kind und die Juden

Von den Nationalsozialisten der Kinderzeit berichtet die Erzählerin kaum; sie befinden sich in der Welt des Kindes an der Peripherie. Wie in allen anderen Texten über eine Kindheit sind die unmittelbare Umgebung und ihre Konstellation für das Kind entscheidend. Eltern, Verwandte, Mithäftlinge sind aus Kindersicht nicht immer Vertrauenspersonen, sondern können durchaus zu Feinden werden. Der Junge bei Oberski konnte sich einer Identität nur durch die Mutter vergewissern, welche durch Erinnerung und Verweis auf eine fingierte Zukunft, Kontinuität und damit Bewusstsein vom Ich zu erzeugen und zu bewahren versuchte. Das Kind Ruth gewinnt seine sehr verletzliche und anfechtbare Identität gerade umgekehrt dadurch, dass es sich von der Mutter und Umwelt absetzt, fast ausgrenzt. Die Erwachsenen sind der kleinen Ruth fremd und unverständlich. Und nicht nur das. Das Misstrauen gegen sie wächst zunehmend je mehr diese – insbesondere die Mutter – das Kind abschirmen wollen; einen Schutzraum durch Schweigen und das Verbot, Fragen stellen zu dürfen, herzustellen bemüht sind. Dadurch fühlt sich das Kind verraten, ausgegrenzt – in einer Vehemenz und Ausschließlichkeit, die ich nur aus Berichten von versteckten Kindern kenne.[271] So wird auch die Auflösung der Großfamilie als erweiterter Innenraum des Kindes als Verrat empfunden. Unverständlich und unerklärlich ist dem Kind, warum der Vater es nicht mitnimmt auf die Flucht, warum der geliebte Bruder – das einzige, uneingeschränkte Vorbild – und das geliebte Kindermädchen – „die wahre und unkomplizierte Mutter" –, verschwinden. Alle drei Personen sind Vertrauenspersonen und Vorbilder und können es bleiben, da sie verschwunden sind. Zurück bleibt nur die Mutter, auf die sich alles konzentriert und die zum eigentlichen Feind wird – die Verfolgung der Juden reicht mitten in die intimen Beziehungen hinein, als Verkehrung, Verzerrung des eigenen Handelns in der eigenen Familie. Damit ist die Geschichte einer negierten Kindheit zugleich eine Geschichte von Tochter und Mutter, die in ihrer ganzen Komplexität und Schwierigkeit ausgebreitet wird. Der Text ist nicht nur Suche nach den Formen der Erinnerung, dem rechten Gedenken der Toten, sondern ist auch, und ist es manches Mal vor allem, Aufarbeitung einer schwierigen Tochter-Mutter-Beziehung, die durch die äußere Situation extrem verschärft wurde. Nicht umsonst endet er, vom Epilog abgesehen, mit der Trennung von der Mutter in New York. An solch starker Umschichtung und Umgewichtung zugunsten einer Tochter-Mutter-Geschichte gegenüber der ‚Lagergeschichte' gibt sich *weiter leben* vor allem als ein Text ab den 1980er Jahren zu erkennen, der neben die eine, große Geschichte mit fortschreitender Lebenszeit der Schreibenden auch andere Geschichten stellt, die fast ebenso schwer wiegen.

---

[271] Entschieden die Eltern sich dafür, ihr Kind zu seiner eigenen Sicherheit wegzugeben, so empfanden dies die Kinder oft als Verrat und folgerten daraus, dass die Eltern sie nicht mehr liebten. Diese Wunde konnte vielfach nicht mehr geschlossen werden – sei es, weil die Eltern ermordet wurden, sei es, weil sie gänzlich verändert zurückkehrten und kaum Möglichkeiten hatten, das Leid der Kinder aufzufangen.

Aus dem Gefühl von Negation und Verrat erwächst für das Kind nicht nur Unsicherheit und der Verlust einer ruhigen Gewissheit des eigenen Ichs, sondern auch der Wille zu einem lebenslangen Widerstand. Das Kind sucht sich andere Zugehörigkeiten als die in der Familie. Auf das Judentum und die Literatur gründet Ruth ihr in allem negiertes Ich. Ähnlich wie Maciek in *Wartime Lies* und Susi Weksler in *Dank meiner Mutter* oder Renata Yesner in *Jeder Tag war Jom Kippur* baut sie sich eine literarische Gegenwelt auf, die ihr mit dem Leben rettet, da sie einen inneren Ausweg aus der ausweglosen äußeren Situation bietet.

Jüdin wiederum wird sie aus „Abwehr", „als der Glaube an Österreich ins Schwanken gerät" (*weiter leben*, 40). Ihren „deutschen Namen", Susi, legt sie ab und nimmt ihren jüdischen, Ruth, an. Die Rolle, die sie von außen zugewiesen bekommt, macht sie sich auf ihre Weise so zu eigen. Wie so viele wird auch Ruth Klüger durch den Ausschluss aus der Gemeinschaft der Lebenden und die äußere Zuweisung, Jude sein zu müssen, erst zu einer Jüdin. Doch anders als viele andere zieht sie nicht den Schluss, Jude zu sein, sei eine Schande. So ist der Judenstern für sie auch kein Makel, sondern Bestätigung der neu gewonnenen Zugehörigkeit, mit der sie in Übereinstimmung von Innen und Außen Würde erhält und Identität gewinnt.[272]

Seinen äußeren Raum und seine Erfüllung findet das aus Ausgrenzung und Negation entstandene ‚Jüdische' dann, als Ruth Klüger nach Theresienstadt deportiert wird. Hier wird das unbestimmte Zugehörigkeitsgefühl mit einem Sinn gefüllt durch die zionistische Jugendbewegung, aber auch durch Predigten des Rabbiners Leo Baeck: „Er gab uns unser Erbe zurück, die Bibel im Geiste der Aufklärung" (*weiter leben*, 100), heißt es im Text. In Theresienstadt wird das kulturelle Judentum, das Volk des Buches, ihre Heimat, sodass die Erzählerin 1989 schreiben kann: „Wenn ich mir heute die unbeantwortbare Frage vorlege, wieso und inwiefern ich Ungläubige überhaupt Jüdin bin, dann ist von mehreren richtigen Antworten eine: ‚Das kommt von Theresienstadt, dort bin ich es erst geworden'" (*weiter leben*, 103).

Die Erwachsene und die Deutschen

Das Kind lebte in einer jüdischen Welt – die Jugendliche kommt in ein latent antisemitisches Nachkriegsdeutschland, während die Erwachsene wieder weit-

---

[272] Ich zitiere ein Gegenbeispiel aus der Geschichte von Maya Schwartz, die den Stern als eine Schande empfindet: „Am stolzesten war ich aber auf das, was ich war – das Kind meiner Eltern. Aber mit diesem Stern auf der Brust ging ich nur noch mit gesenktem Kopf herum. Ich schämte mich. Ich tat mein Bestes, um den Stern mit meinem Arm zu verdecken. Er brannte richtig auf meiner Brust" (zitiert aus: André Stein, Versteckt und vergessen. Kinder des Holocaust, München 1995, 245).

gehend unter Juden lebt,[273] sich aber im Text in einer deutschen Welt erzählt. Figurativ knüpft sie damit an die Nachkriegszeit an, die geprägt ist von Missverständnissen und erneuter Ausgrenzung, aber auch Anziehung. Christoph, alias Martin Walser, ist der Inbegriff des Deutschen, „derjenige, der nicht zugehört hat, aber der Deutsche, der immer freundlich war, der Intellektuelle mit Skepsis und Feinfühligkeit".[274] In der Kinderwelt der erzählten Geschichte werden, wie gesagt, die Nationalsozialisten nicht dargestellt. Eine direkte Konfrontation erfährt die Jugendliche erst nach dem Krieg, wobei aber ein Austrag zugunsten des Wunsches nach einem ‚weiter leben' und Neuanfang scheitert.[275] Gespräch und Auseinandersetzung kommen erst viel später zustande. Die „Deutschen" in den Dialogen scheinen damit exemplarisch für die Nachkriegsdeutschen zu stehen, aber auch die in der Kindheitsgeschichte nicht dargestellten Nationalsozialisten zu ersetzen. Denn manches Mal sehen die Gespräche sehr nach Altlasten aus.

Die Erzählerin berichtet und setzt sich als Erwachsene ins Gespräch mit verschiedenen Deutschen. Sie erzählt von den „Schreckensrührigen", die vor lauter Betroffenheit nichts Einzelnes wahrnehmen, von den Touristen, die nach dem Goethe-Haus Buchenwald und nach dem Rathaus in München Dachau aus bürgerlichem Pflichtbewusstsein besuchen, von den Studenten, die die Opfer heiligen, von den „Leuten", die für ambivalente Gefühle der Überlebenden kein Verständnis haben und von Gisela, die sich nicht aus ihrem Denksystem herausbewegen kann und so weiter.[276] Es sind die denkbar unterschiedlichsten Figuren mit verschiedenen Positionen, die äquivalent einzig darin sind, dass sie ungenau erinnern und zu wenig zuhören und fragen. So wird in jeder Erinnerungstätigkeit von deutscher Seite etwas Falsches aufgezeigt. Gespräche kommen nicht zustande oder werden nicht erzählt. Und

---

[273] „Mir wurde schlagartig deutlich, daß ich jetzt zum ersten Mal in einer Stadt [Göttingen] wohnen würde, die praktisch keine Juden vorzuweisen hat, und daß ich bisher, nicht ausschließlich, aber doch weitgehend, immer Jüdin unter Juden gewesen war" (*weiter leben*, 269).

[274] Klüger in: Sigrid Löffler, „Davongekommen. Jetzt noch über Auschwitz schreiben? Ruth Klüger ist es mit ‚weiter leben. Eine Jugend' gelungen, ohne Pathos und gefühlsgenau", in: Die Zeit, 5.8. 1993.

[275] „Wir waren alle beteiligt an der Verdrängung der Vergangenheit, die früheren Häftlinge freilich weniger als die Freigebliebenen, und die früheren Täter am meisten. Uns allen war der Boden unter den Füßen zu heiß, und fast alle haben wir uns auf Neues verlegt, die Altbauten abgerissen und oft nichts Besseres an ihre Stelle gesetzt" (*weiter leben*, 213).

[276] „die Leute, die sagen ..." heißt es immer im Text (*weiter leben*, 23, 27, 73, 133, 138, 235). Diese Leute werden nicht genauer differenziert, außer dass sie undifferenzierte und borniente Aussagen über die Shoah machen: „...wir sehen ein, daß das ein Schlag [Tod des Vaters] für dich gewesen ist, und bedauern dich auch [...] Nur das kognitive Problem

meist übernehmen die Aussagen der „Deutschen" die Funktion, Ausgangspunkt für eine berichtigende und aufklärende Gegenrede in der Vergangenheits- oder Gegenwartserzählung zu sein. Auf die Rede von Gisela über das Glück der Mutter von Ruth Klüger antwortet die Erzählerin folgend: „Aber ich will euch erzählen, daß meine Mutter kein Glück gehabt hat im Leben [...] Das möchte ich euch erzählen, so daß ihr versteht, warum Giselas Vergleich hinkte, warum Angehörige der anonym Erschlagenen niemals Glück haben können, besonders die Mütter nicht" (*weiter leben*, 92ff). Durch eine dann folgende, konkrete Gegenerzählung wird Giselas Rede negiert und die Leser (nicht Gisela!) werden aufgeklärt, sie sollen verstehen, ähnlich wie bei Levi. Doch betrifft die Aufklärung nicht primär die Lager, sondern die Rezeptionsweisen der Lager. So wird Ruth Klüger – auch wenn sie sich andernorts als „unzuverlässige" Zeugin (*weiter leben*, 284) der Toten bezeichnet – doch zur Sprecherin oder Deuterin des Geschehens, welche sich nicht scheut, aus der Erzählung über die Mutter eine Erzählung über „die Mütter" zu machen.

Ähnlich wie bei Levi sollen die Deutschen einerseits in den Dialogen sich erkennen, andererseits funktionalisiert Ruth Klüger die Stimmen der Deutschen, indem sie sie als Ausgangspunkt für berichtigende und aufklärende Gegenrede benötigt. Damit gibt sie sich im Schreiben eine Stimme, die ihr als Kind und als Erwachsene in Gesprächen verweigert wurde.

Die Erzählerin und die Deutschen

Im Gespräch sind die Deutschen die Unverständigen, die nicht in rechter Weise erinnern. In den selbstreferenziellen Schleifen versucht die Erzählerin mit den zahlreichen Leseranreden, direkter und indirekter Art, diese Kluft zu überbrücken. Immer wieder werden die Leser zu Mit- und Einsprachen aufgefordert: „[...] laßt euch doch mindestens reizen, verschanzt euch nicht, sagt

---

sehen wir nicht. Dein Vater hat ein normales Leben geführt und ist leider eines unnatürlichen Todes gestorben. Traurig – aber wo liegt die Schwierigkeit" (*weiter leben*, 27).
Gisela gehört in die Kategorie der „Leute", nur dass sie noch etwas extremer in ihren Ansichten ist. Sie ist die Frau eines Kollegen. Ihre Äußerungen können zwar nicht als faschistisch bezeichnet werden, aber liegen doch am Rande (*weiter leben*, 85, 88, 102, 109, 158). Gisela ist der Typus, der herunterspielt (,Theresienstadt sei nicht so schlimm gewesen ...') und Gleichungen aufstellt. So meint sie z.B., dass Ruth Klügers Mutter im Gegensatz zu ihrer Mutter, die ihren Mann an der russischen Front verloren habe, Glück gehabt hätte, da sie in Amerika noch zweimal heiratete. Sie gleicht Schicksale an, um letztendlich das eigene Glück oder Unglück höher zu werten. Dadurch nivelliert sie. Gisela ist exemplarisch für die Deutschen, die von einer einmal gebildeten Meinung nicht mehr weg kommen, und die sich vor allem mit einem „akzeptablen deutschen Gewissen zu Bett legen wollen".

nicht von vornherein, das gehe euch nichts an [...] Werdet streitsüchtig, sucht die Auseinandersetzung" (*weiter leben*, 141).[277] Mit solchen Sätzen fordert sie ihre Leser zur Mitsprache auf und gibt ihnen eine Stimme, wie Irene Heidelberger-Leonard schreibt.[278] Aber diese Stimmen sind sehr eingeschränkt und festgeschrieben. Die Erzählerin hat bestimmte Rezeptionsweisen vor Augen, wenn sie schreibt: „Wie kann ich euch vom Aufatmen [nach der überstandenen Selektion] abhalten? Denn den Toten ist damit nicht geholfen. Faßt einen Gegengedanken, ändert die Zusammenhänge" (*weiter leben*, 139). Selbstverständlich atmet jeder Leser nach der Rettung des Kindes auf. Wie auch nicht. Doch mit dem Aufatmen ist nicht verbunden, dass unweigerlich die Toten vergessen werden. Ähnlich gegängelt und verdreht fühle ich mich als Leserin dann bei folgenden Sätzen: „Ich will euch nicht noch einmal vorrechnen, wie viele es waren, denn ich weiß, ihr mögt das nicht und schaltet ab, wenn ihr die unwillkommenen Ziffern im Zusammenhang hört" und weiter: „Wir bilden keine Gemeinschaft mit den dort Umgekommenen; es stimmt einfach nicht, wenn ihr uns mit denen zusammenzählt und euch selber ans andere Ufer dieses schwarzen Flusses rettet" (*weiter leben*, 139ff). Freiraum und Stimme bekommen die Rezipienten hier nicht. Sie werden auf einen bestimmten Lesertyp reduziert, der nicht hören, nicht sehen will, der alles vereinfacht. Verständlich wird dieses feindliche Leserbild nur aus dem oben entwickelten biographischen Kontext, das heißt, aus den fundierenden Erfahrungen der Nachkriegszeit. Die Jugendliche wurde von niemandem nach ihren Erlebnissen gefragt, eben auch nicht von Christoph, ihrem Freund.

Ob solche Aufforderung und gleichzeitige Zuweisung einer bestimmten Rolle Grundlage für das gewünschte Gespräch sein kann, finde ich fraglich. Denn ein Gespräch beruht auf gegenseitigem Zuhören und Fragen. Kein einziges Mal heißt es im Text zu den Angeredeten: ‚erzählt'.

*

Es mag dahingestellt bleiben, ob nun diese Art der Dialogform eine sinnvolle Lösung ist und die gewünschte Erkenntnis der Vergangenheit erbringt. Auch zeigt sich die Gefahr, die in der Überbewertung der ‚Pause' liegen kann: Das Ereignis kann, zumindest für die Leser, zerredet oder zerschrieben werden.

---

[277] Vgl. dazu auch: „Gebt euch doch die Mühe zu fragen, was diese gewaltsam entwurzelten Menschen sich dachten oder was sie von sich aus wollten" (*weiter leben*, 159). Und: „Ich bestehe auf diesen Unterscheidungen, riskiere bewußt [...], die Leserin [...] zu brüskieren, im Glauben, daß es um einer guten Sache willen geschieht."

[278] Irene Heidelberger-Leonard, „Auschwitz, Weiss und Walser. Anmerkungen zu den ‚Zeitschaften' in Ruth Klügers ‚weiter leben'", in: Peter-Weiss-Jahrbuch 4(1995) H6, 19/30, 78–89.

Wiederum sind Autorin und Erzählerin eindrucksvoll konsequent, wenn sie immer wieder von der Gegenwart ausgehen und dort ansetzen. Denn die Autorin ist in den einzelnen Lagern gewesen, hat am eigenen Leib erfahren, was Verfolgung heißt, hat mit eigenen Augen ansehen müssen, was Vernichtung ist. Von daher zeugt auch die Hinwendung zu den deutschen Lesern von persönlicher Größe und Stärke. Dass da manches verquer und schief liegt, muss man nicht übersehen, aber man kann es erklären, verständlich machen oder auch zurückstellen.

Kinder im Versteck

Die nächsten beiden ausgewählten und bearbeiteten Texte sind von Autoren, die die Zeit der Verfolgung und Vernichtung als Kind im Versteck überleben mussten.[279] Louis Begley konnte mit seiner Mutter an verschiedenen Orten Polens unter falschen Identitäten überleben; Raymond Federman entging der Deportation nach Auschwitz, da die Eltern ihn in einem Schrank versteckten, als die Gestapo kam, um sie und die Schwestern abzuholen.

Die Situation der versteckten Kinder ist zu unterscheiden von der Situation der Kinder in einem Lager. Nicht weil sie weniger schlimm oder nicht so gefährlich gewesen wäre, sondern eher weil die Problematik sich in mancher Hinsicht verschob. Die zentrale Frage der ehemals versteckten Kinder scheint die Frage nach ihrer Identität zu sein. Zwar ist diese Frage in allen Texten über die Verfolgung und Vernichtung eine entscheidende, doch nimmt sie in den Autobiographien der Kinder im Versteck eine Sonderstellung ein. Ich erinnere noch einmal: Den in ein Lager deportierten Kindern wurde mit dem Einstich der Nadel in den Arm ihr Name und ihre kaum entwickelte persönliche

---

[279] An Literatur zu Kindern im Versteck siehe vor allem: Raphael Delpard, Überleben im Versteck. Jüdische Kinder 1940–1944, Bonn 1994. Delpard hat ca. 70 Berichte von Betroffenen in Frankreich, Belgien, der Schweiz und USA gesammelt und zugleich verarbeitet. Vgl. auch: André Stein 1995. Stein, selbst ein verstecktes Kind, hat sehr viele Gespräche geführt und aufgezeichnet. In seinem Buch sind zehn Biographien exemplarisch dargestellt. Ebenso: Claudine Vegh, Ich habe ihnen nicht auf Wiedersehen gesagt. Gespräche mit Kindern von Deportierten, Köln 1981. Vegh ist 1934 geboren. 1941 wurden die Eltern deportiert. Das Kind tauchte bei Pflegeeltern unter. Der Vater wurde getötet, die Mutter kehrte zurück. Die Gespräche führt Vegh aus persönlichen Gründen. Anstoß allerdings war eine wissenschaftliche Studie in Psychiatrie. Vgl. weiter Karina Kranhold, „Versteckte Kinder in der Literatur: Anne Frank, Jerzy Kosinski, Philip Roth, Elza Frydrych Shatzkin", in: Bauer 1999, 315–329.

wie kulturelle Identität genommen, sie wurden zu einem Nichts, einer anonymen Nummer reduziert. Immer darauf bedacht, das vorgegebene Alter und die damit verbundene Rolle des Erwachsenen ausreichend erfüllen zu können, befanden sie sich in doppelter Hinsicht in der Anonymität. Entscheidend aber ist, gerade auch im Hinblick auf die Kinder, die in einem Versteck leben mussten, dass der Vorgang der Entwürdigung und Deprivation allen geschah, auch wenn er für die Kinder ein besonderer war und sie sich ausgeschlossen fühlten gegenüber den Erwachsenen. Die versteckten Kinder hingegen waren meist allein, wenn sie nicht das seltene Glück hatten, mit einem Geschwister oder einem Elternteil unterzutauchen. Allein befanden sie sich in einer neuen Umgebung, in einer fremden Familie, in einem Erdloch oder in einem Schrank. Lebten sie im Schrank, Erdloch oder Keller, wie vielfach in Polen, so mussten sie unsichtbar sein, es durfte sie überhaupt nicht geben. Konnten sie sich in einer Familie, einem Waisenhaus oder in einem Internat aufhalten, wie einige Kinder, die auf französischem Gebiet Unterschlupf fanden, so durften sie das nur unter falscher Identität. Ihren Namen, ihren Glauben, alles, was sie bislang ausmachte, mussten sie ablegen und sich ein neues Leben aneignen gegen alle umgebenden Personen – und das in einer Lebensphase, in der sie sich bilden und erst entwickeln sollten. Eine Gemeinschaft, selbst in der Negation, gab es für diese Kinder nicht. Und wenn man bedenkt, wie sehr Kinder auf die sie umgebenden Menschen angewiesen sind und von der Figuren-Konstellation abhängen, dann kann man sich vorstellen, wie einschneidend der schlagartige Verlust des gewohnten sozialen Bezugsrahmens für das sich noch entwickelnde Kinder-Ich sein musste. Mit der neuen, zugewiesenen Identität standen sie allein da, waren auf sich selbst zurückgeworfen. Bis in den Traum und den Schlaf hinein mussten der falsche Name, mussten die fremden Verhaltensweisen reichen, da sonst die Gefahr der Entdeckung zu groß gewesen wäre. Folgen hiervon waren, dass die Kinder sich ganz in sich zurückzogen und in Schweigen hüllten, wenn nicht sowieso durch die Art des Verstecks Schweigen das oberste Gebot war. So lebten die Kinder vielleicht unter Kindern, blieben aber allein und wurden zu Außenseitern. Gequält und verachtet von den anderen – und dann meist auch verachtet von sich selbst.[280] Kamen die Kinder aus assimilierten Familien, dann sahen sie oftmals in dem ihnen kaum bekannten Judentum den unmittelbaren Grund für die veränderte Lage.

---

[280] Vgl. hier z.B. die Texte von Georges-Arthur Goldschmidt, Die Absonderung, Zürich 1991 oder Saul Friedländer, Wenn die Erinnerung kommt..., Frankfurt a. M. 1991 und vgl. auch Stein, der zwei für versteckte Kinder lebenswichtige Regeln formuliert: „In den meisten Fällen mußten versteckte Kinder nur zwei absolut wichtige Regeln beachten: schweigen und – in vielen Fällen – sich unsichtbar machen. Ersteres konnte jedes Kind, letzteres die meisten. Sie konnten ihr Weinen, Lachen, Sprechen kontrollieren, und genau das rettete sie" (Stein 1995, 290).

Daraus erwuchs vielfach eine lebenslang anhaltende Scham Jude zu sein. Da Jude sein nur bedeuten konnte, sich verstecken zu müssen, anders zu sein, hässlich und unwert.[281] Das war anders, wenn Eltern oder Verwandte mit den Kindern beisammen sein konnten und sie lehrten, weiterhin stolz auf ihr Judentum zu blicken, und nicht duldeten, dass die Kinder sich die Schuld an ihrem Schicksal gaben.[282] Die meisten Kinder, so Stein, die mit einem oder gar beiden Elternteilen überlebten, kamen in ihrem späteren Leben besser zurecht als die Kinder, deren Leben im Versteck nur von Verlassensein, Vernachlässigung und Missbrauch geprägt war.[283] Denn die Wunde, verlassen und vernachlässigt worden zu sein – oftmals konnten oder wollten die Eltern sich nicht von ihren Kindern verabschieden, was diese als Strafe und Liebesentzug verstehen mussten und ihr Leben lang nicht vergessen konnten –, schloss sich in den seltensten Fällen. Und auch die Verwirrung in Bezug auf die jüdische oder christliche Identität blieb vielfach bestehen und konnte zu keiner rechten Lösung geführt werden.[284] Die Geschichten der Kinder im Versteck sind Geschichten über verlorengegangene und veränderte Identitäten und Nicht-Identitäten. *Wartime Lies*, nennt Louis Begley seinen Roman über eine verlorene Kindheit im Versteck. Lügen und Erfindungen als Identität und als Zentrum des Ichs.

Dies ist also die Lage der Kinder, wie wir sie aus den Zeugnissen rekonstruieren können. Wie aber erzählen diese Kinder später davon, wie vollzieht sich ein Schreiben, das sich auf eine gestörte Identität richtet – trägt es die Symptome dieser Zeit an sich, ist es Spur der ‚Wirklichkeit' und kann es heilen?

---

[281] Dieses Muster weist André Stein (1995) am Nachhaltigsten bei Aniko Berger nach. Sie erzählt Stein: „Ich verstand nicht, warum man sich schämen mußte, Jüdin zu sein, aber ich zweifelte nicht daran, daß ich irgendwie abstoßend sein mußte, weil ich Jüdin war. Weil ich nicht wußte, was es genau war, schien es mir das beste zu sein, mein ganzes Selbst zu verbergen. […] Die Dunkelheit wurde mein bester Freund'" (Stein 1995, 48ff).

[282] Vgl. hierzu den Lebenslauf von Yaffa Eliach, die zusammen mit ihrer Familie im Versteck überlebte, und deren Eltern alles dafür taten, dass sie stolz auf ihre jüdische Identität sein konnte (Stein 1995, 81–119, besonders 110).

[283] Vgl. Stein 1995, 109.

[284] Ich zitiere noch einmal Stein: „Die Verwirrung dieser beiden ehemals untergetauchten Kinder [Robert Krell und Aniko Berger] in bezug auf ihre jüdische Identität und ihre Zugehörigkeit zur christlichen Kirche wurde von anderen Menschen, die als Kinder ebenfalls versteckt leben mußten, bestätigt. Selbst im fortgeschrittenen Alter ist dieses Gefühl noch lebendig und wird sie wohl für den Rest ihres Lebens begleiten" (Stein 1995, 74).

1 Louis Begley: *Wartime Lies*

Wartime Lies ist 1991 in New York mit großem Erfolg veröffentlicht worden. Louis Begley (Ludwik Begleiter) wurde 1933 im galizischen Teil von Polen geboren und ist dort auch aufgewachsen. Nach dem Krieg emigrierte er mit Vater und Mutter, die die einzigen Überlebenden seiner Familie waren, über Paris in die USA. Für den Roman wurden Begley in Amerika gleich mehrere Preise verliehen. In Deutschland erregte das Buch 1994 ebenso viel Aufsehen – monatelang stand es auf der Bestsellerliste. Erstaunlich ist das nicht. Der Autor ist ein international angesehener Rechtsanwalt, da ist eine literarische Veröffentlichung an sich schon ein Ereignis. Sicher spielt für die starke Rezeption aber auch die gewisse Einfachheit des Textes eine Rolle. Ein postmoderner Eingang und kurze Zwischenblenden über Dante im Mittelteil sind schnell vergessen oder übergangen, und man hat eine Autobiographie aus einer nicht zu strengen Kinderperspektive vor sich liegen, die die Sehnsucht der Leser und auch die der Rezensenten nach Wahrheit und Authentizität befriedigt. So setzen viele der Kritiker der deutschen Übersetzung *Lügen in Zeiten des Krieges* den Mann „mit den traurigen Augen" gleich dem Autor. Der *stern* schreibt zum Beispiel: „Der Mann mit den traurigen Augen und der sanften Stimme litt an einem Geheimnis. Er mußte 57 Jahre alt werden bis er reif genug war [...]" Ohne viel Bedenken werden hier Figur des Textes und konkreter Autor als eine Person angesehen und der Roman für Wirklichkeit gehalten.[285] Zudem bietet die unaggressiv und ruhig erzählte Geschichte des Jungen einige Identifikationsmöglichkeiten. Der Leser wird in die Leiden des Jungen eingemeindet und findet darin noch einmal Ruhe und Sicherheit in der ansonsten unsicheren Welt. Das ist sicher auch eine Erklärung für den großen Erfolg des Buches.

Wartime Lies von Louis Begley scheint auf den ersten Blick ein narratives Gegenstück zu Ruth Klügers *weiter leben* und dem noch folgenden Text von Raymond Federman *The Voice in the Closet* zu sein. Hier wird in temporal-kausaler Abfolge die Geschichte eines Jungen Namens Maciek in Polen zur Zeit des Krieges erzählt, als lägen nicht fünfzig Jahre zwischen der Verfolgung und Vernichtung und dem Schreibzeitpunkt. Wahrheit und Wahrhaftigkeit der Erinnerung werden innerhalb der Geschichte des Jungen nicht in Frage

---

[285] Mit Lejeune (1994, 28f) ließe sich diese Identifikationssehnsucht genau erklären: Der Leser einer Autobiographie sucht nach den Unwahrheiten und den Brüchen. Der Leser eines autobiographischen Romans hingegen sucht immer nach Ähnlichkeiten zwischen den Figuren und dem Autor. Das liegt in den beiden Genres begründet.

gestellt. Der Text gibt sich als autobiographischer Roman, der allerdings die für eine Autobiographie üblichen Spannungen zwischen damals und jetzt (gemeint ist mit jetzt der Schreibzeitpunkt), erzähltem und erzählendem Ich, dem Einzelnen und dem Allgemeinen, Autor und Leser und so weiter nicht kennt. Zwar sind erzähltes und erzählendes Ich nicht annähernd so dicht verwoben wie bei Oberski, Kertész oder Durlacher, doch lassen sich – was die interne Fokalisierung auf das Kind betrifft – insgesamt ähnliche Strukturen festmachen. Die Ereignisse werden im großen Ganzen durch den Blick des Kindes wahrgenommen – ein Kommentar erfolgt nicht durch den Erzähler, sondern wenn, durch die Struktur der Erzählung. Und auch in der starken Ausarbeitung und Bedeutung der Figuration, der marginalen Bedeutung der Zeit, weniger des Raums, gleicht *Wartime Lies* dem schon entwickelten Muster.

Doch beschränkt der Roman sich nicht auf die Geschichte des Jungen, die sich im Schlusskapitel letztlich als Fiktion erweist. Fragen nach den Folgen der Shoah und den Möglichkeiten von Erinnerung, wie wir es bei Ruth Klüger kennen gelernt haben und als Kennzeichen des strukturellen Wandels des Schreibens angesichts der Shoah festhalten wollen, werden im kursiv gedruckten Vorspann und zwei dazwischen geschalteten Passagen über Dante dargelegt. Die graphisch voneinander geschiedenen Partien sind erzählerisch miteinander verbunden und bedingen sich gegenseitig. Maciek, der die Geschichte seiner Kindheit in sieben Kapiteln erzählt, ist die ‚Erfindung‘ eines Mannes von fünfzig Jahren, der wiederum vom (extradiegetischen) Erzähler erfunden ist, wie wir aus dem Vorspann erfahren. Dieser Erzähler des ‚Prologs‘ greift im achten Kapitel in Macieks Geschichte ein, nimmt dem Jungen das Wort und erzählt an dessen Stelle die Geschichte der verlorenen Kindheit zu Ende. So endet die Geschichte des kleinen Jungen, die wie eine klassische Autobiographie mit der Geburt des Individuums begann: „I was born…", als eine fiktive Biographie. Der Erzähler lässt seine Figur sterben, keinen realen, aber einen narrativen Tod: „And where is Maciek now? He became an embarrassment and slowly died" (*Wartime Lies*, 188). Mit diesen verzwickten Korrespondenzen auf der narrativen Ebene kann der Text als repräsentativ für den einsetzenden Schreibwandel gelesen werden, ohne dass dabei die Grundfesten der Geschichte der verlorenen Kindheit davon betroffen wären. Denn innerhalb der erzählten Geschichte ist nichts zu spüren von der im Rahmen angelegten komplizierten narrativen Struktur.

Erzählt wird die Geschichte Macieks von 1933–1946, wie dieser sich zusammen mit seiner Tante Tania auf der Flucht vor den Nationalsozialisten und katholischen Polen sowie Juden versteckt und seine Identität fortlaufend ändern muss. Jedem Kapitel entspricht ein Ort – ähnlich dem Aufbau des Klügerschen Textes. Allerdings unterscheiden sich T., Lwow, Warschau, Masowien, Kielce und Krakau kaum voneinander, da sie immer Fluchtort und Versteck sein müssen.[286] Weitaus entscheidender ist die Figuration.

1.1 Figuration – der Verlust des Ichs

Ein schneller Wechsel in der Figurenkonstellation ist auffällig. Mit jedem Raumwechsel ist ein figurativer Wechsel verbunden. Und da Tania und Maciek immerzu auf der Flucht sind und sich verstecken müssen, wechseln sie häufig die Räume; befinden sich ständig in anderer Konstellation. Ihr Verhältnis zueinander jedoch bleibt konstant: „[...] for years it had been as Tania predicted: a day-and-night partnership of Tania and Maciek *contra mundum*, with the world against us" (*Wartime lies*, 169). Tania und Maciek bilden eine Einheit gegen die Welt. Alle, die sich außerhalb dieser Minigruppe Tania/Maciek befinden, sind Feinde. Doch diese hermetische und von daher auch gnadenlose Konstellation stellt sich erst allmählich ein. Langsam wird die Großfamilie auf Tania und Maciek reduziert. Man könnte meinen, dass die Reduktion erst mit der Okkupation der Heimatstadt T. begänne. Doch ist sie Struktur der Familie beziehungsweise wird vom Erzähler zu dieser gemacht. Mit der Geburt Macieks stirbt die Mutter, an deren Stelle treten die Tante und eine Amme. Dann wird die Amme ersetzt durch das Kindermädchen, Zosia, an dessen Stelle dann wiederum Tania tritt. Kurz darauf geht der Vater nach Russland, und Bern, ein Freund Tanias, geht zu den Partisanen. Der Großvater fährt nach Warschau und die Großmutter bleibt in T., während Tania und Maciek sich nach Lwow begeben. Die endgültige Konstellation ist erreicht. Tania und Maciek sind allein, die Familienmitglieder sind zerstreut und Tania wird für Maciek zu einem kaum bezwingbaren Übermenschen. Sie ist Vater, sie ist Mutter, sie ist potentielle Geliebte.[287]

---

[286] Am Raum wird deutlich, dass wir uns mit dieser Erzählung nicht in das Zentrum, sondern an die Peripherie begeben. Ähnlich wie bei Federman oder Franz Pointl *Das Huhn, das über die Suppe flog* (Zürich 1992), ist der Schrecken durch die erzwungene Randexistenz, die weder das eine noch das andere sein kann, hervorgerufen. Für alle Kinder, die sich nicht zusammen mit den Eltern oder einem Elternteil verstecken konnten, wurde die Identitätslosigkeit, die durch den Verlust des Raums, der Eltern und des Glaubens bedingt war, zum größten Problem.

[287] Mit solcher Schilderung steht Begley nicht allein da. Viele Berichte über die Kindheit thematisieren sowohl die Bewunderung und die Liebe als auch den Hass auf den notwendigen Überlebensterror, den die Mütter auf ihre Kinder ausüben mussten, damit diese überlebten. (Vgl. z.B. Schoschana Rabinovici, *Dank meiner Mutter*; Ruth Klüger, *weiter leben*; Renata Yesner, *Jeder Tag war Jom Kippur*; Franz Pointl, *Das Huhn, das über die Suppe flog*.)

Mit dieser Reduktion der Großfamilie auf eine Kleinfamilie geht der Ausschluss aus allen Gesellschaftsgruppierungen einher – contra mundum. Zuerst sind die Deutschen die Feinde. Dann werden die katholischen Kollegen des Vaters zu Feinden, es fällt der gesellschaftliche Stand der Familie weg, sie sind „nur" noch Juden. Und zuletzt werden die Juden zu Feinden, denn durch die Freundschaft mit dem Deutschen Reinhard hat die Familie eine priviligierte Stellung, was diese den anderen verdächtig macht: „We began to be treated with suspicion by our neighbours, even the Kramers, although Tania never brought home food anymore without bringing a package for them as well" (*Wartime Lies*, 50). Der Ausschluss aus dem jüdischen Kollektiv ist endgültig, als alle Juden Weihnachten 1941 deportiert werden. Tania und Maciek sind bar jeglicher sozialer Stellung und haben auch keinen offiziellen Raum mehr, in welchem sie sich aufhalten könnten. Ihre eigentliche Identität existiert nicht mehr.

Contra mundum heißt, sich auf der Oberfläche Freunde schaffen, die in der Tiefenstruktur Feinde sind, da Tania und Maciek keinem ihren richtigen Namen verraten dürfen. Tania macht sich den deutschen Oberst zum „Freund" und bewahrt sich und Maciek vor der Deportation nach Auschwitz. Genauso sind die Panis Dumont, Z. oder Dluga, ihre Vermieterinnen in Warschau in diesem Sinne Freunde. Mit ihnen schauen sich Maciek und Tania den Brand des Warschauer Ghettos an. Tragisch sind die Rückwirkungen dieser Doppelexistenz auf das Kind Maciek. Es wird sich selber Freund und Feind zugleich. Identitätslosigkeit ist die Folge, die auf zwei Ebenen beobachtet werden kann. Maciek verliert die äußere wie auch seine kulturelle oder religiöse Identität:

„My walks with Tania were in the evening [...] All our Aryan friends were at dinner or playing cards; no time to hunt the polluting Jew. The city belonged to the underworld, old and new. I suffered from her jokes. I thought they made us feel even lonelier. I didn't like the thought of being a criminal. Besides, if we were criminals, like the pirates in *Treasure Island*, we should be getting some profit from it. But we didn't; we were always afraid and nobody was afraid of us" (*Wartime Lies*, 67).

Von außen bekommt Maciek die Rolle eines Kriminellen zugewiesen. Das wäre für ihn nicht schlimm, wenn er sich als Krimineller fühlen würde. Aber von innen kommt keine Antwort auf dieses äußere Bild. Er hat nur Angst, und diese steht einem Kriminellen nicht zu. Signifikant und Signifikat fallen hier auseinander, sodass Maciek gar keine Identität mehr hat. Die inneren Gefühle passen nicht auf die von der Umgebung zugewiesene Rolle, und die Rolle passt nicht zu den Gefühlen. Anders: Die kollektive Identität, die er durch sein Verhalten bestätigen muss, liegt quer zu seiner individuellen Identität, die allerdings auch nicht mehr intakt ist, sondern Bruchstück und Fragment.[288]

Diese doppelte Identität, die zu der Negierung jeglicher kollektiver und personaler Identität führt, zeigt sich ebenso im Bereich des Glaubens. Maciek soll als „katholischer Junge" zum Katechismusunterricht, damit er die Kommunion empfangen kann. Dieser Unterricht stürzt ihn in qualvolle Selbstzweifel, da man, so der Pater, die Absolution nur durch Gnade und diese wiederum nur durch die Taufe erlangen könne. Die theologische Logik treibt den Jungen immer mehr in die Enge und lässt ihm keinen Ausweg mehr: „I was a liar and a hypocrite every day; I was mired in mortal sin on that account alone, even if all the other evil in me was disregarded. [...] Baptism would wash away the Original Sin I was born with and, I thought, my other accumulated sins as well, but how could I go on lying and not fall again into mortal sin that would put me on the road to damnation?" (*Wartime Lies*, 115ff).

Die große Erzählung der Christen stürzt Maciek in Zweifel und reduziert ihn zugleich zu einem Nichts, da er der christlichen Höllenerzählung des Paters keine jüdische Erzählung entgegensetzen kann, die seine Identität beglaubigen würde.[289] Ähnlich wie bei den Kleidern wird ihm eine Rolle zugeschoben, die er nicht ausfüllen kann, der er aber auch keine andere entgegensetzt, da keine andere vorhanden ist.[290] Der ständig geforderte Rollenwechsel macht ihn identitätslos, da es nie ein Kollektiv gibt, in dessen große Erzählung

---

[288] Eine äquivalente Stelle folgt direkt auf dieses Zitat. Maciek hat Kleider aus einem Wehrmachtsladen bekommen. Sie sind neu aber „a little too large, and [they] had a shape that had nothing to do with my body. I thought I looked different from all other boys, like a funny box on two legs" (*Wartime Lies*, 68). Zudem sind die Schnürsenkel mehrfach gerissen und geknotet, so dass sich Maciek wie ein Bettler oder „outcast" vorkommt. Auch diese Kleiderrolle passt ihm nicht und macht ihn, nach seinen Gefühlen, nur lächerlich. Er ist nicht eins mit diesen Kleidern und verliert jegliche Würde, da Innen und Außen nicht mehr übereinstimmen.

[289] Bei den meisten Kindern war der Zweifel an der Integrität der eigenen Person, der durch die Glaubensfragen hervorgerufen wurde, existenziell. Maciek als fiktive Figur ist keine Ausnahme. Die Kinder wurden bei „arischen" Familien versteckt, durften sich relativ frei bewegen, mussten aber mit in die Kirche gehen. Einige Kinder entdeckten nach dem Krieg, dass sie in beiden Kulturen leben konnten, viele fanden sich keiner mehr zugehörig und fühlten sich gegenüber beiden Religionen als Verräter. Andere wiederum kehrten zu ihrer jüdischen Identität zurück. (Vgl. Stein 1995 vor allem 74, 204, 220, 292.)

[290] Im Salon der verschiedenen Panis musste gesprochen werden. Über Bücher konnte man nicht immer sprechen: „One had to talk, one could not always talk about books, one had to be ready to talk about oneself. Which self? The issue was the limit of one's inventiveness and memory, because the lies had to be consistent, more consistent, according to Tania, than the truth" (*Wartime Lies*, 105).

er seine Geschichte stellen könnte. Und wenn es so ist, wie Jan Assmann schreibt, dass ein Ich von außen nach innen wächst und sich im Einzelnen „kraft seiner Teilnahme an den Interaktions- und Kommunikationsmustern der Gruppe, zu der [es] gehört, und kraft seiner Teilhabe an dem Selbstbild der Gruppe" aufbaut[291], dann kann Macieks Ich nur aus Bruchstücken verschiedener kollektiver Identitäten bestehen, die sich zudem noch gegenseitig negieren und damit vernichten. Die christliche Identität ist zwar kommunizierbar, aber nicht lebbar, da Maciek gezwungen ist, in der Lüge, also in der „Sünde" zu leben. Die jüdische Identität ist wiederum schon mit der Deportation der Juden aus T. 1941 vernichtet worden. Sie ist nicht mehr lebbar, da es keine Gemeinschaft mehr gibt, in der sie kommuniziert werden könnte.

Eine Rolle folgt auf die andere, ohne dass sich die vorhergehende irgendwo niederlassen und festigen könnte. Erzählen kann Maciek nur Tania. Das tut er auch teilweise. Doch sind Tanias Antworten auf Macieks Fragen eindeutig und lassen keine Ambivalenz zu, da Tania in die Notwendigkeit des Handelns gestellt ist und die Gefahr eines Einbruchs der Rollen durch Erzählen wohl zu groß ist. Lügen sind schließlich überall, selbst im Verhältnis zu Tania: Einen gescheiterten Rauchversuch mit Fieber und Erbrechen will Maciek nicht zugeben. Doch nicht die Angst vor der Strafe lässt ihn so handeln, sondern die Gewohnheit des Lügens: „I was chained to the habit of lying, and I no longer believed that weakness or foolishness or mistakes could be forgiven by Tania or by me" (*Wartime Lies*, 171). Das Lügen ist zur Gewohnheit geworden. Es ist die Struktur Macieks. Seine Identität beruht daher auf der Gewohnheit zu lügen, Geschichten und Rollen, je nach Situation, zu erfinden. Und wenn die eigenen Fehler selbst vor das eigene Ich nicht mehr gestellt werden können, gibt es auch keine Erinnerung mehr. An die Stelle des ursprünglichen Ereignisses (hier der Rauchversuch) tritt die Erfindung (hier die Erfindung einer Krankheit).[292]

---

[291] Jan Assmann 1992, 130.
[292] Selbst nach dem Krieg nimmt Maciek seine eigentliche Identität nicht an, da nun die Polen ihn mit Hass verfolgen. So versteckt er sich innerlich weiterhin, da nach sechs Jahren Rollenspiel ein Konglomerat von verschiedenen Identitäten besteht, die die eine ersetzt hat. Beide Motive für das Verstecken begegnen uns häufig in den Biographien versteckter Kinder. Die Kinder, die aus Polen oder dem Baltikum kommen, berichten alle von der antisemitischen Bevölkerung, die auch vor Mord nicht zurückschreckte und sie deshalb zwang, weiter versteckt zu leben (vgl. Stein 1995, 81ff). So ist in fast allen Erzählungen das Motiv, sich im Schweigen zu verstecken, enthalten. Die Kinder versteckten sich weiterhin wegen der Scham, Jude zu sein, wegen der Scham, überlebt zu haben, wegen des Gefühls, an eine feindliche Welt verraten worden zu sein, wegen des Verlusts der Identität, wegen der Nichtachtung der Erwachsenen, den ‚wahren Überlebenden', und vielerlei Gründen mehr.

So sind Identitätsverlust und Lüge das zentrale Ereignis der Geschichte und wiederholen sich, wie ich gleich zeigen werde, auf der Ebene der Erzählung, hier als Versuch, eine narrative Identität zu gewinnen.

1.2 Erzählverfahren – die Erfindung des Ichs

Im Großen und Ganzen wird die Geschichte durch den Fokus des Kindes erzählt. Alle Ereignisse, die für ein Kind wichtig sind, werden berichtet. Da ist das Spiel mit den Zinnsoldaten, die Liebe zu dem Kindermädchen Zosia, die Liebe zu der Tante und die Angst vor ihr. In der Auswahl der Ereignisse zeigt sich die begrenzte, ganz und gar egozentrische Welt des Kindes. Es gibt kaum historische Kommentare. Die Außenwelt wird durch die kindliche Innenwelt ersetzt. Das wird besonders deutlich an der Beschreibung des Ghettoaufstandes. Diesen beobachten Tania und Maciek von der „arischen" Seite aus zusammen mit der polnischen Bevölkerung. Kurz und relativ unbeteiligt – und gerade daher schrecklich – wird berichtet. Die Kinderperspektive bleibt gewahrt und kein Einschub des Erzählers über die Absurdität der Konstellation wird gemacht, woran man sieht, dass möglichst keine Differenz zwischen erzähltem und erzählendem Ich entstehen soll. Das Wissen des Jungen wird weder in Bezug auf die Ereignisse[293] noch in Bezug auf die Figuren überschritten.[294]

Gerade der Verzicht eines Kommentars an dieser Stelle macht deutlich, dass die Kinderperspektive erzählerisch erzeugt wird und nicht eine Abbildung der damaligen Situation ist. Denn aus den vorangehenden Partien wissen wir, dass der Junge sich durchaus der Doppelrollen bewusst ist, die er einnehmen muss, dass diese ihm Qual und Pein bedeuten. Hier gibt der Erzähler seinem erzählten Ich hingegen keine innere Stimme, in der es sich wenigstens für sich artikulieren und gegen die ‚arische Rolle' absetzen könnte. Erzählerisch betrachtet heißt das dann auch, dass er sein erzähltes Ich noch einmal der Lüge und

---

[293] Ausnahmen gibt es immer. Z.B., wenn der Erzähler über den Erfolg der Namensfälschungen der Juden gegenüber den Deutschen und den Verrat anderer Juden an die Deutschen über diese erfundenen „arischen" Namen berichtet. Oder er erläutert die normalen Schulverhältnisse, die Wohnverhältnisse oder die Wirkung vom selbstgebrauten Wodka, bimber. Mir scheinen diese Verstöße aber eher erzählerische Zugeständnisse an den Leser zu sein, ohne große Bedeutung.

[294] Auch hier gibt es Verletzungen des Codes, z.B. die interne Fokalisierung der Großmutter und Tanias (*Wartime Lies*, 22).

dem notwendigen Schweigen aussetzt, da er ihm weder durch eine Gegenwartserzählung noch durch den inneren Gegenblick heraushilft.[295]

Erzählen zwischen Distanz und Nähe

Doch gibt es, wie in jeder Ich-Erzählung, Differenzen zwischen erzählendem und erzähltem Ich, denen ich nachgehen möchte, da Verletzungen des Codes immer aufschlussreich für Funktion und Bedeutung des Erzählens sind. Zum einen wäre die Sprache als ein Differenzzeichen zu nennen. Es ist die Sprache eines literarisch gebildeten Erwachsenen. Das wird sichtbar an den zahlreichen Metaphern und Vergleichen – ähnlich wie bei Durlacher und Goldschmidt.[296] Der Erzähler verwandelt sich seiner Figur nicht an, sondern lässt sie einer Marionette gleich an den Fäden der Sprache in genügender Distanz tanzen. (Man blicke nur noch einmal zurück auf Oberski, dessen Kind-Erzähler konjunktionslos, in einfachen Sätzen die Ereignisse erfasst.)

Zum anderen entstehen Differenzen zwischen Erzähler und erzähltem Ich durch iterative Sätze. Die ersten Kindheitsjahre werden fast ausschließlich iterativ erzählt. Wendungen wie *often, most, again, annual, always, sometimes* etc. sind bestimmend. Diese iterativen Ausdrücke haben hier die Funktion, die Geborgenheit und das Rituelle der Kinderzeit und des Kindertages zu vermitteln. Es ist noch keinerlei Störung aufgetreten, welche die Ereignisse und Gewohnheiten nicht wiederkehren lässt. Der Junge ist noch nicht seiner kindlichen Identität beraubt, die sich auf die unverrückbaren, alltäglichen Ereignisse gründet. Und auch das Verhältnis von individueller und personaler Identität ist noch nicht gestört.[297] Im zweiten Kapitel, das mit der Besetzung der Stadt durch die Deutschen beginnt, weicht das iterative Erzählen langsam dem

---

[295] Vgl. Catherine Wheeler, „Representing Children in Literature of the Shoah: Narrative Challenges and Rewards", in: Bauer 1999, 202–214. Wheeler führt vor allem auf der Ebene der Geschichte mehrere Beispiele an, denen die ‚kindliche Sicht' auf die Welt besonders deutlich werden. Diese müssen, so Wheeler, vor allem die kindliche Sprache ersetzen, die abgebildet „disastrous" wäre: „Because of their undeveloped language skills, child characters require authors to find nonverbal means of expressing their responses to events, means of expression that often turn out to be more eloquent than words" (Wheeler in: Bauer 1999, 214).
[296] Die Metaphern sind aus allen möglichen Bereichen gewählt. „Tania's attention [...] weakened like a magnet shedding pins or nails" (*Wartime Lies*, 169) oder „the god of war" (*Wartime Lies*, 117) oder „the Ukrainian [...] beat her on the face and with an easy, fluid gesture, just like a butcher, cut off her finger" (*Wartime Lies*, 140). Das ist keine Kindersprache, sondern mit der Metapher in der detaillierten Beschreibung hoch poetisch.
[297] Jan Assmann ersetzt die Dichotomie zwischen „Ich-" und „Wir-Identität" durch die Dreiteilung von *individueller, personaler und kollektiver Identität*. Ich referiere hier sehr verkürzt, ausführlicher dann in Kapitel III. 1.3. „‚Individuelle', ‚personale' und ‚kollektive'

singulativen beziehungsweise dem klassischen Wechsel von summary und Szene. Gleichzeitig wird stärker chronologisch erzählt, und Analepsen sind nur noch in der Form des summarys vorhanden, mit dem die gegenwärtige Situation eingeholt werden soll. An dieser erzählerischen Transformation wird sichtbar, was dem Jungen passiert. Das sichernde *always*, das als gleichmäßiger Rhythmus der Kindheit vorhanden ist und dadurch die Identität garantiert, muss den singulären Ereignissen weichen. Ein Ereignis folgt auf das andere, die Gegenwart lässt sich nicht mehr aus der Vergangenheit bestimmen und die Zukunft nicht aus der Gegenwart. Doch wird die Iteration nicht ganz aufgegeben, sondern organisiert gerade das Hauptereignis des Textes: die fortlaufende Negation der Identitäten. *Wartime Lies* heißt der Text. Das ist ein iterativer oder auch repetitiver Titel. Immer wieder wird gelogen, immer wieder wird die Identität verleugnet und eine Rolle gespielt. Damit wird eine ‚narrative Identität' geschaffen, die auf der fortlaufend sich wiederholenden Negation der Identitäten beruht. Somit gewinnt der abstrakte Autor die Kontinuität, die dem Jungen in der Geschichte verloren geht.

Weiter verdeutlichen die Vorgriffe die Differenz zwischen erzählendem und erzähltem Ich. Hier ein Beispiel: „I would jump over fires with my grandfather during tree more autumns; the game resumed with other companions, after the Warsaw uprising, in the frozen fields of the Mazowsze. By then, violent death was stalking him" (*Wartime Lies*, 23f). Weder von den Sprüngen über die Herbstfeuer auf dem Gut des Großvaters in den folgenden drei Jahren noch vom Feuerspringen im Herbst 1944, noch vom Tod des Großvaters kann das erzählte Ich wissen. Das alles liegt außerhalb seines Erlebnishorizontes, aber innerhalb des Horizonts des erzählenden Ichs, dem durch die vorweggenommene Repetition Dauer und Identität in der Erzählung garantiert wird. Eben das, was das erzählte Ich der Geschichte nicht haben kann.

Doch nicht nur an den Metaphern, den iterativen Wendungen und den Vorgriffen kann man Spuren des Erzählers ausmachen, sondern auch oder gar vor allem an der zeitlichen Position der narrativen Instanz im Verhältnis zur erzähl-

---

[297] (*Fortsetzung*)
Identität". *Individuelle Identität* ist das am Leib entwickelte Bewusstsein vom „Eigensein", von der „Unverwechselbarkeit" und der „Unersetzbarkeit". *Personale Identität* besteht aus den „Rollen, Eigenschaften und Kompetenzen", die dem Einzelnen durch die „spezifischen Konstellationen des Sozialgefüges" zukommen. Unter *kollektiver Identität* versteht Assmann das Bild, das eine Gruppe von sich selbst entwirft und mit dem diese Mitglieder sich bewusst identifizieren (Jan Assmann 1992, 131–138). Die personale Identität, die man auch als Spiegelung des Sozialgefüges verstehen kann, ist zu dieser Zeit bei Maciek noch intakt. Die iterativen Wendungen bestätigen das Ich in seinen verschiedenen Bereichen.

ten Geschichte. Formulierungen, wie „during those years" (*Wartime Lies*, 169) und „I still sing Pan Stasiek's tunes; almost everything else about him has faded from my memory" (*Wartime Lies*, 104) machen die Divergenz zwischen der Zeit der Erzählung und der Zeit der Geschichte deutlich und damit auch die Differenz zwischen Erzähler und erzähltem Ich.[298] Als Leser erwartet man, dass dieses Ich, das heute noch die Weisen des Pan Stasiek kennt, sich irgendwann offenbart, und erzähltes und erzählendes Ich, wenn nicht eine Einheit, so doch zumindest eine gewisse Verbindung aufweisen. Aber anders als erwartet verringern sich der räumliche und der zeitliche Abstand nicht. Erzähltes und erzählendes Ich bleiben gleich weit oder nah voneinander entfernt. Der Text verweigert das, was Genette als „gängige Praxis der ‚autobiographischen' Narration" formuliert. Der Held wird nicht, wie so oft bei diesen Texten, bis an den Punkt geführt, „wo der Erzähler auf ihn wartet, sodass beide Hypostasen am Ende zusammentreffen und eins werden."[299] Das erzählte Ich holt seinen Erzähler nie ein, da die Ich-Erzählung an der entsprechenden Stelle abgebrochen wird beziehungsweise der (extradiegetische) Erzähler Maciek einen erzählerischen Tod sterben lässt: „And where is Maciek now? He became an embarrassment and slowly died. A man who bears one of the names Maciek used has replaced him. Is there much of Maciek in that man? No: Maciek was a child, and our man has no childhood that he can bear to remember; he has had to invent one" (*Wartime Lies,* 197). Das erzählende Ich, das „still in my memory" sagt, ist also der Mann, ‚unser Mann'.[300] Macieks Kindheit ist, wie eingangs schon erwähnt, eine Erfindung des Mannes, der wiederum eine Erfindung des (extradiegetischen) Erzählers des Prologs ist. Dort heißt es: „Take a man with a nice face and sad eyes, fifty or more winters on his back [...] He is a bookish fellow, the sort you would expect fo find in a good publishing house or at a local university [...] He might even be a literary agent." Der Mann könnte ebenso ein ganz anderer Mann sein, so wie Maciek ein ganz anderer Junge sein könnte. Er bleibt im konjunktivischen Bereich. Und da ist verständlich, warum das erzählte Ich nicht sein erzählendes Äquivalent einholen kann. Denn würde die Stimme des Mannes – die nur manchmal und durch wenige Verfahren sichtbar und different von des Jungen Wahrnehmung ist – mit der Sicht des Jungen eins werden, würde der Erzähler (der Mann) seinen Helden ‚abholen', dann hätte er

---

[298] Vgl. auch: „And, though the fear is still vivid in my memory when I think of the door to my father's study and the porcelain stove beside it, the giant has never returned in my dreams again" (*Wartime Lies*, 27).
[299] Vgl. Genette 1994, 161.
[300] *Our man* ist eine häufige Bezeichnung des extradiegetischen Erzählers für den Mann. Damit wird zwischen Autor und Lesern eine kollektive Gemeinschaft geschaffen, die dem Mann Heimat und Existenz in dem Schreib- und Leseakt gibt.

sich erinnert und eine Kontinuität zwischen Figur und Erzähler oder erzähltem und erzählendem Ich wäre hergestellt. Aber dies wird durch den erzählerischen Kunstgriff und Eingriff des (extradiegetischen) Erzählers am Ende, aber auch schon durch die Struktur des Jungen innerhalb der Geschichte, verweigert. Denn die Lüge ist – wie oben geschrieben – Maciek ganz eigen geworden. Das Kind kann nicht anders als lügen. Wie sollte sich der Mann, vorausgesetzt Maciek ist sein alter ego, erinnern, wenn diese Kindheit ausschließlich aus sich wiederholenden Negationen besteht; von welchem Selbst aus sollte er berichten, wenn keine Kontinuität im Ich mehr vorhanden ist und alles Sein auf auswechselbaren Lügen beruht? Mann und Junge sind, mit Jan Assmann gedacht, zum Vergessen verurteilt, da es keinen ‚Bezugsrahmen' mehr gibt, auf den sie sich berufen könnten. Und so erläutert die Geschichte den Vorspann, und der Junge erläutert den Mann. Der Bezug zur Gegenwart ist hergestellt, da mit der Geschichte der Vergangenheit zugleich die Folgen der Shoah erzählt werden.

Doch damit nicht genug. Das Erzählerkästchen wird auf einer noch höheren Ebene weitergeführt, da der Mann, der sich Maciek erfunden hat, nur die Erfindung eines (extradiegetischen) Erzählers ist. Solch eine erzählerische Puppe in der Puppe ist sicher nicht nur postmoderne Spielerei, sondern macht Sinn in Bezug auf den konkreten Autor.

Einerseits wird die erzählte Geschichte durch die mehrfache Verschachtelung in die Ferne gerückt. Für den konkreten Autor bedeutet das die bestmögliche Distanz.[301] Zugleich wird im Rahmen der Distanz auch Nähe geschaffen, wenn die Geschichte relativ normal und traditionell aus der Perspektive eines Jungen erzählt ist. Und vielleicht kann man sagen, dass erst durch diese rigorose Abtrennung so vertrauensvoll einfach erzählt werden

---

[301] Die Vervielfältigung der Erzähler und ein Vorspann mit Fragen, die sich erst durch zeitlichen Abstand stellen, sind Möglichkeiten, sich vom autobiographischen Ich zu distanzieren. Von daher erklärt sich auch, warum Begley das Genre des autobiographischen Romans und nicht der Autobiographie wählt. Sicher gibt es noch eine Vielzahl an Distanzierungsmöglichkeiten. Eine davon möchte ich an dieser Stelle erläutern, da sie zum einen so ganz anders ist als bei Begley, und zum anderen für mich persönlich das Eindrücklichste ist, was ich gelesen habe. Es handelt sich hier um den schon öfter erwähnten *Roman eines Schicksallosen* von Imre Kertész. Schon 1970 wurde der Text in Ungarn unter dem Titel *Sorstalanslág* (Schicksallosigkeit) veröffentlicht. Ein 13-jähriger Ich-Erzähler berichtet in ‚chronologischer Folge' von der Einberufung des Vaters in ein Arbeitslager, von der eigenen Deportation nach Auschwitz, nach Buchenwald, nach Zeitz und wieder zurück nach Buchenwald. Der Roman endet mit der Rückkehr nach Budapest. Imre Kertész musste diese Orte am eigenen Leib erfahren. Doch wird er auf das Autobiographische in einer Lesung angesprochen, verweigert er jede Identifikation.

kann. So sieht man auch hier das eigentümliche Doppel von Nähe und Distanz, wie wir es bei den Texten der ‚ersten Generation' kennen gelernt haben. Die Nähe zu den damaligen Ereignissen muss nach fünfzig Jahren erzählerisch erzeugt und zugleich muss Abstand gewonnen werden, da sie kaum zu ertragen ist.

Andererseits ermöglicht die Erfindung eines Mannes im Vorspann, die Gegenwart und die Folgen der Vergangenheit zu thematisieren und die Frage nach dem Sinn des Überlebens zu stellen. Das würde eine reine Kinderperspektive nicht leisten können. Kursiv gedruckter Vorspann und eingeschobene Textpartien (die aus der Perspektive Macieks, aber mit dem literarischen Wissen des Mannes erzählt sind) geben so den notwendigen Rahmen für eine Erzählung nach einem halben Jahrhundert. Ein heutiger Text kann (theoretisch) nicht ohne Gegenwartsbezug auskommen, da das erinnernde Ich heute lebt. Doch wird hier keine Kontinuität zwischen Vergangenheit und Gegenwart hergestellt. Der Bruch zwischen dem Damals und dem Heute bleibt bestehen, ähnlich wie bei Ruth Klüger und Federman. Der Vergangenheit nähert sich der Mann nur in der erfundenen Biographie von Maciek oder in geborgten literarischen Metaphern und Geschichten, wie im Vorspann und in den kursiv gedruckten, eingeschobenen Textpartien erläutert wird. Die großen Erzählungen des Mittelalters und der Antike – Vergils *Äneis*, Dantes *Divina Commedia* – werden zum Beispiel als ein Ersatz der eigenen Geschichte zitiert. Aber nicht nur die Texte, sondern auch das Leben der Dichter imaginiert der Mann und macht es zum Spiegel des eigenen Lebens. Dichtertexte und Dichterbiographien sind Identifikationsmöglichkeiten, die zumindest eine Identität in der wiederholenden Erzählung ermöglichen, auch wenn die Wiederholung der Mythen die Differenz zum eigenen Schicksal deutlich werden lässt (vgl. vor allem *Wartime Lies* 4ff). Die fremden Erzählungen und die Erfindung einer Biographie können ein Ersatz des verlorenen Lebens und der verlorenen Identität sein, ohne aber mit ihr identisch zu sein. Ähnlich wie der Erzähler in *Ist das ein Mensch?* seine Erzählung durch den von Dante entlehnten Metaphernkomplex „in der Tiefe" organisiert, ordnet und seinem erzählten Ich mit der literarischen Metapher eine Wiederholung der ‚Hölle' erträglich macht,

---

Und das ist keine Spielerei. Stefan Weishaupt schreibt in einer Rezension im *Goetheanum* 8/97, 148: „Jener Ich-Erzähler des Romans hat mit dem Autor nichts gemein, nicht einmal die Erfahrung, denn dieser Ich-Erzähler hat keine Erfahrungen, er hat nur eine Sprache, vielmehr er sucht sie, er tastet nach ihr, probiert, scheitert, [...]" (148). Das Ich des Jungen besteht nur aus Sprache, stellt sich durch sie her. Kertész legt die Distanz ganz in die Wahrnehmung der Figur. Er löst das Problem theoretisch, indem er verfremdet.

können auch hier Autor, Erzähler und Figur die unerträgliche Vergangenheit vor sich hinstellen.[302]

*

Die neueren Texte haben keinen bestimmten Adressaten mehr – Ruth Klügers *weiter leben* ist da eine Ausnahme. Zum großen Teil sind sie an das schreibende Subjekt selbst gerichtet. Aber den Adressaten, und wenn diese nicht vorhanden, den Rezipienten werden relevante Funktionen zugewiesen.

Federmans Text existiert nicht, wie wir noch sehen werden, ohne ein sinnsetzendes Lesen. So besteht auch seine Erinnerung nicht, da diese nur im Schreiben möglich ist. Von daher ist der Leser mitverantwortlich für die Erinnerung. Doch auch bei Begley übernehmen die (zunächst impliziten) Leser eine Aufgabe. Durch die Benennung *our man* stiftet der (extradiegetische) Erzähler eine Lesergemeinschaft, die die Erinnerung in Bezug auf das Erzählte garantiert. Mann und Junge sind innerhalb der schriftlichen Welt so erinnerbar. Für den konkreten Autor bedeutet das, dass die autobiographische Erfindung in einem äußeren Gedächtnis aufgehoben ist und dort besteht. Lesen wird zu einem aktiven Erinnerungsakt, der ein Band zwischen Autor und Rezipienten stiftet und das innere Gedächtnis in einem äußeren Gedächtnis beheimatet.

2 Raymond Federman: *The Voice in the Closet*

Was bei Begley innerhalb der Geschichte stark ausgearbeitet und in der Art der Erzählung zart angedeutet ist – der Verlust sowie die Erfindung von Identität und auch die Gründung der Existenz auf der Lüge –, das ist bei Raymond Federmans Roman *The Voice in the Closet* Zentrum der Narration. In dem 1975 sowohl in Englisch als auch in Französisch erschienenen Text existiert an keiner Stelle mehr ein einheitliches Ich. Rollen werden gespielt und sind austauschbar. Doch trotz dieses spezifischen Schwerpunktes lassen sich die Spuren

---

[302] Vgl. hier Ruth Klüger, die Begley als einen „Bastler" bezeichnet, der sich „eine Kindheit zurechtbastelt", der „Neues [erfindet], mit Hilfe des Gewesenen" (Ruth Klüger, „Missbrauch der Erinnerung: KZ-Kitsch", in: Dies., Von hoher und niedriger Literatur, Göttingen 1996, 34). Für Klüger ist Begleys Verfahren charakteristisch für das späte schreibende Erinnern, da es Zeichen dafür ist, dass mit zunehmender zeitlicher Distanz das Geschehen auch für die Überlebenden immer unverständlicher wird und die Erinnerungen kaum noch mit dem Erinnerten übereinstimmen (vgl. Klüger 1996, 33).

eines 'Kindertextes' – wie bei Oberski erarbeitet – kaum ausmachen. Weitaus deutlicher zeigt sich, was zeitliche Distanz zur Vergangenheit, bei der Wahl entsprechender Schreibverfahren, bedeuten kann. Federmans Roman ist eine einzige selbstreferenzielle Schleife. Die erzählte Geschichte – durch erinnerndes Schreiben den Augenblick wiederzufinden, wo der dreizehnjährige Junge von den Eltern im Schrank versteckt wurde, während Eltern und Schwestern von den Nationalsozialisten nach Auschwitz deportiert wurden – wird selbst thematisiert, sodass Erzählen und Schreibakt zum eigentlichen Thema des Textes werden. Mit diesem Verfahren steht der Roman ganz im Postmoderne-Diskurs und wird innerhalb dieses Diskurses diskutiert.[303] Dort fällt er nicht weiter auf – wohl aber innerhalb der Literatur der Shoah. Denn mit der Verschiebung des eigentlichen Ereignisses in ein Schreibereignis sowie der damit zusammenhängenden Erkenntnis, dass ‚Wirklichkeit' eine Konstruktion der Sprache oder der Schrift ist, steht der Text mitten in dem viel diskutierten Grenzbereich von moralischer Verantwortung gegenüber der Shoah als realem Ereignis des 20. Jahrhunderts wie auch als dargestelltem Ereignis, als eines ästhetischen Kunstobjekts, das dem Leser Genuss verschafft, um auf Adorno Bezug zu nehmen.[304] Und denkt man in dieser Richtung weiter, so stellt sich die Frage, wie der Text gegenüber der Forderung von Berel Lang zu lesen ist, dass die Shoah als ‚moralische Ungeheuerlichkeit' auf das Schreiben Einfluss nehmen müsse.[305] Schreibt nun der Autor einen postmodernen Text, bedient sich postmoderner Darstellungsmittel, die nicht eigens für die Darstellung des Massenmords entwickelt wurden, kann er im Grunde Langs Forderung nicht gerecht werden. Denn durch die allgemeingültigen, referenzunabhängigen Schreibverfahren wird die Verfolgung und Vernichtung in einen allgemeinen und nicht spezifischen Diskurs eingeordnet. Und doch wäre der Umkehrschluss absurd, Federmans Darstellungsweise des Mordes als ungenügend zu bezeichnen, da er sich einer bestimmten Schreibtradition bedient. Man sieht sogleich, was für Schwierigkeiten schon die kleinsten Normierungen der Lite-

---

[303] Vgl. dazu auch Joseph C. Schöpp, „Multiple ‚Pretexts': Raymond Federmans zerrüttete Autobiographie", in: Arbeiten aus Anglistik und Amerikanistik 1981, 41–55. Schöpp schreibt, dass in der Postmoderne das Sujet nur noch Vorwand sei. Es gäbe es nur noch in Form seiner Versprachlichung. Autobiographisch gewendet heißt das: „Die Versuche der autobiographischen *Selbst*konstitution werden letztlich zu reinen Schreibversuchen, die einen *Text* konstituieren" (Schöpp 1981, 49).
[304] Vgl. Theodor W. Adorno, „Engagement", in: Ders., Noten zur Literatur, Frankfurt am Main 1981, 409–430.
[305] Lang schreibt in seiner Einleitung zu: Writing and the Holocaust, New York/London 1988: „[…] it is clear, that the Holocaust is not a conventional or ‚normal' subject at all, that the evidence of its moral enormity could not fail to affect the act of writing and the process of its literary representation" (Lang 1988, 1).

ratur über die Shoah hervorrufen, die vielleicht sinnvoll und zutreffend erscheinen, aber im Einzelfall meist nicht ausreichen.

Federman könnte Funktionalisierung der vergangenen Ereignisse für die eigene Schreibinitiation vorgeworfen werden. Aber auch Profanisierung und Verringerung der moralischen Bedeutung der Shoah durch die postmodernen Schreibverfahren – die eine Grenzaufhebung zwischen Wirklichkeit und Fiktion bedingen – sind mögliche und reale Kritikpunkte, vor allem wenn man Sätze wie „To create fiction is, in fact, the way to abolish reality, and especially to abolish the notion that reality is truth" (*Surfiction. Fiction Now ... and Tomorrow*, 8) im Sinn behält und auf den Text anwendet.[306] Allerdings, Wirklichkeit durch schöpferische Fiktionen oder Imaginationen in Frage zu stellen bis hin zu ihrer Abschaffung, ist nicht gleichbedeutend mit der Leugnung der Wirklichkeit der Shaoh; oder auf Federmans persönliches Schicksal gewendet, mit der Leugnung des ‚Schrankereignisses'. Federman negiert ausschließlich den Glauben an die Möglichkeit, Wirklichkeit als unumschränkt wahrhaftig darzustellen, da es nur Perspektiven auf die Wirklichkeit oder hier auf die Vergangenheit gibt. Und gerade um diese Perspektiven, Blickrichtungen oder Fiktionen geht es dem Autor, da in ihnen sich der Umgang mit der Vergangenheit zeigt wie auch ihre Anwesenheit in uns.[307] So könnte man den Vorwürfen der Profanisierung, Funktionalisierung oder Fiktionalisierung entgegenhalten, dass gerade die grenzüberschreitenden Schreibverfahren, die „kreisende Rede", wie es im Text immer wieder heißt, Möglichkeiten sind, das „univers concentrationnaire" als Teil der Gegenwart und nicht als abgeschlossenes Ereignis anzuerkennen. Stück für Stück erschreiben sich der Autor und Erzähler und im Lesen der Leser eine Vergangenheit, einen Schrank, eine Gaskammer. Die scheinbar marginalen und rein ästhetischen Bewegungen wären durchaus eine Möglichkeit der Vergegenwärtigung der Vergangenheit ohne eine Profanisierung.

---

[306] Profanisierung und Trivialisierung wurden Federman auch zum Vorwurf in einer Diskussion gemacht. Auf die abschließende Frage von E. Goodheart: „Doesn't it worry you that are possibly trivializing it?" reagiert Federman sehr heftig und verneint dann entschieden „I do not trivialize that thing. But I had to carry that burden for the past forty-five years and it is the only way that I can live with it. Otherwise I would be driving myself crazy, probably committing suicide like Primo Levi oder Jean Améry" (in: Alfred Hornung; Ernstpeter Ruhe (Hg.), Autobiographie und Avantgarde, Tübingen 1992, 325–387, hier 379).

[307] Vgl. hier auch die Diskussion in Hornung 1992, 325–387, hier 379), wo Federman ausdrücklich betont, dass seine Schriften autobiographisch sind oder referenziell, es aber nicht darum gehe, diese Referenzen abzubilden, sondern die Wirkung der Referenzen in uns zu erkennen. „I visited Auschwitz once, it is the ugliest place I've ever seen into the world. But that is not what I am writing about. I'm writing about being here today with this thing in us" (Hornung 1992, 380).

*

In *The Voice in the Closet* wird eine doppelte Geschichte erzählt: Zum einen wie der Junge Raymond Federman von den Eltern in einem Schrank versteckt wurde, als die SS kam, zum anderen wie nun der Autor, Erzähler und zugleich die Figur versuchen, schreibend dieses Ereignis zu erinnern.

Doch was hier so relativ einfach und schlicht erscheint, nimmt sich im Text ganz anders aus. Denn *The Voice in the Closet* kennt auf keiner Ebene Linearität und Einheitlichkeit. Schon am Genre wird das sichtbar. Der Autor hat die von 400 auf 20 zusammengestrichenen Seiten als ‚novel' (Roman) bezeichnet, doch sind sie das keineswegs im klassischen Sinne.[308] Mehrere Genres gehen ineinander über und der Leser weiß nie, in welchem Genre er sich gerade bewegt, ob in einem Gedicht, einem autobiographischen Prosatext, den schon geschriebenen Romanen (*Double or Nothing* und *Take It Or Leave It*) oder in dem noch zu schreibenden Liebesroman *Smiles on Washington Square*.

In der lyrischen Metapher „federman" zum Beispiel herrscht Ruhe, Sicherheit der einen Existenz des Dichters; im autobiographischen Ich-Text zeigt sich das Bedürfnis nach solcher Einheit – aber im ‚Roman' ist das nur Teil; dort existiert das plurale Ich. Diese, als Collage angelegten Eigen-Plagiate von Gedicht, Autobiographie und Roman erzeugen auf der Makroebene eine polysemische Struktur, die sich über die Handlungsebene bis hin zur Interpunktion fortsetzt. Die Figuren sind gespalten oder gedoppelt und bewegen sich dementsprechend in mehrfach codierten Räumen und Zeiten. Vollständig abgeschlossene Sätze gibt es kaum; andere Erzählstränge und -sätze (manches Mal geht ein Satz erst nach zwei Seiten weiter) schieben sich dazwischen und machen jegliche Einheit zunichte. Dadurch werden die einzelnen Satzteile polyvalent und sind nicht nur auf die verloren gegangene erste Hälfte beziehbar.[309] Und da das Wortmaterial des Textes relativ klein ist, sind die Verknüp-

---

[308] Franz Link, „The Postmodern Holocaust Fiction of Raymond Federman", in: Armin Geraths; Peter Zenzinger (Hg.), Text und Kontext in der modernen englischsprachigen Literatur, Frankfurt am Main 1991, 137–159. „For VC he put in his sheet of paper horizontally, typing one seperate narrative voice on each side of their page. He claims to have written four hundred of these pages before ‚condensing' them to their present form as what he calls a twenty-page novel" (Link 1991, 143).

[309] Leo Truchlar, „Critifiction und Pla(y)giarism. Zum Literaturentwurf Raymond Federmans", in: Poetica (15) 1983, 329–341. Truchlar definiert die Brechung eines einheitlichen Erzählvorgangs, der auf sozialer und psychologischer Kausalität beruht, folgendermaßen: „[die Romane] unterlaufen die narrative Kausalität des psychologischen Romans durch Digressionstechnik: Zahlreiche miteinander konkurrierende ‚Geschichten' – oder mögliche narrative Abfolgen, (In)Versionen – bilden den Kern eines möglichen Romans, wobei [...] Wort und Bildzeichen eben nicht auf eine ihnen übergeordnete narrative Logik verweisen, sondern auf sich selbst" (Truchlar 1983, 332).

fungsmöglichkeiten unendlich. Anders zum Beispiel als in *Nackt unter Wölfen* – um einmal einen ganz konträren Text zu nennen –, wo auf eine bestimmte Weise geknüpft wird und die Zuordnungen und Abfolgen eindeutig sind. Die Sprache ist dort Transporteur eines bestimmten Inhalts und dient der Exemplifizierung der Parteigeschichte. Alle sprachlich-narrativen Möglichkeiten sind daraufhin ausgerichtet. Bei Federman dagegen ist die Sprache nicht Mittel, sondern ‚Inhalt'. Von daher bietet jede neue Verknüpfung neue Bedeutungen, und eine eindeutige Beziehung zwischen Signifikant und Signifikat wird verweigert. Entsprechend gibt es auch keinerlei Interpunktion. Man kann die Satzsegmente so oder anders interpungieren und so je andere Sätze bilden. Dem Text sind von daher keine Grenzen gesetzt. Wird aber das einfachste und äußerste Sprachgerüst aufgehoben, zerfällt auch die Sprachordnung und damit jede andere Ordnung.[310] Weder Anfang noch Ende gibt es dann. Auf diese Geschichte gewendet hieße das: Das KZ oder der Schrank sind immer oder nie.

Innerhalb eines solchen Gebildes, das an jeder Stelle und auf jeder Ebene die Möglichkeiten gibt und fordert, Übergänge von der Gegenwart in die Vergangenheit sowie Zukunft zu gestalten, ist der Rezipient besonders gefordert. Denn erst durch seinen Leseakt wird alles in eine Form gebracht, wird inszeniert oder interpretiert.[311] Der Autor ist nicht mehr Garant der Vergangenheit und Zeuge des Geschehens, sondern auch Leser der Vergangenheit sowie die konkreten Leser zu Autoren werden und im Lesen zugleich die Vergangenheit schreiben.

Ein Zitat aus einem Brief Federmans an Caramello über *The Voice in the Closet* kann diese doppelseitige Bedingung noch verdeutlichen: „The text without beginning nor end the text that continues in other people's voices other people's words." Da wird der Text erst zu einem Text, wenn der Leser ihn fortsetzt. Doch nicht nur fortsetzen, sondern auch mitschaffen muss er: „Only through the joint efforts of the reader and creator will a meaning possibly be extracted from the fictitious discourse."[312]

Durch diesen Anspruch ist das Kunstwerk nicht mehr autonom oder autorbezogen, sondern wird zu einem sozialen Ereignis, weil es den Rezipienten als

---

[310] Dem steht die graphische Zeichnung auf der linken Seite entgegen. Dort wird Strich für Strich ein Quadrat in das andere gezeichnet, so dass am Ende eine quadratische „Puppe in der Puppe" entstanden ist, und der Schrank und der Tod, um das schon vorweg zu nehmen, letztendlich gezeichnet sind.

[311] Hier wird in extremer Form nötig, was Lezzi insgesamt von den Lesern der Kindheitsautobiographien fordert, dass diese ergänzen oder entgegenhalten, was der Schreibende ausgespart hat (vgl. Lezzi 2001, 149).

[312] Charles Caramello, „Flushing Out ‚The Voice in the closet'", in: Sub-Stance 20 (1978), 101–113.

Tätigen notwendigerweise miteinbezieht. Ein aktives Gedenken und Erinnern in einer Art Erinnerungsgemeinschaft entsteht – ähnlich demjenigen, das Ruth Klüger von ihren Lesern fordert. Nur wird die Erinnerungsgemeinschaft bei Federman durch die Struktur des Textes gebildet und nicht, wie bei Klüger, durch wiederholte Aufforderungen an den Leser. Die Notwendigkeit der Rezipienten für das Bestehen von *The Voice in the Closet* wäre also eine Möglichkeit, die abgeschlossene Vergangenheit als unabgeschlossene zu betrachten und damit eine Verbindung zwischen Lebenden und Toten herzustellen. Mit Jan Assmann gedacht hieße das, dass die Leser den kulturell-sozialen Rahmen liefern, ohne den Erinnerung nicht möglich ist. So müssen die Leser ersetzen, was dem erinnerten Ich verloren ging: den kulturellen Rahmen, das heißt, die Eltern und die Heimat.[313]

2.1 Raum – der fiktionale Erlebnisort

The Voice in the Closet zeigt, wie allein durch Schreiben die durch Zeit und Raum getrennten Figuren und Ereignisse miteinander in Beziehung treten können. Nur im Schreiben und in der verkehrten Schreibbewegung – „up and down the pages" – können alle Figuren, Sam und Ich, Samuel Beckett (auf den Sam u.a. verweist) und Raymond Federman oder federman und federman miteinander kommunizieren. Im Schreiben treffen sich Figuren, die sonst zeitlich, räumlich, real, fiktional getrennt sind. Schreiben wird zum eigentlichen Begegnungsraum und Kommunikationsmedium und Kommunikation findet nicht, wie üblich, in der realen Begegnung statt. Das ist ein entscheidender Wandel innerhalb der Erinnerungskultur, der früh anzeigt, was nun immer mehr sichtbar wird. Während die Autoren der älteren Texte selbstverständlich davon ausgingen, dass Kommunikation möglich sei – bis sie schmerzlich am eigenen Leib das Gegenteil erfahren mussten –, wird hier reale Kommunikation nicht nur zwischen Opfern und Nicht-Opfern, sondern auch zwischen erinnerndem und erinnertem Ich und seinen Varianten als unmöglich dargestellt und erst im Schreibakt als eventuelle Möglichkeit entworfen. Damit nimmt Federman zugleich vorweg, was eintreten wird: dass die Rede über die Verfolgung und Vernichtung ausschließlich aus medialen Zeugnissen bestehen muss, da es bald keine Zeitzeugen mehr geben wird und selbst für die noch lebenden

---

[313] Mit solch einer Textkonzeption, die den Leser als ‚creator' miteinbezieht, gleicht Federman wiederum die Enge des autobiographischen Schreibens aus. Denn da die Autobiographie selbstbezogen ist, verdrängt sie die Geschichten der anderen. Werden die Leser aber ebenso Autoren, so erhalten sie eine Stimme im Text.

Zeitzeugen die Verbindung zur eigenen Vergangenheit lockerer und brüchiger durch den wachsenden Zeitabstand erscheint.[314]

Erzählen wäre hier also ein ständiger Versuch, von unten nach oben zu kommen, von draußen nach drinnen in den Schrank. Real ist der kleine Junge Raymond Federman am 16. Juli 1942 oben aus dem Schrank über die Treppe nach unten, nach draußen und später in die Welt gegangen, in die USA (auf die die Schrankhandlung Bezug nimmt). Er ist nicht mehr im Schrank. Will der erwachsene Mann die Situation im Schrank und all das, was ihm damit verloren ging, erinnern, so muss er den umgekehrten Weg, von unten nach oben, von draußen nach drinnen, von der Gegenwart in die Vergangenheit zurückgehen. So lange, bis der Schreibende oder als seine Metonymie die Schreibmaschine des Autors, „selectricstud", sich wieder in den Schrank geschrieben haben. Bedeutungen und Folgen dieses Erinnerungsvorganges sind allerdings ambivalent, da der ‚Schrank' oder auch die ‚Kiste' als zentraler Raum allen Erlebens und Schreibens mehrfach codiert sind.[315]

Der Schrank ist der Schutzraum des damaligen Jungen vor der SS. Er ist der Ort, von dem aus der Junge in ein neues Leben ohne Schwestern und Eltern gehen musste. Er ist allerdings auch der Ort, an dem die Erinnerung an diesen damaligen Jungen entstehen kann. Der Schrank wird so in doppelter Hinsicht zu einem Schutzraum oder auch Mutterleib: „I move now toward my birth out of the closet" (*The Voice in the Closet*, 11) und „out of the closet now" (*The Voice in the Closet*, 10).[316]

Doch ist der Schrank nicht nur der Ausgangsort für ein neues Leben des ‚realen' und des erinnerten Jungen, sondern der Schrank markiert auch den Beginn zu einem Leben im Schreiben; er gibt den Raum – wenn man die Metapher weiterdenkt – für eine ‚Schreibgeburt'. Das lässt sich vor allem an der minimalen Zeitangabe *now* festmachen – „out of the closet *now*" und „I move *now* toward my birth out oft the closet". Denn *now* bezeichnet den Beginn des

---

[314] Damit ist auch der Übergang von einem kommunikativen Gedächtnis, das Erinnerungen umfasst, „die sich auf die rezente Vergangenheit beziehen", zu einem kulturellen Gedächtnis bezeichnet, in welchem Vergangenheit zu Erinnerungsfiguren gerinnt (vgl. Jan Assmann 1992, 50).

[315] Hier nur ein Verweis, um noch einmal auf die Differenz zu den älteren Texten hinzuweisen: Handlungsort sind Schrank und die Tasten der Schreibmaschine und nicht die Konzentrationslager. Die Lager sind nur noch in Zeichen – ‚Ofen' und ‚Züge', auf anderer Ebene als ‚gelber stern' oder ‚Lampenschirm' – ohne Geschichten vorhanden.

[316] Vgl. hierzu auch: „my life began in a closet a symbolic rebirth in retrospect" (*The Voice in the Closet*, 3). Das Schrankerlebnis wird erst in der Retrospektive zu einem Geburtserlebnis und damit nachträglich zum Beginn eines neuen Lebens.

Schreibens dieses Textereignisses – „here now again selectricstud makes me speak."[317]

Doch Beginn, Neuanfang und Geburt sind nicht denkbar ohne ihre Umkehrung – den Tod. Sowohl der Beginn eines Lebens ohne Eltern als auch der Beginn eines Lebens im Schreiben sind mit dem Tod verflochten. Während der Junge in das Leben ging, wurden Eltern und Schwestern in Auschwitz ermordet. Und in Analogie hierzu schreibt sich selectricstud oder das Ich in den Tod, wenn es das vergangene Ich schreibend erinnert oder erfindet.[318] Denn in dem Augenblick, in dem der Junge entbunden wird und das Ich sich erinnert, ist selectricstud im Schrank angekommen. Oder umgekehrt, kommt selectricstud im Schrank an, kann der Junge entbunden werden. Jener Augenblick ist die Mitte des Textes, graphisch durch Leerstellen oder vorher durch „X-X-X-X" markiert. Nach diesem zentralen Moment tritt aber keineswegs der Zustand der Erleuchtung ein, sondern ein Zustand der babylonischen Wortverwirrung: Die Sprache ist komplett zerstört, nur noch Wortfetzen diktiert selectricstud. Geboren werden heißt sterben; sterben heißt schreibend erinnern.

So übernimmt der Schrank zwar die Funktion des behütenden Mutterleibs, der zu einem ‚realen' Leben und einem Leben im Schreiben führt, doch kann dieses Leben nur durch den Tod der Eltern und Schwestern wie dem eigenen erschriebenen entstehen: „writing himself into a corner inside [...] typographiphobia fatal" (The Voice in the Closet, 2), heißt es einmal mitten im Text. So gesehen verweist der Schrank auch auf die Gaskammern,[319] in denen die Eltern umkommen. Schreiben hieße folglich fiktional erleben, was in der Wirklichkeit geschieht oder geschehen ist. Es ist ein Versuch, den Tod der Eltern und der Schwestern als Schreibereignis zu fassen, das die gleiche Kraft für sich beansprucht wie die Realität.[320] Caramello formuliert dies so: „‚(X-X-X-X)'

---

[317] Mit diesem Anfangsmythos ist der Text typisch autobiographisch. Denn Kennzeichen einer Autobiographie ist die Identitätsstiftung, der Beginn des Lebens: Das kann die physische Geburt sein, das kann aber auch wie bei Federman eine Geburt zum Schreiben sein.

[318] Zu der Dopplung und Unabdingbarkeit vgl. auch solche Sequenzen wie: „I am being given birth into death beyond the open door such is my condition the feet are clear already of the great cunt of existence backward my head will be last to come out on the paper" (The Voice in the Closet, 9).

[319] Vgl. hierzu auch Schöpp 1990, 145.

[320] In diesem Zusammenhang ist es eher unverständlich, wie in der Sekundärliteratur durchgehend behauptet wird, Schreiben diene als „cover-up" (dt. bei Schöpp dann „Verdrängung") der Vergangenheit. Denn gerade durch die Sprachspiele und Variationen führen die scheinbar marginalen Bewegungen in das Zentrum des Schreckens. Die imaginierte Welt wird von Federman ernst genommen und ein Tod innerhalb der Sprache

does not *represent* the event of his family's extermination; it *presents* the extermination as a ‚scriptive' event."[321]

Ich fasse noch einmal zusammen: Der Schrank ist Mutterleib, weil er in der Wirklichkeit der autobiographischen Geschichte dem Jungen das (Über)Leben schenkt und er ist Mutterleib, weil er das Leben für ein Schreiben eröffnet. Zugleich ist der Schrank ein Todesort – um einmal den oppositionellen Ausdruck zu gebrauchen –, da er realiter das Ende des Lebens des Jungen mit Eltern und Schwestern markiert, und er ist ein Todesort, da das Schreiben der fiktive Tod ist – *typographiphobia fatal.*

Wirft man noch einmal einen Blick auf die älteren Texte, so wird der Unterschied und die Verschiebung, die in Bezug auf den Raum und dessen Bedeutung stattfindet, ganz deutlich: An die Stelle der realen Gaskammer tritt der Schrank, und an die Stelle des Schranks tritt der geschriebene Schrank, der metonymisch auf die Gaskammer verweisen kann.

2.2 Zeit – die Auflösung des linearen Erzählens

So wie dem Schrank als einer Metonymie des Raums verschiedene Bedeutungen zugeschrieben werden und dadurch die Figuren unterschiedliche und sich scheinbar ausschließende Handlungsoptionen bekommen, ist auch die Zeit nicht einheitlich strukturiert und linear gedacht. Ich werde dies an einem Satz und seinem Gegensatz entwickeln und zeigen, was Äquivalenzen und Übergänge für diesen Text und für das Gedenken der Shoah bedeuten können.

Zwei Jahreszeiten werden gleich anfangs genannt – Winter und Sommer – „it's winter now", heißt es einmal und das andere Mal – „it's summertime". Der Winter lässt sich durch das Zeitadverb *now* dem Schreiben zuordnen. Das gegenwärtige Schreiben fände so im Winter 1975 statt. Entsprechend stünde jener ‚winterlichen' Schreibzeit eine Handlungs- und Aktionszeit im Sommer gegenüber. Da die Sequenz „it's summertime" direkt in das Satzgefüge über die ‚reale' Schrankgeschichte des Jungen eingebunden ist, kann nur der Sommer 1942 gemeint sein. Es ist der Sommer, in dem Eltern und Schwestern nach Auschwitz deportiert wurden, und der kleine Junge im Schrank der SS entging. So betrachtet ließen diese Zuordnungen eine eindeutige und einsichtige

---

[320] (*Fortsetzung*)
somit auch. Wobei man aber nicht außer Acht lassen darf, dass der selbst geschriebene Tod vielleicht auch eine Möglichkeit ist, das Überleben zu rechtfertigen bzw. eine vorgestellte Schuld des Überlebens abzutragen.
[321] Caramello 1978, 103.

Textkonstruktion zu. Doch *The Voice in the Closet* ist nicht eindeutig und kommt zur Ruhe. Denn beide Sätze stehen im Präsens und sind zeitlich gleichwertig. Schreiben und Handeln – inhaltlich getrennte Ereignisse – sind übergänglich oder austauschbar, was Folgen sowohl für das (heutige) Schreiben wie auch die (damalige) Handlung hat. Denn die vergangene Realität wird durch die grammatikalische Ähnlichkeit von ihrem Realitätsstatus enthoben und fiktionalisiert, indem sie ins Präsens der poetischen Herstellung transponiert wird, wie umgekehrt die Schreibhandlung einen Realitätsstatus bekommt. So ist die – für den Alltag – so wichtige Differenz im Text überall eingeebnet: Ein typisches Moment der Postmoderne, aber auch ein treffendes Moment für die Bedeutung des Umgangs mit der Shoah. Die Vergangenheit mit ihren Verbrechen ist nicht abgeschlossen, sondern erscheint in der Gegenwart.

Die Aufhebung von Differenz zwischen Vergangenem und Gegenwärtigem – mit der die Absage an eine Abfolge und Chronologie der Ereignisse einhergeht – wird im Text fortwährend wiederholt. Liest man diese Erzählverfahren einmal versuchsweise hinsichtlich der Shoah und ihren frühen Schreibweisen, so könnte man sagen, dass *The Voice in the Closet* einerseits an diese Schreibweisen anknüpft – allerdings in ganz extremer und zugespitzter Form –, andererseits ihnen entgegensteht. Die frühen Zeugnisse beginnen mit der Deportation und enden mit der Befreiung, Vergangenheit und Gegenwart sind so streng voneinander getrennt. Die Vergangenheit soll bewältigt und gewissermaßen abgeschlossen werden. Mit diesem tendenziell chronologisch organisierten Modell bricht *The Voice in the Closet* ganz, negiert es nicht nur, sondern zerstört es regelrecht. Doch hatten wir gesehen, dass die frühen Texte selbst dieses Modell aufkündigen, sowohl im Bericht über die eigentliche Haftzeit wie auch im eigentümlichen Wechsel von Präteritum und Präsens oder in den fast rein präsentischen Erzählformen. Robert Antelme zum Beispiel beginnt sein *Menschengeschlecht* im Präteritum, endet auch damit, schreibt aber teilweise ganze Partien im Präsens. Es ist, als ob die Erinnerung überhand nimmt und zur Gegenwart wird. Aber auch in den präsentischen Berichten von Edelmans *Das Ghetto kämpft,* Richard Glazars *Die Falle mit dem grünen Zaun*, Primo Levis *Ist das ein Mensch?* ist die Vergangenheit nicht abgeschlossen, sondern wird im Schreiben wiederholt. Federman versucht nun mit wiederholender Grenzaufhebung von Vergangenheit und Gegenwart, solch eine Allgegenwart bewusst herzustellen. Kein chronologisches Modell soll helfen, die Vergangenheit zu bannen, sondern gerade umgekehrt, die ständige präsentische Wiederholung soll sie immer wieder schaffen.[322]

---

[322] Mit dieser Struktur trifft der Autor ins Zentrum. Denn wie ich oben gezeigt habe, herrscht in den Lagern die tödliche Iterativität, die aber nicht mit dem äußeren Ende der Haftzeit abgeschlossen ist, sondern sich, wie man aus vielen Berichten weiß, fortsetzt. Offen oder verdeckt werden die Erfahrungen des Lagers fortwährend wiederholt. Ein

Der Autor oder Erzähler kennt kein Ende und kennt keinen Anfang. Das Ende ist der Anfang und umgekehrt. Das bedeutet, dass er nie in die Erinnerung hinein, aber auch nicht aus ihr heraus kann. Er ist nie im Schrank, und er ist immer im Schrank.

2.3 Figuration – die lebenden Fiktionen

Perspektivierten die älteren politischen Texte das Kollektiv und zeugte der Name des Autors für die Wahrheit des Erzählten, erzählten die jüdischen Autoren eine individuelle Leidensgeschichte und eher selten die Geschichte eines einheitlichen Kollektivs – ich erinnere an die vielen Bedeutungen, die ‚Wir' zum Beispiel bei Primo Levi übernimmt –, so erzählt Federman auch seine individuelle Geschichte, aber es ist die Geschichte eines multiplen Ichs, das viele einander widersprechende Varianten in sich vereint. Sein Name ist ein Name unter vielen möglichen. Bezeugen tut er nichts mehr.[323]

Man kann das multiple Ich ebenso als Phänomen der Postmoderne oder vielleicht überhaupt der Moderne lesen und damit beiseite lassen. Aber da der Autor nicht nur ein referenzloses Spiel mit Simulakren spielt, sondern sein Schreiben durchaus Referenzen hat, wäre zu überlegen, ob nicht vielleicht die Postmoderne ein mögliches und rettendes Lebensmuster für ein Ich nach der Shoah bereitstellt. Denn da die eine Identität plötzlich und für immer zerstört wird durch die industriell organisierte Verfolgung und Vernichtung, müssen andere und manches Mal erfundene Identitäten an deren Stelle treten. Sie garantieren ein ‚weiter leben'. Ebenso wie Federmans Erzähler erfindet auch der Erzähler in *Wartime Lies* einen Mann, der sich wiederum einen Jungen mit Geschichten erfindet, da er nicht ertragen kann, die eigene zu erinnern. Und

---

[322] (*Fortsetzung*)
literarisches Beispiel wäre Imre Kertész' *Kaddisch für ein nicht geborenes Kind* (Berlin 1992). Der ganze Text besteht aus einer ständig wiederkehrenden Verneinung, nach Auschwitz ein Kind in die Welt zu setzen. Die Erfahrungen sind nicht abgetan, sondern strukturieren in endlos kreisender Bewegung das Leben.

[323] Hier möchte ich noch einmal auf den anfangs zitierten Satz von Berel Lang eingehen. Für ein im Nationalsozialismus in mehrfacher Hinsicht zerstörtes Subjekt könnten gerade Schreibtraditionen avantgardistischer oder auch konventioneller Art eine Heimat bieten. Sie garantieren einen sozialen Rahmen, der durch die Shoah verloren ging. Unter diesem Aspekt müsste man vielleicht die einleuchtende Forderung von Lang, der Holocaust muss sich im Schreibverfahren niederschlagen, zurückstellen oder umformulieren und fragen: Was bringen diese oder jene Schreibformen, was ermöglichen sie dem schreibenden Subjekt? Dann würde man von den normativen Äußerungen abkommen, an die sich Autoren sowieso meist nicht halten.

innerhalb der Geschichte muss der Junge, Maciek, fortwährend wieder neue Geschichten und Namen für sein Selbst erfinden und seine Identitäten immerzu negieren.

Auch Raymond Federman wurde gezwungen, sein damaliges Selbst zu negieren, als er in dem Schrank versteckt wurde. Ihn durfte es offziell nicht mehr geben, seine Identität war ausgelöscht. An die Stelle der einen wirklichen Identität treten nun viele gespielte, die die postmoderne Welt bereithält: federman, feather boy, young boy, lover man, sam, moinous, manchild und I und he und selectricstud.[324] Und je nach Rolle können unterschiedliche Blickweisen eingenommen und die (erzählten) Ereignisse verschieden erfahren werden. Aus dem damaligen Zwang des Rollenspiels und dem überlebensnotwendigen Wechsel der Identitäten wird ein erzählerisches Spiel von Möglichkeiten. Das kann so weit gehen, dass durch ein gleiches Satzmuster mit verschiedenen Subjekten Opfer und Täterrollen vertauscht werden.

Ein Beispiel: „boys passing in the street they threw sand in his eyes" (2) // „I threw sand in his eyes struck his back with a stick „ (6) // „they threw sand in their eyes struck their back kicked them to exterminate them" (10).

Das Satzmuster ist immer das gleiche: Ein oder mehrere Subjekte werfen jmd. Sand in die Augen. Einmal sind Jungen, einmal Ich, einmal Sie [Soldaten] die Handelnden oder Täter und Er und Sie [Eltern] die Opfer. Dass Jungen und Soldaten als Täter bezeichnet werden, erklärt sich aus der ‚realen Geschichte' und hat fortlaufende Korrespondenzen innerhalb der erzählten Geschichte. Doch nun wird Ich – das durch das Schreiben von Er oder der Schreibmaschine entsteht und sowohl auf den damaligen Jungen wie auf den erinnerten Jungen verweist und ein Opfer ist – seinerseits zum Täter, der einen anderen quält.

Letztendlich bedeutet das, dass jeder zum Täter werden kann und jeder zum Opfer.

---

[324] Mit dieser Einteilung wende ich mich gegen Caramello, der behauptet, der kleine Junge sei der Erzähler und die Stimme des Mannes mache den Jungen sprechen. Der Junge ist nur eine Rolle von vielen, die das Ich annimmt. Und den ersten Satz des Textes folgend zu zitieren, ist etwas schwierig: „The ‚selectric-stud' that is ‚humping paper' – Federman's IBM Selectric – ‚makes [the boy] speak with its balls.'" (Caramello 1978, 108). Link (1991, 143 ff) wiederum macht aus dem Satz „... makes me speak...": „Federman obviuosly sits at his typewriter that makes him speak again, assuming the voice of the boy he was when his mother..." Hier liegt zum einen genau die Ver(w)irrung vor, die Federman angibt und anstrebt, wenn ein Autor seinen Eigennamen mit in den fiktionalen Text einbringt, und zum anderen wird deutlich, dass Link von einer einheitlichen Persönlichkeit und nicht von einem multiplen Ich ausgeht, dessen Teile natürlich zusammenhängen, aber erst einmal getrennt – auch eigenständig – betrachtet werden müssen.

Für einen Autor, der selbst ein Opfer der Verfolgung und Vernichtung war, ist dies eine auffällige und Achtung verlangende Position. So ist die der Postmoderne eigentümliche Grenzverschiebung gerade eine Möglichkeit für eine Erkenntnis der eigenen Schuld und Teilhabe an Verbrechen. Die Shoah wird nicht in ein bestialisches Niemandsland verwiesen, sondern erhält einen Raum in unserer Welt.[325]

Federman öffnet so das „univers concentrationnaire" im Sinne von Leslie Epstein gerade auch für die späteren Leser, insofern sie das ‚Böse' in sich anerkennen müssen. „My thesis all along has been that the sense of responsibility and connectedness can be achieved only by the creative artist – and by creative readers, as well. Only those who have the imagination to recognize what they share with the force of evil [...] can fight fearlessly against it."[326]

2.4 Schreiben als Zeugnis und Berufung?

„selectric" ist der Firmenname der Schreibmaschine vom konkreten Autor Raymond Federman. Als solche ist die Schreibmaschine ein referenzielles Objekt. Durch die Verbindung mit *stud* bekommt der reale Gegenstand metaphorische Bedeutung. Die mechanische Maschine wird animalisiert und Technik und Leben in einem Ausdruck verschmolzen. *stud* ist hier eindeutig sexuell konnotiert und korrespondiert mit zahlreichen anderen Sexualmetaphern im Text. Es aktualisiert die Seme der Lust, der Fortpflanzung, der Schöpfung und auch der Aggression. Schreiben ist ein lustvoller, sinnlicher Vorgang. Dem gegenüber steht die mechanische Tätigkeit der ewig produzierenden Maschine. Doch sind es nur scheinbare Gegensätze, denn alles Sexuelle zielt auf sich selbst und nicht auf einen anderen. So gesehen ist das Schreiben selbstreferenziell.

Als ‚jüdischer' Autor, der seine Eltern und Schwestern in Auschwitz verloren hat, fühlt sich Federman berufen: „federman achieve the vocation of your name" (3, vgl. auch 6). Der Berufungstopos passt erst einmal wenig in das postmoderne Umfeld der lustvoll und zugleich mechanisch produzierenden Sprachmaschine. In älteren Weltmodellen hat Gott den Menschen, genauer

---

[325] Ich verweise hier auf Epstein, der dies in eindrücklicher Weise formuliert: „What is being denied is the one crucial fact: that those who suffered, and those who inflicted suffering, were men, and that the Holocaust did not occur in a fantasyland, or outside of history, or in a ‚univers concentrationnaire', but in the only world we can hope to know, the only one we can experience and be responsible for – our own" (Epstein, Leslie, „Writing about the Holocaust", in: Lang 1988, 261–270, hier 266ff).

[326] In: Lang 1988, 269ff.

die Propheten, dazu berufen, seine Gesetze zu verkünden und dafür zu sorgen, dass diese auch eingehalten wurden. Durch Wunder wurde der Verkünder und durch ihn Gott beglaubigt. In der Aufklärung wird Gott durch das autonome Subjekt ersetzt, dass nun sich selber beruft und selbst legitimiert. Mit dem in der Moderne einsetzenden Verlust von einer sinnvollen, ganzheitlichen Welt und dem Zerbröckeln eines einheitlichen Identitätskonzepts fällt die Berufung als sinngebender Akt weg. Wenn nun Federman den Berufungstopos wieder aufnimmt, so schließt er an ein altes sinnstiftendes Modell an. Damit steht er in dem Kontext der Literatur über die Verfolgung und Vernichtung nicht alleine da. Die Gewalt der systematischen Massenmorde hat den Berufungstopos, bis hin in die ursprünglich religiöse Bedeutung, wieder aktuell werden lassen. Die Überlebenden wurden entweder direkt von ihren sterbenden Angehörigen oder Freunden aufgefordert Zeugenschaft abzulegen, oder sie haben sich selbst dazu verpflichtet. So entsteht das Paradox, dass aus der völligen Sinnlosigkeit der Morde nachträglich ein Sinn gezogen werden muss, der das Überleben irgendwie verständlich macht. Die Überlebenden der Shoah werden zu modernen Propheten; sie erhalten die Funktion, das Gedächtnis zu bewahren und das nicht nur kommunikativ, sondern kulturell, institutionell.

Federmans Berufung ist nun noch von spezieller Art. Sie liegt in der Bedeutung seines Namens. Federman – das ‚Federwesen', ein geflügeltes Wesen (man sieht, die Bildreihen sind vielfältig und reichen weit in die Antike und ihre Mythen), – aber auch ein Mann der Schrift, ein Mann mit der Feder. Die Berufung kommt also ganz aus den möglichen Metaphern, ist insofern postmodern. Durch das autobiographische Ereignis hingegen bekommt der Schreibauftrag, der nicht von Gott, sondern vom zufälligen Signifikanten ausgeht, eine spezielle Bedeutung und Zuweisung: Immer wieder wird der Tod im Schreiben wiederholt, sodass immer wieder Identität gestiftet wird.[327]

Ein Berufener braucht aber auch Hörer, denen er verkünden kann. In früheren Zeiten waren die Hörer das gottesfürchtige Volk, jetzt sind es die Leser, die nicht mehr Gott durch Glauben beglaubigen, sondern den Autor durch das Lesen. Erst durch sie wird die Berufung legitimiert und wirksam. Schreiben und Lesen sind so unabdingbar miteinander verbunden. Das postmoderne Schreiben ist nicht mehr nur selbstreferenziell und dreht sich im Kreis, sondern erhält kulturelle Wirksamkeit, da es durch die einzelnen, aktiven Leser Bedeutung erlangt.

Federman hat einen Text geschrieben, der durch seine vielen Brüche ein aktives Erinnern fordert. Er hat auch einen Text geschrieben, der von der

---

[327] Vgl. hierzu Jan Assmann 1992, 61.

Gegenwart mit all ihren Profanitäten ausgeht, sodass alle in die ‚Gegenwart-Vergangenheit' eintreten könnten. Aber vielleicht muss man einwenden, dass es ein sehr anspruchsvoller Text ist, vor allem wenn man ihn leise liest. Liest man ihn hingegen laut, so wird er geradezu rituell – wird vielleicht auch zu einem modernen Gebet für die Toten.

*

Ein wohltemperiertes Erinnern ist nicht zu haben. Bei Federman nicht und auch nicht bei den anderen Zeitzeugen, und es wäre auch gegenüber der lebenslangen Qual und dem Schmerz geradezu unrecht.

Wie sehen nun aber die Erzählungen der Generation aus, die diese Eltern gehabt haben? In welche Bedeutungszusammenhänge stellen sie die Verfolgung und Vernichtung durch ihre Schrift?

III Ererbte Erinnerung: Texte der ‚zweiten Generation'

„Haben es die Überlebenden gut? Sie schlagen wenigstens mit dem eigenen Körper die Brücke von *damals* zu *jetzt*, auch wenn diese Bewegung oft einem verzweifelten Arc de cercle gleicht. Paul Celan, Jude aus Czernowitz, [...] brachte diese beiden Leben nicht allzulange in seinem eignen Körper unter: sein wirkliches Leben vorher, sein Schattenleben danach, so spricht er sein Ich als du zwiefach an, er schrieb sich in die eigne Vernichtung zurück. [...] Wir, die Generation nach Celan, wir haben nicht einmal am eigenen Leib diese beiden Leben. Hinsichtlich der eignen Wurzeln haben wir es also schwer, aber andrerseits müssen wir den Tod in uns nicht mit irgendwelchen Strategien real überleben, diesen jüdischen Tod." (Robert Schindel)

Das Erlebnis im Lager entfernt sich nach fünfzig Jahren, die ‚Unmittelbarkeit' von Leid, Erniedrigung und Tod schwindet und auch das Leben in diesem halben Jahrhundert tritt zwischen das Damals und das Jetzt, schafft zusätzliche Distanz und andere Blickweisen – zumal Schreiben und Erinnern sich gegenseitig bedingen und überlagern. Und selten erscheint selbst den Autoren der ‚ersten Generation' die Vergangenheit ‚unmittelbar' und ‚unvermittelt' – dann allerdings in all ihrem Schrecken. Den Kindern der Überlebenden, der ‚zweiten Generation', fehlt jener unmittelbare Zugang ganz. Sie können das Vergangene nur aus zweiter Hand erfahren, sie sind, wie alle, die *danach* geboren wurden, auf Erzählungen und Bilder oder Gesten ihrer Eltern angewiesen. Und doch wäre es ein Irrtum zu glauben, dass Erinnerung mit Vermittlung und zeitlicher Ferne schwächer wird oder schwindet. Sie geht nicht verloren. Gleich jeglicher Art von Energie verwandelt und verlagert sie sich nur.

So kann sie plötzlich an ganz unerwarteter Stelle hervorbrechen, an den versachlichsten Resten, wie sie zum Beispiel in einem Museum ausgestellt sind. Im Museum von Auschwitz, wo in einer Vitrine das in Körnern gebundene Gas liegt und der Museumsführer erläutert, wie es benutzt wurde und wie es wirkte. Abstrakter und ferner vom tödlichen Ereignis, bis zur Fremdheit mittelbarer als solch eine Replik, kann nichts sein. Typisch und unerlässlich allerdings ist dieser Vorgang der Versachlichung für ein Museum, das Zusammenhängendes in einzelne Dinge zerteilen muss, in künstlichen Räumen aufstellt und durch Schrift oder Wort einen neuen Sinn wieder herstellt. Eine höchst entfernte Form von Erinnerung entsteht damit. Und dennoch kann gerade sie eine explosionsartige ‚Unmittelbarkeit' auslösen. Gerade, weil ihr vorerst jede erzählerische Vermittlung fehlt, weil sie ohne Worte ist und bei den Besuchern ein wortloses Erlebnis auslöst.

1 Helena Janeczek: *Lektionen des Verborgenen*

Helena Janeczek erzählt in *Lektionen des Verborgenen* solch ein Ereignis des erfahrbaren Schreckens – der leiblichen Identifikation über die Mutter mit der im Gas erstickten Großmutter.[328]

Noch 1995 konnte Thomas Nolden über Helena Janeczek schreiben, dass sie zu den Autoren gehört, die weder ihre Zugehörigkeit zum Judentum thematisieren, noch ihre Identität mit der Shoah begründen.[329] Für *Lektionen des Verborgenen*, die 1999 auf Deutsch und 1997 im italienischen Original (*Lezioni di Tenebra*) erschienen sind, trifft diese Aussage keineswegs mehr zu.

Janeczeks Text liest sich insgesamt wie eine literarische Exemplifizierung von Diana Treibers Untersuchung ‚*Lech lecha*'. *Jüdische Identität der zweiten und dritten Generation im heutigen Deutschland.*[330] Ich skizziere hier kurz einige für Janeczeks, aber auch für weitere Texte wichtige Gesichtspunkte, da ich sonst nicht weiter auf die ausgesprochen zahlreiche und vielfältige Literatur aus soziologischer und psychologischer, psychotherapeutischer wie psychoanalytischer Sicht eingehen möchte. Treiber untersucht auf der Grundlage von zwölf Interviews aus sozialpsychologischer Perspektive weniger, was jüdische Identität ist, sondern wie „jüdische Identität von den Beteiligten angeeignet und interpretiert wird."[331] Spezifische jüdische Bedingungen einer Identitätssuche, welche im Allgemeinen durch mangelnde Sinnkonzepte innerhalb einer Gesellschaft oder durch Wendepunkte (dazu gehören historische Ereignisse, Kontroversen, aber auch Todesfälle nahestehender Personen) ausgelöst werden können, sind das Wissen um die Shoah, rechtsradikale Anschläge, antisemiti-

---

[328] Helena Janeczek wurde 1964 in München geboren. Beide Eltern stammen aus Polen, die Mutter war in verschiedenen Lagern inhaftiert, der Vater überlebte den Krieg bei den Partisanen. Seit 1983 wohnt und arbeitet Helena Janeczek in Italien. Ihren ersten Gedichtband *Ins Freie* hat sie 1989 in deutscher Sprache veröffentlicht. *Lektionen des Verborgenen* erschienen in Köln 1999 (*Lezioni die tenebra* 1997).

[329] Vgl. Thomas Nolden, Junge jüdische Literatur. Konzentrisches Schreiben in der Gegenwart, Würzburg 1995, 64. Zu Thomas Nolden vgl. auch die Ausführungen in Kapitel 2: „Forschungsstand und Zwischenüberlegungen".

[330] ‚Lech lecha'. Jüdische Identität der zweiten und dritten Generation im heutigen Deutschland, Pfaffenweiler 1998.

[331] Treiber 1998, 5.

sche Tendenzen wie auch das Gefühl, einer Minderheit anzugehören. So wird aufgrund der historischen Erfahrung eine Verwurzelung mit Deutschland vermieden. Dazu gehört, dass die jüdische Welt zu Hause oder in der Gemeinde von der „anderen Welt" getrennt wird und Liebe zum Beispiel zu Nichtjuden unmöglich ist. Mit solch einem Denken von Andersartigkeit, Fremdheit und einem extremen Gefahrenbewusstsein wächst Helena Janeczek, wie auch viele andere Juden und Jüdinnen in Deutschland, auf. Folge davon kann sein, dass die Herangewachsenen Deutschland verlassen, um in einem Land zu leben, in dem Andersartigkeit und Fremdheit nicht empfunden werden – auch wenn sie existieren –, da sie nicht mit der geschichtlichen Erfahrung in Übereinstimmung stehen. Die Erlebnisse der Shoah prägen sich durch die Erziehung den Kindern ein. Die Eltern, so Treiber, lehren ihre Kinder Überlebensstrategien, üben sie ein, zur Flucht bereit zu sein und Katastrophen als etwas Normales zu begreifen. Die *Lektionen des Verborgenen* stecken voll solcher Überlebensstrategien: So lehrt die Mutter die Tochter nicht etwa, wie man ohne Dokumente lebt, sondern, „wie man ohne Dokumente überlebt" (*Lektionen*, 31). Sie lehrt sie weiter, keinen Fehler zu machen, sich anzupassen, auszuweichen, nicht aufzufallen und keinen Streit anzufangen. Zu diesen Überlebensstrategien – wie sie auch wörtlich in den Interviews von Treiber zu finden sind – gehört meistens, dass sie nonverbal vermittelt werden, dass sie ‚verborgen' sind. Die Shoah verschwindet vielfach im Abgrund des Schweigens, was bei den Jugendlichen eine Art von Solidarität und zugleich ein Gefühl der Ausgrenzung erzeugt.

Fragen nach der Identität in Auseinandersetzung mit der Elterngeneration vor dem Hintergrund der Shoah stehen meist im Zentrum der Texte der ‚zweiten Generation' – so auch hier bei Helena Janeczek. Ausgangspunkt der autobiographischen *Lektionen des Verborgenen* ist die Schreibgegenwart der 1990er Jahre. Von dieser ausgehend fragt die Ich-Erzählerin nach ererbten und erzeugten Gefühlen, reflektiert ihre eigenen Denk- und Verhaltensweisen. Der unmäßige Hunger nach jeglicher Art von Brot, Ängste, körperliche Besonderheiten, Verhalten gegenüber Menschen und Institutionen und anderes wird erfragt und die dazugehörigen Geschichten werden erzählt. Das heißt, von diesem nachdenkenden Schreiben aus, das man auch als ein inneres Tagebuch oder einen kleinen Forschungsbericht zur eigenen Biographie lesen könnte, werden alle anderen Erzählungen generiert. So die für das Schreiben zentrale – da wohl auch das Schreiben auslösende – Reise mit der Mutter nach Polen im Sommer 1993. Zusammen mit anderen Überlebenden, deren Kindern, Enkeln und Freunden besuchen sie verschiedene Geburtsorte der Reiseteilnehmer, Gedenkstätten und das ehemalige Lager in Auschwitz und in Birkenau. Diese Reise wird zwar insgesamt chronologisch erzählt, aber nicht kontinuierlich. Kleinere und größere Ereignisse aus der näheren und ferneren Vergangenheit der Erzählerin und ihrer Eltern stehen neben dem Bericht über Polen. Es sind Ereignisse, die fast ausschließlich die „verborgenen" und durch zwei Generationen verschobenen Folgen der Shoah in der Biographie der Erzählenden berühren. Klammer dieser zeitlich, räumlich oder auch figurativ sehr unterschiedlichen Geschichten ist, wie gesagt, die Gegenwart der Erzählenden, von der aus nach den „Lektionen", die es zu lernen galt und zu befolgen gilt, geforscht wird. Erweitert ist diese ‚Gegenwartserzählung', die im Grunde aus lauter Analepsen besteht, durch kurze in Kursivdruck abgesetzte Dialoge zwischen Mutter und Tochter. In diesen kommentieren die Erzählerin und ihre Mutter das Geschriebene oder ergänzen es. Zugleich sind sie aber auch der Ort, an dem die Mutter ihre Geschichte fragmentarisch selbst erzählt.

Mit solch einem gegenwartsdominanten Textmodell, das durchaus zeitliche Abstufungen und Stufungen kennt, Vergangenheit von der Gegenwart durch explizite Rückgriffe absetzt, trennt und unterscheidet – also keineswegs einer postmodernen Grenzaufhebung nahe kommt, wie etwa Lea Fleischman mit ihrer imaginierten Deportation nach Birkenau und der anschließenden Vernichtung durch Gas[332] –, gewinnt die Erzählerin eine Art von Kontinuität und Zusammenhang zwischen den Zeiten, den Generationen und ihren Geschichten. Denn sind die eigene Gegenwart und das Nachdenken über die persönlichen Verhaltensmuster Ausgangspunkt und Zentrum des Erzählens, werden von hier aus Spuren des Ichs am anderen gesichert und die eigenen Anteile in der fremden Biographie abgetastet und abgewogen, so können ohne großen erzählerischen Aufwand jede Art von Raum, Zeit und entsprechender Figuration nebeneinander gerückt werden.[333] Solch narrative Integration fremder Erzählungen in die eigene ist für die Erzählende von großer Bedeutung. Denn die Erzählweise leistet hier, was in der Geschichte und Wirklichkeit sich als schwierig, gar unmöglich erweist: die Kluft der Generationen zu überbrücken.

---

[332] Lea Fleischmann, Dies ist nicht mein Land. Eine Jüdin verläßt die Bundesrepublik. Vgl. dort das Eingangskapitel „Die Tür wird luftdicht abgeschlossen", 8–21.

[333] Das ‚Fortschreiben' der Generationen gehört zur literarischen Tradition. Vgl. hierzu Nolden (1995, 104f), der zeigt, wie Hazel Rosenstrauch, Katja Behrens, Barbara Honigmann, Peter Finkelgrün mal fiktional, mal dokumentarisch die Elterngeneration erzählen. Barbara Honigmann lässt ihre Ich-Erzählerin in *Eine Liebe aus nichts* z.B. den Kalender ihres verstorbenen Vaters fortschreiben, so dass die „Aufzeichnungen ineinander verl[au]fen" (Eine Liebe aus nichts, Hamburg 1993, 100). Oder Katja Behrens erzählt in *Die dreizehnte Fee* wie Erfahrungen, Verhaltens- und Denkweisen und vor allem das Leid von der Großmutter über die Mutter an die Enkelin weitergegeben werden. Drei Frauen, drei Generationen leben auf engstem Raum zusammen. Weder in der Gegenwart noch in der Vergangenheit können sie einander ausweichen, so dass ein Beziehungsgeflecht entsteht, in welchem die Anteile der Einzelnen kaum voneinander zu scheiden sind. (Katja Behrens, Die dreizehnte Fee, Frankfurt am Main 1985.)

Nur zu oft muss die Erzählerin bekennen, dass sie „nichts weiß", weder über die Mutter noch den Vater und schon gar nichts über die Großmutter, deren Tod aber paradoxerweise eine Identifikation hervorruft. Und auch wenn die Mutter auf der Reise nach Polen ihr bisheriges Schweigen bricht und zu erzählen beginnt, bleiben die Ereignisse außerhalb eines erfahrbaren Verständnisses und einer wirklichen Vorstellung: „Ich habe keinerlei Vorstellung davon, wie und wer meine Mutter zwischen 1939 und 1945 war […] Ich bin nur in einem beschränkten Maß in der Lage, die Geschichte meiner Mutter als etwas Wirkliches darzustellen, ihr zumindest wie der einer literarischen Figur zu folgen" (*Lektionen*, 123). Erinnerung und Erfahrung bleiben fremd und sind nicht übertragbar, daran ändert auch die wissenschaftliche Lektüre und Forschung nichts.

Und doch gibt es Augenblicke, wo die Grenzen zwischen Toten, Überlebenden und ihren Nachkommen verwischen und die Klage der Mutter über ihre im Gas erstickte Mutter zur Klage der Tochter wird und der Tod der Großmutter sich im Empfinden der Enkelin wiederholt – im Museum von Auschwitz-Birkenau, vor einem Schaukasten mit Blausäure.

1.1 Raum, Zeit, Figuration – kulturelles Gedächtnis und ‚ererbte' Erinnerung

Handlungsraum der im letzten Drittel des Buches erzählten Sequenz ist nicht das Konzentrations- und Vernichtungslager in Auschwitz und in Birkenau. Handlungsraum ist das Museum auf dem ehemaligen Lagergelände. Und die Handelnden sind nicht Häftlinge, sondern ehemalige Häftlinge, die ebenso wie die sie begleitenden Kinder und Enkelkinder nun Museumsbesucher sind und sich einen Teil ihres Lebens – museumspädagogisch sorgfältig aufgearbeitet und zubereitet – fünfzig Jahre später anschauen. Fragmente, Übriggebliebenes einer ganzen Welt ist dort ordentlich hinter Glas geordnet: „Brillen, Schuhe, Koffer, Haare. Einige kleinere Vitrinen, wie man sie in jedem anderen Museum auch finden kann, enthalten Dosen mit Hand- und Gesichtscreme, Schuhcreme, Zahnbürsten" (*Lektionen*, 142). Und im nächsten Gebäude findet sich dann „eine Rekonstruktion von Auschwitz-Birkenau, ein Gipsmodell hinter einer Glaswand, eingelassen in eine Art Pilaster mitten im Raum" (*Lektionen*, 145). Das, was einmal ein weiträumiger Komplex gewesen ist, von den Häftlingen nicht zu überblicken und schon gar nicht zu durchschreiten, da die verschiedenen Abteilungen voneinander durch Stacheldraht isoliert waren, wird nun als architektonische, personenleere Rekonstruktion anschaulich, übersichtlich und ungefährlich im Schaukasten ausgestellt. Daneben in einem kleineren Kasten die Zyklonkristalle, „feiner Kies", wie die Erzählerin sie nennt sowie die Korrespondenz zwischen der Lagerleitung und der Lieferfirma. Nichts haben diese voneinander isolierten und in künstliche Formen geronnenen Elemente mehr mit dem einst tödlichen System des Lagers gemein. Eine abstraktere Version des Vernichtungslagers und seiner Ereignisse ist kaum denkbar. Und doch überwältigt gerade der Anblick dieser verdinglichten Exponate die Mutter der Erzählenden, löst die Erinnerung an ihre im Gas erstickte Mutter aus: „'meine Mama, meine Mama', dann schreit sie nur noch Unartikuliertes" (*Lektionen*, 145). Es scheint, dass gerade die aus ihren ursprünglichem Zusammenhang herausgelösten Teile – die Blausäure, die Korrespondenz, das ‚handliche' Modell des Lagerkomplexes – den gesamten Schrecken und die Qual für die Überlebenden hervorrufen können. Einerseits weil sie als Museumsstücke in dieser Form nichts mehr mit den ‚wirklichen' Ereignissen und Zusammenhängen zu tun haben – und die Diskrepanz zur damaligen Wirklichkeit entsetzlich und qualvoll erscheint, zudem der ehemalige Häftling heute Besucher ist –, andererseits aber auch, weil gerade das „naturwissenschaftliche Gas" eine freie Verbindbarkeit herausfordert, direkt beziehbar auf die im Gas erstickte Mutter ist.[334]

Doch das sind Überlegungen und Annahmen meinerseits, die sich aus der Kenntnis des Textes wie weiterer Texte ergeben. Denn die Ich-Erzählerin unterbricht hier die Erzählung über ihre Mutter, verweilt auch nicht etwa bei ihrem Schmerz oder erklärt ihn, wie das Steinberg oder Wermuth für sich getan hätten. Gleich anderen Autoren der ‚zweiten Generation' blickt Helena Janeczek nicht in das Innere der erzählten Mutterfigur. Deren Gefühle, zumindest was die Zeit der Verfolgung betrifft, bleiben ihr verschlossen. Sie liegen jenseits des Darstellbaren ebenso wie das damalige Leben und Sterben in den Lagern.[335] Vielmehr wendet sie ihren Blick auf die Folgen, die die schmerz-

---

[334] Eine etwas andere Bedeutung bekommt das laute Klagen der Mutter, wenn man ihre ersten Schreie im Hotel in Warschau mit hinzunimmt. Dort klagt die Mutter sich an, ihre Mutter verlassen und nicht gerettet zu haben. Schuldgefühle, aber auch der Verlust lassen sie laut schreien (vgl. *Lektionen*, 14ff und vgl. auch die Erklärung der Erzählerin in einem anderen Zusammenhang, wo sie von „Schuld und Schmerz" spricht, die in ihrer Mutter verblieben sind, weil diese ihre Mutter zurückgelassen hat, *Lektionen*, 124). Doch diese Stellen widersprechen meiner Auslegung insofern nicht, da auch im Hotel in Warschau der Anlass des Schreiens äußere Dinge sind und erst das Datum die Erinnerung auslöst. Denn genau fünfzig Jahre sind es her, dass die Mutter ihre Mutter im Ghetto zurückgelassen hat.

[335] Äußerst selten gehen die Autoren mit ihren Erzählungen in das Lager hinein (vgl. hierzu auch Nolden 1995, 115 oder Helene Schruff 2000, 110). Bis auf Ausnahmen sind diese Ereignisse tabuisiert. Die Erzählungen der Autoren liegen eher an den Rändern der Verfolgung und Vernichtung und in ihren Spuren. So zum Beispiel bei Katja Behrens Erzählung „Ein alter Mann am See Genezareth". Dort heißt es: „Er sprach nicht davon, wo er damals hergekommen war, aber es konnte nicht anders sein. Er zeigte keinen

hafte Erinnerung auf sie selbst hat. Die Katastrophe ist ein Ereignis, das sich in den Reaktionen der Tochter zeigt; mehrfach also gebrochen ist. Man sieht: Weder soll in diesem oder in ähnlich strukturierten Texten die ‚Wirklichkeit' des Lagers abgebildet werden, noch sollen die Folgen eines Lebens im Lager im Mittelpunkt stehen, sondern die damaligen Ereignisse erscheinen über mehrere Vermittlungsstufen hinweg fast ausschließlich im biographischen Zusammenhang ‚der zweiten Generation', sind erkennbar am Verhalten der Jüngeren.[336] Ein Erzählen über die Verfolgung und Vernichtung wird zu einem Erzählen und Finden der eigenen Identität und umgekehrt. Für die Ereignisse an sich ist das vorerst eine extreme Umschreibung und Entfernung von ihrer damaligen Bedeutung, kann aber durchaus eine Möglichkeit sein, sie lebendig in der jeweiligen Gegenwart zu halten und sie nicht als ein zwar entsetzliches, aber historisches, immer wieder erzähltes und vom Betrachtenden abgetrenntes Ereignis zu begreifen.[337]

So dringt der Schrei der Mutter in die Tochter ein und setzt sich in einer nach innen gewendeten, wortlosen Klage fort: „[...] ihr Schrei ist mir in den Kopf gedrungen, das Bild meiner Großmutter, die erstickend stirbt, vielleicht

---

numerierten Arm vor – er hatte nur etwas Übriggebliebenes, die Aura einer Geschichte, die so schrecklich war, daß man sie nicht wirklich überlebt" (in: Salomo und die anderen, Frankfurt am Main 1995, 59). Das „Übriggebliebene" des alten Mannes genügt. Es braucht keine direkte Erzählung von Entwürdigung und Tod, um das Entsetzliche in seinen Folgen zu erfassen. Denn die Fragmente haben oftmals schärfere Kanten als die ganz und oft erzählten Geschichten.

Allerdings finden sich durchaus auch Texte, in denen die Erzähler ihre Stimme an die Augenzeugen weitergeben wie etwa in Robert Schindels Roman *Gebürtig* (Frankfurt am Main 1992), Sybil Rosens *Speed of Light* (Stuttgart 2001), Lothar Schönes *Das Jüdische Begräbnis* (Köln 1996) oder in Carl Friedmans *Vater* (Zürich 1993). In allen vier Texten bleibt aber auf verschiedene Art und Weise sichtbar, dass es eine Erzählung der Erzählung über das Lager ist. Der Rahmen, die Art der Erzählweise wird mitthematisiert. Das sieht so aus, dass die Überlebenden als intradiegetische Erzähler ihre Geschichten fragmentarisch erzählen, die ‚zweite Generation' durch Zwischenfragen und zusammenfassende Einleitungssätze die Erzählgegenwart präsent hält. Anders hingegen in Rafael Seligmans Roman *Der Milchmann*. Der Erzähler scheut sich nicht, in das Lager hineinzugehen und mit internem Fokus die zentrale Rettungsgeschichte Jaakov Weinbergs zu erzählen. Doch Seligman gehört zu den Ausnahmen. Er ist einer der wenigen Autoren, der radikal mit dem Tabu, nicht in die Lager erzählend sich hineinzubewegen, bricht.

[336] Hiermit steht Helena Janeczek nicht allein da. Thomas Nolden zeigt an Texten von Rafael Seligmann (*Rubinsteins Versteigerung*), Maxim Biller (*Roboter*) und Barbara Honigmann (*Roman von einem Kinde*) „wie schnell sich die narrative Bewegung von dem Ort des Geschehens entfernt, um sich der Analyse der eigenen Reaktion auf diesen Ort zuzuwenden" (Nolden 1995, 149).

[337] Dies gilt ebenso für die Leser, wenn gezeigt wird, wie diese Schreckensereignisse in den Kindern der Überlebenden fortwirken können.

ist es auch nur das Foto, das mein Großvater zusammen mit anderen noch retten konnte [...] vielleicht ist es nur irgendeine Gestalt, die sich mit denen in Dokumentarfilmen gesehenen vermischt hat, oder auch keine von beiden, vielleicht ist es nur das Empfinden in den Beinen und in der Luftröhre, das Empfinden von eingeatmetem Tod. Jedenfalls löse ich mich von der Gruppe, weil auch mich das Klagen überkommt" (*Lektionen*, 145f). Der Schrei der Mutter löst oder erzeugt auf mehreren Ebenen eine Erinnerung an die ermordete Großmutter, die sich als leibliche Klage in der Erzählerin fortsetzt. Es ist eine Erinnerung allerdings, die die Erzählerin als eine Nachgeborene nicht haben kann, deren Herkunft und Zusammensetzung unklar bleibt. Einerseits bedarf sie der Vermittlung – ein Foto von der Großmutter, Personen eines Dokumentarfilms werden genannt –, andererseits erscheint die Erinnerung ‚unvermittelt' als leibliche Vorstellung vom „eingeatmeten Tod", wenn für einen Augenblick die Enkelin in die Großmutter eintritt oder auch umgekehrt, und der damalige Tod Wirklichkeit wird. Auf engstem Raum haben wir hier das in vielen Texten auftretende eigentümliche Doppel von einer Erinnerung, die sich ausschließlich auf unterschiedliche schon in narrativisierte Formen geronnene Bilder beziehen kann, die aber zugleich über ein Gefühl auf die Vergangenheit zugreift, so als ob sie im eigenen Leib eingelagert wäre.

Ob nun aber das Entsetzen über das Bild der ermordeten Großmutter oder das Entsetzen über das Gefühl des Erstickens die Klage auslöst, bleibt unklar, wie auch offen bleibt, ob dies ein Klagen ist, das die Klage der Ermordeten bei ihrem Tod wiederholt (der Kopf, der gegen die imaginären Wände schlägt, lässt solche Möglichkeit denken), oder ob es ein Klagen ist, das ähnlich dem Klagen der Mutter den Mord an der Großmutter betrauert. Entscheidend aber ist, dass die Klage im Gegensatz zum Schmerz der Mutter nicht nach außen treten kann. Es bleibt ein inneres Klagen „bei geschlossenem Mund, ein Klagen, das stoßweise hochsteigt, rhythmisch, und der Körper begleitet es, als ob der Kopf gegen Wände schlüge, die es nicht gibt, [...] dann komme ich wieder zu Atem, und verscheuche die Großmutter" (*Lektionen*, 145). Die Klage bleibt wortlos, schüttelt den Leib und macht die Erzählende zur Gefangenen ihres eigenen wortlosen Schreis. So nimmt ihr nicht nur die leibgewordene Vorstellung des aufsteigenden Gases den Atem, sondern ebenso die nicht veräußerbare Klage darüber.

Der Zustand des Schreckens dauert nur einen Augenblick und löst sich rasch wieder auf. Die Erzählerin kommt „zu Atem", kehrt zur Mutter zurück und beide setzen den Rundgang fort – nun wieder Besucher eines Museums, die sich dieser Rolle entsprechend der Vergangenheit in künstlich distanzierten Erinnerungsformen nähern. Räume, Zeiten und Figurationen, deren Grenzen sich für einen Augenblick auflösten und übergänglich waren, sind wieder getrennt und voneinander zu unterscheiden.

1.2 Weitere Texte im Vergleich

Die ‚zweite Generation' hat, so könnte man sagen, die ‚Unmittelbarkeit' der Vergangenheit gerade aufgrund von Mittelbarkeiten. Eine biographisch gebundene, persönliche Erinnerung der Shoah ist den Autoren nicht möglich. Ihnen sind die Ereignisse allein in vermittelter Form zugänglich. Und doch kann für Augenblicke – hier durch die Identifikation über die Mutter mit der Großmutter – die Grenze zur Vergangenheit überschritten werden. Diese paradoxe Grenzüberschreitung durch eine leibliche Erfahrung, die real keine sein kann, sondern ausschließlich auf Vermittlungen angewiesen ist, bezeichnet Matthias Hermann in seinem Gedicht *Gefängnisduschraum* als eine „ererbte Erinnerung".

> Ich zucke
> Unter Tropfenhieben
> Im Dampfbad
> Einer ererbten Erinnerung
> Die mir den Atem
> Nimmt.[338]

Das widersprüchliche Verhältnis der ‚zweiten Generation' zur Vergangenheit hat hier im lyrischen Text, scheint es, seine Entsprechung gefunden. Da Lyrik, anders als die klassische Erzählweise, mit mehreren Bedeutungsschichten, Brüchen, Löchern und Lücken, die nicht erklärt und aufgelöst werden müssen, arbeitet, kann Erinnerung erzeugt und vermittelt und zugleich als eine eigene leibliche Erfahrung erscheinen. So sind die schmerzhaften und letztlich tödlichen Handlungssequenzen zu Beginn und zum Ende des Gedichtes („ich zucke unter Tropfenhieben" und „mir den Atem nimmt") für sich genommen ‚leiblich-wirkliche' Vorgänge, die dem Ich widerfahren. Sie sind aber zugleich vorgestellt, da nicht der Dampf den Atem nimmt und auch nicht die eigene Erinnerung an diesen Dampf, sondern die „ererbte", die angeeignete, die fremde Erinnerung. Damit ist das Dampfbad kein realer oder historischer Ort mehr, wie es anfangs scheint, sondern das „Dampfbad" ist ein vom Bewusstsein erzeugter Ort, der sich selbst nur auf einen schon einmal erzeugten, erinnerten Ort bezieht, also doppelt vermittelt ist. Erinnern ist ein leiblicher Vorgang und ein konstruierter zugleich.

Die Umgangsweisen mit solch „ererbter Erinnerung" werden in den Texten der ‚zweiten Generation' auf recht unterschiedliche Weise dargestellt und

---

[338] Matthias Hermann, 72 Buchstaben, Frankfurt am Main 1989. (Vgl. zur Analyse dieses Gedichtes auch Nolden 1995, 127f.)

bewertet. Von den vehementen Kritikern bis zu denjenigen, die bedingungslos die Opferrolle annehmen, lassen sich alle Abstufungen finden.[339] Einige möchte ich hier exemplarisch skizzieren.

An seiner eigenen Biographie entlang kritisiert Alain Finkielkraut in seinem Buch Le juif imaginaire (Der eingebildete Jude) mit analytischer Schärfe solche Identifikation der ‚zweiten Generation' mit den Opfern. Dort heißt es: „[Ich war] Verfluchter durch Identifikation, Märtyrer durch Stellvertretung, Überlebender durch Vermittlung der Eltern [...] Jude zu sein, das war für mich lange Zeit ein Recht: das Recht, mir Prüfungen anzueignen, die ich nicht erlitten hatte, und dank des Schicksals meines Volkes der Mittelmäßigkeit meines Lebens zu entrinnen [...] als Sohn von Überlebenden empfand ich mich als Erbe ihrer Leiden. Heute weiß ich, daß mit den letzten Überlebenden des Völkermordes eine Daseins-Qualität verschwinden wird, die ich nicht erben werde."[340] Dies ist eine deutliche Absage an eine jüdische Identität, die die Kinder der Überlebenden angesichts der jüdischen Katastrophe sich zuschreiben, um einen Sinn in das Dasein zu bringen. Nach Finkielkraut lässt das Leiden und Leben der Überlebenden sich nicht vererben und nicht übertragen. Das ist klug gedacht und überzeugt auch, entspricht aber wohl kaum der Realität. Blickt man einmal in die psychoanalytische und psychotherapeutische Forschung, die sich schon in den 1970er und 1980er Jahren in Amerika den Kindern der Überlebenden aus deren unmittelbarer Notlage heraus zugewandt hat, dann sieht man, dass die Traumata auf jeder Ebene weitergegeben werden und weitreichende Folgen haben. Die literarische „Opferidentität" ist dann gegenüber den von Brenner, Kestenberg oder auch Kogan geschilderten Fällen nur ein schwacher Schatten.[341]

---

[339] Dabei ist wohl nach Schruff auffällig, dass sich vor allem Frauen als Opfer stilisieren, während Männer eher dazu neigen, die Rolle der Kritiker solcher Opfermentalität einzunehmen (vgl. Schruff 2000, 137).

[340] Alain Finkielkraut, Der eingebildete Jude (Le juif imaginaire, Paris 1980), Frankfurt am Main 1984, 7.

[341] Vgl. hier vor allem den Tagungsbeitrag von Ira Brenner: „Stacheldraht in der Seele: Ein Blick auf die generationsübergreifende Weitergabe des Holocaust-Traumas", in: Liliane Opher-Cohn u.a. (Hg.), Das Ende der Sprachlosigkeit? Auswirkungen traumatischer Holocaust-Erfahrungen über mehrere Generationen, Gießen 1992, 113. Brenner zeigt anhand von Fallbeispielen, wie die Kinder von Überlebenden unbewusst die Vergangenheit der Eltern nicht nur bis auf Einzelheiten inszenieren und wiederholen, sondern diese Wiederholung zum gleichen Zeitpunkt erfolgt, zu dem die Eltern traumatisiert wurden. Für diese Internalisierung der Vergangenheit der Eltern von den Kindern, mit der die Übertragung der traumatisierten Selbstvorstellung der Eltern auf die Kinder einhergeht, hat H. Faimberg den auch für die Literaturwissenschaft nützlichen Begriff des „Ineinanderschiebens der Generationen" gefunden („The telescoping of generations", in: Contemporary Psychoanalysis 23, 1988, 99–118).

Esther Dischereit gehört zu den Autoren, die in ihrer Erzählung *Joëmis Tisch. Eine jüdische Geschichte* ihrer Ich-Erzählerin eine auffällige ‚Opferidentität' zuschreibt.[342] Bei einem ganz normalen Grenzübertritt vielleicht von Deutschland in die Schweiz oder nach Frankreich in den 1980er Jahren wird die Erzählerin zu einer von den Nationalsozialisten verfolgten Jüdin, sodass die Grenzen zwischen Gegenwart und Vergangenheit verwischen: „Aber wenn sie verlangten ich solle mich ausziehen – warum sollen sie das verlangen – wenn sie verlangten, ich solle mich ausziehen, und ich zöge mich aus. Und man sähe den Stern, durch die Kleider hindurch – sieht man ihn nicht – durch die Kleider hindurch auf meine Haut gebrannt – ist nicht gebrannt, bin niemals dort gewesen – auf meine Haut gebrannt, und die Hunde kämen heran" (*Joëmis Tisch*, 35). Man sieht, die Identifikation mit den Opfern wird auf eine merkwürdige und nicht ganz so glatte Weise, wie ich anfangs dachte, vollzogen. Die Erzählerin ist eine verfolgte Jüdin und ist es auch wieder nicht. Denn durch die Spaltung des Ichs in zwei Stimmen bleibt der Bezug zur Gegenwart erhalten, sodass ein ständiger Wechsel zwischen vorgestellten vergangenen Zuständen und erfahrenen gegenwärtigen stattfindet, wobei die vorgestellten zu wirklichen werden können und umgekehrt. Die Erzählerin ist in der Vergangenheit und Gegenwart zugleich. Doch auch durch das Durcheinandermischen der Zeichen der Verfolgung und Vernichtung – „Stern", „auf die Haut gebrannt", „Hunde" – und die dadurch mögliche Bildung eines ‚neuen' Opferbegriffs, bleibt eine minimale Differenz zu den ‚authentischen Opfern' bestehen. Denn der Stern wurde damals nicht auf die Haut gebrannt, er steckte an den Kleidern. In die Haut gebrannt wurde die Nummer beim Eintritt in das Lager, aber von ihr ist hier nicht die Rede. (Und auch der Ausdruck „in die Haut gebrannt" entspricht nicht der üblichen Formulierung. In den Zeugnissen wird immer vom ‚Einstich' der Nadel gesprochen.) So schreibt die Erzählerin sich zwar eine ‚Opferidentität' zu, bildet sie aber nicht ab. Ein winziger, aber entscheidender Unterschied zur Vergangenheit bleibt erhalten und lässt die ‚Opferidentität' als Konstruktion und Aneignung sichtbar werden. So könnte man sagen, dass selbst in diesem Text, in dem die Erzählerin sich auf der Ebene der Geschichte extrem mit den Opfern verbindet, dies in der Narration nicht ungebrochen und ohne Distanzen bleibt.

Ähnlich wie die Ich-Erzählerin in *Joëmis Tisch*, nur noch ausschließlicher, begreift sich auch Mascha Singer in Robert Schindels Roman *Gebürtig* als ein Opfer. Mascha Singer, eine gebürtige Wienerin, hat ihren jüdischen, toten Vater – der sich allerdings kaum als Jude, sondern, ironischerweise, als Kommunist verstanden hat – ‚neu' entdeckt. Sie möchte zum jüdischen Teil der

---

[342] Esther Dischereit, Joëmis Tisch. Eine jüdische Geschichte, Frankfurt am Main 1988.

Familie gehören und lehnt die nichtjüdische Familie der Mutter ab – für Identifikationen taugt diese kaum. So identifiziert Mascha Singer sich dann derart mit den toten Juden, dass sie sich im Streitgespräch mit dem Mauthausener Nicht-Juden Erich Stiglitz fühlt, „als würde [sie] noch einmal vom Steinbruch geworfen werden" (*Gebürtig*, 11). Anders als die Erzählerin in *Joëmis Tisch* hat Mascha Singer kein Bewusstsein von den problematischen und vielleicht auch zwanghaften Aneignungen. Allein der Erzähler zeigt durch sprachlichen Witz und Gegenfigurationen, dass solche bis in das Leibliche hineinreichenden Verschiebungen schwierig sind. Denn neben Mascha Singer gibt es, unter vielen anderen Figuren, zum Beispiel auch den Dichter Paul Hirschfeld, der eine jüdische Identität, die sich auf die Shoah gründet, empört mit den Worten von sich weist: „Außerdem lass' ich mir nicht von Hitler vorschreiben, wer ich bin" (*Gebürtig*, 264). So zeigt der gesamte Roman von Schindel, dass es sehr verschiedene Haltungen der Nachgeborenen zur Vergangenheit geben kann, und dass diese in sich sehr ambivalent sein können.[343]

Wieder ganz anders geht die niederländische Autorin Carl Friedman in *Vater* mit der Übertragung der Erfahrungen der Shoah auf der einen und den Vereinnahmungen auf der anderen Seite um. Von einer ‚Opferidentität' kann man im Grunde kaum sprechen, obwohl gerade diese Kinder ‚Opfer' der Leiden und Erzählungen ihres Vaters sind, der „Lager hat" wie die Kinder Windpocken oder Röteln. Für die etwa achtjährige Ich-Erzählerin und ihren kleineren Bruder sind die Erzählungen des Vaters ihre Wirklichkeit. Ihre Welt baut sich aus den Geschichten des Vaters auf, die Kinder sind Teil des Lagersystems geworden. Korrekturen gibt es innerhalb der Geschichte nur durch den größeren Bruder, der nicht mehr ganz so ausschließlich die Geschichten der Vergangenheit als gegenwärtige Realitäten begreift wie seine kleineren Geschwister. Fragt die Lehrerin, was sie einmal werden wollen, so antworten sie „unsichtbar", damit die SS sie nicht finde (*Vater*, 86). Sehen die Kinder kleine Sanatoriumshäuschen aus Holz, so sind es für sie Baracken; verschwindet der Vater bei einem Sonntagsausflug im Wald, um Brombeeren zu pflücken, so geht er „nur ein bißchen flüchten", wie die Schwester dem kleinen Bruder erklärt (*Vater*, 27). Spricht der Vater mit der Mutter über neonazistische Tendenzen in der Gesellschaft, so vergräbt das Mädchen vorsichtshalber all ihre Spielsachen vor der SS und erklärt: „Nur Brummbär habe ich nicht vergraben. Er muß mit mir vergast werden, auch wenn es ungesund ist. Damit er sich an den Gedanken gewöhnt, gebe ich ihm ab und zu eine kräftige Ohrfeige. ,Sauhund!' rufe ich dann. ,Sauhund!'" (*Vater*, 99). Hier gibt es kein Erwachsenenbewusstsein

---

[343] Ich verweise oben nur auf zwei Formen des Umgangs mit einer „Opferidentität". Weitere Abstufungen finden sich in der Analyse von *Gebürtig* unter 5.1. „Figuration – Spiegelung und Selbstfindung."

wie in *Joëmis Tisch* oder *Lektionen des Verborgenen*, das trotz Identifikation auf einer Ebene weiß, dass der Mord der Vergangenheit angehört und jede Vergegenwärtigung eine Vorstellung ist. Die Kinder wissen nur, was der Vater erzählt. Sie wissen nicht, dass die SS nicht mehr kommen kann, dass niemand sie in ein Lager bringen und vergasen wird. Mit diesem ‚Kinderblick' erfasst die Autorin, was später durch Wissen überdeckt und verwischt wird, was aber, wie man gerade an diesem Text sehen kann, tief in ein Verständnis der Welt und der Dinge der ‚zweiten Generation' eingelagert ist. So könnte solch ein Text auch das schwierige Verhältnis der erwachsenen Erzähler zu sich selbst, zur Welt und zur Vergangenheit erhellen.

1.3 ‚Individuelle', ‚personale' und ‚kollektive' Identität

Das Ereignis dieser existenziellen und oftmals bis ins Physische hineinwirkenden Identifikation mit der Eltern- und Großelterngeneration bei gleichzeitig größter Vermittlung und Konstruktion ist vorerst ungewöhnlich und manches Mal auch befremdlich. Zumindest lässt die beharrliche Frage nach einem Erbe und nach den Wurzeln in einer Zeit, die auf Vereinzelung und Individualisierung ausgerichtet ist, aufhorchen. Will man die Identifikation mit den Toten und Überlebenden nicht mit einer einleuchtenden, aber auch eindimensionalen Sehnsucht nach einer sinnstiftenden Opferrolle hinwegerklären oder als pathologischen Fall betrachten, so denke ich, dass hier ein kleiner Umweg über Jan Assmanns kulturwissenschaftlichen Identitätsbegriff sich lohnen kann. Assmann entwickelt zwar seinen Begriff von ‚Identität' im Hinblick auf die frühen Hochkulturen in Ägypten, Griechenland und Israel – und zwischen diesen Kulturen und unserer Zeit liegen einige Jahrtausende, in denen sich die Strukturen von Gesellschaften und ihrer Individuen auch entscheidend geändert haben –, doch scheint mir Assmanns Modell gerade in meinem Kontext relevant und hilfreich, vor allem im Vergleich mit der Forschung zur Identität wie sie Helene Schruff zum Beispiel für ihre Arbeit benutzt.[344]

Assman unterscheidet zwischen individueller, personaler und kollektiver Identität. Alle Formen der Identität entstehen auf unterschiedliche Weise durch ein Bewusstwerden eines „unbewußten Selbstbildes".[345] Individuelle Identität ist das am „Leitfaden des Leibes" entwickelte Bewusstsein vom „irreduziblen Eigensein".[346] Sie bezieht sich auf alle Eckdaten des menschlichen Lebens. Personale Identität entsteht durch die Eingliederung des Einzelnen in

---

[344] Vgl. Schruff 2000, 33f.
[345] Assmann 1992, 130.
[346] Assmann 1992, 131.

das Sozialgefüge und die dadurch sich entwickelnden Rollen, Eigenschaften und Kompetenzen. Personale Identität ist von daher immer auch ein Bewusstsein von sich selbst im Spiegel des anderen. Die kollektive Identität wiederum ist ein bewusst formuliertes Zugehörigkeitsgefühl zu einer bestimmten Gruppierung oder Gesellschaft – eine Identifikation mit der jeweiligen Gruppe, die zugleich auf Abgrenzung gegenüber anderen Gruppierungen besteht. Diese drei Identitäten zusammen existieren selbstverständlich nicht nebeneinander, sondern sind übergänglich, vermischen sich und sind oftmals kaum voneinander zu unterscheiden.

Blickt man auf die jüdische Gemeinschaft, so ist das Wissen um eine kollektive Identität dort von jeher außerordentlich stark entwickelt. Denn als auserwähltes Volk müssen die Juden ihre Gemeinschaft geradezu auf Abgrenzung und Ausgrenzung gründen, die sie in Schrift und Erzählung fortwährend lebendig halten. Seit der Aufklärung und der dadurch möglichen Gleichstellung der Bürger im 19. Jahrhundert wurde allerdings das Jahrhunderte gültige, kollektive Identitätsbewusstsein verändert. Die Säkularisierung begann und in der Folge entstanden „verschiedene Formen des Jüdisch-Seins: Neben den halachatreuen Juden [...] gab es nun diejenigen, die sich in die westlich-bürgerliche Welt weitgehend integrierten, ohne ihr Jüdisch-Sein aufzugeben, und schließlich die assimilationsbegeisterten Juden".[347] Von einer einzigen, einheitlichen Identität kann Anfang des 20. Jahrhunderts nicht mehr gesprochen werden. Allein durch die negativen und vernichtenden Zuschreibungen der Nationalsozialisten wird noch einmal ein Zugehörigkeitsgefühl – nun mit umgekehrten Vorzeichen – entwickelt. ‚Jude' wird man durch die „in der Auschwitznummer zusammengefaßten Wirklichkeiten und Möglichkeiten".[348]

Doch für die Generation, die nach dem Krieg geboren wurde, ist weder eine kollektive Identität, die auf Tradition der Narration der Geschichte beruht, noch jene, die durch gewaltsame Zuschreibung von außen entstand, verfügbar. Der Assimilationsprozess und der Massenmord haben den ‚sozialen Körper' aufgelöst. Und doch scheint die Bereitschaft zur Bildung einer kollektiven Identität und das Bewusstsein, dass es eine solche gegeben hat und geben muss, sehr groß zu sein, geradezu auf einem über jahrtausendealten ‚kulturellen Gen' zu liegen.[349] Denn schon allein die Erkenntnis und die Klage darüber,

---

[347] Schruff 2000, 38f.
[348] Améry 1966, 148f.
[349] Ich sehe das zwar ähnlich wie Schruff, welche zeigt, dass die ‚zweite Generation' „aus den angebotenen Identitätsfragmenten ihre eigene jüdische Identität immer wieder neu zu konstruieren" versuche, da der „jahrtausendealte religiöse Identitätsansatz schon Generationen vorher in Frage gestellt und überwunden wurde und durch die millionenfache Ermordung von Juden das ebenso alte Konzept der Gruppenidentität kaum noch trag-

dass diese Generation es schwer habe, was die eigenen Wurzeln betrifft (Schindel), verweist ja nur auf die Sehnsucht nach einer kollektiven Identität und auf das Wissen, dass sie einmal selbstverständlich war. Allein Form und Ausprägung jener Identität sind aufgrund der jüdischen Katastrophe wie der vorangehenden Säkularisierungs- und Assimilationsbewegung unklar und diffus. Allerdings werden bei aller Unbestimmtheit zwei von Assmann genannte Voraussetzungen für die Bildung und das Vorhandensein einer kollektiven Identität erfüllt: Das sind die Abgrenzung gegenüber anderen Gruppierungen sowie die bewusste Identifikation mit der eigenen Gruppe, auch wenn man nicht weiß, wie diese eigene Gruppe aussieht und aussehen soll – außer, dass sie sich auf die schändlich Ermordeten bezieht.

Die Erzählerin in *Lektionen des Verborgenen* berichtet, wie in ihrer Familie der Grundsatz galt: „wir sind keine Deutschen" und weiter heißt es „im allgemeinen bin ich so erzogen worden, daß ich bis in die kleinsten Einzelheiten das ‚wir' von allen Deutschen unterscheiden konnte, jeden einzelnen Fall, jede einzelne Verhaltensweise, geleitet vom nahezu unfehlbaren anthropologischen Spürsinn meiner Eltern" (*Lektionen*, 28). Das Wir der Familie als kleinste Einheit der kollektiven Identität konstituiert sich hier in fortwährender Abgrenzung gegenüber den Deutschen,[350] denen aufgrund ihres damaligen, mörderischen Verhaltens auch heute nicht zu trauen ist. So kann im Wissen um die Geschichte der Verfolgung und Vernichtung noch einmal Identität durch Negation einer ganzen Nation und ihrer Nationalität entwickelt werden, was heute im Zeitalter der Globalisierung gar nicht mehr so leicht ist.

Komplizierter allerdings gestaltet sich die Identifikation mit der eigenen Gemeinschaft unter positiver Bestimmung. Denn da das Selbstbild einer Gemeinschaft, so Assmann, sich auf Ereignisse in der Vergangenheit gründet, die Geschichten der ‚älteren Zeit' aber, wie gezeigt, nicht mehr ohne weiteres verfügbar sind, wird hier die Shoah als letztes Ereignis unweigerlich zum Fundament dieses Bildes. Dies ist ein Fundament allerdings, das sich selbst

---

fähig" ist (Schruff 2000, 36). Doch denke ich nicht, dass in diesem Falle die alten Konzepte einfach beseite gelegt werden (siehe fortlaufender Text). Auch ist eine „Bastelexistenz" nun keineswegs spezifisch für Juden der ‚zweiten Generation', sondern allgemein für unsere Zeit. (Vgl. hierzu Ronald Hitzler; Anne Honer, „Bastelexistenz. Über subjektive Konsequenzen der Individualisierung", in: Ulrich Beck; Elisabeth Beck-Gernsheim (Hg.), Riskante Freiheiten, Frankfurt am Main 1994, 307–315.)

[350] Damit steht Helena Janeczek nicht alleine da. Entscheidend für das Zugehörigkeitsgefühl zum Judentum ist das Bild des ‚äußeren Feindes', wie Diana Treiber zeigt (Treiber 1998, 76f). Viele Interviewpartner distanzieren sich so gegenüber den Deutschen und tun ihr ‚Deutschsein' als eine „staatsrechtliche Kategorie" ab (vgl. Treiber 1998, 77).

vernichtet, da es die Negation allen Seins bedeutet.[351] So wäre also die heute manches Mal archaisch und auch antimodern anmutende Identifikation der jungen Generation mit den Eltern und Großeltern und mit ihren erzählten und nichterzählten Geschichten eine notwendige und selbstverständliche Voraussetzung für die Bildung der kollektiven Identität, deren Struktur als solche – trotz aller Negativbewegungen – noch immer vorhanden ist. Für den Einzelnen bedeutet das, dass die Verfolgung und Ermordung der Angehörigen unmittelbar zum Identitätsgefüge dazugehören und die Ereignisse der Vergangenheit, trotz aller Vermittlungsverfahren, schmerzhaft empfunden werden können – ähnlich wie das der Fall in älteren Gesellschaften war. Hinzu kommt, dass individuelle, personale und kollektive Identität miteinander interferieren, sodass das innerhalb des kollektiven Identitätsbewusstseins vermittelte Wissen und Leid, die ‚soziale Erinnerung,‘ sich verschieben kann und in Ausnahmefällen, wie Helena Janeczek einen Fall erzählt, als individuell erscheint.

Der Blick zurück – kollektive und individuelle Identität

An Helena Janeczeks Text kann man sehen, wie stark der Wunsch nach kollektiver Identität und überhaupt nach irgendeiner Form von Identität ist und wie sowohl die kollektive als auch die personale und individuelle Identität mit Bezug auf die Verfolgung und Vernichtung entstehen können.[352] Die Erzählerin negiert nationale Zugehörigkeiten, sie will keine Deutsche sein, will aber auch nicht mit aller Konsequenz Italienerin sein und den deutschen Pass aufgeben. Und Polin, wie ihre Mutter war oder ist, will sie erst recht nicht sein, da sie die Landessprache nicht spricht. Aber auch als Jüdin der jüdischen Gemeinde begreift sie sich nicht: „In diesen drei, vier Jahren, in denen ich das Jugendzentrum besuchte, habe ich mich wie eine andere gefühlt, wie eine

---

[351] Schwierig ist die Selbstbestimmung aufgrund der Shoah auch aus einem anderen Grunde. Denn der Sehnsucht nach einer kollektiven Identität steht oftmals das Schweigen der Eltern oder auch das Zuviel an Rede entgegen. Die Einzelnen müssen sich verschiedener Erzählungen, eben auch Fiktionen, bedienen, um eine kollektive Identität bilden zu können. Ein schönes literarisches Beispiel gibt Emanuel Katz aus Schindels *Gebürtig*. Emanuel war Zeit seines Lebens „Auffangbecken" (*Gebürtig*, 20) für das Leid der Eltern. Erst nach ihrem Tod, nach der Lektüre aller Art über die unterschiedlichen Lager findet Katz im Schreiben der fiktiven Biographie des Herman Gebirtig zu seiner kollektiven Identität.

[352] Ich wende mich im Folgenden vor allem derjenigen Identität zu, die durch die Shoah gebildet wird. Die Wirkung weiterer identitätsbildender Faktoren wie Eltern, Religion, Gojim, Heimat, Israel hat Helene Schruff in *Wechselwirkungen* sehr ausführlich – allerdings an anderen Texten – untersucht und dargestellt.

Fremde, so fremd wie vielleicht nie zuvor, denn zuvor, in der Schule, begriff ich nichts und sah nicht, worin meine Andersartigkeit bestand. Aber genau in ihr habe ich auch zum ersten Mal so etwas wie Stolz entdeckt" (*Lektionen*, 113). „Fremd", „anders" fühlt sie sich, grenzt sich auch gegenüber den anderen Juden ab. Aber gerade mit dieser Negation und der Erkenntnis der eigenen Andersartigkeit, die vielleicht nur eine Eigenheit ist, wächst das Ich und bildet sich – als personale Identität allerdings, nicht als kollektive.

Eine positive Bestimmung der kollektiven Identität findet Helena Janeczek erst 1994 im Museum von Auschwitz. Erst dort versteht sie sich wie selbstverständlich als Teil des verfolgten Volkes, wenn sie vor einem Schaukasten beim Anblick von Zahnbürsten, mit denen sie nicht gerechnet hat, bemerkt: „Vielleicht habe ich da erst begriffen, daß sie uns wirklich alle umbringen wollten" (*Lektionen*, 142).[353] Durch das Reflexivpronomen „uns" – das nicht unbedingt erforderlich ist – begreift sie sich ungefragt als Jüdin. Das heißt, im Anblick der kulturellen Gegenstände der Toten kann sie sich im ‚Wir' verorten. Als Mitglied des verfolgten Volkes nennt sie die Ausstellungsräume, die die Geschichte der Juden dokumentieren und in denen das Kaddisch gesprochen wird, „unseren Ort": „Das war der richtige Ort, unser Ort" (*Lektionen*, 149).[354] Personal- und Possesivpronomen machen sichtbar, dass die Erzählerin zur Gemeinschaft der Überlebenden wie der Toten gehört und so Heimat findet am ehemaligen Ort der Vernichtung und jetzigem Ort des Gedenkens der Vernichtung. So bestätigt sich in der Moderne noch einmal, was Jan Assmann für die frühen Hochkulturen beschrieben hat: dass Totengedenken immer eine Form von Identitätsbildung der jeweiligen Gruppe ist, oder die Gruppen in Rückbesinnung auf vergangene Ereignisse ihre kollektive Identität gewinnen.[355]

---

[353] Ähnliches widerfährt auch Erich Fried beim Anblick einer Puppe, die der eigenen Puppe von früher gleicht: „Von diesem Augenblick an hatte Auschwitz eine neue Dimension für mich. Es war nicht mehr nur das unvorstellbar Andere, das völlig Fremde und Tote, sondern aus dem Leeren war etwas unheimlich Anheimelndes aufgetaucht und tauchte wieder und wieder auf" (Erich Fried, „Meine Puppe in Auschwitz", in: Fast alles Mögliche. Wahre Geschichten und gültige Lügen, Berlin 1975, 104–116, hier 107). Mit einem Mal wird auch bei Fried die museale Ordnung durch im Grunde belanglose Gegenstände aufgebrochen und eine Verbindung über Zeit und Raum hinweg zur eigenen Biographie in der Reihe der Ermordeten hergestellt.

[354] Vgl. hier auch die Erkenntnis im Traum der Ich-Erzählerin in Barbara Honigmanns Erzählung „Roman von einem Kinde." Dort heißt es: „Einmal hatte ich einen Traum. Da war ich mit all den anderen in Auschwitz. Und in dem Traum dachte ich: Endlich habe ich meinen Platz im Leben gefunden" (Roman von einem Kinde, Darmstadt 1986, 28). Hier ist Auschwitz allerdings mehr als nur der ‚richtige und gemeinsame Ort'. Es garantiert Heimat, Sicherheit und einen Lebenssinn zugleich.

[355] Vgl. Jan Assmann 1992, 60ff.

Ebenso versucht Helena Janeczek, auch ihre individuelle Identität durch die Vergangenheit zu bestimmen, versucht, wie sie schreibt, „etwas mir Zugehöriges faßbar in einen Zusammenhang mit dem zu bringen, was mir vorausgeht und wovon ich so gut wie nichts weiß" (*Lektionen*, 20). So fragt sie, inwieweit das, was die Mutter in den Lagern erleiden musste, ihre physische, seelische und geistige Konstitution bestimmt, fragt sogar, ob der Elternwunsch nach einem unauffälligen, blonden, blauäugigen, eindeutig nichtjüdischen Kind für ihre frühkindliche Blondheit verantwortlich ist. Über Zeit und Raum hinweg blickt sie auf einen Ursprung, der in der Katastrophe sein Zentrum hat.

Doch um das Absurde solchen Fragens weiß sie, formuliert es und zeigt damit, wie sehr Identität angestrengte und zwanghafte Zuschreibung des Bewusstseins ist: „Es ist sinnlos, daß ich mich abmühe, Spuren zu finden, Brücken zu rekonstruieren, die mich mit meinen Verwandten verbinden, indem sie über ihre Vernichtung führen. Es gibt nichts, das sich nicht mit näherliegenden und plausibleren, mit individuelleren Gründen erklären ließe. Es gibt nichts, das sich mit einem Massaker erklären ließe" (*Lektionen*, 20). So ist der Text einerseits Zeugnis der Suche nach Zugehörigkeiten, die sich in der Verfolgung und dem Mord an den Juden begründen – und entsprechend begreift die Schreibende sich auch als „Tochter eines glimpflichen Überlebens", ist aber andererseits auch Zeugnis der Negation von Zuschreibungen, wenn sie ihre Konstruktionen freigelegt und sie als „Einbildung", um es mit Alain Finkelkraut zu benennen, ausgewiesen werden.

1.4 Stimme und Blick – Verfahren der Abgrenzung und Annäherung

Als Ich-Erzählerin hat Helena Janeczek keinen Einblick in das Innere der anderen Figuren. Vermutungen, Annahmen kann sie machen, mehr nicht. So bleibt die Innenwelt der Mutter ihr verschlossen und selbst deren Geschichte ist ihr lange Zeit unbekannt und fremd. Erst auf der gemeinsamen Polenreise beginnt die Mutter zu erzählen.[356] Selten allerdings wird ihr die direkte Rede zugestanden – ausgenommen sind die minimalen Passagen im Kursivdruck.[357]

---

[356] „Bei uns zu Hause wurde fast nie darüber gesprochen. Mein Vater erzählte nichts. Das, was ich dagegen über meine Mutter weiß, habe ich zum großen Teil in Polen und in der Zeit nach unserer Reise erfahren" (*Lektionen*, 95).

[357] Interessanterweise erhält gerade in den Kapiteln, die um den Besuch der Gedenkstätte in Auschwitz kreisen, die Mutter eine Stimme und erzählt kleine Ereignisse aus ihrer Zeit im Lager. Damit verleiht die (abstrakte) Autorin dem Text eine Art von Authentizität oder „dokumentarischer Autorität", wie das Helene Schruff für ähnliche Verfahren in anderen Texten nennt (vgl. Schruff 2000,115.).

Meist gehen die Erzählungen der Mutter durch den Blick und die Stimme der Tochter, die aber die fremde Erzählung immer als solche kennzeichnet.[358] Mit der Verwandlung der fremden Rede in eine eigene kann sie sich – als Erzählerin zumindest – die Geschichte der Mutter aneignen, kann aber auch, da die Quelle des Wissens und die Art der Übermittlung bezeichnet werden, sie in aller Fremdheit bestehen lassen. Ein Beispiel hierfür, dessen Kontext ich ein wenig erläutere: Mutter und Tochter befinden sich auf der gemeinsamen Reise nach Polen. An ihrem ersten Abend in einem Hotel in Warschau bricht die Mutter in Tränen aus, fängt haltlos zu weinen und schreien an und berichtet dann fragmentarisch, wie sie genau vor fünfzig Jahren ihre Eltern und ihren Bruder Jerzy im Ghetto zurückgelassen hat, wie sie die Eltern angeschrien hat, dass sie sich nicht umbringen lassen wolle: „Es war genau am Abend dieses Tages [am 25. August vor 50 Jahren], beim Abendessen mit ihrer Mutter, ihrem Vater und ihrem Bruder, der, viel braver als sie – ‚er war viel braver als ich, Jerzy war viel braver‘, heult meine Mutter –, Kartoffeln aufsetzte, ganz wenige, vermute ich, oder sonst etwas in dieser Art tat, ich erinnere mich nicht, während sie schrie ‚es ist nicht wahr, daß sie uns woanders hinbringen, ich weiß genau, wohin sie uns bringen, ich will nicht in den Öfen verbrennen‘. Mir hat sie es so gesagt, diese Worte hat sie geschrien, ich vergesse sie nicht" (*Lektionen*, 14f).

Die Tochter nimmt die Erzählung der Mutter auf, das heißt, sie verwandelt sie in ihre eigene. Zugleich kennzeichnet sie diese Erzählung als wiedergegebene, zitiert sogar die Worte der Mutter, was, wie gesagt, selten ist. Dabei fällt auf, dass gerade mit der Wiedergabe der Sprechweise der Mutter – „heult meine Mutter", „während sie schrie", – wie auch dem selbstreferenziellen Kommentar der Erzählerin – „vermute ich", „ich erinnere mich nicht", „mir hat sie es so gesagt", „ich vergesse sie nicht" – die jeweilige Erzählgegenwart und der Gegenwartsbezug der Geschichte gestärkt werden. Der Schwerpunkt scheint weniger auf der Wiedergabe von vermittelten Fakten zu liegen als auf dem Erinnerungsprozess selbst und auf dem Umgang der Tochter mit diesem.

Das ist schlüssig, insofern die Gefühle der Mutter während des Erinnerns eine der wenigen Möglichkeiten bieten, sich den Ereignissen der Vergangen-

---

[358] Anders als in Esther Dischereits *Joëmis Tisch*, wo die Leser nicht erfahren, wie das Wissen von der Mutter an die Tochter weitergegeben wurde, weil, wie Schruff einleuchtend argumentiert, die Erzählerin der Mutter Lebensgeschichte als ihr Erbe begreift (vgl. Schruff 2000, 117). Und wieder ganz anders als in *Vater*, wo die meiste Rede dem Vater zukommt, der vom Lager in aller Ausführlichkeit berichtet.

heit teilnehmend zu nähern, sie zu vergegenwärtigen.[359] So löst der Schrei der Mutter im Museum von Auschwitz die Erinnerung der Tochter an die ermordete Großmutter aus.

Übergänge

Wahrt die Erzählerin insgesamt die Distanz und weiß um die Grenzen in der Vermittelbarkeit der Vergangenheit, so gibt es – ähnlich wie auf der Ebene der Geschichte (siehe die Identifikation mit der Mutter und Großmutter) – auch innerhalb der Narration eine Grenzüberschreitung, was die Stimme und den Blick anbelangt.

Ein Beispiel: Zufall und Courage bewahren die Mutter vor einem tödlichen Schuss und vor der sofortigen Deportation nach Auschwitz. Hiervon berichtet die Mutter der Tochter und diese den Lesern, indem sie die Geschichte gleich kommentiert: „Wahrscheinlich hat die Verwechslung mit einer anderen, die ein paar Monate vor ihr in Auschwitz angekommen sein mußte, dazu beigetragen, sie zu retten. Rechne die Zeit, die du da bist, die Zeit, die notwendig ist, bevor Arbeit und Hunger dich bis zum Skelett abzehren, das ohne Vorzeichen oder nach einer Selektion in den Gaskammern stirbt. Rechne die Jahreszeit, die Kälte, die Hitze, Eis und Schnee oder Schlamm, durch die du mit lumpenumwickelten Füßen stapfst [...] Du zahlst für jeden Fehler, auch den kleinsten, immer" (*Lektionen*, 80).

Die Zuordnung von Stimme und Blick ist vorerst noch ganz eindeutig. Die Erzählerin kommentiert hier die Geschichte der Gefangennahme der Mutter und ihrer verzögerten Deportation nach Auschwitz. Doch diese Eindeutigkeit wird im Folgenden aufgehoben. Wären Anführungszeichen oder Inquit-Formeln gesetzt, gäbe es keinen Zweifel daran, dass hier die Mutter spricht. Doch diese Zeichen fehlen, sodass die aus eigener Erfahrung und Wissen kommende Rede der Mutter an die Tochter durch die fehlenden Satzzeichen zur Rede der Tochter wird. Oder umgekehrt, die Tochter imaginiert sich in die Mutter hinein, eignet sich ihre Erfahrungen an und spricht ihr eigenes Ich als Du zwei-

---

[359] Ebenso verfährt auch Gerhard Durlacher in *Die Suche* mit der Erzählung des ehemaligen Häftlings Karel P.. Zwar wird dort auch die Geschichte Karel P.'s erzählt, doch vor allem wird erzählt, wie dieser seine Geschichte erzählt und auch in welchem Zusammenhang sie mit der Geschichte des Ich-Erzählers steht. Die Folgen werden in den Blick genommen, die Verlängerung und Fortdauer des Schreckens in der Gegenwart. Daran sieht man zum einen, wie durch Forschung und zeitlichen Abstand die Ereignisse vom eigenen Ich gefernt werden können, zum anderen wird deutlich, dass ein bestimmter Umgang mit der Vergangenheit nicht nur von den biographischen Daten abhängt, sondern generationsübergreifend ist und durch die Schreibweisen bestimmt wird.

fach an. So kann ein minimales erzählerisches Verfahren, dass auf figurativer Ebene der Identifikation mit der erstickenden Großmutter entspricht, im Schreiben für Augenblicke den Satz ‚Ich habe keinerlei Vorstellung davon, wer meine Mutter zwischen 1939 und 1945 war' außer Kraft setzen.

Allerdings wird auch hier deutlich, dass diese ‚Aneignung' nur in Verbindung mit der Gegenwart möglich ist und sich darin auch erfüllt. Denn Sinn und Zweck der vereinnahmten Rede liegen in der für die Tochter gültigen Lektion „Du darfst keinen Fehler machen" und nicht in der Dokumentation der Erfahrungen im Lager.[360]

1.5 Umgangsweisen mit der Shoah als medialem Ereignis

Da in den Texten der ‚zweiten Generation' die Shoah nicht als ein Ereignis der eigenen Erfahrung erzählt werden kann, muss sie in andere, in neue Zusammenhänge eingebettet sein, und die jeweiligen Vermittlungsformen – Texte, Filme, Gedenkstätten, Erzählungen und Nichterzählungen der Eltern oder Großeltern – werden miterzählt. All diese unterschiedlichen Formen oder Zugangsweisen kennt und benennt Helena Janeczek in *Lektionen des Verborgenen*. Auf Primo Levis, Ruth Klügers Texte bezieht die Erzählerin sich, aus Helen Epsteins *Children of the Holocaust* und Danuta/Czechs *Kalendarium der Ereignisse in Auschwitz-Birkenau 1939–1945* wird zitiert, Filme wie *Schindlers Liste*, *Hitlerjunge Salomon* und die damit zusammenhängenden ästhetischen Debatten werden berührt. Der Text ist in die verschiedenen Erinnerungs-Diskurse eingebunden und zeigt dies auch. Im Umgang mit ihnen ist die Erzählerin dabei durchaus kritisch, weiß um das Problem der Abwesenheit der eigentlichen Ereignisse in jeder Form der Darstellung, weiß um die schreckliche Differenz beispielsweise zwischen damaligem Lager und heutigem Museum, mit Café und Toilette – eben all dem, was Touristen benötigen. Doch liegt ihr weniger daran, die verschiedenen Vermittlungsformen in Frage zu stellen und alle anderen für deren Unzulänglichkeiten verantwortlich zu machen, wie das Ruth Klüger tut oder auch der Erzähler in Lothar Schönes *Das jüdische Begräbnis*, der die Gedenkstätten in den USA und Israel als identitätsstiftende „Ikonen" der Juden bezeichnet (*Begräbnis*, 122), als vielmehr daran, die Shoah

---

[360] Vgl. hierzu auch Helene Schruff, die gleichermaßen feststellt, dass es „keine Shoah-Geschichten [gibt], die ausschließlich um ihrer selbst willen oder der Erinnerung an die Toten wegen erzählt würden, sondern sie dienen immer der Selbstvergewisserung der Figuren" (Schruff 2000, 136).

in den Horizont der eigenen Biographie zu rücken und den eigenen Umgang mit ihr zu dokumentieren.[361]

„Brillen, Schuhe, Koffer, Haare. Einige kleinere Vitrinen, wie man sie in jedem anderen Museum auch finden kann, enthalten Dosen mit Hand- und Gesichtscreme, Schuhcreme, Zahnbürsten. Zahnbürsten habe ich nicht erwartet, ich reagiere kurz mit Bestürzung, die ich in Wut umzusetzen versuche. In meinem Kopf erscheint der Satz ‚Auch gebrauchte Zahnbürsten mußten sie behalten?' Dann die Frage ‚Was wollten sie damit eigentlich anfangen?' Vielleicht habe ich da erst begriffen, daß sie uns wirklich alle umbringen wollten" (*Lektionen*, 142).

Wie andernorts schon gezeigt, ist hier die Herstellung der kollektiven Identität beim Anblick der ausgestellten Gegenstände letztendlich entscheidend für die Erzählerin. Und es zeigt sich, dass eine Erzählung über die Shoah auch eine Erzählung über die eigene Identität ist. Doch nimmt diese Selbstbezüglichkeit den Ereignissen nichts von ihrem Schrecken, da zugleich im schreibenden Nachvollzug der Ausstellung die Vorgänge durch das Gitter der Gegenwart erscheinen. Die Anhäufung der äußerlichen und zugleich menschlichsten Kulturgegenstände im Museum und hier in der Schrift macht die Toten irdisch, menschlich, auch banal, verweist gewissermaßen auf ihr ‚normales Leben', das sich in keiner Weise vom Leben der heutigen Museumsbesucher unterscheidet. Und das ist entsetzlich, da sie doch tot sind, heilig sein sollen und nicht Besitzer von Zahnbürsten und verschiedenen Cremes. Gleichzeitig rücken die verwaisten Gegenstände die Abwesenheit ihrer einstigen Besitzer, ihren plötzlichen und gewaltsamen Tod besonders vor Augen. Und es scheint ein Hohn, dass diese Gegenstände, die nur für den Menschen geschaffen wurden, nun ihn überdauern und ausschließlich seine Abwesenheit bezeugen können.

---

[361] Diese Struktur ist schon von Anfang an festgelegt. So setzen die *Lektionen* mit einem darstellenden Kommentar der Erzählerin einer Fernsehsendung ein, in der eine Frau behauptet, die Reinkarnation eines im Vernichtungslager ermordeten Mädchens zu sein. Verschiedene Experten werden zu Rate gezogen und geben ihren Kommentar ab. Die Verfolgung und Vernichtung wird hier als ein von jedem konsumierbares, modernes Medienspektakel dargestellt. An der Absurdität dieser Vermarktung lässt die Erzählerin keinen Zweifel. Doch dient ihr diese Erzählung über eine Erzählung der Shoah vor allem als Brücke zur Frage nach dem Ursprung eigener Eigentümlichkeiten, ist so gesehen eine Fundierungsgeschichte. Denn behauptet die Frau in der Sendung die Reinkarnation eines jüdischen Mädchens zu sein, so fragt analog hierzu die Erzählerin weiter, ob ihr „neurotischer Hunger" nach Brot jeglicher Art, die Reinkarnation [mein Ausdruck, im Text heißt es „Vererbung"] des Hungers der Mutter zur Zeit der Verfolgung sei. Erzählerisch gesehen ist hier der Mediendiskurs das ‚Sprungbrett' für die eigene Geschichte bzw. eine kuriose Variante des Themas des Buches die Suche nach den verborgenen Lektionen.

So gelingt der Erzählerin in der Wiederholung der Ausstellung durch Schrift mit gleichzeitiger Niederschrift und Zeugnis des eigenen Schreckens in der Konfrontation mit den Kulturgegenständen der einstmals Lebenden und nun Toten, eine Annäherung an das damalige Geschehen und eventuell eine Vermittlung zwischen damals und heute, trotz der relativen Ferne und dem ontologisch gegebenen Unterschied, zu erzeugen.[362] Ich denke, solche Texte wie der von Helena Janeczek zeigen, dass Einteilungen wie zum Beispiel die von Aharon Apelfeld – nur die „child-survivor" könnten wahre Zeugen sein – nicht haltbar sind. Sicher kann ein Autor der ‚zweiten Generation' keine Zeugenschaft im wortwörtlichen Sinne für sich beanspruchen. Solch ein Autor hat aber gleichwohl die Möglichkeit, durch ein Zeugnis des in der Gegenwart fortwirkenden und auch verwandelten, vielleicht manches Mal auch entfremdeten Schreckens, Zugänge zu dieser Vergangenheit herzustellen, sie einzubinden in Fragen der Gegenwart und sie dadurch für zukünftige, individuelle wie kollektive Lebensentwürfe zu nutzen.

2 Forschungsstand und Zwischenüberlegungen

Die Forschungslage gleicht in mancherlei Hinsicht derjenigen, die sich mit dem Leben und Schreiben derer befasst, die als Kinder Lager oder Versteck überlebten. Auch hier sind Untersuchungen aus psychoanalytischer, -therapeutischer wie soziologischer Sicht sehr zahlreich, während die literaturwissenschaftlichen Analysen weitaus seltener sind.[363] Thomas Noldens *Junge jüdi-*

---

[362] Ganz anders zum Beispiel der Besuch des Ich-Erzählers von Auschwitz und Birkenau in Lothar Schönes *Das jüdische Begräbnis*. Emotional hoch aufgeladen – schon mit dem irreführenden Anfangssatz: „Mama war nicht in Auschwitz. Aber ich" (*Begräbnis*, 91) – sarkastisch und zugleich atemlos berichtet der Erzähler von den damaligen Ereignissen entlang der unterschiedlichen Bauten und Gegenstände. Eine genaue und stille Analyse der Gefühle ist es nicht. Dazu ist der Text zu sehr mit eindeutig auf Leser angelegten Informationen angefüllt (vgl. *Begräbnis*, 91–97).
[363] Auf einige dieser Texte aus psycho-sozialer Perspektive sei hier exemplarisch hingewiesen: Da gibt es zum einen Kurt Grünbergs psychoanalytische Studie über die Tradierung des Traumas und seine Auswirkungen in den Liebesbeziehungen, die zugleich auch eine genaue Bestandsaufnahme der „Lebenswelten der Juden im heutigen Deutschland" ist – Kurt Grünberg, Liebe nach Auschwitz. Die zweite Generation. Jüdische Nachkommen von Überlebenden der nationalsozialistischen Judenverfolgung in der Bundesrepublik Deutschland und das Erleben ihrer Paarbeziehungen, Tübingen 2000; sowie Lynn Rapaport, Jews in Germany after the Holocaust. Memory, Identity and Jewish-German rela-

sche Literatur (1995) und Helene Schruffs *Wechselwirkungen* (2000) sind die einzigen größeren Gesamtdarstellungen zur deutschsprachigen jüdischen Literatur, neben Judith Kleins Untersuchung, *Literatur und Genozid* (1992) zur französischsprachigen. Daneben liegen aber zahlreiche Aufsätze in Sammelbänden, Zeitschriften sowie zahlreiche Rezensionen und Interviews mit den Autoren vor, sodass die ‚zweite Generation' und ihr Schreiben durchaus zum festen Bestand der Holocaust-Forschung gehören.[364] Thomas Nolden war der erste, der alle bis 1995 erschienenen Texte der deutschsprachigen Autoren der ‚zweiten' und nun schon ‚dritten Generation' zusammengetragen und ungeachtet der unterschiedlichen Genres vergleichend analysiert hat.[365] Nolden versteht seine Arbeit als „Einführung" in die junge jüdische Literatur der Gegenwart. Doch ist sie weitaus mehr, auch wenn aufgrund der Vielzahl der bearbeiteten Texte und dem nicht gerade strengen methodischen Vorgehen eine gewisse Unübersichtlichkeit vorherrscht. Dafür ist das Buch durchweg interessant zu lesen und eine Fundgrube an Texten und Gedanken zum Selbstverständnis der ‚zweiten Generation', ihrer Suche nach Identität in Auseinandersetzung mit der Elterngeneration angesichts der Shoah. Nach Nolden scheitert der Versuch der Autoren, schreibend „in das Zentrum der Leidenserfahrungen vorzudringen," und das „Mißlingen der direkten Konfrontation mit dem Absoluten der Shoah" führt „immer wieder in ein Zurückgeworfenwerden in die eigene Gegenwart."[366]

Helene Schruffs Untersuchung ist weniger narratologischer als thematischer Art. Gleichwohl lassen sich viele Ergebnisse auch für meine Forschung

---

[363] (*Fortsetzung*)
tions, Cambridge 1997 (dieser Text ist eine Studie aus soziologischer Sicht über das Selbstverständnis der in Frankfurt lebenden Juden), vgl. weiter den schon erwähnten Band von Diana Treiber, „Lech lecha". Jüdische Identität der zweiten und dritten Generation im heutigen Deutschland; vgl. aber auch die Sammelbände von Gertrud Hardtmann (Hg.), Spuren der Verfolgung. Seelische Auswirkungen des Holocaust auf die Opfer und ihre Kinder, Gerlingen 1992; Liliane Opher-Cohn u.a. (Hg.), Das Ende der Sprachlosigkeit? Auswirkungen traumatischer Holocaust-Erfahrungen über mehrere Generationen, Gießen 2000 oder Jörg Wiesse; Erhard Olbrich (Hg.), Ein Ast bei Nacht kein Ast. Seelische Folgen der Menschenvernichtung für Kinder und Kindeskinder, Göttingen 1994.

[364] Einer der neueren Sammelbände wäre von Sander Gilman; Hartmut Steinecke (Hg.), Deutsch-Jüdische Literatur der neunziger Jahre. Die Generation nach der Shoah, Berlin/Bielefeldt/München 2002.

[365] Dem voraus geht ein kurzer Artikel von Dieter Lamping 1991, der eine erste Sammlung und Kurzanalyse unter der Frage „Gibt es eine neue deutsch-jüdische Literatur?" in: Semittimes Jg. 3 Nr. 4. Okt/Nov 1991, 96f, vorlegt.

[366] Nolden 1995, 145.

nutzen. An ausschließlich fiktionalen Texten untersucht Schruff, inwieweit sie Identitätsmodelle für die jungen Juden und Jüdinnen in Deutschland und Österreich entwickeln. Dabei fragt sie, wie Eltern, Religion, Shoah, Antisemitismus, Gojim und Heimat identitätsstiftend wirken und kommt hier zu dem Schluss, dass sich kein gemeinsames Modell feststellen lässt, gemeinsam den jüdischen Figuren ist nur, dass Inkonsistenz und Diskrepanz der Identitätsfragmente belastend empfunden wird. Aber allen gelingt am Ende, dass sie sich „annehmen [als die], die sie sind, oder aber wissen, wer sie sein wollen."[367] Das heißt, so Schruff, die Texte liefern durchaus potentielle Lebenskonzepte.

Beide Untersuchungen sind ausschließlich auf das ‚Schreiben' und ‚Leben' der ‚zweiten Generation' gerichtet, sie sind eine narratologische und thematische Exemplifizierung desselben. Meine Fragestellung – wie Erinnerung und Vergangenes sich wandelt, welche Gestalt die Vergangenheit nach fünfzig Jahren annehmen kann durch bestimmte Erzählverfahren, regelgeleitete Denksysteme aber auch unterschiedliche Lebenssituationen – richtet sich zunächst weniger auf eine umfassende, vollständige Analyse der verschiedenen Schreibverfahren oder Lebensentwürfe der ‚zweiten Generation', als vielmehr darauf, in welchen Erzähl- und Ereigniszusammenhängen die Shoah in den einzelnen Texten erscheint und welche Funktion ihr zugeschrieben wird. Aber auch darauf, was diese Zugriffe für Erinnern und Gedenken bedeuten können und wie umgekehrt wieder die unterschiedlichen Erzählverfahren und -haltungen das Leben der Schreibenden beeinflussen.

Anhand von Helena Janeczeks *Lektionen des Verborgenen* bin ich diesen Fragen nachgegangen, an Robert Schindels *Gebürtig* und Henryk Grynbergs *Kalifornisches Kaddisch* werde ich sie weiter entwickeln. Zuvor möchte ich allerdings mit dem schon ‚Gefundenen' eine etwas allgemeinere Zusammenfassung und einen Vorausblick geben.

Da in den Texten der ‚zweiten Generation' meist die jeweilige Erzählgegenwart Ausgangs- und Endpunkt allen Erzählens ist, – wir erinnern uns, die Erzählungen der Mutter Helena Janeczeks dienen der Selbstvergewisserung der Tochter oder sind eine Suche der Tochter nach Anteilen der Biographie der Mutter im eigenen Leben – wird primär keine Geschichte der Verfolgung und Vernichtung erzählt. Blickt man einmal auf die Arten der erzählten Geschichten, so finden sich Liebesgeschichten wie in *Good Girl* oder in *Gebürtig*, Geschichten des Erwachsenwerdens in Laura Wacos *Von Zuhause wird nichts erzählt*, Geschichten vom Kampf um die Gleichstellung von Schwarzen gegenüber Weißen in *Speed of Light* von Sybil Rosen, literarische Totengebete,

---

[367] Schruff 2000, 243.

wie das nachfolgend analysierte *Kalifornische Kaddisch*, und Lothar Schönes *Das jüdische Begräbnis*.[368] Man sieht, im Grunde gibt es keine thematischen Einschränkungen – jede Art von Geschichte kann gewählt und erzählt werden. Gemeinsam ist den Texten nur der Bezug auf die Shoah und die Fragen nach einer Identität. Mehrere Geschichten sind oft übereinandergelagert und die Verfolgung und Vernichtung der europäischen Juden kann in verschiedenen Ereigniszusammenhängen eingeflochten sein und durch unterschiedliche Erzählverfahren begriffen werden.[369]

In Carl Friedmans *Vater* nehmen die direkten Erzählungen des Vaters über seine Lagerhaft einen großen Raum ein, stehen anders als in *Gebürtig*, *Good Girl* usw. im Zentrum. Äußerst genau erzählt der Vater Kleinstereignisse aus dem Lageralltag. Niemals nimmt der Vater größere Zusammenhänge in den Blick, stellt Kontinuitäten her, wo es keine gibt, oder will gar etwas Grundsätzliches beweisen. Bruchstücke sind es, die in je einzelnen Kapiteln in den Blick genommen werden. Ganz anders verfährt Laura Waco mit dem Massenmord in *Good Girl*. Hier erscheint die Shoah kaum auf der Oberfläche, orchestriert aber unterschwellig die Erzählung. In die auf den ersten Blick äußerst banale Liebesgeschichte Miriams schiebt sich die Vergangenheit auf eine sehr irritierende Weise. Zum einen durch minimale biographische Analepsen, die den Figuren gleich der Haarfarbe oder Größe in Nebensätzen angehängt werden – „der Lagername war der Personalausweis" formuliert der Text so einmal selbst sein Programm (*Good Girl*, 108) –, zum anderen durch Dialoge, die Miriam mit Überlebenden führt oder geführt hat. Viermal insgesamt unterbrechen solche Gespräche die Geschichte, die graphisch abgesetzt und durch die Kapitelüberschrift „Züge in der Küche" aufeinander abgestimmt sind. Kleinen Sprengsätzen gleichen sie, ebenso wie die minimalen, auf die Shoah bezogenen Rückgriffe. So ist die Einlagerung von der Verfolgung und Vernichtung in ganz andere Ereigniszusammenhänge, sind ihre Überlagerungen und gegenseitigen Semantisierungen sehr wirklichkeitsnah

---

[368] Laura Waco, Von Zuhause wird nichts erzählt, München 1998 und Good Girl, München 1999.

[369] Nach Nolden zielt alles Schreiben der ‚zweiten Generation' auf die Shoah, während Schruff dies weniger ausschließlich sieht, da sie sinnvollerweise von mehreren identitätsbildenden Faktoren ausgeht. Sie begreift die Shoah als einen zwar „wesentliche[n] Gegenstand ihrer Werke, aber nicht als Hauptthema, sondern als Hintergrund, vor dem die literarischen Figuren nach Faktoren für ihre eigene jüdische Identität in der Gegenwart suchen", (Schruff 2000, 111f). Siehe ebenso Lamping 1991. Ich denke, ob nun Hintergrund oder Hauptthema ist nicht so entscheidend und sicher auch eine Definitionsfrage. Entscheidender ist, dass von der Shoah äußerst selten in ‚Reinform' erzählt wird, unweigerlich andere Fragen und Themen die Geschichte mit strukturieren – mal stärker, mal schwächer.

und nicht unproblematisch. Wirklichkeitsnah sind sie, da sie auf die unumgehbare Tatsache verweisen, dass die Vergangenheit nicht in ‚Reinform' zu erhalten ist und dass sie in ihrer Rezeption immer in einen gewissermaßen banalen Alltag eingebunden erscheint. Robert Schindel gelingt es, wie wir sehen werden, solche Verschiebungen, Dopplungen und ‚Einbettungen' bis in die Narration hineinzuholen und die Geschichten vom Massenmord, Liebe und Identität durch teilweise postmoderne Verfahrensweisen übereinander zu schichten, dass das schwierige, aber unhintergehbare Ineinander von Vergangenheit und Gegenwart sichtbar wird.

Problematisch allerdings ist an dem Ineinanderschieben der Geschichten und Ereignisse, dass die Vergangenheit als ‚Versatzstück' ergänzungsbedürftig erscheint und ihre Sprengkraft nur vom wissenden Leser erkannt und genutzt werden kann. Und problematisch ist auch, wenn die Vergangenheit zum Erklärungsmuster oder gar zur Metapher der Gegenwart gerinnt wie in *Kalifornisches Kaddisch*, wo der Raubmord am Stiefvater des Erzählers noch als Folge der Vernichtung durch die Nationalsozialisten erzählt wird und der kalifornische Laden dann ein Konzentrationslager ist. Aber auch die Umkehrung dieses Verfahrens – die Erläuterung der Vergangenheit durch Gegenwartsereignisse – ist nicht ganz einfach, wie wir schon bei Paul Steinbergs Kapitel „Die Ohrfeige" sehen konnten. Ein Beispiel hierfür findet sich in *Speed of Light*, wo die Diskriminierung der Schwarzen in Analogie zu der Verfolgung und Vernichtung der Juden rückt und zugleich Folie des Massenmords ist. Unter der aktuellen, gegenwartsbezogenen Oberfläche kann man bei genauer Lektüre ‚Auschwitz' erkennen. Denn im Zentrum des Buches steht die Erzählung der Tante über ihre Haft in Auschwitz. Und die Protagonistin, Audrey Ina, liest alle erreichbaren Bücher über die Zeit des Nationalsozialismus und die Verfolgung und Vernichtung der Juden und nicht etwa einen Text über die Sklaverei und ihre Folgen, was – folgt man der primären Geschichte – sich anböte.

Bei einem kurzen Blick auf die die Geschichte konstituierenden Kategorien wie Raum, Zeit und Figuration fällt auf, dass die Ereignisse des Lagers nicht mehr den Handlungsraum und die Handlungsgegenwart der Texte ausmachen und die Handelnden keine Häftlinge, sondern deren Kinder sind. Die Elterngeneration gehört aber – wie wir in *Lektionen des Verborgenen* sehen konnten und in *Kalifornisches Kaddisch* und *Gebürtig* sehen werden – direkt zur Figuration dazu. Sie nimmt eine entscheidende Position für die Lebenskonzepte der Jüngeren ein. Allerdings erhalten die Überlebenden selten einen Eigenraum und eine vollständige Geschichte. Meist erscheinen ihre Biographien im Zusammenhang mit den Geschichten der Kinder und deren Fragen nach einer Identität.

Wir erinnern uns, dass in den frühen Berichten das ehemalige Lager der einzige Handlungsraum ist und die Differenzen zwischen Erzähler und erzähltem Ich zwar lebensnotwendig, doch von minimalem Umfang sind, während in den Texten der spät schreibenden Autoren die Erzähler und Figuren der jeweiligen Schreibgegenwart verhaftet sind. Im Schreiben entstehen die Zeit der Haft, die Orte der Verfolgung und Vernichtung neu und können mit Macht gegenwärtig werden. Hier hingegen haben weder die Figuren noch die Erzähler Zutritt zu den Räumen der Vergangenheit. Die Figuren können ausschließlich als Besucher die in Museum oder Gedenkstätte umgewandelten Orte der Vernichtung betreten oder durch Dokument und Erzählung von diesen erfahren. Oft nimmt der Besuch der Gedenkstätte eine zentrale Stellung ein wie bei Helena Janeczek oder bei Lothar Schönes *Das jüdische Begräbnis*. Ebenso wie Helena Janeczek wiederholt der Ich-Erzähler in *Das jüdische Begräbnis* die damaligen Ereignisse fragmentarisch in meist inneren Erzählungen und kommentiert die Wirkung der musealen Anordnung auf sich: „Warum muß ich nicht kotzen? Weil man ein Museum nicht vollkotzt? Aus Respekt vor den Toten?", fragt sich der Ich-Erzähler bei Lothar Schöne (*Begräbnis*, 94). Die Orte der Vernichtung können also nur in Dokumenten oder in fremden Erinnerungen zugänglich sein, sie sind, wie Manuel Köppen schreibt, „in den artifiziellen Bildern und Erzählungen wie den photographischen Dokumenten oder Überlebensberichten gleich nah wie entfernt."[370]

Und doch kann in dem durch und durch vermittelten Diskurs Nähe und Unmittelbarkeit bis zur Identifikation hergestellt werden. Helena Janeczek identifiziert sich über den Leib mit der erstickten Großmutter. Der Ich-Erzähler in *Das jüdische Begräbnis* hat in Birkenau einen surrealen Wachtraum: Er fällt in den „Aschensee" und kann mit den Toten sprechen. Weitere Möglichkeiten, Zugang zur Vergangenheit zu erlangen, sind Nachtträume wie in dem schon erwähnten *Roman von einem Kinde* oder auch in *Rubinsteins Versteigerung*, wo der Ich-Erzähler Jonathan von seiner Deportation in ein Vernichtungslager träumt. Man sieht, die Möglichkeiten sind vielfältig und je nach Schreibweise werden sie überhöht, bis in die Groteske gesteigert oder ganz nah an die ‚Wirklichkeit' angelehnt.

Neben diesen unbewusst und unvermittelt sich ereignenden Übergängen auf der Ebene der Geschichte, die oftmals erst durch erzählerische Verfahren erreicht werden (ich erinnere an Esther Dischereit), gibt es offene und gezielte Formen der Vergegenwärtigung der Shoah durch Dokument oder Erzählung. Gerade weil den Nachkommen der direkte Zugang fehlt, wird den Überle-

---

[370] Köppen 1995, 251.

benden manches Mal die direkte Rede zugestanden, werden Dialoge eingeblendet oder es wird aus Erinnerungstexten zitiert.[371] Dabei liegt der Schwerpunkt oft auf der Erzählsituation beziehungsweise auf den Folgen der Erzählungen bei den Überlebenden und vor allem bei den Zuhörenden derart, dass die ursprüngliche Geschichte – wie bei Helena Janeczek gezeigt – ganz in den Hintergrund rückt.[372]

Das muss aber nicht sein. Carl Friedmann gelingt es in *Vater*, das Verfahren der direkten Rede mit dem gleichzeitigen Blick auf die Erzählsituation sowie den Folgen der Erzählung beim Erzählenden wie den Zuhörenden miteinander zu verbinden und den Vater so nicht nur als Funktion des erzählenden Ichs zu begreifen.

Im Kapitel „Vieh" erzählt der Vater von den Luftangriffen der Alliierten auf IG Farben und wie er dann im allgemeinen Durcheinander dem Kapo Willi Hammer begegnet und ihn tötet: „,Kaum hatte er [Willi Hammer] die Kette mit der Bleikugel hervorgezogen, saß ich schon auf ihm und schnürte ihm damit die Kehle zu.' ‚Ist er gestorben?' fragt Max. ‚Ist er gestorben?' Vater nickt. ‚Ich habe ihn erwürgt'. Er spreizt seine Finger und betrachtet sie, als gehörten sie nicht zu ihm. ‚Das ist etwas, was ich diesem Abschaum nie vergeben werde. Sie haben kein Mittel unversucht gelassen, um aus mir ein Vieh zu machen' […] Er senkt den Kopf und flüstert: ‚Ich würde alles dafür geben, Willi wieder lebendig zu machen, alles!' […] Max stellt sich hinter Vaters Stuhl und legt ihm seine Hand auf die Schulter. ‚Dann bist du kein Vieh', sagt er tröstend, ‚Tiere können nichts bereuen.' ‚Bereuen?' Vater zieht seine Oberlippe hoch und zeigt drohend die Zähne.'Ich will ihn nur wieder lebendig machen, damit ich ihn noch einmal ermorden kann' […] Wir sagen nichts mehr. […] Jetzt verstehen wir, weshalb Vater nachts sein Bettzeug würgt. Er übt für den Tag, an dem er Willi aus der Hölle zurückschleppt. Bis dahin will er alle Tricks und Kniffe aus dem Effeff beherrschen" (*Vater*, 109ff).

---

[371] In Extremform tut das Eraldo Affinati in seinem Buch *Ein Weg der Erinnerung* (Frankfurt am Main 1999). Hier pilgert der Ich-Erzähler von Venedig nach Auschwitz. Er dokumentiert seine Reise und konterkariert sie durch zahlreiche Passagen aus unterschiedlichen Texten von Zeitzeugen.

[372] Nach Schruff versucht allein die ‚zweite Generation' neben den Verknüpfungen mit der eigenen Gegenwart auch den Gedächtnisprozess zu thematisieren, während die Überlebenden ihre Erinnerungen chronologisch ordnen und in ein narratives Kontinuum einbinden würden (vgl. Schruff 2000, 122 und 136). Das trifft, wie wir gesehen haben, nicht zu. Weder erzeugen Autoren wie Steinberg, Durlacher, Klüger oder Federman ein narratives Kontinuum oder eine Chronologie, noch bleibt Erinnerung als Diskurs den Autoren der ‚zweiten Generation' vorbehalten. Gerade an den untersuchten Texten der Zeitzeugen lässt sich zeigen, dass Erinnerung ein dynamischer Prozess ist – auch wenn manches Mal solch eine Erkenntnis nicht anerkannt oder auch nicht gewollt wird.

Dem Vater wird hier in seiner Kürzesterzählung ein eigener Raum gegeben, sodass noch fünfzig Jahre später die primären Ereignisse unmittelbar vor Augen geholt werden und gewissermaßen für sich stehen können. Zugleich bleibt durch die Zwischenfragen der Kinder und dem Blick der Erzählerin auf die Art des Erzählens – „er spreizt die Finger", „zieht die Oberlippe hoch und zeigt drohend die Zähne" – sichtbar, dass die Erinnerung eine Erzählung ist. Eine Erzählung allerdings, in der der Vater wieder in das Lager beziehungsweise in die damaligen Gefühle zurückkehrt. So zeigt der Text die Fortdauer und Gegenwärtigkeit der vergangenen Ereignisse für den Vater und letztlich für die Kinder.

Mit dieser Ausgewogenheit zwischen Vergangenheits- und Gegenwartsgeschichte, an der an jeder Stelle eine Art ‚narrative Gerechtigkeit' zu spüren ist, die die Erzählerin dem Vater zukommen lässt, steht der Text recht einmalig da. Man vergleiche nur einmal *Gebürtig* von Robert Schindel, wo die Zeitzeugen gerade nicht vom Schrecken erzählen. Ilse Singer zum Beispiel weiß nichts mehr über Auschwitz – kein Erzähler schließt diese Erinnerungslücke.

Bei einem notwendigerweise vereinfachenden Überblick über die Texte der ‚zweiten Generation' fällt weiter auf, dass die eingeschobenen Augenzeugenberichte fragmentarisch sind – auch in *Vater*. Und selbst wenn die Nachkommen die Berichte summarisch zusammenfassen – was durchaus nicht selten ist –, versuchen sie nicht, Kontinuität oder gar ein geschlossenes Universum herzustellen. Die Erzählungen bleiben Splitter eines zerbrochenen Lebens.[373] Entsprechend wahren die Erzähler bei wiedergegebenen Erzählungen den externen Blick, gehen nicht in Gefühl und Gedanken der Überlebenden hinein, ohne solchen Grenzübertritt eigens zu kennzeichnen. Insgesamt liegen die Gefühle der Überlebenden jenseits des Darstellbaren, wie auch das Leben und Sterben in den Lagern, wenn nicht Zeitzeugen als Erzähler zweiter Stufe mit eigenen Erzählungen eingerückt sind wie in *Vater*. Ausnahmen allerdings sind möglich und auffällig, wie wir nach dem kurzen Exkurs über *Die Bestandsaufnahme* Gila Lustigers gleich sehen werden.

---

[373] Vgl. hier auch Schruff 2000, 115.

3 Exkurs: Gila Lustiger: *Die Bestandsaufnahme*

Die Bestandsaufnahme von Gila Lustiger fällt innerhalb der Schreibweisen der ‚zweiten Generation' auf.[374] Gila Lustiger wurde 1963 in Frankfurt am Main geboren, studierte Germanistik und Komparatistik in Jerusalem und arbeitet seit 1987 in Paris als Journalistin, Übersetzerin und Autorin. Lustiger hat keinen Text der ‚zweiten Generation' geschrieben, wie bislang bei allen Differenzen vorgestellt. Weder geht es um ein Selbstverständnis der Nachkommen, noch um eine jüdische Identität nach der Shoah. Gerade umgekehrt wird die Zeit vor der Verfolgung und Vernichtung wie diese selbst in den Blick genommen. Entgegen den Aussagen von Maxim Biller, Robert Schindel und anderen zeigt der Roman, dass es wohl möglich ist, in das Zentrum der Shoah erzählend sich hineinzubewegen.

Die Bestandsaufnahme beginnt mit einer Liebesgeschichte in den 1920er Jahren in Berlin und endet im Juni 1943 in Auschwitz. An verschiedenen Gegenständen entlang – das kann eine Rosenbrosche sein, eine Korallenkette, eine Ledermappe, Eheringe, Pelze usw. – werden fragmentarisch Lebensläufe von Juden, Kommunisten, Homosexuellen, einem geistig-seelisch behinderten Mädchen, von aktiven Nationalsozialisten aller Rangstufen, von Mittätern und Zuschauern skizziert und kunstvoll miteinander verflochten. Laufen zu Beginn des Romans die Geschichten und ihre Figuren scheinbar nebeneinander her, blickt der Erzähler mal an diesen Ort und seine Figuration, mal an jenen, so wird im Laufe des Romans sichtbar, wie die unterschiedlichen Gruppierungen zusammenhängen – Täter und Opferbiographien aufs engste sich berühren. Doch letztlich sind sie einander entgegengesetzt, daran lässt der Roman keinen Zweifel. Denn in der großen „Schlussrechnung" am Ende sind die Opfer fast alle tot, während Täter und Zuschauer leben.

Der Roman zeigt mit größter Genauigkeit wie Demütigung, Entwürdigung und die drohende Vernichtung der Opfer sich im Alltag vorbereiten, wie sie diesen mehr und mehr zersetzen, sodass schließlich die entsetzlichsten Ereignisse normal erscheinen. In dem großen erzählerischen Tableau am Ende, in der „Schlussrechnung", wird dieser Blick auf die Shoah als ein Ereignis, das sich inmitten der deutschen Gesellschaft ereignet, auf die Spitze getrieben, wenn die Namen derer, die vergast und erschossen wurden, die verhungert sind, neben den banalen Alltäglichkeiten der Mörder und Zuschauer stehen. Gerade der Gegenblick auf eine Marianne Dahl, die in einer Zeitschrift blättert, auf einen Otto Wagner, der schläft, auf eine Kellnerin Berti, der die Milch überläuft, gerade diese Alltäglichkeiten, die stattfinden, während andere auf

---

[374] Gila Lustiger, Die Bestandsaufnahme, Berlin 1995.

elende Weise zugrunde gerichtet werden, lassen die Morde besonders scharf hervortreten. Blick und Gegenblick sind für diesen Text charakteristisch. So begleitet der Erzähler beispielsweise Vera Lippmann in ihrem Hungertod. Er blickt in ihre langsam verlöschenden Gefühle und ihr still werdendes Denken, begibt sich mit ihr auf den Operationstisch und schaut mit ihr auf den Arzt, der auf ihren Körper für Versuchszwecke wartet (vgl. *Bestandsaufnahme*, 323f). Enger und näher an den Rand des Todes kann ein Erzähler nicht gehen.

Bei diesem internen Todesblick belässt der Erzähler es hingegen nicht. Dem teilnehmenden Innenblick wird die Sicht jenes Arztes, des Dr. Johann Paul Kremer, in anderem Zusammenhang gegenübergestellt. Kremer notiert: „Heute lebensfrisches Material von menschlicher Leber und Milz sowie von Pankreas fixiert'" (*Bestandsaufnahme*, 333). Das nicht weiter kommentierte, aber durch die Erzählung des Todes Vera Lippmanns sich selbst kommentierende Zitat aus dem Tagebuch des Arztes hebt auf nüchterne Weise die Menschenverachtung jener Täter hervor. Vera Lippmann hat hier keinen Namen mehr, noch nicht einmal eine Nummer ist sie, sondern einfach nur „lebensfrisches Material".

So geht der Erzähler fortwährend zwischen Teilnahme, Begleitung und Innenblick und dem Blick von außen, in dem die schiere Verachtung liegt, hin und her und erzeugt erzählerisch den Abgrund der Ereignisse sowie den Bruch, den die Katastrophe in der Gesellschaft und im Menschsein hinterlassen hat, im Doppel noch einmal. Bis in die Sprache hinein reicht dieses Verfahren, wenn das Schicksal der Opfer in der Sprache der Mörder erscheint, der Erzähler aber zugleich Teil seines erzählten Universums wird und die über den Mord an ihren zwei Kindern gebrochene Frau Kahn direkt anspricht; sie beklagt und bedauert, wo Klage und Mitleid fehlen: „Ach, Frau Kahn, Frau Kahn, wenn dich dein Mann so sehen könnte" (*Bestandsaufnahme*, 319).

Die Autorin versteht sich als Chronistin, als Sammlerin von „Geschichten, Bruchstücke[n] von Geschichten und Fakten, Angaben, Rechnungen, Aufzählungen, Fälle[n], Belange[n], Listen, Bloßstellungen, Beschuldigungen, Verstößen, Nachweisen."[375] Zwischen diesen verschiedenen referenziellen Elementen entdeckt sie Beziehungen, erfindet sie, wo nicht vorhanden, ganz im Sinne von Ruth Klüger. Die Erfindungen entstehen entlang der Fakten, sodass Fiktionen zu Fakten werden können und umgekehrt. Der Blick in die Opfer,

---

[375] In einem kleinen Vortrag „Einige Überlegungen zur Lage der jüdischen Autoren in Deutschland" entwirft Gila Lustiger die mögliche Rolle und Aufgabe eines jüdischen Autors, die gänzlich dem eigenen Schreibverfahren entspricht (in: Hinderer 1999, 50–53).

gar in die Sterbenden – tabuisiert nicht nur im Schreiben der Nachgeborenen
– ist so eine erzähllogische Wahrheit ohne Pathos oder Sentimentalität, die den
Gemordeten wenigstens in der Schrift und der Lektüre einen Raum schafft, der
ihnen in jeder Hinsicht genommen wurde.

4 Henryk Grynberg: *Kalifornisches Kaddisch*

Kadisz, in engerer Bedeutung ein Totengebet, ist hier ein literarisches Totengebet eines Sohnes für seine Mutter. Es ist ein Gedenken und eine Beheimatung der Verstorbenen in Gott und in den Lebenden durch die Schrift.[376] Erzählt wird eine Geschichte über Sterben und Tod und über den Gewinn einer jüdischen Identität durch Glauben und Gebet. Kalifornien und Virginia sind die Orte des Geschehens, nicht etwa Auschwitz und Mauthausen. Die Zeit der Handlung lässt sich nur ungefähr erschließen; die Ereignisse müssten etwa in den 1970er Jahren angesiedelt sein. Die Handelnden sind polnische Juden, Überlebende der Shoah, ihre Kinder und Kindeskinder sowie Amerikaner. Die jüdische Katastrophe gehört längst der Vergangenheit an – sie liegt in einer anderen Zeit und in einem anderen Raum. Und doch bildet sie das heimliche Zentrum des Textes und gestaltet die amerikanische Gegenwart. Denn alle entscheidenden Ereignisse werden vom Ich-Erzähler mit der Shoah begründet und als Wiederholung und Folge des vergangenen Geschehens erzählt.

Kaddisch beginnt mit einer biographischen Skizze über das Leben des Stiefvaters des Erzählers, das ganz im Schatten der Shoah steht. Und selbst sein zufälliger Tod durch einen Raubmord wird noch als Folge der Shoah erzählt. Hinter diese Elternbiographie tritt das erzählende Ich vorerst ganz zurück. Nur an Verwandtschaftsbezeichnungen wie „Stiefvater" und „Mama" lässt es sich erkennen. Allmählich erst schält es sich als Figur heraus, bis es als selbstständiges Ich erscheint. Man könnte fast sagen: Substanz und Identität gewinnt das schattenhafte Ich im Erzählen – Erzählen ist seine Entwicklung. *Kaddisch* endet entsprechend nicht mit dem Blick auf die Eltern, sondern mit einer Bilanz, die der Erzähler von seinem eigenen Leben zieht. Er ist allein, Mutter und Vater sind tot.

Anhand dieser äußersten Eckgeschichten lässt sich schon einiges Entscheidende erkennen. Fokussiert werden anfangs die Eltern mit ihrem Leben, welches ganz in den Ereigniszusammenhang der Shoah gebettet ist. Der Erzählende begreift sich ausschließlich über die Eltern. Am Ende hingegen steht er

---

[376] *Kadisz* wurde 1987 in Warschau veröffentlicht. Die deutsche Übersetzung erschien in Frankfurt am Main 1993 unter dem Titel *Kalifornisches Kaddisch*.

allein und die Definition über die Eltern wird durch die des eigenen Subjekts ersetzt. Solch figurale und perspektivische Transformation lässt eine Conversion des Erzählers vermuten. Ein Blick auf den gesamten Text bestätigt dies. Auslöser für den Wandlungsprozess ist der Tod der Mutter, der Achse und Mittelpunkt der gesamten Erzählung bildet. Um ihn herum sind spiegelbildlich zueinander die Sicherung und Auseinandersetzung des Sohnes mit den Erbschaften der Mutter angeordnet. Dem Tod voraus geht die Aneignung der immateriellen „Erbschaft" (*Kaddisch*, 38). Es ist eine Erbschaft, die ausschließlich aus Erinnerungen besteht, die den Erzähler aus der Gegenwart des amerikanischen Raums in die Vergangenheit nach Polen zu den Toten führen. Die andere Erbschaft hingegen, die finanzielle, wird dem Sohn nach dem Tod vermacht. Sie bindet ihn in die amerikanische Gegenwart ein, fordert eine Auseinandersetzung mit den Amerikanern und gewordenen Amerikanern, mit den ‚Lebenden' also.[377]

*

Vor der Analyse noch eine Notiz zum Autor und meiner Lektüre des Textes.

Henryk Grynberg wurde 1936 in Warschau geboren. Er überlebte in verschiedenen Verstecken auf dem Land und später mit „arischen Papieren" in Warschau. Nach einem Journalistikstudium ging er an das Jüdische Theater in Warschau, emigrierte aber 1967 aufgrund der antisemitischen Kampagnen in die USA, wo er heute lebt und schreibt – auf Polnisch. Grynberg gehört zur so genannten ‚ersten Generation', zu den Kindern. Doch lässt der Autor seinen Erzähler, der dasselbe Alter wie er selbst hat und auch in Polen geboren wurde und dort studierte, nichts von einer Kindheit im Versteck erzählen. Wie man schon an meiner Einleitung sehen kann, gleicht die im Text entwickelte Problematik eher derjenigen der ‚zweiten Generation'. Als einen solchen habe ich ihn gelesen und analysiert. Vergaß schließlich mit der Zeit ganz, dass der Erzähler in Polen geboren ist und eigentlich zur Generation der Überlebenden gehört. Entsprechend analysierte und deutete ich alles daraufhin. Stellt der

---

[377] Mit dieser starken Fokussierung der Elternbiographie, speziell mit der der Mutter, steht Grynberg in einer literarischen Tradition. Helene Schruff zeigt, wie innerhalb der Literatur der ‚zweiten Generation' vor allem die Mutter der Protagonisten für die Bildung einer jüdischen Identität eine entscheidende Rolle spielt. „Sie ist diejenige, die Bruchstücke jüdischer Traditionen vermittelt", während der Vater eher unscheinbar bleibt und „keinen positiven identitätsstiftenden Anlaß" bietet (Schruff 2000, 83). Und da in den Familien der Überlebenden der Tod nicht nur ein normaler Einschnitt ist, sondern den Kindern – verbal oder nonverbal – vermittelt wird, dass sie die „Letzten" der durch Massenmord ohnehin schon reduzierten Familie sind, ist der Tod ein Wendepunkt, der über das übliche Maß hinaus die Kinder auf sich selbst zurückwirft und Fragen nach der Identität auslöst (vgl. Schruff 2000, 74).

Erzähler sich in die Gemeinschaft der Überlebenden, spricht er von „unserer Vergangenheit", so las ich das als eine charakteristische Inanspruchnahme der Schrecken für eine eigene Sinnsetzung im Sinne Finkielkrauts. Bei erneuter Lektüre musste ich erstaunt feststellen, dass der Erzähler keineswegs nach dem Krieg geboren wurde, er also durchaus eine eigene Erinnerung haben könnte. Eben gerade das, was allen Nachkommen fehlt. So prüfte ich *Kaddisch* noch einmal. Nun aber als Text der ‚ersten Generation' bzw. als Text eines damals versteckten Kindes. Es fanden sich Zeichen, die auf eine eigene Erinnerungsfähigkeit schließen lassen. Allerdings sind diese Merkmale minimal und für den gesamten Text wenig ergiebig.

Man sieht, wie der Rahmen, in den man ein Werk stellt, auch mitbestimmt, wie man es sieht und was man an ihm entdeckt oder übersieht. Auch dann, wenn man jeden gewählten Text möglichst immanent und mit den immer gleichen Kategorien mehr zu analysieren als zu interpretieren versucht.

Der Text steht nun hier an dieser Stelle, da einerseits die Sichtweise der ‚zweiten Generation' dominiert – so zum Beispiel mit der Zubereitung der Elternbiographie für die eigene wie auch damit, dass die Shoah nur durch Vermittlung zugänglich ist und der Erzählende nicht auf seine Erinnerungen zurückgreift – andererseits, da die Generationenzugehörigkeit gegenüber den Fragen nach Narration und Geschichte erst einmal zweitrangig ist. Und weiter wird deutlich, dass bei aller Referenz der Autor über eine gewisse Freiheit verfügt, was die Wahl des Genres betrifft, andererseits aber diese Freiheit beschränkt wird durch Erfahrungen, es folglich Verletzungen des erzählerischen Codes durch Referenzen geben kann, wie wir sehen werden.

4.1 Raum – Tradierung und Überschreibung

Blicken wir auf den Raum, so fällt als erstes die strenge Gliederung nach Oppositionen auf. Den USA, und im besonderen Kalifornien, steht Polen gegenüber; der Neuen Welt die Alte und der Fremde die eigentliche Heimat. In diese Opposition hinein schiebt sich eine weitere, die der irdischen und der metaphysischen Welt, vom Erzähler als „jene Welt" bezeichnet.[378] Überlagern

---

[378] Ich werde das Verhältnis von „jener" und „dieser" Welt im fortlaufenden Text nicht weiter ausführen, komme aber im Kapitel „Figuration" darauf zurück (und vgl. auch Fußnote 380). Vielleicht ist hier noch anzumerken, dass die Welten äquivalent zueinander sind – oppositionell einerseits, da die eine transzendental und die andere metaphysisch ist, similar andererseits, da für den Erzähler im Jenseits die gleichen Gesetzmäßigkeiten herrschen wie im Diesseits; die Mutter zum Beispiel aus dem Jenseits anruft. Strukturell entspricht dieses Verhältnis dem von Kalifornien und Polen, denn auch diese sind gegensätzlich und gleichen sich, wie wir sehen werden.

sich die beiden Raumarten, was gelegentlich vorkommt, so kann Polen ins Jenseits verkehrt werden und in eine weitere Opposition zu Kalifornien als diesseitiger Welt rücken.

Die grundlegende und entscheidende Differenz zwischen dem kalifornischen und dem polnischen Raum besteht in ihrem Wirklichkeitsstatus. Kalifornien bzw. Amerika ist der Handlungsraum der Erzählung, in dem sich alle lebenden Personen, einschließlich Erzähler, aufhalten. Polen dagegen wird von Kalifornien aus durch Erinnerungsträger wie Sprache, Fotografien oder KZ-Nr. generiert.[379] Polen ist ein medialisiertes Zeichen ohne Referenzialität in der erzählten Geschichte. Und mit genau dieser „imaginären" Besetzung Polens unterscheidet der Text sich von den älteren Texten und generell von denen der ‚ersten Generation', da selbst in den hochreflexiven, den Erinnerungsprozess betonenden Schreibweisen – beispielsweise wie bei Durlacher – es immer einen Augenblick gibt, wo die Vergangenheit gegenwärtig wird und die Erzählenden im Erzählen in das Lager zurückkehren. Hier nicht. Hier bleibt die Erinnerung an die Verfolgung und Vernichtung immer vermittelt, bleibt ein angeeignetes Zeugnis. Das ist am auffälligsten an der Totenliste, die der Erzähler mit Hilfe der Mutter von den ermordeten Verwandten zusammenstellt. Nur an einer einzigen Stelle greift er dabei auf seine eigene Erinnerung zurück und stellt eine direkte, unvermittelte Verbindung zur Vergangenheit in einem Nebensatz her.

Toter Lebensraum und lebendiger Todesraum

Kalifornien ist für den Erzähler das Land der technischen Perfektion, der Künstlichkeit und der Individualitätslosigkeit in allen Lebensbereichen. Ein Sarggeschäft ist zum Beispiel ein „Verkaufssalon" mit unendlichen Angeboten, wie sie jeder Supermarkt kennt (*Kaddisch*, 14), der Friedhof gleicht einem „Golfplatz oder ein[em] Erholungspark" (*Kaddisch*, 96), und die Wohnungen

---

[379] Einmal können Personen durch eingravierte KZ-Nr. Repräsentanten der Vergangenheit bzw. Polens und Deutschlands sein (*Kaddisch*, 13, 15, 17, 63). Dann wiederum wird Polen durch die *Nowy-Dwór-Society* (*Kaddisch*, 30ff), welche in ihrer Benennung die Doppelung von Polen und Amerika zeigt, zitiert. (Nowy-Dwór ist bekannt durch sein Buchdruckwesen im 18.Jh., bekannt durch die von den Nazis erzwungene Bücherverbrennung durch Juden, bekannt durch seine Rolle, die es im bewaffneten Aufstand von Treblinka spielte.) Ein schriftliches Zeugnis für Polen ist die Totenliste, die Erzählerfigur und Mutter gemeinsam aufstellen (*Kaddisch*, 40ff). Über diese Toten, d.h. die von den Nazis ermordeten Verwandten, wird die Heimat bzw. der Verlust der Heimat und die Vertreibung aus der Heimat in die Fremde thematisiert. Zuletzt gibt es noch die Fotografien der Toten, durch die auf Polen verwiesen wird.

sind mit „Pseudoantiquitäten" eingerichtet und künstlichen Blumen dekoriert. Dem schönen Schein entsprechend ist der Himmel immer blau und ewig scheint die Sonne. ‚Sonne' und ‚blauer Himmel' über Kalifornien stehen für die klischeehafte Schönheit der amerikanischen Welt und werden als Formel eingesetzt. Sie fallen allein schon durch ihre Quantität auf (vgl. *Kaddisch*, 6, 10, 11, 12, 19, 23, 33, 61, 101), befinden sich zudem an entscheidenden Positionen. Zweimal wird der sonnige Himmel dunkel. Einmal durch Wind und Regen nach dem Tod der Mutter (*Kaddisch*, 93 und 100) und das zweite Mal beim Tod des Stiefvaters (*Kaddisch*, 20). Selbst die Natur steht dem Erzähler zu Diensten und entspricht seiner Befindlichkeit.

Das alte Polen dagegen ist echt, lebendig und kulturell aktiv. Repräsentativ ist ein Bild, welches aus dem Besitz der Mutter in den des Sohnes übergeht. „Das Lied der Altstadt" heißt dieses Bild, welches einen jüdischen Geiger als Träger des poetischen Elementes und der kulturellen Tradition zeigt.

Eine weitere positive Konnotation erhält Polen durch einen Garten im nördlichen Virginia (bezeichnenderweise nicht in Kalifornien). Dieser Garten beschwört für Mutter und Sohn „die alte Welt, die es nicht mehr g[ibt]" herauf und wird zum Mikro-Polen der Vorkriegszeit. Es gibt „Enten und Gänse [...] wie einst in Radoszyn, [...] Schafe und Ziegen wie in Dobre. [...] Die ausgedehnten Rasenflächen dufteten wie die Wiesen unserer Vergangenheit" und so fort (*Kaddisch*, 52f). Doch wird diese positive Bedeutung Polens nachträglich ins Negative verkehrt, was fast als eine Art Metonymie für den gesamten Text beziehungsweise für des Erzählers Sicht gelesen werden kann. Denn auf einer Fotografie, die der Sohn von der sterbenden Mutter im idyllischen ‚Vergangenheitsgarten' macht, sind „ihre Augen tot, erloschen, ohne Glanz" und ihr Lächeln wird zum „Grinsen eines Totenkopfes" (*Kaddisch*, 55). So ist die Mutter auf der Fotografie schon eine Tote, und die polnische Scheinidylle wird im Nachhinein zu einem Ort des Todes – wie einst das ‚wirkliche' Polen aus der Heimat in einen Todesort sich verkehrte.[380] Mit solch nachträglicher und figu-

---

[380] Mit der Verkehrung der Heimat in einen Todesraum korrespondiert, dass die Überlebenden aus dem „Jenseits" kommen (*Kaddisch*, 25). Im polnischen Original ist der Zusammenfall von „Jenseits" und Polen noch eindeutiger, da für beides der Ausdruck „tamten swiat", eben „jene Welt", steht. „Ona byla moim ostatnim zywym wiazaniem z tamtym swiatem, ktory byl naprawde nasz" („Sie war mein letztes lebendes Band zu jener Welt, die wahrhaftig unsere gewesen war", *Kaddisch*, 39). Hier meint „jene Welt" eindeutig Polen, während beim Gebet mit „tamten swiat" eindeutig das Jenseits bezeichnet wird. „na tym i na tamtym swiecie" (99, ebenso 123), („auf dieser und auf jener Welt" bzw. „im Diesseits und im Jenseits").

renabhängiger Umkehrung bekommt Polen eine symbolische Bedeutung, die der Erzähler über alle Orte, welche die Überlebenden betreten, legt.[381]

Blicken wir von hier aus noch einmal auf den Anfang des Textes, so wird diese Bedeutungsübertragung noch plastischer. Der Text beginnt, wie gesagt, mit einer kurzen Lebensskizze des Stiefvaters, die aber letztlich nichts anderes ist als eine Aufzählung aller Orte, welche für den Stiefvater Heimat sein sollen aber fremd bleiben, und der Schilderung je eines negativen Ereignisses an den verschiedenen Orten: „Aus dem Grünwarenladen [...] ins Ghetto, zur Selektion in Treblinka und an die Werkbänke des Todes in Mauthausen. Vom Textiltrödel und Wirtschaftswiderstand zum Konflikt mit der Sonderkommission und dem Straflager. Von der Genossenschaft [...] nach Tel Aviv in eine Käserei, wo er knöcheltief im Wasser stand und sich Rheuma holte, und nach Buffalo in eine Bäckerei, wo er sich klatschnaß schwitzen durfte [...] Es sah ganz danach aus, daß er bis an sein Ende von Aufsehern und Antreibern geschunden werden und diesem lebenslänglichen Konzentrationslager nie mehr entkommen würde" (*Kaddisch*, 5).

Mit der anaphorischen Reihung und der jeweils negativen Besetzung werden alle Räume unterschiedslos gleichgestellt. Tel Aviv, Buffalo und später Kalifornien gleichen dem Ghetto, Treblinka und Mauthausen, ja die ganze Welt wird als ein Konzentrationslager bezeichnet. Jedes neue Land wird zwar mit Hoffnung auf Heimat belegt, bleibt aber fremd oder gar tödlich, da alles unter dem Grundmuster des ersten Verlustes und der tödlichen Erfahrung gesehen wird; Länder sind durch diese Perspektive austauschbar, und die Vergangenheit ist immer und überall gegenwärtig. So kann der kalifornische liquorstore ein Konzentrationslager werden und der Mord kosmische Wirksamkeit besitzen: „Erst als Sonne und Himmel sich verdunkelten, begriff er, daß er nie entkommen war, daß er dort war, wo er früher, wo er damals gewesen war" (*Kaddisch*, 23). Hier fällt der gegenwärtige Raum mit den vergangenen Räumen zusammen, und der kalifornische Mord um ein paar Flaschen

---

[381] Daran sieht man, wie sehr jüdisch, im religiösen Sinne, der Text ist. Mit dem Verlust des Landes ist normalerweise ein Verlust der Ethnie und damit der kollektiven Identität verbunden. Nicht bei den Juden. Sie sind die einzigen, wie Jan Assmann zeigt, die ihre Identität nicht vergessen. Das liegt an dem besonderen Vertrag zwischen Gott und dem Volk. Der Bundesschluss ist extraterritorial, ist von daher eine „Herzenssache" (vgl. Jan Assmann 1992, vor allem 157ff und 201ff). Die Identität bedarf keiner äußeren Merkmale, sondern ist Sache der Gesinnung. Das ‚Bewahre und Gedenke' kann überall mit hingenommen werden. Damit wird Erinnerungsfähigkeit zu einem festen Bestandteil der kollektiven und individuellen Identität, so dass mit gleicher Kraft, wie in früheren Zeiten der Bundesschluss erinnert wurde, nun die Verfolgung und Vernichtung erinnert wird.

Alkohol und Zigaretten wird synonym mit den Morden der Nationalsozialisten, sodass die Vernichtung der Juden ein regelrechtes Lebensmuster ist, das nicht mehr verlassen werden kann und den realen äußeren Raum überlagert oder ihn entsprechend zubereitet.[382] Kalifornien ist damit nicht nur der negative Spiegel der Alten Welt, sondern zugleich eine Wiederholung der vernichteten Alten Welt, der Konzentrations- und Vernichtungslager.

4.2 Figuration – Geschichten der Wiederkehr und die Erfindung der Identität

Blickt man auf die unterschiedlichen Figuren des Textes, so lassen sie sich alle relativ rasch entweder der Kategorie der ‚Überlebenden' oder der ‚Lebenden' zuordnen. ‚Lebende', das sind Amerikaner, es sind die „anderen" (*Kaddisch*, 23), die nur in einer Zeit und in einem Raum leben, die von Mord und Tod nichts wissen. Die Überlebenden hingegen sind vom Tod gezeichnet. Sie haben die Verfolgung im Versteck oder in Lagern überlebt, leben nun aber in Amerika, gehören sowohl der Alten wie der Neuen Welt an. Weiter gibt es die Toten, die keine Stimme mehr haben, dafür aber als einzige im Text Namen bekommen.

Innerhalb dieser Gruppierungen kommt es zu Verschiebungen, Entmischungen und Neuzusammensetzungen. Es gibt diejenigen, die das Alte bewahren und gegen die amerikanische Gegenwart aufrechterhalten, dazu gehören vor allem die Mitglieder der Nowy-Dwór-Society. Dann gibt es jene, die das vergangene Leben mit dem gegenwärtigen zu verbinden suchen, so wie Mutter und Stiefvater und schließlich die, die zu Amerikanern geworden sind und in der amerikanischen Gegenwart aufgehen wie der Bruder des Stiefvaters (im Text immer als Onkel bezeichnet). ‚Überlebende' und ‚Lebende'

---

[382] Mit der Figur des Stiefvaters hat der Erzähler ausgearbeitet, was für ihn einerseits das spezielle Schicksal der eigenen Familie und dann im Weiteren des jüdischen Volks zu sein scheint. Denn es heißt im Text: „Wir waren vor ihm [Tod] geflohen – über Grenzen, Meere, Ozeane, von einem Erdteil zum anderen und von dort auf einen dritten und von dort bis ans andere Ende. Er aber war uns gefolgt, wohin wir auch zu fliehen versuchten" (*Kaddisch*, 22ff). Das individuelle Schicksal der einzelnen Figuren, Stiefvater, Mutter oder Ich, ist das Schicksal der Familie und ist zugleich das Schicksal des jüdischen Volkes, das auf den Exodus, der die Identität dieses Volkes begründet, zu verweisen scheint. Auf dieser Folie werden die Einzelereignisse der Figuren in eine jahrtausendealte, kulturelle Verfasstheit und Identität gestellt, die ihnen einen Sinn und damit auch eine Heimat in der Fremde, im Ausgestoßensein garantiert (vgl. hierzu Jan Assmann 1992, 202ff). Die am Anfang gesetzte Geschichte des Stiefvaters kann unter diesem Gesichtspunkt exemplarisch gelesen werden.

sind weniger Bezeichnungen für ein äußeres Ereignisfeld der Figuren, sie nehmen vielmehr qualitative Bedeutung an, indem sie die Verhaltensweisen der Figuren zu Leben und Tod charakterisieren. So kann man zwar Überlebender im äußeren Sinne sein (Onkel), ist aber schon von Beginn an ein kalifornisch Lebender, oder ist Überlebende/r und zugleich Tote/r, in der wertmäßigen Qualität. Das heißt, auf der Ebene der Figuration wiederholt sich das, was wir schon innerhalb des Raums beobachten konnten: Deportation und Mord werden aus ihrem referenziellen Ereigniszusammenhang herausgenommen und können Deutungs-, Erklärungs- und Wertmuster ganz anderer Lebensfolgen werden.

Der Onkel entspricht in allem dem schon am Raum gezeigten klischierten Bild von Amerika bzw. Kalifornien. Er wird als skrupelloser, kulturloser und geistig inaktiver Mensch dargestellt (*Kaddisch*, 29), der es aber ausgezeichnet versteht, alles Geld auf seine Seite zu schaffen und das nicht erst in Amerika, sondern schon damals in Polen. Er ist formal ein Jude – so geht er in die Synagoge und hält einige Riten ein – und ist Überlebender. Und doch macht ihn der Erzähler durch seine Darstellung zu einem Amerikaner schon von Geburt an – was vielleicht auch als eine Art Spitze gegen die assimilierten Juden in den USA gelesen werden kann.

Die Mutter wird auf der Oberfläche zur Gegenfigur des Onkels stilisiert. Für den Erzähler ist sie Garant der Vergangenheit, „das letzte lebende Band zu jener Welt" (vgl. *Kaddisch*, 39). Doch ist sie in mancherlei Hinsicht dem Onkel und der Gruppe der Lebenden nicht unähnlich. Auch sie versteht es, das Geld zu vermehren und geschickt anzulegen und sich vertraglich abzusichern (vgl. *Kaddisch*, 33). Sie ist durchaus an den Möglichkeiten, die Kalifornien innerhalb dieses Textes bietet, interessiert und repräsentiert sowohl die vergangene jüdische wie gegenwärtige amerikanische Welt.

Entsprechend wird ihr Sterben als ein doppeltes erzählt. Sie stirbt an ihrem Krebsleiden, stirbt im Bett im Gegensatz zu all den anderen, die verhungert sind, erschossen wurden oder im Gas erstickten. Aber ihr Tod wird als Folge der Vergangenheit erzählt. Denn ebenso wie der Krebs die Zellen angreift und zerstört, wird die Erinnerung und damit eine ruhige, auf Kontinuität fußende Identität vernichtet. So erinnert die Mutter sich ausschließlich an die Todesumstände ihres ersten Mannes, ihres Kindes und all ihrer Angehörigen. Das Leben vor der Shoah ist wie ausgelöscht (vgl. *Kaddisch*, 38ff). Der Tod oder das Wissen um den Tod ist nach innen gewandert, überdeckt alles Leben, sodass für den Erzähler ihr Vergessen ein „Symptom einer Vertilgung ist, die kein Ende nahm" (*Kaddisch*, 39). In diesem Kontext ist die ärztliche Routine-Untersuchung eine „Gewalttat", eine „kollektive Vergewaltigung", um der Mutter „Schande anzutun" (*Kaddisch*, 66).

Durch solche Perspektive und Metaphorisierung für einen möglicherweise wirklich respektlosen Umgang mit der Sterbenden rückt der Erzähler die ärztliche Untersuchung in Analogie zu den entwürdigenden, demütigenden und tödlichen Verhaltensweisen der Nationalsozialisten. Ebenso wie der kalifornische liquorstore zum Konzentrationslager werden konnte, können durch entsprechende Figuration und Handlungen gegenwärtige Ereignisse vergangene sein.

An solchen Überschreibungen kann man sehr genau sehen, wie die Vergangenheit zur Metapher geworden ist, die für unterschiedliche Ereignisse zur Verfügung stehen kann, was undenkbar für einen frühen Text wäre. ‚Metapher' allerdings, das ist die Zuweisung durch meine Analyse. Für den Erzähler ist es eher ein metonymisches Verfahren, wenn der Tod der Mutter als Teil einer Jahrtausende anhaltenden Verfolgung gedacht wird, die in verschiedener Gestalt wirklich wird.

Gerade an solcher Stelle entspricht *Kaddisch* anderen Texten der ‚zweiten Generation'. Eine vergleichbare Stelle findet sich in *Gebürtig* mit der Biographie von Emanuel Katz, der ebenfalls eng, nur nervöser, an seine Mutter gebunden ist. Die Katz' Mutter überlebte die dreijährige Haft in Birkenau. Ihr Leid ist in ihrer Rede und ihrem Verhalten immer gegenwärtig. Jede Handlung des Sohnes wird von der Mutter negativ kommentiert durch den Satz „ich hab mich schon in der Erd'". Erst beim Tod des Vaters löst sich Katz von der Mutter und ihrer Rede über Birkenau. Als die Mutter stirbt, kehrt Katz zu ihr zurück und übernimmt gewissermaßen ihr Erbe mit ihrer Redeweise und ihrem Blick auf die Dinge. Nun sagt Katz den Satz „sie hat sich schon in der Erd'" abwehrend zu den Verwandten. Amalie Katz stirbt letztendlich an einer Lungenentzündung. Doch für Emanuel Katz ist der Grund für die Lungenentzündung Birkenau: „Ihr Grund ist Birkenau", heißt es im Text in gleicher Überlagerung und Umschreibung wie bei Grynberg.

Erbe der Erinnerung und Erbe des Vermögens

Wenden wir den Blick auf die ‚zweite Generation' in diesem Text, so ist ganz offensichtlich, dass diese Vertreterin der älteren Generation ist. Der Halbbruder gleicht in allem dem Onkel: „Sie hatten das gleiche breite Lächeln, hielten es stets in Bereitschaft und benutzten es, wenn sie Unzufriedenheit, Ärger oder Wut verbergen wollten" (*Kaddisch*, 34). Er ist Spezialist für betriebliche Konfliktbereinigung, hält von den jüdischen Werten und Gesetzen wenig, dafür umso mehr von der Sicherung des finanziellen Erbes der Mutter zu seinen Gunsten. Er ist ein Amerikaner zu Beginn und zum Ende der Erzählung – Bürger nur einer Welt.

Der Erzähler hingegen steht vorerst zwischen den Welten. Weder begreift er sich als polnischer (gläubiger) Jude und Überlebender noch als Amerikaner.

So spricht er nicht jiddisch und auch nicht hebräisch, ist schon allein daher aus dem Kollektiv der Überlebenden wie Gläubigen ausgeschlossen: „Die Alten hatten wenigstens die Vergangenheit. Und eine gemeinsame Sprache. Für mich gab es nicht einmal das. Ich mußte mir meine eigene Sprache schaffen und mich mit mir selbst unterhalten" (*Kaddisch*, 27).

Die Vergangenheit ist dem Erzähler – obwohl er doch Kind war und als Student in Polen lebte – nicht zugänglich. Rein textimmanent gedacht könnte man sagen, dass die eigene Biographie getilgt und durch die der Mutter und des ganzen Volkes der Juden ersetzt wird. Denn gleich den ‚Nachgeborenen' versteht der Erzähler sich nicht als Überlebender, sondern muss sich die Zugehörigkeit zu dieser Gruppe und die Sprachen der Alten regelrecht erarbeiten.[383] Möglich ist dies nur durch die Mutter, welche das Bindeglied zur Vergangenheit ist. Ihre Erinnerungen sind seine „Erbschaft" und sein „Gut" (*Kaddisch*, 38) (darin ist er ganz ein Kind der ‚zweiten Generation'; ich erinnere an Matthias Hermans Begriff der „ererbten Erinnerung"). Mit solcher Erbschaft übernimmt der Erzähler die Rolle des „letzten Zeugen" (*Kaddisch*, 39), schafft sich einen Sinn und eine Bedeutung für die Zukunft oder entrinnt der „Mittelmäßigkeit seines Lebens", um es mit Alain Finkielkraut etwas schärfer zu formulieren.

Ich hatte zuvor schon darauf hingewiesen, dass die Erkenntnis, durch den Tod der Eltern die Aufgabe des letzten Zeugen zu übernehmen, ein häufiges Motiv innerhalb der Literatur der ‚zweiten Generation' ist. Hier wird allerdings deutlich, wie sehr der Begriff und die Rolle des „letzten Zeugen" symbolisch ist, da der Ich-Erzähler zwei Kinder hat, sein Wissen durchaus weitergeben könnte. Es ist also weniger eine Realität als ein psychisches Konstrukt oder eine zeichenhafte Substanz aus dem Wissen um die Verfolgung und Vernichtung, die sich fortschreibt.

Doch auch die Möglichkeit einer jüdischen kollektiven Identität durch das jiddische wie hebräische Gebet (Kaddisch) wird durch die Mutter bzw. durch

---

[383] Das wäre eine der Eigentümlichkeiten des Textes, die ihn – was die Generationszugehörigkeit betrifft – ambivalent machen. Denn ebenso wie der Erzähler sich hier ausschließt, kann er, was die eigene Familiengeschichte betrifft, sich durchaus als Verfolgter begreifen. Diese Solidarisierung und Gemeinschaftsbildung ist, wie wir vor allem bei den frühen Texten gesehen haben, charakteristisch und notwendig für das Schreiben über das Lager. *Kaddisch* schließt sich diesem Muster an. Wie überhaupt in jeder noch so Ich-zentrierten Autobiographie der ‚zweiten Generation' die Aneignung des Wir, die Zugehörigkeit zum jüdischen Volk, als dem Volk der Verfolgten auffällt.

[384] Eine Identifikation über die Religion ist innerhalb der deutschsprachigen Literatur der ‚zweiten Generation' selten (vgl. hierzu Schruff 2000, 86f). In *Gebürtig* gibt es z. B. kei-

ihr Sterben und ihren Tod geschaffen.[384] In regelmäßiger Wiederholung betet der Sohn jeden Abend für die Mutter auf Jiddisch, „einer Sprache, die ich bisher nie benutzt hatte. Und dennoch fehlte es mir weder an Worten noch an Buchstaben" (*Kaddisch*, 59). Ebenso an Wunder grenzend erfolgt das Erlernen der hebräischen Sprache: „Der Rabbiner-Medizinmann intonierte Sätze, die ich nie zuvor aufgesagt hatte und nicht flüssig lesen konnte, aber ich erriet sie. Sie meldeten sich von selbst in mir, kamen von irgendwoher, kehrten zurück. Ich fand sie auf den Seiten, auf denen sie sich vor mir niederließen, und ich erkannte sie, ohne sie je gesehen zu haben" (*Kaddisch*, 100). Wieso der Erzähler dieser beiden Sprachen nun mächtig ist, bleibt letztlich unklar und gehört zu den verschiedenen Ungereimtheiten des Textes – wenn man ihn realistisch liest und befragt.[385] Der Text selbst versteht sich zeichenhaft, symbolisch, scheint auch die legendenhafte Art der Wunder zu kennen – Wunder der Conversion.

Diese Wunder, durch die das individuelle und das rituell-institutionelle Totengedenken möglich werden, sind entscheidend für die Identitätsfindung dieser Figur. Und es bestätigt sich, was Jan Assmann ausgeführt hat: dass Totengedenken gemeinschaftsstiftend ist und in der Rückbindung an die Toten die Gemeinschaft sich ihrer Identität versichert und Herkunft wie Zukunft bestimmt.[386] Der Erzähler kann somit formulieren: „[…] denn auch ich war ein Jude geworden. Ich war es geworden, als ich den Glauben an das Gebet gefunden hatte" (*Kaddisch*, 112).[387]

Mit dieser starken Zentrierung auf das Ich und das Finden der Identität anhand der Elternbiographie lässt *Kaddisch* sich ohne weiteres als Text der ‚zweiten

---

nerlei Referenz auf religiöse Riten, noch nicht einmal Feste werden benannt, während in den Erzählungen von Doron Rabinovici (*Papirnik*) oder bei Laura Waco (*Von Zuhause wird nichts erzählt* und *Good Girl*) die Feste zumindest erwähnt werden. Bei Lothar Schöne (*Das jüdische Begräbnis*) wiederum lehnt der Ich-Erzähler zwar für sich eine jüdische Identität über die Religion ab, diskutiert sie aber ausführlich. Allein die weiblichen Erzählerinnen bei Esther Dischereit (*Joëmis Tisch*) und Barbara Honigmann (zum Beispiel in der Erzählung „Eine Liebe aus nichts") finden einen positiven Zugang zu einer religiösen Identität.

[385] Ungereimtheiten und Unstimmigkeiten auch, da der Erzähler schon einmal bei dem Tod des Stiefvaters Kaddisch gesprochen hat (vgl. 19ff).

[386] Vgl. hierzu vor allem Jan Assmann 1992, 60ff. Assmann bezeichnet das Totengedenken als „Ursprung und Mitte dessen, was Erinnerungskultur heißen soll", da „der Tod die Ur-Erfahrung" der Differenz zwischen Gestern und Heute ist. Folglich kann erst mit dem Bewusstsein von Tod eine Kontinuität eines Ichs oder einer Gemeinschaft und damit eine Identität aufgebaut werden.

[387] Hier zeigt sich, wie sehr Religion als ein natürlicher gemeinschaftsbildender Faktor verschwunden ist und erneut wieder erworben werden muss.

Generation' einstufen.[388] Gerade auch, wenn wir den Schluss mit hinzunehmen. Denn mit der Grabsteinlegung sind die jüdische Katastrophe und ihre Folgen wie auch die Existenz als Jude gewissermaßen abgegolten und werden mit keinem Wort mehr erwähnt. Der Erzähler ist bei sich angelangt: „Mir wurde bewußt, daß nun, da es Mutter nicht mehr gab, alles ausschließlich von mir abhing, und plötzlich verspürte ich Erleichterung" (*Kaddisch*, 139). Ähnlich wie bei Helena Janeczek – und bei Robert Schindel werden wir das auch noch sehen – jede Rückwendung in die Vergangenheit, jede Analepse eine Befindlichkeitsanalyse und eine Standortbestimmung ist, kann auch hier über den Weg in die Vergangenheit der Ausgangspunkt für eine neue Biographie geschaffen werden.[389]

4.3 Erzählverfahren – die ‚Entortung' der Erinnerung

Anhand kleinerer erzählerischer Grenzüberschreitungen kann man sehen, wie sehr dem Erzähler daran liegt, die Ereignisse der Vergangenheit als Erklärungsmuster der Gegenwart zu nutzen. So hält er sich zum Beispiel insgesamt an die Grenzen, die ihm seine personale Sicht zuweist, überschreitet allerdings dreimal an signifikanter Stelle diese Grenze. Eine davon – der Mord am Stiefvater – sei hier exemplarisch zitiert: „Er konnte es nicht glauben, als der erste Schuß fiel, und hielt auch nach dem zweiten Schuß noch alles für einen Irrtum. […] Erst als Sonne und Himmel sich verdunkelten, begriff er, daß er nie entronnen war, daß er dort war, wo er früher war […] Ihn packte eine wilde Wut, mit bloßen Händen stürzte er sich auf diese Welt […] Wer brauchte diesen Laden?! Wer brauchte diese Welt?!" (*Kaddisch*, 23ff).

Niemand ist bei diesem Mord zugegen und könnte ihn bezeugen. Der Erzähler muss die Handlungen des Stiefvaters rekonstruieren und seine Gefühle wie Gedanken gleich einem auktorialen Erzähler konstruieren. An sich sind solche Paralepsen (Genette) nicht ungewöhnlich, aber innerhalb dieses Kontextes auffällig. Denn Überschreitung ermöglicht dem Erzähler den Mord als

---

[388] Man vergleiche nur einmal Lothar Schönes *Das jüdische Begräbnis*. Der Text beginnt mit dem Tod der Mutter und erzählt die Geschichte ihrer komplizierten Grablegung – kompliziert, da sie nach jüdischem Ritus auf einem christlichen Friedhof neben ihrem christlichen Mann beerdigt werden soll. Entlang der Auseinandersetzungen mit Rabbinern, Pfarrern und Bestattern geht der Erzähler in immer neuen Rückgriffen in die Vergangenheit der Mutter, der Familie und erfragt in diesem Zusammenhang sehr skeptisch seine Identität.

[389] Vgl. hierzu auch Schruff (2000, 243). Helene Schruff konzidiert allen Figuren in ihren untersuchten Texten am Ende ein Wissen um ein neues Biographiekonzept oder zumindest die Annahme dessen, was sie sind.

eine Fortsetzung der nationalsozialistischen Morde zu sehen, den liquorstore in ein Lager zu verkehren und eine Kontinuität zwischen Ereignissen zu schaffen, die nichts miteinander zu tun haben.

Äquivalenzen

Betrachtet man die Auswahl der Elemente der Geschichte aus dem Geschehen, so ist deutlich, dass vor allem Todes- oder Vernichtungsmotive ausgewählt sind: Tod des Stiefvaters, Tod der Frau des Onkels, Tod der Mutter, Tod des Krakauer Arztes und in der Erinnerung die Tode der ermordeten Verwandten. Entsprechend sind die Handlungsorte das Leichenschauhaus, Krankenhaus oder Friedhof. Auf der Ebene des Raums und der Figuration – und der erzählerische Verstoß indiziert nichts anderes – hatte ich die Umdeutung dieser verschiedenen Todesgeschehen in dem Kontext der Shoah gezeigt. Die Folie allerdings, auf der diese Sichtweise projiziert wird, ist das ‚gegenwärtige' amerikanische oder kalifornische Leben. Kalifornien und der kalifornische Lebensstil funktionieren als negativer Spiegel bis in die Mikro-Gestaltung hinein. Der Erzähler fliegt zum Beispiel zur Grabsteinlegung nach Kalifornien, besucht aber am Abend vorher eine dekadent-pornographische Party (vgl. *Kaddisch*, 126). Oder: Er nimmt Abschied von der toten Mutter, will ihre Hand küssen, während der Witwer versucht, den diamantenen Ring von ihrer anderen Hand zu ziehen (vgl. *Kaddisch*, 83). Oder: Während der Erzähler zur sterbenden Mutter fährt, begibt der Halbbruder sich wegen der zukünftigen Erbschaftsangelegenheiten in die Stadt (vgl. *Kaddisch*, 80). Oppositionen an Oppositionen werden aneinandergereiht, die die amerikanische Gegenwart ab- und im Gegenzug die Vergangenheit mit ihren Folgen aufwerten. Zugleich können die opponierenden Ereignisse, Räume und Zeiten strukturell similar werden wie oben gezeigt. Erst die Äquivalenzen, welche hier wiederum vom Blick und der Stimme des Erzählers abhängig sind, ermöglichen dem Erzählenden über Zeit und Raum hinweg die Inanspruchnahme der Vergangenheit für Gegenwärtiges. Zugespitzt formuliert bedeutet diese Transformation für die Shoah, dass sie Erklärungsmuster der Alltagswelt ist und ihrer historischen Referenz enthoben wird oder, wenn man Verfolgung für einen fast ewigen Vorgang hält, dass sie nur eine markante Epoche gebildet hat.

Die Autoren der frühen Texte haben die Shoah am eigenen Leib erfahren. Sprechen oder schreiben sie darüber, so schreiben sie über das eigene Ich. Das mag durch den Schreibakt noch so gefernt sein und sich vom schreibenden Subjekt unterscheiden, vielleicht nichts mehr mit diesem gemein haben, doch die Erfahrung hat sich unweigerlich in den eigenen Leib eingelagert und die Autoren sind mit ihrer individuellen Identität Erinnerungsträger. Das ist die ‚zweite Generation' nicht. Die Verfolgung und Vernichtung ist für sie nur durch die Elterngeneration vermittelbar. Nur über sie kann auf den Raum der Shoah verwiesen werden. Ihre Erinnerung kann nur eine ererbte sein, keine selbst gewonnene. Mit der Übernahme des kollektiven (Kaddisch) als auch des kommunikativen Gedächtnisses (persönliche Erinnerung der Mutter) wird der Erzähler allerdings noch einmal zum Zeugen im alten Sinne. Denn da er durch den Ritus Teil der Gemeinschaft ist, könnte er als Zeuge berichten auch über das, was er nicht gesehen, was aber die Gemeinschaft kollektiv erfahren hat, wie der Mord – metonymisch – als zeugenhafte Teilnahme erzählt ist, was allerdings eine Ausnahme ist. Denn der Erzähler nutzt sonst diese Möglichkeit für seine Person nicht. Er legt kein Zeugnis ab. Die Annahme des kollektiven Schicksals dient hauptsächlich der Identitätsfindung. Und aller Tod, alle rituelle und persönliche Erinnerung ist auf dieses eine Ich hin ausgerichtet.

5 Robert Schindel: *Gebürtig*
Die Erzählung der Erzählungen

Mit Robert Schindels Roman *Gebürtig* (1992) begeben wir uns in mancherlei Hinsicht in ein ganz anderes erzählerisches Universum als bislang vorgestellt. Wird in *Kaddisch* oder in *Lektionen* die Suche nach einer Identität von einem einzigen Erzähler entwickelt, so erzählen in *Gebürtig* unterschiedliche Erzähler von verschiedenen Versuchen, sich in der Gesellschaft zu verorten. *Gebürtig* ist keine Autobiografie, aber auch kein autobiographischer Roman. Nicht die Entwicklung eines Ichs wird retrospektiv entworfen, sondern viele Geschichten, viele (Auto)biographien werden bruchstückhaft erzählt. Die üblichen Bezeichnungen für solch einen Text mit ‚autobiographischen Zügen' sind so nur begrenzt anwendbar. Der Roman ist gerade nicht ein individuelles Kästchen, sondern fiktives Dokument verschiedenster Individualitäten, also möglicher Biographien und Haltungen in Bezug auf die Shoah. Von daher könnte man *Gebürtig* als einen ‚autobiographischen Gesellschaftsroman' bezeichnen, der eine ganze Schicht und ihre biographischen Varianten reflektiert.[390]

---

[390] Die Rezensenten bezeichnen den Roman als stark autobiographisch und setzen gerne eine der Hauptfiguren, Daniel Demant, mit dem Autor gleich. Es heißt dann: „Sich selbst führt Schindel gleich in doppelter Gestalt ein" (vgl. Frankfurter Rundschau 28. März 1992 und Die Weltwoche 30. April 1992). Das ist insofern etwas einfach gedacht, da zwar bei Demant sich durchaus Reminiszenzen auf Robert Schindels Biographie fin-

Gebürtig birgt alle geschriebenen und noch zu schreibenden Lebensentwürfe in sich, und das *Kalifornische Kaddisch* oder auch die *Lektionen des Verborgenen* wären als ein Teil hiervon zu denken.

Erzählt werden Geschichten, die die Verhältnisse und Beziehungen zwischen Juden und Nichtjuden sowie zwischen Juden und Juden unter dem Erbe der Shoah erkunden. Die Figuration erschöpft sich von daher nicht in der Familie und in der Gegenüberstellung von Eltern, Großeltern und Kindern. Durch mehr als ein Dutzend außerfamiliärer Personen ist sie erweitert, sodass die Elterngeneration als handelnde Instanz eher in den Hintergrund rückt. Gleichwohl bestimmt Herkunft oder „Gebürtigkeit", wie es in der Romansprache heißt, die Denkweisen und Handlungen der Einzelnen. Man könnte sagen, dass die Eltern und ihr Leben ganz nach innen gewendet wurden und von dort aus – aus dem ‚Verborgenen‘, wie Helena Janeczek es nennen würde – wirken. An die Stelle der Familie tritt der jüdische oder nichtjüdische Liebespartner. Erkenntnis und ein Bewusstwerden von Identitäten vollzieht sich auf der Oberfläche, hauptsächlich im Spiegel des anderen, nichtjüdischen Geschlechts, und erst in der meist als fremd empfundenen Gegenwart kann ein Ursprung in der Vergangenheit entdeckt und formuliert werden.

Doch auch wenn die Eltern und Großeltern nicht mehr im Zentrum der direkten Auseinandersetzung stehen, ist die Generation der Überlebenden mit einigen wenigen Geschichten präsent. Fremde, nichtverwandte Figuren sind es allerdings, die als eine Art Stellvertreter der Eltern zu Wort kommen. Durch diese Übertragung wird eine gewisse Distanz zur ‚eigenen‘ jüdischen Katastrophe erzeugt, ein Verfahren, was dem Umgang mit der Shoah in diesem Text entspricht. Zwar bildet in *Gebürtig* die Verfolgung und Vernichtung der europäischen Juden den Grund allen Erzählens, und Schrecken und Angst durchziehen den Text bei allem poetischen Witz, doch erfolgt der Zugang zu dem Mord immer über Umwege und nie direkt. Tätergeschichten mischen sich mit Opfergeschichten, Liebesgeschichten mit Todesgeschichten. Verständlich werden sie nur im erzählenden Zusammenhang. Der Roman thematisiert folglich gerade durch seine Narration, durch sein Spiel des Erzählens mit all seinen Erscheinungen, dass die eigentliche Realität der Shoah in unserer Zeit nur im Erzählen enthalten ist.

*

---

den lassen, Demant aber eine fiktive Figur ist, für die der Erzähler sogar literarische Ahnen bemüht. Demants Großvater ist z.B. eine Anleihe aus Joseph Roths *Radetzkymarsch*. Dort erzählt der jüdische Regimentsarzt Demant von seinem Großvater, dem „Schankwirt". Hier erzählt Danny Demant seiner Freundin, Christiane Kalteisen, von seinem Großvater, dem „Gastwirt".

Gegliedert ist *Gebürtig* in sieben, einander leicht verschoben gegenüberstehende Kapitel, die von einem Prolog und Epilog umrahmt werden. Der Prolog bündelt Motive, Figuren, Zeit und Raum der Handlung und nimmt zugleich das Ende vorweg. Der Roman fängt mit seinem Ende an, das er einholen wird, ist mit dieser Anachronie selbst eine Erinnerungsfigur. Der Epilog hingegen stellt die Probe einer Filmszene, die nicht nur eine Kritik der Vermarktung der Shoah ist, sondern zugleich eine satirisch-ironische Spiegelung des gesamten Romangeschehens.

Insgesamt lassen sich drei große Handlungsstränge ausmachen, die anfangs nebeneinander herlaufen und allein narrativ verkettet werden, sich letztendlich aber in den Geschichten als miteinander verbunden erweisen. Die ‚erste' Handlung, der die anderen gewissermaßen unter- beziehungsweise nebengeordnet sind, ist die Liebesgeschichte zwischen dem Lektor Daniel Demant und der Ärztin Christiane Kalteisen. Ihre Orte sind Wien und Lilienfeld an der Traisen, Christianes Geburtsort, in der Zeit zwischen 1983–1984.

Demant liest zwei Manuskripte. Das eine Manuskript wird in einer überraschenden Metalepse zur zweiten selbstständigen Handlung des Romans. Die Spielorte des Manuskripts sind New York und Wien, die Zeit ist 1980–82. Die zentrale Figur hier heißt Gebirtig. Gebirtig ist ein Wiener Jude, der das Konzentrationslager in Ebensee überlebte, nach Amerika emigrierte und nun in New York als ein erfolgreicher Komödienschreiber sein Leben fristet. Er kann sein wirkliches Leben nicht mehr leben, lebt neben sich her und ist ganz von seiner Gebürtigkeit bestimmt. Daran ändert auch seine zeitweilige Rückkehr nach Wien nichts, wo er gegen den SS-Oberscharführer Egger aussagen soll; und es ändert daran auch die Liebe zu Susanne Ressel nichts, der Tochter eines Kommunisten, der ebenfalls in Ebensee inhaftiert war. Als Egger nicht verurteilt wird, kehrt Gebirtig sofort nach New York zurück.

Der dritte Handlungsstrang ist die Geschichte von Konrad Sachs, einem Kuituressayisten einer Hamburger Zeitschrift. Er ist der Sohn eines in Nürnberg hingerichteten Nationalsozialisten, dem Generalgouverneur von Polen. Sachs ist der „Prinz von Polen" und hat sich selbst sein Geheimnis bislang verborgen. Durch eine zufällige Begegnung wird er wieder darauf gestoßen und versucht sich schreibend von der Vergangenheit zu befreien.

Verbunden werden alle drei Geschichten durch Emanuel Katz, einem Bekannten Demants. Er schreibt das Manuskript „Gebirtig", welches Demant liest. Durch Katz lernt Demant aber wiederum auch Sachs kennen, der auf Demants Rat hin zu schreiben beginnt.

Entsprechend der Vielfältigkeit auf der Figuren- wie Raumebene ist auch die Narration mehrdimensional angelegt. Brief, Tagebucheintragungen, Märchen, Lyrisches, Traum und episch erzählte Romanhandlungen wechseln miteinander ab. Neben Sascha Graffito, dem Zwillingsbruder Demants oder seinem alter ego, gibt es weitere Erzähler, die erinnernd ihre oder andere Lebensgeschichten erzählen. Polyphonie und Polyperspektive kennzeichnen den Text und machen ihn zu einem pluralen Ereignis.[391]

5.1 Figuration – Spiegelung und Selbstfindung

In einer metaphorisch hochaufgeladenen, teilweise allegorischen Sprache entwickelt der Roman im Prolog das Selbstverständnis der ‚zweiten Generation' in allen seinen Varianten und deren Abschattungen. Er beginnt mit einer lyrisch verdichteten Selbstbestimmung, die recht genau das mehrfach gebrochene und widersprüchliche Verhältnis der Nachgeborenen zu sich, zur Welt und zu ihrer Herkunft erfasst. Das geschieht in einer Genealogie, die zwei Bildreihen kreuzt, die des Adlers und des Lamms, also tendenziell auch die des Raubtiers und seines Opfers. Diese beiden Bildreihen werden in sich gedoppelt in Doppeladler und Doppellamm. Mit dieser ein wenig ausgeklügelten Allegorie versucht der Erzähler, die komplexen Verhältnisse möglichst verdichtet zu erfassen. So beginnt der Roman wie folgt: „Die Kinder des Doppeladlers waren in ihrer Mehrheit Schafe, die ihr Leben damit verbrachten, sich in Scheiße und Blut zu wälzen, so daß ihre letztendliche Schlachtung keinen sättigte, außer Gott. Deren Kinder sind wir, sagte der Lektor Demant zu seinem Herzen, derweil er Ende April gegen elf abends zu seinem Beisel trottet. Diese Lämmer sind gelegentlich mittelwild, und den meisten sind längst zwei Köpfe aus der Wolle gewachsen. Der eine blökt, der andere mampft das Blöken. An einem Hals hängt eine kröpfige Glocke, am anderen ein schlipsähnlicher Klöppel" (*Gebürtig*, 7).

Eine recht ungewöhnliche Ahnenreihe verschafft Daniel Demant sich und seiner Generation hier vom Doppeladler über das Schaf zum doppelköpfigen Lamm. Der Doppeladler galt bis 1918 als das Wappentier Österreichs. Die göttlichen Opfertiere, die geschlachteten Schafe, hingegen stehen für die

---

[391] Nolden arbeitet hier mit Bachtins Begriff der „Redevielfalt", die aber meines Wissens nur bedingt zutrifft. Es gibt zwar viele Erzähler und viele Dialoge, so dass von der Figurenvielfalt die Möglichkeit der Redevielfalt durchaus gegeben wäre. Inhaltlich ist sie das auch. Eine Unzahl von Perspektiven gehen gegen- und ineinander. Doch ein „linguistisches Pandämonium" (Nolden 1995, 75) ist nicht vorhanden. Rein sprachlich unterscheiden sich die Erzähler wenig voneinander: Demant ist vielleicht ein wenig nüchterner als sein Bruder, nicht ganz so brilliant, doch mehr auch nicht. Eher scheint der poetischen Sprache die Dominanz eingeräumt zu werden, wenn z.B. Susanne Ressel, eine Figur aus dem Manuskript, wie Graffito spricht: „Mauthausen. Ein Tag wie ein ganzes Leben, ein Roman. Die verklungenen Begebenheiten schlagen hart auf im Gehörgang der Gegenwart, dachte sie" (*Gebürtig*, 103).

Juden während der Zeit der Verfolgung und Vernichtung – so jedenfalls eine Redeweise, auf die hier angespielt wird. Die Lämmer nun sind Enkel des Doppeladlers und Kinder der Schafe. Sie vereinigen auf kuriose Weise österreichische und jüdische Anteile, stammen ab von Tieren, die in der Tierwelt einander eher feindlich gesinnt sind. Doppelt sind sie, was ihre Herkunft betrifft, doppelt aber auch an ihrer Gestalt wie ihren Verhaltens- und Denkweisen. Was sie hervorbringen, vernichten sie gleich wieder aufgrund ihres doppelten Kopfes. Aber ohne diesen doppelten Kopf würde die um den Hals gehängte Glocke wiederum nicht klingen. Nimmt man hier hinzu, dass die Lämmer vom jeweils polaren nichtjüdischen Geschlecht angezogen werden und nur im fremden Gegenüber zu sich kommen können, so ist diese Verbindung in der sexuellen Metapher vom schlipsähnlichen Klöppel und der kropfigen Glocke als eine auf den Leib geschriebene Notwendigkeit schon im Prolog angelegt.

Das „doppelköpfige Unschuldslamm", wie es im Prolog von Demant in Übereinstimmung mit dem abstrakten Autor entwickelt wird, ist so in all seinen Verdopplungen und Widersprüchen der poetische Code der ‚zweiten Generation'. Nach ihm ist das Innere der Figuren modelliert, und auch die äußere Figuration, das Verhältnis zwischen Juden und Nichtjuden, Juden und Juden bestimmt sich dadurch. An einer Figur skizziert sähen die allegorischen Dopplungen und Widersprüche etwa so aus: Für Daniel Demant als gebürtigen Wiener ist Wien ‚Heimat' und ist es wiederum nicht, insofern die Wiener daran beteiligt waren, die Juden zu deportieren und zu vernichten, und er als Jude – 1944 geboren – nur im Versteck dem Mord entgehen konnte. Demant ist aber auch mit Leib und Sinnen an die Nichtjüdin Christiane Kalteisen gebunden, während in Gedanken und Rede diese ihm fremd ist und Erinnerung und Gebürtigkeiten sie voneinander trennen. Oder: Gegenüber der opfersüchtigen Mascha Singer verteidigt Demant den Tätersohn Stiglitz. Im Streitgespräch mit Christiane Kalteisen und gegenüber dem Dichter Paul Hirschfeld, der sich nicht über die Shoah als Jude begreifen will, zieht sich Demant auf diese ‚jüdische' Position zurück. Demant hat mehrere widersprüchliche Stimmen in sich, die je nach Konstellation unterschiedliches Gewicht bekommen. Jede neue Figuration kann die alte verändern.[392] Das ist entscheidend, da damit der Roman auch thematisiert, dass Identität etwas Zugeschriebenes ist, bei aller Gebürtigkeit.

Diese hier nur angedeutete und dadurch auch vereinfachte Art von Dopplungen und Widersprüchen in Daniel Demant entwickelt der Roman komplex

---

[392] Nolden begreift diese oszillierenden Verhältnisse als ein „prozessuales und relationales Phänomen" – ohne allerdings zu erläutern, was er darunter versteht (vgl. Nolden 1995, 61).

und vielschichtig auf allen Ebenen bis in den Satzbau hinein an allen Figuren, sodass eine nur annähernde analytische Aufschlüsselung ein Vielfaches an Raum einnehmen würde, in welchem man sich als Leser auch verliert. Von daher habe ich meine Darstellung stark vereinfacht und erläutere an drei Figuren-Konstellationen die entscheidenden Fragestellungen.

5.2 Geschichten der Kinder

Die Figuration ist, wie schon angedeutet, außerordentlich vielfältig, ein geradezu plurales und polyphones Gebilde, in dem unterschiedliche Lebensläufe und Verhaltensmuster sich gegenseitig spiegeln, kommentieren und in verschiedenen Gegenüberstellungen einen neuen Sinn bekommen.

Bei den jüdischen Figuren reicht sie vom Regisseur Peter Adel, der sich und anderen seine Herkunft verbirgt, bis hin zu Emanuel Katz, der umgekehrt sein ‚Jüdischsein' ganz nach außen gewendet hat. Auf der nichtjüdischen Seite erstreckt sie sich vom Naziverbrecher Egger, der seine Taten leugnet, bis hin zu Konrad Sachs, der sich für alle nationalsozialistischen Taten verantwortlich fühlt.

Mit solchem Blick auf die Tätergeneration und ihre Kinder, neben unterschiedlichen jüdischen Biographien, weicht der Text vom üblichen Erzählmuster deutschsprachiger Autoren der ‚zweiten Generation' – wo Deutsche oder Österreicher (negative) Randfiguren sind – ab, wie er überhaupt in seiner poetischen Verdichtung der unterschiedlichsten Lebensmuster unter den anderen Schreibweisen auffällt. Den Deutschen oder Österreichern wird kaum ein eigener Erzählraum eingeräumt. Ein Beispiel hierfür wäre Doron Rabinovicis Erzählung *Noémi*. Noémi, eine Österreicherin, bekommt – obwohl ihr Name titelgebend ist – keine eigene Geschichte. Der Fokus der Erzählung liegt auf Amos, der Noémi wegen ihres jüdischen Namens zu lieben beginnt und erst später begreift, dass sie keine Jüdin ist. Noémi ist notwendig für die Entwicklung des Protagonisten, für sich genommen aber unbedeutend. Insofern liest der Titel sich auch als eine ironische Spitze gegen den Helden, dessen Liebe zu ‚einer Jüdin' sich als Schein erweist. So ist zwar ein entscheidender Bestandteil des Erzählens der Umgang und das Leben zusammen mit Deutschen im Land der Täter, doch heißt das nicht, dass der erzählerische Blick auf den Deutschen liegt.[393]

---

[393] Am stärksten ist die Auseinandersetzung mit den Bundesbürgern bei Maxim Biller entwickelt (vgl. hierzu Nolden 1995, 54f). Vgl. aber auch die Texte Rafael Seligmans.

Anders hingegen in *Gebürtig*. Dort erhält Konrad Sachs, der Tätersohn, eine Geschichte, die zeigt, wie die Gebürtigkeit ihn einholt, regelrecht besetzt und er erst schreibend wieder sich von ihr zu befreien beginnt. Mit der biographischen Gegengeschichte Konrad Sachs' werden strukturelle Analogien zwischen den Kindern der Opfer und denen der Täter freigelegt – zumal gerade Sachs doppelt ist und in sich sein früheres Ich trägt, den „Prinzen von Polen" –, ohne dass allerdings die Grenzen und die Unterschiede zwischen Kindern der Opfer und Kindern der Täter aufgehoben oder gar verwischt würden.

Ein solcher Blick auf die Kinder der Täter, der mit poetischer Schärfe deren Gefühls- und Denkstrukturen sowie ihre Handlungsweisen herausarbeitet, zeigt nicht nur die narrative Toleranz oder Weitsichtigkeit des Textes, sondern verweist zudem darauf, dass ein Autor, dessen Wissen und Erfahrungen vermittelt sind, mehr Freiheiten und Möglichkeiten im Erzählen haben kann als einer, der die Handlungen der Täter am eigenen Leib ertragen musste. Ich erinnere noch einmal an Primo Levi, der zwar schreibt: „Ich hingegen mußte sie [die Deutschen] verstehen, mußte sie verstehen", doch zugleich einen in einer Metapher versteckten, weitaus einsichtigeren und verständlicheren Angriff auf die Deutschen ausführt, wenn die deutsche Übersetzung von *Ist das ein Mensch?* für den Autor zu einer geladenen Waffe wird: „Jetzt war die Waffe geladen", heißt es da von dem geschriebenen Buch. Und ein wenig später werden die Leser Gefangene, die der Autor vor den Spiegel – seinen Text – zieht, damit sie erkennen, was sie getan haben: „Ich würde sie gefesselt vor den Spiegel zerren" (*Die Untergegangenen und die Geretteten*, 176.) Das ist schiere sprachliche Gewalt, dem Schreibenden wohl selbst kaum bewusst.

Schreiben und Erinnern

In den Rezensionen hat man aufgrund der mannigfachen und facettenreichen Figuration immer Vielfältigkeit und Unvergleichbarkeit der Figuren hervorgehoben und weniger die narrativen und geschichtlichen Äquivalenzen (Isotopien) beachtet, die allerdings recht auffällig sind. Zum Beispiel überschreiten alle Hauptfiguren ihre gebürtige Grenze im Schreiben. Oder allgemeiner formuliert könnte man sagen, dass der Roman anhand der schreibenden Figuren verschiedene kulturelle Gedächtnisformen entwickelt.[394] So befreit Konrad

---

[394] Mit dieser Aussage richte ich mich gegen den (fast) allgemeinen Konsens, dass die Figuren sich im Kreis bewegen und aus ihren gebürtigen Grenzen nicht herauskommen. Denn dass Grenzen überschritten werden, die Figuren sich durch Schreiben aus ihrer Enge herausbewegen, daran gibt es keinen Zweifel. Robert Schindel äußert sich in einem Gespräch mit Hans Haider in der *NZZ* Nr. 66 dementsprechend: „[‚Weite']. Das Gegen-

Sachs sich von seinem Doppelgänger, dem Prinzen von Polen, indem er dessen Geschichte veröffentlicht, den Prinzen aus der Nacht der vergessenen Erinnerung an den Tag des gesellschaftlich öffentlichen Gedächtnisses holt. Dadurch integriert sich Sachs in das Kollektiv der Erinnernden und beglaubigt zugleich seine öffentliche, kulturelle Identität. Ebenso überschreitet die Gegenfigur Gebirtig eine Grenze, was sich auch bei ihm im Schreiben niederschlägt. Er beginnt Tagebuch zu schreiben, sein inneres, individuelles Gedächtnis wieder herzustellen und an die Gegenwart anzuknüpfen. Und auch Katz, der Autor von Gebirtig, veräußert im Schreiben der fremden Biographie die inwendig gewordenen Eltern und schafft sich eine eigene Identität. Grenzüberschreitung und Entwicklung bedeuten bei Katz, die eigene Biographie oder die Biographien der anderen zu erinnern, um mit der in der Erinnerung gefundenen Identität in der Gegenwart leben zu können.[395] Und schließlich lässt sich auch bei Demant ein gewisser Entwicklungsverlauf beobachten, wenn dieser im vorletzten Kapitel durch die wiederholte Trennung von Christiane und der Trennung von seinem ihn schreibenden und nachschreibenden Ich, Alexander Graffito, in Bewegung kommt und zu schreiben und zu hören beginnt.[396] Schreiben ist also eine bewusste Form der Erinnerung und Arbeit an der eigenen Identität – eine Art Grenzüberschreitung und Befreiung aus der Enge.

---

stück zu ‚Enge'. Es öffnet sich der Horizont in alle Richtungen, es geht nicht mehr um einzelne Individualisierungen". Und: „Für mich war es [‚Hitze'] das Gegenkapitel zu ‚Kälte'. Hier bricht der ‚Prinz von Polen', hier macht Konrad Sachs sein ‚Coming-out'. Hier werden alle Gefühle flüssig". Allerdings lässt der Roman Dauer und Endgültigkeit solcher Überschreitung offen. Neva Šlibar bezweifelt so z. B. die Gültigkeit dieser Grenzüberschreitung, vor allem wegen der Karnevalisierung der Sachs-Figur. (Neva Šlibar „Anschreiben gegen das Schweigen. Robert Schindel, Ruth Klüger, die Postmoderne und Vergangenheitsbewältigung", in: Albert Berger u.a. (Hg.), Jenseits des Diskurses. Literatur und Sprache in der Postmoderne, Wien 1994, 337–357, 346). Dieses doppelte System entspräche insgesamt schon der Textstruktur, doch Ironie oder karnevalistische Ausstaffierung von Sachs allein macht noch nicht die Grenzüberschreitung rückgängig.

[395] Das würde insgesamt mit dem Romanaufbau korrespondieren, der, nimmt man den Prolog hinzu, eine gewaltige Analepse ist, die erst im letzten Abschnitt an die Basiserzählung herangeführt wird. Schreib- und Handlungsgegenwart ist erst dann erreicht. Grammatikalisch schlägt sich das darin nieder, dass der letzte Abschnitt im Präsens steht. Damit hat der Text als Ganzes sich erinnert.

[396] Doch der Roman lässt die Aussage, dass Schreiben biographische Sinnstiftung sei, nicht ungetrübt und ironisiert sie auch wieder, indem Demant den Dichter mit einem Schopftintling vergleicht, der an seiner eigenen Tinte zugrunde geht und ein faulendes Etwas zurücklässt (vgl. Gebürtig, 260).

Lieben und Erinnern

Die Äquivalenzen zwischen den sehr unterschiedlichen Figuren beschränken sich nicht auf die reinigende Wirkung des Schreibens. Auch in der Liebe gibt es Analogien. Gemäß ihrer „Doppellammstruktur" sind alle jüdischen Hauptfiguren von Nichtjuden und -jüdinnen angezogen wie abgestoßen. In der Liebe sind sie eins mit ihnen. Im Gespräch hingegen entsteht Fremdheit bis zur Trennung.

Emanuel Katz aus Wien, ein Meter und siebzig und rundlich, liebt Käthe aus Bremen, blond und einsneunzig. In der Umarmung sind die von den Nationalsozialisten festgelegten, einstmals tödlichen Unterschiede der Herkunft vergessen. Selbst Käthes Äußerungen über Emanuels ‚jüdische Nase', welche auf nationalsozialistischer Definition beruhen und auf Käthes Herkommen verweisen, bleiben während des Liebesgeschehens bedeutungslos. Erst im Nachhinein rückt Katz sie sich ins Bewusstsein, wie zur Bekräftigung der Trennung von Käthe. Es heißt da: „Ihm fiel ein, daß Käthe während ihrer ersten Nacht in Wien zärtlich zu ihm gesagt hatte, am besten an ihm gefiele ihr sein Rassemerkmal. Er hatte gelacht und an seinen beschnittenen Schwanz gedacht, doch sie strich ihm neckisch über den Nasenrücken. Daraufhin hatte er sie umarmt und ihr unter Küssen erklärt, daß dies kein Rassemerkmal sei und die Juden keine Rasse und so weiter. Sie hätte das von ihrer Großmutter, hatte sie ihm darauf erklärt" (*Gebürtig*, 137).

Aber auch das weniger auffällige Paar, das keine poetische Exzentrizität wie Katz und Käthe darstellt, Christiane Kalteisen und Daniel Demant, kennt in der Liebe keine Differenzen: „Es begab sich, daß sie nicht auseinanderkamen [...] Die Körperränder schienen sich im Atem, im Geruch, in den wechselnden Temperaturen zu verflüssigen. Gesprochen wurde kaum" (*Gebürtig*, 46). Alle üblichen Ordnungsfaktoren sind hier außer Kraft gesetzt und eine alleibliche Ewigkeit wird entworfen, die das Vergessen und nicht das Erinnern kennt. Der Leib ist Mittel des Vergessens; Ängste und Vorstellungen haben dort keinen Raum. Wohl aber im Kopf als Metonymie der Rede und der Erinnerung.[397] So spaltet die Rede die Paare, bringt sie in mehrfacher Hinsicht auseinander, da Zeit und Raum und damit die trennende Differenz in das Bewusstsein der Liebenden geholt werden. Christiane Kalteisens kühle

---

[397] Im Prolog werden Leib und Kopf als zwei voneinander unabhängige Systeme entwickelt, denen verschiedene Tätigkeiten zugeordnet werden. Während der Leib sich ungebrochen des Liebeslebens erfreut, konstruiert sich der Kopf die Angst: „Wenn sie [Lämmer] die Köpfe heben und in den herrgottsfreien Himmel blicken, dann kommt von dort ihre Angst vor Bombe und Gegengift und bringt sie zum Glockenläuten, Parolen singen, derweil aus ihren Gedärmen Lebenslust und Liebeslist die Wolle feucht machen" (*Gebürtig*, 9).

Äußerung über Katz, er wirke etwas überspannt (*Gebürtig*, 199f), treibt Daniel Demant in die Gegenrichtung. Demant, der gegenüber Mascha Singer die ‚Stiglitze' verteidigt, hat keinerlei Verständnis für Kalteisens indifferente Haltungen.

Wie sehr allerdings Alltagsprobleme mit verschiedener Gebürtigkeit gemischt oder auch hinwegerklärt werden und das eine für das andere herhalten muss, kann man – wie immer in diesem Roman – an dem winzigen Detail erkennen, dass zwar Christiane Kalteisen und Daniel Demant sich über Emanuel Katz und Auschwitz auseinandersetzen, Demant aber der Geliebten fortlaufend über ihre herumliegenden Kleider Vorwürfe macht (vgl. *Gebürtig*, 199f).

Gebürtigkeit und kollektive Identität

Die Auseinandersetzung zwischen Kalteisen und Demant ist, wenn auch mit verschobenen Argumenten, direkt. Katz und Käthe hingegen bemühen gleich Eltern und Brüder. So wird die Trennung der beiden in Anwesenheit der Brüder vollzogen und auch durch sie ausgelöst. Holger und Hans, die „semmelblonden Monster" aus Hamburg, leihen Käthe das Wort oder setzen sich an ihre Stelle, während aus Katz die Eltern sprechen. Mit ihrem Leid haben sie sich in den Sohn jahrelang hineingeredet, sodass „der lebendige Tod mit allen Wörtern in ihn hineingeraten ist" und nun jederzeit nach außen treten kann (*Gebürtig*, 21).[398] Die eigentlichen Opponenten sind die inwendig gewordenen Eltern von Katz, stellvertretend für das jüdische Volk, und die real anwesenden Brüder Käthes als Vertreter einer so genannten deutschen Gesinnung. Damit stehen Familie und Herkunft anstelle der individuellen, geliebten Person.[399] In eventuelle Liebesprobleme schiebt sich die Gebürtigkeit und der

---

[398] Emanuel Katz' Verhältnis zu seinen Eltern ist vielen anderen Verhältnissen von Kindern zu Eltern, die überlebt haben, ähnlich. Nolden bezieht sich auf den Psychoanalytiker Aaron Hass, der zwei Extremformen für das Verhältnis der überlebenden Eltern zu ihren Kindern dokumentiert hat. Entweder identifizieren die Eltern sich mit ihren Kindern und sehen deren Leben als eine Art „,Wiedergeburt und Erneuerung'" an, oder sie können den „Lebensweg ihrer Nachkommen nicht außerhalb des Bezugsrahmens der eigenen Leidensgeschichte wahrnehmen" (Nolden 1995, 106). Letzteres ist bei Amalie und Leo Katz in Bezug auf Emanuel der Fall.

[399] Auch Kalteisen ist in gewisser Weise mit der nationalsozialistischen Vergangenheit verbunden. Ihres Mannes Vater wurde als Nationalsozialist verurteilt, ihre Mutter sympathisierte mit den Nationalsozialisten. Für die Handlung sind diese erzählerischen Anmerkungen vollkommen irrelevant. Dass sie hingegen gemacht werden, zeigt ihre Bedeutsamkeit für die Blickrichtung des abstrakten Autors.

„eigne Urahn", so nennt Schindel in einer Literaturvorlesung einmal das kollektive Ich, „hockt in den Figuren".[400]

Für Katz allerdings ist das Bewusstwerden der Andersartigkeit, die Negation und Ausgrenzung im Sinne Jan Assmanns entscheidend für den Gewinn seiner kollektiven Identität, die wiederum sichernd auf die personale wirkt. So beginnt Katz nach der Trennung von Käthe mit dem Schreiben des Gebirtig-Manuskripts.

Wie sehr Katz den fremden Part benötigt, um zu sich zu finden, kann man noch unterstützend an einer Gegenprobe sehen – in der Gegenüberstellung von Katz und Sachs. Sachs, der sich gerne in die unschuldig verschuldete Täterrolle fügt und darin die Möglichkeit sieht, seine Schuld zu begleichen, beschämt im Gespräch den „Antisemitenriecher" Emanuel Katz, sodass dieser nachdenklich zu sich bemerkt: „Der Deutsche spricht wahr, der Jude lügt. So war es doch. Ich hab mich nur geschämt, als er von seiner Scham sprach" (*Gebürtig*, 128). Daran wird deutlich, dass Katz die Täter oder die Nachkommen von Tätern, denen er Nichterinnern vorwerfen kann, regelrecht braucht: Im Vorwurf erst wird er Subjekt. Dagegen kann er dem, der sich erinnert, nichts vorwerfen, und so ist er auch ‚nichts'. Notgedrungen muss Katz Sachs an Demant verweisen, da Sachs ihm durch sein Schuldbekenntnis unbewusst die identitätsstiftende Negation verweigert.

Pervertiert und poetisch erhöht ist die Verquickung von Liebe und Herkunft, Opfer und Täter, Deutschen und Juden in Mascha Singers und Erich Stiglitz' Dialog im Prolog. Mascha Singers nichtjüdische Mutter lebt, der jüdische Vater, welcher sich als Kommunist und nicht als Jude verstand, kam bei einem Autounfall ums Leben. Doch die kommunistische Identität des Vaters ist für Mascha Singer nicht weiter relevant. Seit einiger Zeit begreift Mascha Singer sich als Jüdin und möchte unbedingt zum jüdischen Teil der Familie gehören. Im Gegenzug hierzu fühlt sie sich immerzu von „steirischen Naturburschen" angezogen (*Gebürtig*, 40). Eine „arische" Negativ-Variante von solch einem Burschen ist Erich Stiglitz aus Mauthausen. Für ihn war das Lager ein „Superspielplatz", wie er Mascha gegenüber provokativ behauptet. Stiglitz ist mit seinem Geburtsort für Mascha die ideale Projektionsfläche. Erst ihm gegenüber gewinnt ihr herbeigesehntes, herbeigefühltes ‚Jüdisches' eine Bedeutung, und in der redenden Verbindung zu Stiglitz kann Mascha Singer ihre Identität als

---

[400] „Mein eigner Urahn hockt in mir, schaufelt Vergangenheit in mich hinein, also seine Gegenwart, seine Zukunftshoffnungen und Ängste. Er ist sicher schon einige zehntausend Jahre tot, in mir lebt er fort" (Robert Schindel, Gott schütz uns vor den guten Menschen. Jüdisches Gedächtnis – Auskunftsbüro der Angst, Frankfurt am Main 1995, 107).

Jüdin, die sie sich ausschließlich erreden und erdenken muss, herstellen: „Während der kleine Erich auf der Todesstiege von Mauthausen herumhüpft, vergeht die Zeit so, als würde Mascha noch einmal vom Steinbruch geworfen werden. In der kalten Riesenstadt Wien will sie ihm noch den dreckigen Himmel verdunkeln. Er sieht genau, wie sie ihn durch ihre Empörung verspottet; unbefangen zieht sie einen toten Verwandten nach dem andern aus ihrem Schoß, ohne auch nur ein Wort zu sagen, so daß dem kleinen Erich die Glaskugeln aus der Hand fallen, aber statt die Stufen des Steinbruchs runterzuspringen, lustig, verschwinden sie in den aufgerissenen Mäulern jener zerschmetterten Kadaver" (*Gebürtig*, 11).

Mascha Singer erinnert Stiglitz gegenüber ihre Elterngeneration als einen Teil ihres Ichs. In der Rückwendung wird sie eins mit den Toten, macht sich vierzig Jahre später selbst zu einem Opfer, indem sie ihre Elterngeneration erinnernd konstruiert, sie hier regelrecht hervorbringt. Statt Leben zu geben, gebiert sie Tote und wird eine von ihnen. Dadurch verwandelt sich der Geburts- und Lustraum in einen Todesraum. Und die von Stiglitz gewünschte Vereinigung verkehrt sich in ihr Gegenteil. Anstatt dass sich der gegenwärtige Erich Stiglitz mit der gegenwärtigen Mascha Singer verbindet, verhaken oder vereinigen sich auf krude und perverse Weise der kleine Erich und die Toten der Mascha Singer. Die Glaskugeln des kleinen Erich rollen in die Mäuler der Toten. Im Angesicht Maschas wird so umgekehrt Stiglitz' „unschuldige" Erinnerung zu einer schuldigen Erinnerung. Stiglitz wird zum Täter, während Mascha im Gegenzug zum Opfer werden muss.

In Mascha Singer hat der Autor die „Opferidentität", wie sie bei den anderen Figuren bei entsprechender Konstellation mal stärker, mal schwächer auch zu finden ist und wie wir sie schon bei Alain Finkielkraut, Esther Dischereit oder auch für einen kurzen Augenblick bei Helena Janeczek kennen gelernt haben, auf die Spitze getrieben, ohne allerdings in dieser Sicht aufzugehen. Denn Mascha Singer mag ihre Spiegelungen in der Wirklichkeit haben – in dieser Überhöhung ist sie eine durch und durch poetische Figur. Gerade der Innenblick in sie, aber auch in ihren Gegenpart Stiglitz, macht dies sichtbar. Anders als die Erzähler der ‚ersten Generation' – die früh wie auch die spät Schreibenden –, aber auch anders als die Ich-Erzähler der ‚zweiten Generation' kann hier der Erzähler in Mascha und Erich zugleich blicken, indem er die erlebte Rede sowohl ihr wie ihm zugesteht. Doppelt beleuchtet und erläutert gewinnt die erzählte Geschichte so an Komplexität und ist eine Annäherung an die um ein vielfaches komplexere ‚Wirklichkeit'.

Was Robert Schindel hier alles an verqueren, aber unvermeidlichen Geschichten zwischen Juden und Nationalsozialisten, Juden und Deutschen und Juden und Juden in der Nachkriegszeit nebeneinander stellt und äußerst kritisch erfasst, werde ich nicht weiter ausführen. Aber gerade im Hinblick auf die anderen Texte, die oft nervös, aggressiv gar oder auch verzweifelt sind, fällt der Humor auf, mit dem auf die Ereignisse geblickt wird. Sind bei Esther Dischereit die Selbstzuschreibungen ein tragischer Akt, so arbeitet hier der (abstrakte) Autor das unangemessen Komische in den Reaktionen, das aber als solches unvermeidlich ist, durch Geschichte und Gegengeschichte, Blick und Gegenblick, Wort und Widerwort mit heraus.

5.3 Geschichten der Eltern

Spurensicherung und Gedenken

Neben die verqueren Geschichten der Gegenwart, in denen sich Alltagsgeschichten, Liebesfragen mit den Fragen nach der Gebürtigkeit mischen und die Verfolgung und Vernichtung der europäischen Juden als ein tief in das Denken und in das Gefühl eingelassenes Ereignis erscheint, rückt der Roman auch Überlebensgeschichten der Elterngeneration.[401] Erstaunlicherweise aber nicht die der eigenen Eltern. So bekommt Amalie Katz zum Beispiel keine eigene Geschichte, obwohl ihr Leben und ihr dreijähriges Leid in Birkenau sich doch geradezu anbieten würde.[402] Erzählt wird nur ihr Sterben durch den Blick des Sohnes. Gleich dem Erzähler in *Kalifornisches Kaddisch* stirbt auch sie einen „verspäteten Auschwitztod" und Birkenau muss als Grund für die Lungenentzündung herhalten.[403] So erscheint das Leben der Amalie Katz ausschließlich in des Sohnes ambivalenten Verhältnisses zu sich und der Welt.

Das ist anders mit der Geschichte Herman Gebirtigs und Sonja Okuns, zwei größeren Erzählungen zweiten Grades innerhalb des Romangeschehens.[404] Sonja Okuns Geschichte wird von der Überlebenden Ilse Singer mündlich dem

---

[401] Insofern entspricht der Text dem von Schruff festgestellten Muster, dass die Autoren der ‚zweiten Generation' vor allem zwei Zugangsweisen zur Shoah kennen: auf der einen Seite eine individuelle Identifikation mit den Opfern, d.h. mit den Eltern (vgl. Schruff 2000, 123), und auf der anderen Seite ein in Beziehung-Setzen fremder Erzählungen über die Vernichtung mit den eigenen Lebensläufen (vgl. Schruff 2000, 104).

[402] Und von Demants Herkunft erfahren wir auch nichts direkt durch dessen Mutter, sondern allein durch eine Kurzzusammenfassung Demants gegenüber Kalteisen.

[403] Vgl. hierzu den Dialog zwischen Christiane Kalteisen und Emanuel Katz (*Gebürtig*, 194ff).

[404] Wobei auch hier der Roman wieder differenziert. Denn einmal wird eine Geschichte erzählt, die sich zur Zeit der Shoah ereignet, das zweite Mal hingegen ist es eine Geschichte nach der Shoah über die Folgen der Haft.

Dichter Paul Hirschfeld und Daniel Demant erzählt. Herman Gebirtig, die Figur aus dem Katz Manuskript, erzählt ein auktorialer Erzähler.

Solche Verschachtelung im Erzählen ist insofern entscheidend, als die Shoah zwar beglaubigt wird durch primäre Geschichten, diese aber Erzählungen innerhalb des Romangeschehens bleiben und somit darauf verweisen, dass diese Vergangenheit nur durch Vermittlung möglich ist.

Und auch wenn Herman Gebirtig durch seinen Bruder Mordechaj Gebirtig, den Poeten und Liedermacher (geb. 1877 in Krakau – ermordet 1942), wie auch Sonja Okun Fäden zur so genannten Wirklichkeit besitzen und dem Text Authentizität bei all seiner Fiktionalität verleihen, ihn eventuell auch beglaubigen, denke ich nicht, dass Robert Schindel hiermit dem „eventuellen Vorwurf, das Leid der Opfer durch Phantasie zu ‚verkitschen'" zu entgehen versucht.[405] Denn außer, dass durch die Geschichten der ‚ersten Generation' – den ‚reinen Geschichten' der Opfer – eine Art Gedenken und Gegengewicht zu den gewissermaßen mehrfach gebrochenen Geschichten der ‚zweiten Generation' geschaffen wird, sind diese der Prototyp für die Gegenwartsgeschichten. Man blicke nur auf die konstellative Analogie zwischen den beiden Generationen: Gebirtig liebt eine Nichtjüdin und Sonja Okun liebt einen Nichtjuden. Beide Beziehungen scheitern auf je unterschiedliche Weise. An der Wahl dieser Geschichten – viele andere wären ja denkbar und stehen zur Verfügung – zeigt sich, dass es dem Autor weniger um eine Beglaubigung oder eine Vorbeugung gewisser Vorwürfe geht als um Auseinandersetzung im Land der Täter mit den Tätern und ihren Kindern oder auch um eine Art von fiktiver Spurensicherung des eigenen Lebensmusters im Vergangenen.

Das Spiel mit den Identitäten

Auf einer weiteren Ebene findet sich ein ganz anderer Umgang mit den Geschichten der Opfer, der auf ähnliche und doch wieder neue Weise an die Identifikation der Kinder mit den Eltern anknüpft. In einer nicht erklärbaren Verwandlung wird Daniel Demant einmal zu seinem eigenen Vater Heinrich Demant und ein andermal zu seinem Onkel Josef Demant. Beide sind ermordet worden. Der eine wahrscheinlich in Mauthausen, der andere in Auschwitz. Demant weiß nicht viel über den Onkel und den Vater. Die eigenen Erinnerungen sind schwach und verschwommen. Gleichwohl entgeht er einer Razzia als Heinrich in Toulouse und trifft Sonja Okun als Josef Demant in Wien.[406] Diese direkte Versetzung in die Vergangenheit ist weder durch eine analoge Situation (vgl. Dischereit) oder ein Zitat der Vergangenheit (vgl. Janeczek)

---

[405] Vgl. hier Schruff 2000, 114f.
[406] Vgl. *Gebürtig*, 173ff und 239ff.

motiviert und wird nicht weiter kommentiert. Sie bleibt ein Traumgespinst, ist weder vergangenheitsschwer oder symbolisch, zumal es Randsituationen sind und Demant mit der (sur)realen Imagination nicht in das Zentrum der Vernichtung rückt. Aber, wie zu sehen ist, kennt auch dieser Text in der ambivalenten und gemäßigten Figur Demant die Identifikation mit den Opfern, zeigt die Verknüpfung mit der Vergangenheit unter Nutzung postmoderner Verfahren.

5.4 Raum – Alltagsräume und ‚Erinnerungsräume'

Das Schweigen über die Vernichtung

Ebenso wie Elternfiguren oder ‚frühere Stufen' des Ich in die Gegenwart hineinwachsen können, kann der vergangene Raum oder ein vorgestellter Raum den gegenwärtigen Raum verdrängen. Die Räume haben keine Referenzen mehr, sondern werden zu symbolischen Räumen der Gegenwart. Und doch rekurriert der Text – ähnlich wie innerhalb der Figuration – auf wirklichkeitsreferenzielle Städte-, Orts-, Straßen-, Gebäude- und Flussbezeichnungen. Das geographische Netz ist umfassend abgesichert. Es ist alles benannt und bekannt: die Lippmannstraße in Altona, Eppendorfer Baum, Rothenbaumchaussee, Elbchaussee und Elbpromenade oder die Lombardsbrücke, um nur die Hamburger Namen zu nennen. Ebenso sind Wien, Venedig, Paris und New York sowie ein paar österreichisch-ländliche Ortschaften der Wirklichkeit analog bezeichnet. Die Figuren wohnen an diesen Orten, gehen spazieren, sitzen im Lokal und so weiter. Doch erfolgt die Nennung der Räume nur im Zusammenhang mit ihnen. Ohne diese wären sie, trotz ihres Wirklichkeitsbezugs, nicht existent. Dem Raum an sich kommt so nur eine marginale Funktion zu, er ist in gewisser Weise blass. Selbst seine Referenzialität kann ihn von dieser Konturenschwäche nicht befreien. Da wundert es nicht, wenn die Rezensenten gerade deswegen das Authentische des Romans kritisieren,[407] obwohl andererseits innerhalb der Figuration immerzu nach ‚Wirklichkeit' gesucht wird. So sind die referenziellen Räume an die Peripherie gerückt und der Ort als Raum von Handlung oder auch als sozialer Entwicklungsraum ist nicht weiter von Interesse.[408] An die Stelle der äußeren Wirklichkeit tritt vor allem die Rede.[409]

---

[407] Vgl. z.B. FAZ vom 14. 4. 1992.
[408] Das stimmt insofern nicht ganz – und der Widerspruch lohnt sich –, als Demant und Kalteisen Spaziergänge in Wien und in Lilienfeld (Kalteisens Geburtsort) unternehmen. Diese Spaziergänge sind allerdings nicht dazu da, Natur und Kultur zu erfassen, sondern

Dementsprechend existieren auch die Räume der Shoah ausschließlich im Wort. Ähnlich wie in *Kaddisch* gehören sie nicht mit zum Handlungsraum. Sie sind regelrecht abwesend. Und so wird im Epilog das Problem eines abwesenden Raumes noch einmal auf die Spitze getrieben, wenn die „original Wiener Juden" für die Filmaufnahmen zu einem Pseudo-Theresienstadt fahren (*Gebürtig*, 338). Aber auch im erinnernden Wort werden sie eher nur gestreift. Einem Mahnmal gleich ragen die Namen wie Auschwitz-Birkenau, Mauthausen, Ebensee, Theresienstadt mit ihren unerzählten Schreckensgeschichten in das Gegenwartsgeschehen hinein. So muss sich Gebirtig fortwährend an Ebensee und seine Haft erinnern, doch der Leser bekommt nur die Information, dass Gebirtig sich erinnert. Die entscheidende Erinnerung ist, bis auf eine kurze Partie über den Schädelknacker Egger, ausgeschaltet.[410] Und auch von Ilse Singer erfahren wir nichts über einen der zentralen Orte der Vernichtung – Auschwitz. Ilse Singer erzählt von Theresienstadt, aber nicht von Auschwitz und auch nicht von Kurzbach, dem Lager, in das sie nach Auschwitz deportiert wurde: „Ich selbst kam Ende Oktober vierundvierzig nach Auschwitz. Dann setzte meine Erinnerung aus. Ich kann mich bloß noch ans Bad erinnern, daß

---

um die Gebürtigkeiten zu entwickeln. Wenn Raum explizit wird, dann um ihn sogleich für die Identitäten zu funktionalisieren, d.h. mit Erinnerung zu belegen und aus der wirklichen Landschaft eine symbolische Landschaft zu machen. Die Funktion der Landschaft wäre also, analog der Metaphysik des Doppellamms, doppelt: In Bezug auf die eigene Landschaft (Wien bei Demant) ist es eine Versicherung der Identität, in Bezug auf die fremde Landschaft (Spaziergang Demants an der Traisen) ist es die Erkenntnis des Eigenen, indem man durch das Fremde ausgeschlossen wird. (Man vergleiche dazu auch Katz, der nach Borkum und Hamburg reist, in die Räume von Käthe, und sich dort im Fremden des Fremden und des Eigenen bewusst wird.)

Gebirtig hingegen erwandert sich Wien und sein altes Ich neu. Bei ihm scheinen sich für einen Moment der vergangene und der gegenwärtige Raum zu vereinigen. Gebirtig beginnt, an den Ort seiner Kindheit zurückgekehrt, zu leben. So kann er anhand des jetzigen Wiens die in Ebensee verlorene Identität zeitweilig wieder neu gewinnen.

[409] Das kann man vor allem daran sehen, dass durch entsprechende Metaphern – ein Beispiel wäre der „Rippenkerker" bei Sachs, in dem der Prinz von Polen hockt, wie hinter dem Stacheldraht die Häftlinge (*Gebürtig*, 60) – ein fast greifbarer, poetischer Innenraum entsteht. Gefühle werden verräumlicht, eine Art sprachlich-leiblicher Seelenraum entsteht, der der eigentliche Handlungsraum ist. Dem entspräche, dass die Räume der Shoah nur noch im Gefühl oder im Wort existieren, dort aber psychische Wirklichkeit geworden sind.

[410] Thomas Nolden erklärt die narrativen Ellipsen innerhalb dieser Texte mit einer zwischen den Generationen geschlossenen Vereinbarung, das Gespräch über die traumatischen Erfahrungen zu vermeiden. Einerseits aus Angst, die Eltern zu sehr zu belasten, andererseits aus dem Wissen, dass diese Erfahrungen nicht nachvollziehbar sind. Das heißt, mit der Ellipse wird „das Schweigen der Überlebenden reproduziert" anstatt ausgefüllt (vgl. Nolden 1995, 116).

uns die Haare geschoren wurden" (*Gebürtig*, 294f). Hier bekräftigt der abstrakte Autor mit der Erinnerungslücke der Überlebenden das Schweigen über die Verfolgung und Vernichtung und verweist mit dieser Reproduktion des ‚Nichts' auf die selbst noch die Erinnerung auslöschenden Ereignisse.[411]

Allein mit Konrad Sachs' Erinnerungstraum bewegt der Roman sich in den Ort der Vernichtung hinein: „Bunte Nebel dampfen gelegentlich zwischen den Baracken, gelber Schwefel schmiert den östlichen Himmel voll, aber es regnet Rußpartikel in Konrads Bronchien [...] Die Menschenschatten einst, immer wenn ich hingesprungen kam, senkten ihre dunklen Gesichter ab, es war zu frech, mir ins Gesicht zu glotzen, keiner hatte mir ins Gesicht geschaut, so weit kam's nie, uwaga, sagte wer laut, und schon starrte alles auf den Erdboden, auf die Pantinen und Pfützen, so daß ich tanzen konnte zwischen dem gestreiften Zeug, dahin und dorthin, das konnte keiner wissen. Wo ich hinsah, bloß die helle Luft, Sonne, Musikkapelle, Schornsteine" (*Gebürtig*, 210ff). Nicht die Perspektive der Opfer wird hier eingenommen, sondern mit dem Blick eines Kindes, das zwar nicht direkt schuldig zu nennen ist, aber sich frei und ungehindert zwischen den Häftlingen bewegt und im Spiel Angst und Schrecken verbreitet, schaut man in das Zentrum der Vernichtung. Solch Umkehrung ist ungewöhnlich, entspricht aber durchaus der gesamten Textkonzeption, in der durch Umweg und durch das Fremde die Vergangenheit als das Eigene erkannt wird.[412]

Alltagsräume

Blicken wir noch einmal genauer auf den Handlungsraum, so fällt auf, dass dieser vor allem auf gegenwärtige Städte, und innerhalb dieser, auf Wohnung und Lokal oder Café beschränkt ist. Todesorte wie Leichenschauhaus, Friedhof oder Krankenhaus als Sterbeort (bis auf den Tod der Amalie Katz im Krankenhaus), welche das vorwiegende Szenario von *Kalifornisches Kaddisch* sind, sind hier Orte des alltäglichen Lebens: Küche, Bett, Toilette und Schreibtisch. Die Shoah wird in den Alltag integriert oder, man könnte auch sagen, durch den Alltag profanisiert.[413] Konrad Sachs erzählt einer Prostituierten seine

---

[411] Vgl. hierzu auch Nolden 1995, 152f.
[412] Damit korrespondiert die Mehrfachbesetzung der Erinnerungsorte: In Maschas Erinnerung ist Mauthausen ein Todesort, für Stiglitz ist es ein „Superspielplatz", ebenso wie für den Prinzen von Polen, Konrad Sachs, Auschwitz ein Spielplatz ist und Amalie Katz dort drei Jahre gequält wurde.
[413] Dem entspricht auch das Titelbild der Taschenbuchausgabe – eine Kaffetasse und eine Zeitung.

Geschichte, während er auf der Toilette sitzt. Seelische und körperliche Ausscheidung werden hier, ähnlich wie bei Federman, analogisiert und verhalten sich metonymisch zueinander.

Ein weiterer Alltagsort anstelle des Lagers, des Museums oder der Gedenkstätte ist das Bett. Dem Prolog entsprechend ist das Bett, zumindest bei Kalteisen und Demant, Katz und der blonden Käthe, Mascha und Sascha der Ort der „Liebeslist" und der „Lebenslust". Hier können die Leiber der Lämmer sich vereinigen, ohne dass die kopfige Gebürtigkeit sie ereilt, und selbst wenn ein Gespräch stattfindet, trennt es sie nicht wie sonst. Fragen der Herkunft können ohne weiteres angesprochen werden, und die unwissende Frage Kalteisens, wo Galizien liege, stört Demant ebenso wenig wie Käthes Äußerungen über Katz' Nase diesen. Das gilt allerdings nur für die ‚zweite Generation'.

Für Gebirtig, Amalie Katz und auch für Konrad Sachs sind die Nacht und das Bett kein Liebesort, sondern ein Ort, an dem Tod und Schrecken sich wiederholen. Sachs kann nachts nicht mehr schlafen, da der Prinz aus Polen die Nacht einnimmt und die Geliebte ersetzt. Er flieht das Bett, er flieht die Frau. Ebenso wird Gebirtig in der Nacht von Träumen heimgesucht und wacht schreiend auf oder verlässt es, geweckt durch das Wimmern der „polnischen Jüdin". Flieht die ‚zweite Generation' von dem Dialog in das Bett und lässt die Gebürtigkeiten vergessen, so flieht die ‚erste Generation' aus dem Bett, das die Gebürtigkeiten und das damit verbundene Schicksal als Ort der nächtlichen Erinnerung erst offenbar macht. Durch diese Umkehrung werden die Differenzen und die Leiden zwischen den Generationen zart sichtbar und der Roman zeigt wieder einmal, dass gerade in der Mikrogestaltung entscheidende Aussagen über die Shoah und ihre Folgen möglich sind.

5.5 Erzählen und Erzähler – Profane und heilige Geschichten

Ich hatte angedeutet, dass der Text auf Oppositionen basiert. Allerdings existieren diese niemals in Reinform, sondern sind leicht verschoben und selbst immer verschiebbar. Als Tätersohn befindet Sachs sich in Opposition zu Gebirtig, aber gleichzeitig ist er als Sohn Opfer seines Vaters und damit gleicht er wiederum Emanuel Katz, der ein Opfer seiner Eltern und ihrer Vergangenheit ist. Mit der Wahl einer verschobenen (asyndetischen) und verschiebbaren (relationalen) Opposition als Textkonstruktion wird deutlich, dass Schuld und Nichtschuld sich nicht in Reinform begegnen und damit ausgeglichen werden können – jedenfalls heute nicht. Gleichzeitig betont die verschobene Opposition die Heterogenität der Figuren in Bezug auf sich und die eventuelle Homogenität in Bezug auf ihre Umwelt.

Analepsen und Ellipsen

Zwei Jahre aus dem Leben Demants, Sachs' und Katz' werden erzählt. Das ist ein relativ großer Zeitraum, der eine hohe erzählerische Koordinationsfähigkeit erfordert. Doch trotz der Fülle, die sich aus den vielen Figuren und ihren Handlungen ergibt, ist geschickt alles ausgeschaltet, was nicht auf der Sinnlinie Gebürtigkeit – Shoah – Liebe liegt. Der Text besteht von daher aus großen Ellipsen, die allerdings nicht weiter auffallen. Als Leser hat man eher den Eindruck, dass die verschiedenen Biographien komplett erzählt würden. Das hat mehrere Gründe. Zum einen sind die Ellipsen durch die Ineinanderschachtelung der Geschichten nicht weiter auffällig, zum anderen wird durch Minimalisierung und Rückgriffe das Zeitfeld und dadurch die Biographie intern erweitert und komplettiert.[414] Während die Details den Augenblick betonen und eine unmittelbare Lebensfülle liefern, dehnen die Rückgriffe die Biographie auf der linearen Zeitachse aus. Mit der Kopplung dieser zwei im Grunde konträren Verfahren gelingt dem Erzähler, die qualvolle Vergangenheit zu konterkarieren und sie zugleich als etwas vom Gegenwartsgeschehen Unabdingbares zu begreifen.

Stellt man die Analepsen der ‚ersten' und ‚zweiten Generation' einander gegenüber, so lassen sich durchaus Unterschiede in der Reichweite wie in der Art erkennen.

Konrad Sachs geht anhand der Analepsen so weit in seiner Erinnerung zurück, bis er den „Prinzen von Polen", sein alter ego, wieder trifft. Sein Ziel ist es, die Reichweite der Analepsen soweit wie möglich auszudehnen und das, was außerhalb des offenbaren Zeitfeldes liegt, in das Zeitfeld der Biographie hineinzuholen, es vom Speichergedächtnis in das Funktionsgedächtnis zu übertragen.[415]

Aber auch die jüdischen Figuren treiben ihre Erinnerungen bis zum Zeitpunkt der Katastrophe zurück. Allerdings müssen sie auf fremde Erinnerungen rekurrieren. Findet keine Unterscheidung zwischen der eigenen, individuellen und der kollektiven, fremden Erinnerung statt, so kann diese Identifikation mit den Opfern krank machen, wie das der Fall bei Mascha Singer ist. Katz hingegen – in gewisser Weise die männliche Entsprechung Mascha Singers – kompensiert die eigene Erinnerung durch eine literarische, ebenso

---

[414] Insgesamt sind fast alle Analepsen dialogisch aufgebaut. Der Erzähler springt ein und übernimmt das Erinnern. Die Dialogizität trägt dazu bei, die Ellipsen innerhalb des Textes und der Biographien vergessen zu lassen. Sie täuscht Unmittelbarkeit und Authentizität vor, da der narrative Akt sich bei den Dialogen (scheinbar) auf ein Minimum reduziert.

[415] Vgl. zur Unterscheidung von Speichergedächtnis und Funktionsgedächtnis: Aleida Assmann 1999, 133ff.

wie Demant, dessen eigene ‚Erinnerungen' vage sind, und der auf fremde Geschichten, wie die von Sonja Okun, angewiesen ist. Doch alle Rückgriffe der ‚zweiten Generation', seien sie nun homodiegetisch oder heterodiegetisch, seien sie individuell oder kollektiv, enden bei der Shoah, in der der Ursprung der Identität gesucht wird.

Das sieht anders in der ‚ersten Generation' aus. Gebirtig beginnt erst wieder zu leben, als er an sein Ich vor der Haft in Ebensee anknüpfen kann, als er sich seiner von der Shoah noch unberührten Kindheit und Jugend erinnert. Über den Bruch und die damit verbundene Identitätslosigkeit hinweg kann er ein Kontinuum zwischen dem Damals und dem Heute schaffen. Amalie Katz wiederum kann in keinerlei Weise an ihr vorheriges Dasein anknüpfen, ihre Erinnerung reicht nur bis Auschwitz-Birkenau. Sie muss sterben.

Verknüpfungsmöglichkeiten verschiedener Diegesen

Die einzelnen Geschichten können durch verschiedene Versatzstücke anderer Geschichten verknüpft und ergänzt werden. Scheinbar Unvereinbares wird zusammengeführt, gespiegelt und kommentiert. Ein Beispiel aus der Geschichte Demants und Sachs' kann dies erläutern: „Sie [Wilma] beim Fenster, lächelnd und nackt, und von dort kam sie lächelnd her zum Bett, und lächelnd kam sie auf ihn zu" (*Gebürtig*, 82). So endet der Abschnitt aus der ersten Liebesgeschichte Demants, während die Sachs' Geschichte wie folgt daran anschließt: „Peter Adel hatte sich bequem zurückgelehnt, den Cognacschwenker in der Hand hörte er interessiert der Stille zu, die nach seiner Tirade [über Boger und die Bogerschaukel] entstanden war" (*Gebürtig*, 82). Diese Passage über die ‚Bogerschaukel' – die an sich schon oppositionell aufgebaut ist (Adel lehnt sich „bequem" zurück mit den „Cognacschwenker" in der Hand) und darauf verweist, dass die Vergangenheit immer nur in einer profanen Gegenwart erinnerbar ist – verschärft zusammen mit ‚der nackten Wilma' die Nivellierung von Wesentlichem und Unwesentlichem. Oder anders gedacht, sie schult die Wahrnehmung für das unauflösliche Doppel in der Erinnerung der damaligen Qual und dem heutigem Wohlergehen. Solche Verfahren einer Mischung von ‚banalem Alltag' und ‚wesentlicher Erinnerung', mit der das Heilige durch das Profane unterlaufen wird – ohne dabei satirisch zu sein wie etwa bei Edgar Hilsenrath – ist ausgesprochen charakteristisch für den Roman und macht auch seine besondere Qualität aus.[416]

---

[416] Gerade das ist allerdings ein beliebter Kritikpunkt. Harsch wird zum Beispiel dagegen angegangen, dass bei Schindel kein Unterschied zwischen großen und kleinen Geschichten gemacht werden würde. (Vgl. z.B. Deutsches Allgemeines Sonntagsblatt 19. 6. 1992.)

Während Helena Janeczek eher auf der Ebene der Geschichte die Diskrepanzen zwischen dem alltäglichen Leben mit all seinen banalen Notwendigkeiten und der Vergangenheit mit ihren Toten wahrnimmt, Ruth Klüger und auch Lothar Schöne dies Unverhältnis diskutieren, führt Robert Schindel – ähnlich wie Raymond Federman – den Zwiespalt in die Narration. Erinnern und Gedenken werden nicht als solche analysiert und diskutiert, sondern sind in die Verfahren der Textkonstruktion mit eingegangen.

Wer erzählt wen oder die lebenden Fiktionen

Schindels Erzähler erschüttert, ähnlich wie Genette dies für den Erzähler der *Recherche* formuliert, „die Logik des Diskurses". Denn der Haupterzähler, Sascha Graffito, Daniel Demants Zwillingsbruder, ist Figur innerhalb des erzählten Universums und zugleich der allwissende Erzähler desselben. So kann er seinen Bruder zum Bahnhof bringen und sich zugleich „in Demants innere Geographie zurückziehen" (*Gebürtig*, 57). Graffito ist ein Chronist, der „hintennachschreiben" soll (*Gebürtig*, 17). Aber ohne sein Schreiben wiederum schreiten die Geschichten nicht voran: „Wenn ich mich nun im Café Bräunerhof zurücklehne, den Stift aus der Hand lasse, weil sich der rechte Zeigefinger eingekrampft hat, rausschaue auf die Galerie ALTE UND NEUE KUNST, dann passiert weiter gar nichts" (*Gebürtig*, 98), heißt es einmal im Roman. An dieser Stelle liegt alles beim Erzähler, und die Figuren sind Marionetten an der Hand ihres Spielers. Mit dieser Abhängigkeit korrespondiert auch, dass Graffito den Ereignisstand der einzelnen Geschichten so markiert, als ob alle gleichwertig wären, und die Gebirtig-Geschichte nicht eine Erzählung in der Erzählung wäre, eben eine Fiktion. Das hat Rückwirkungen. Denn unweigerlich gerät so umgekehrt der Realitätsgehalt der Erzählungen ins Schwanken, ja wird in gewisser Weise ad absurdum geführt und kommt in Konkurrenz mit all den wirklichkeitsreferenziellen Sequenzen. Ich denke, das ist entscheidend für den Text, insofern er sich zwar auf die so genannte Realität bezieht, aber zugleich die entsetzliche Realität der Shoah in die Sicherheit eines poetischen Systems, in die Distanz der Fiktionalität, rückt.

Postmoderne und Shoah

Verfahrenstechnisch wäre das Oszilieren zwischen Fiktion und Realität den postmodernen Erzählverfahren zuzuordnen.[417] Texte von Borges, Federman

---

[417] Den beständigen Wechsel kann man als selbstreferenzielle Schleife des Textes lesen. Er spiegelt und ironisiert das Verhältnis des Autors zu seiner erzählten Welt. Was uns als Vielfältigkeit und Polyphonie gezeigt wird – und das ist in diesem Text nicht wenig,

oder Bitov sind ganz ähnlich strukturiert und gleichen *Gebürtig* in den Kategorien der Unbestimmtheit, Fragmentarisierung, Verlust vom Ich, Ironie, Hybridisierung.[418]

In seinem Aufsatz „Beantwortung der Frage: Was ist postmodern?" versucht Lyotard eine Definition des Postmodernen in der Analogie und Opposition zum Modernen, die für Schindels Roman aufschlussreich ist. Lyotard schreibt dort: „Das Postmoderne wäre dasjenige, das im Modernen in der Darstellung selbst auf ein Nicht-Darstellbares anspielt; das sich dem Trost der guten Formen verweigert, [...] das sich auf die Suche nach neuen Darstellungen begibt, [...] um das Gefühl dafür zu schärfen, daß es ein Undarstellbares gibt."[419] Mit einer Prämisse sind diese Sätze wie zugeschnitten für den Text von Robert Schindel. An die Stelle des Nicht-Darstellbaren, das Lyotard aus dem Begriff des Erhabenen bei Kant ableitet, muss die Verfolgung und Vernichtung der europäischen Juden gesetzt werden. So gesehen rückten die Texte der ‚ersten Generation' innerhalb von Lyotards System an die Stelle der Moderne, die das Nicht-Darstellbare, die Shoah, „als abwesenden Inhalt anführen,"[420] während das Nicht-Darstellbare bei einem Text wie Schindels *Gebürtig* schon durch die Form definiert wird. Der ‚zweiten Generation' stehen also weder die nicht darstellbaren Ereignisse noch die Formen zur Verfügung, da der abwesende Inhalt niemals als eigener, anwesender erlebt wurde und auch somit nicht in der Form wieder hergestellt werden könnte.

Die philosophische Fassung des Problems kann man mit Jan Assmann noch einmal anders denken. Nach Assmann, der sich wiederum auf Halbwachs bezieht, ist der ‚soziale Rahmen' die notwendige Voraussetzung für die Erinnerung, da ohne Kommunikation das Erlebte vergessen würde. Diesem Verhältnis von biographischem Erlebnis und sozialem Rahmen oder individuellem und kollektivem Gedächtnis ist umgekehrt ein analoges Verhältnis

---

denn es gibt viele intradiegetische Erzähler – ist aus einem Schreibbewusstsein heraus entstanden, auch wenn jedes Ich wiederum polyphon ist und aus Interaktion und Kommunikation besteht. Jede Erzählung einer anderen Figur ist unweigerlich Fiktion. Damit kommentiert der Roman wiederum sein eigenes Verfahren, ähnlich wie die Dialoge und Aussagen ständig kommentiert werden durch andere Figuren.

[418] Ich verwende hier der Einfachheit halber die Schlagworte des Kataloges, die Ihab Hassan aufgestellt hat, obwohl der Katolog nicht ganz hinreichend ist, da einige Termini sich überschneiden oder auch schon für die Moderne festzumachen sind. (Vgl. Ihab Hassan, „Postmoderne heute", in: Wolfgang Welsch (Hg.), Wege aus der Moderne. Schlüsseltexte der Postmoderne-Diskussion, Weinheim 1988, 47–57.

[419] Jean-Francois Lyotard, „Beantwortung der Frage: Was ist postmodern?", in: Welsch 1988, 193–203, hier 202.

[420] Lyotard in: Welsch 1988 202.

innerhalb des Subjekts vorausgesetzt. Erzählerisch gedacht ist das erinnernde Ich der notwendige Bezugsrahmen für das erinnerte oder erzählte Ich. Im Unterschied zur ‚zweiten Generation' kann die ‚erste' den Bezugsrahmen in sich herstellen, sie kann in der eigenen Leiblichkeit kommunizieren, ‚das Ich als ein Du zwiefach ansprechen', wie Schindel es nennt. Kommunikation und Interaktion besteht zwischen dem Ich damals und dem Ich heute – soweit die physischen und psychischen Folgen dies zulassen –, und theoretisch könnte diese Generation ihre Geschichte auch sich selbst erzählen. Das kann die ‚zweite Generation' nicht. Da die Autoren kein vergangenes Ich im Sinne der ‚ersten Generation' haben, müssen sie die Eltern in Stellvertretung einsetzen. Mascha Singer ist dafür das auffälligste Beispiel. Mascha Singer erinnert die Toten, wird zu einer von ihnen. Da das geliehene Eltern-Ich nur ein geborgtes ist, muss diese geborgte Erinnerung in Rede oder Schrift veräußert werden, denn erst innerhalb eines sozialen Bezugsrahmens erhält sie Dauer und legitimiert sich durch ähnliche Geschichten.

Und hierin unterscheidet sich der Text von Schindel trotz aller postmodernen Anzeichen wesentlich von dem, was die Apologeten der Postmoderne entwickeln. Denn die „fröhliche Relativität" der Dinge ist eine bittere Realität. Die Postmoderne ist bei Schindel funktional, eine wichtige Hilfe bei allem Witz: Ihre Strukturen werden zur Konstitution der Subjekte verwandt, die aus mehreren Stimmen bestehen und so weiter, aber die Subjekte versuchen diese Stimmen zu homogenisieren, aus einer heterodiegetischen Welt eine homodiegetische zu machen. Während Lyotard konstatiert, dass man „nicht die mindeste Versöhnung zwischen den ‚Sprachspielen' zu erwarten hat,"[421] nimmt Schindel das zwar auf, versucht aber gleichzeitig durch die Narration und durch die Bewegungen der Figuren, gegen diese Kluft zwischen den Diskursen bzw. den Generationen anzuschreiben, eine mögliche Brücke anzubieten.

*

Für Manuel Köppen sind die Unterschiede zwischen der ‚ersten' und der ‚zweiten Generation' eine Frage der Distanz und der Nähe. Während die ‚erste Generation' vor allem durch die unterschiedlichsten künstlerischen Verfahren Distanz zur Shoah zu gewinnen versuchte, suchen umgekehrt die Nachgeborenen, eine gewisse Nähe zu den durch Erzählung oder Schrift gefernten Ereignissen zu erlangen.[422] Insgesamt würde ich dieser, auf umgekehrter Bewegung

---

[421] Lyotard in: Welsch 1988, 201.
[422] Vgl. hier Manuel Köppen, „Auschwitz im Blick der zweiten Generation. Tendenzen der Gegenwartsprosa", in: Kunst und Literatur nach Auschwitz, Berlin 1993, 67–83, hier 69 und vgl. auch Köppen 1995, 251.

zugrunde liegenden Unterscheidung zustimmen, mit dem Zusatz allerdings, dass gerade die Autoren der ‚ersten Generation', die erst in den 1980er Jahren zu schreiben beginnen, Nähe erst wieder herstellen müssen. Der Ich-Erzähler in *Chronik aus einer dunklen Welt* muss dreifach seine Ankunft in Auschwitz erzählen. Erst dann sind erzähltes und erzählendes Ich „in der Tiefe" angekommen. Aber auch Gerhard Durlacher schreibt sich von der – zugegebenermaßen – errungenen Distanz in die Nähe des damaligen Schreckens, von dem er dann eingeholt wird. Nähe und Distanz sind nicht nur biographische Merkmale, sondern werden durch Schreiben erzeugt oder verhindert.

Schluss

Das narrative Gedächtnis

„Wir haben die Wahl einer neuen Zukunft, aber auch die einer neuen Vergangenheit".
(Bernd Bonwetsch)

Ich habe die Arbeit als Lektüre der Texte und als analytischen Nachvollzug des jeweiligen Schreibprozesses verstanden – soweit dieser aus den Erzählverfahren zu erschließen ist. Eine Zusammenfassung im üblichen Sinne, die unweigerlich das Gefundene auf einige abgesicherte Sätze reduzieren müsste, ginge an der Sache vorbei oder würde etwas vorspiegeln, was weder der Vorgehensweise noch dem Geschehen entspräche.

Was Jörn Rüsen einmal hinsichtlich des künstlerischen Umgangs mit der Shoah forderte, dass die erzählend imaginative Gegenwart der Vergangenheit nicht die Form einer kohärenten Figuration annehmen dürfe – da das Geschehen selbst bar jedes ‚Sinns' sei –, sollte auch für den Analytiker verbindlich sein.[423]

So werde ich weniger eine Bilanz an dieser Stelle versuchen als (theoretische) Fragen aufgreifen, anhand derer die Bedeutung und Reichweite der Narratologie innerhalb der Erinnerungsliteratur und Gedächtnisforschung sichtbar wird.

*

Harald Welzer hat in seinem Buch *Das kommunikative Gedächtnis* soziologischkulturwissenschaftliche und neurowissenschaftliche Befunde sehr produktiv zusammengeführt. Er zeigt, wie individuelle und kollektive Vergangenheiten in sozialer Kommunikation beständig neu gebildet werden und wie dieser Neubildungsprozess eine Entsprechung auf neuronaler Ebene hat.

So gilt es unter den Neurowissenschaftlern als unrealistisch, dass Erinnerung ein Prozess sei, der Dinge wirklichkeitsgetreu reproduziere. Vielmehr wird aufgrund der neuronalen Struktur des Gedächtnisses davon ausgegangen, dass Erinnerungen fortwährend neugeordnet, neu geknüpft und gedeutet wer-

---

[423] Jörn Rüsen, „Die Logik der Historisierung", in: Gertrud Koch (Hg.), Bruchlinien. Tendenzen der Holocaust-Forschung, Köln/Weimar/Wien 1999, 19–60.

den[424]: „Jede neue Erfahrung wird auf der Grundlage der bestehenden Erfahrungen eingeschrieben. Das heißt, jede neue Erinnerung kann durch vorangegangene Erinnerungen beeinflußt werden und bestehende verändern. Das distributive Speicherverfahren des Gedächtnisses sorgt dafür, daß ein- und dieselbe Erfahrung in sehr unterschiedlichen Kombinationen mit anderen Erfahrungen erinnert werden kann und jedesmal als Ergebnis vieler verschiedener assoziativer Verknüpfungen betrachtet werden kann'".[425]

Diese neurowissenschaftlichen Forschungen zeigen, dass das Gedächtnis weniger als Speicher zu denken ist, als ein „Wandlungskontinuum",[426] das ermöglicht, Erfahrungen in immer neue und andere Zusammenhänge zu stellen. Das Gleiche gilt im Übrigen auch für traumatische Erlebnisse, die, anders als bislang vermutet, ebensolchen Umschreibungen, Veränderungen und Refigurationen unterworfen sind.[427]

Für mich sind diese Studien und Funde aus den Neurowissenschaften ausgesprochen anregend, da sie auf einer ‚physiologischen Ebene' zeigen, was ich anhand der Analyse der Erzählverfahren gefunden habe: dass nicht nur nach einem halben Jahrhundert die jeweilige Schreibgegenwart in Geschichte und Erzählung erscheint und dementsprechend der ‚Sinn'[428] des Lebensentwurfs ein anderer ist, sondern dass mit jedem erinnernden Schreiben die Erfahrungen neu geordnet und organisiert werden, auch wenn die Autoren vielfach die Möglichkeit dieses neuen Zugriffs auf ihr gelebtes Leben nicht reflektieren oder wahrhaben wollen, sondern auch noch nach fünfzig Jahren ihre Erinnerung als treues Abbild der Erlebnisse verstehen.[429]

---

[424] So geht „die Erinnerung einer Erfahrung auf eine Aktivierung temporaler und räumlicher Muster zurück, die sich über viele Gruppen von Neuronen erstrecken. Jedes Neuron kann zu einer großen Anzahl solcher Gruppen zählen und entsprechend durch eine große Anzahl neuer Erfahrungen aktiviert werden" (M. M. Mesulam, „Notes on the cerebral topography of memory and memory distortion. A neurologist's perspective", in: D.L. Schacter (Hg.), Memory Distortion, Cambridge 1995, 379–385, zitiert nach Welzer 2002, 44).

[425] Mesulam 1995, 382 zitiert nach Welzer 2002, 44 .

[426] Welzer 2002, 21.

[427] Welzer 2002, 30ff und 38f.

[428] Sinn sei immer mit Anführungsstrichen gedacht. Denn mit der Verfolgung und Vernichtung ist immer erst einmal jeder Sinn zerstört und die Überlebenden stehen vor der Schwierigkeit, in einem sinntragenden Medium diesen Nichtsinn zu erfassen. Wenn ich nun den Begriff Sinn verwende, dann meine ich nicht, dass etwas plausibel und logisch sinnvoll sein soll, sondern Sinn meint hier eher eine Art Entwurf, eine Organisation, die durch Schreiben entsteht, auch wenn beispielsweise inhaltlich oder formal jeder Sinn aufgehoben wird.

[429] Und dieser ‚Glaube' ist auch gut. Er schafft der Gegenwart einen neuen Grund auf der Vergangenheit, die sonst Gefahr liefe, geradezu willkürlich zu werden.

Schluss. Das narrative Gedächtnis

Nach welchen Kriterien oder Ursachen Daten und Erfahrungen ausgewählt, geordnet und in eine rezipierbare Lebensgeschichte verwandelt werden, ist weder durch neurologisches Wissen eindeutig festzulegen, noch – wie in unserem Fall – ausschließlich aus der Textoberfläche zu erschließen. Denn Umschreibungen, Veränderungen, Neuordnungen von ‚Erfahrungselementen' sind ebenso physiologischen und psychodynamischen Prozessen unterworfen, vom kommunikativen Kontext abhängig wie durch die Erzählverfahren und ihre Gesetzmäßigkeiten bestimmt.[430] In ihnen ist immer ein Moment von Unvorgesehenheit wirksam, eine kreative Potenz, die das Unverfügbare nur in Verwandlungen sichtbar macht.[431]

So scheint eine genaue Scheidung in Ursachen und Gründe schwierig, warum diese oder jene Erinnerungs-Kombinationen erfolgen oder nicht, da der Mensch weder reines Produkt der physiologischen oder psychodynamischen Verfasstheit, noch der Vorstellung oder Sprache ist, noch ihn der Diskurs allein spricht. Wollte man ein genaueres Wissen darüber erlangen, so müssten die einzelnen Ebenen aus den unterschiedlichen Bereichen für sich untersucht und dann miteinander verbunden werden, ähnlich wie Welzer das schon für Soziologie und Neurowissenschaften getan hat.

Als Wissenschaftlerin, die allgemeine Annahmen der Neurologie oder der Anthropologie und anderer Disziplinen im Auge behält, habe ich Zweifel, ob man so komplexe Ursachenbündel ausrechnen und determinieren könnte – gerade in kombinatorischer Komplexität gibt es viele Varianten. Als Literaturwissenschaftlerin kann ich vorerst die Gründe nicht benennen, nach denen etwas erinnert oder vergessen wird; warum es in dieser oder jener Kombination erinnerbar ist. Ich kann aber die Struktur des autobiographischen Gedächtnisses oder genauer die Struktur des Textes analysieren und als Prozess lesen, in dem Vergangenheit durchgesehen, ausgewählt, geordnet und auf ‚Sinn' hin angelegt und vielleicht ja auch erst entdeckt wird. Und ich bin ziemlich sicher, dass das, was ich auf dieser ‚Oberfläche' finde, auch etwas über die ‚Tiefe' aussagt, über das erinnernde, produktive Vermögen. Und die Narratologie kann so selbst eine eigene Disziplin anthropologischer Art sein.

---

[430] So können sich beispielsweise an die Nervenzellen „Streßhormone andocken" und auf der Hirnebene Blockaden hervorrufen. Vgl. Hans J. Markowitsch, „Bewußte und unbewußte Fromen des Erinnerns", in: Harald Welzer (Hg.), Das soziale Gedächtnis. Geschichte, Erinnerung, Tradierung, Hamburg 2001, 219–239, besonders 236f.

[431] Wolfgang Iser zeigt in den letzten beiden Kapiteln von *Das Fiktive und das Imaginäre* sehr plausibel, dass selbst Mimesis, Nachahmung, schon immer Entwurf ist und dass das grundsätzliche Wesen des Menschen gerade nicht bestimmt ist, sondern immer erneut erst bestimmt wird im Akt der Schöpfung (vgl. Wolfgang Iser, Das Fiktive und das Imaginäre. Perspektiven literarischer Anthropologie, Frankfurt am Main 1991, besonders 481–515).

Textstrukturen sind weder bloß individuell noch willkürlich – sie sind zugleich allgemein und in ihren jeweiligen Ausprägungen historisch besonders, sie stehen in bestimmten Traditionen, sind bestimmten Denksystemen mit eigenen Regeln verhaftet: Das können auf der Makroebene Epochenstile, Gattungen, Genres und auf der Mikroebene die Erzählverfahren sein. Mancher Text ist nur innerhalb einer bestimmten Epoche denkbar. Ohne die dort entwickelten Möglichkeiten könnte jene Art von Lebensentwurf nicht entstehen. Erinnerndes Schreiben ist folgedessen kaum unabhängig von einer Epoche und ihrer spezifischen Denkstruktur zu entwickeln.

Ebenso muss sich ein Autor durch die Wahl oder durch den Zwang, eine bestimmte Gattung und ein Genre zu wählen, bestimmten Regeln und Gesetzmäßigkeiten verpflichten. In einem Bericht oder in einer Chronik können beispielsweise die interne Fokalisierung und Reflexionen, Zweifel, Gefühlsäußerungen in narrativen Pausen einen Verstoß bedeuten, während sie in einem Roman die Regel sind. Oder für einen Roman sind viele intradiegetische Erzähler nichts Ungewöhnliches, in einer Autobiografie schon usw..

Selbstverständlich kann der Schreibende bis zu einem gewissen Grad Genres kombinieren, also hybride Strukturen erzeugen; er kann einige genre- und gattungsspezifische Regeln außer Kraft setzen, doch bleibt er im Schreiben – auch in der Negation – der jeweiligen Gattung und dem jeweiligen Genre verpflichtet.

Ich bin auf diese gattungs- und genrespezifischen Gesetzmäßigkeiten nur am Rande eingegangen, habe sie gar zugunsten der mikrogenetischen Erzählverfahren ignoriert. Das könnte als ein Mangel der Arbeit gewertet werden, es bedarf zumindest einiger Ergänzungen. Denn mit der Wahl des Genres ist, wie gesagt, schon eine bestimmte Vorauswahl von Erzählverfahren getroffen. So habe ich zwar anhand der Erzählverfahren die tendenzielle Dichte und ‚Totalität' innerhalb der frühen Schreibweisen, die erzählerischen Freiheiten im Umgang mit dem erzählten Ich innerhalb des Schreibens ab den 1980er Jahren, herausgearbeitet, doch sind diese ebenso als Folge der gewählten Genres zu denken. Man darf im Grunde nicht außer Acht lassen, dass zwischen 1945–1950 Berichte und Chroniken bevorzugt werden, ab den 1980er Jahren die hochliterarischen Genres wie Roman, Erzählung und Hybridformen verstärkt hinzukommen, somit die besagten Voreinstellungen gegeben sind.

Die Ablösung oder unterschiedliche Dominanz der Genres wiederum ist weiter abhängig von außertextuellen ‚Ereignissen', insofern die Genrewahl eine Reaktion auf vorgestelltes oder erfahrenes Verhalten der Leser sein kann, auf ihr Wissen und Nichtwissen. Soll und muss über Unrecht und Mord aufgeklärt werden, so liegt es auf der Hand, die Form des Berichts und nicht die eines autobiographischen Romans zu wählen, während fünfzig Jahre später Wissen über die primären Ereignisfolgen vorausgesetzt wird. Das heißt, die zeitlichen und historischen Anforderungen sind denkbar unterschiedlich und zwingen zu unterschiedlichen Herangehensweisen oder ermöglichen diese auch erst.

Viele weitere Zusammenhänge ließen sich finden, die einen Einfluss auf die Wahl des Genres und damit auf die Erzählverfahren haben. So können beispielsweise auch der Aufenthaltsort des Schreibenden und das literarische Umfeld entscheidend sein. Ist der Autor an den europäischen Gedächtnisdiskurs angeschlossen, wählt er vielleicht ein anderes Genre als ein Autor, der sein ganzes Leben auf einer Farm in Australien verbracht hat und nun, wie er meint, als ‚Erster seine Erinnerungen festhält'.

So müsste man hinzufügen, dass der gesellschaftliche Kontext einen makrogenetischen Rahmen für Gattung und Genre bildet, diese wiederum einen Rahmen für die mikrogenetischen Erzählverfahren. (Wobei Rahmen nicht ganz der richtige Begriff ist, da der Rahmen umgekehrt auch wieder erst durch das, was er umgibt, entsteht). Solche Kontextualisierungen im umfassenden Sinne sollten zumindest bei weiteren narrativen Analysen mitbedacht werden, was aber nicht heißen soll, dass sie ihnen vorangehen sollten. Denn entsprechende Einordnungen bedeuten immer auch eine Einschränkung und Zubereitung des Blicks. Und ein bestimmter Erwartungshorizont fördert, aber begrenzt notwendigerweise auch die Erkenntnis, da alles, was nicht dem Erwarteten entspricht, nicht wahrgenommen werden kann.

Das schreibende Erinnern besteht nicht nur aus sich überlagernden, gegenseitig bedingenden regelgeleiteten Denksystemen wie Gattung, Genre und Erzählverfahren. Diese werden erst in Gang gesetzt durch die individuellen Ereignisse, die dem Ich widerfahren sind, und die es erinnernd zu organisieren und zu finden gilt. Man könnte sagen, dass im Erinnerungsvorgang sich diese Erlebnisse und Erfahrungen des Ichs mit den unterschiedlichen Organisationsformen schneiden. Und mit diesem ‚Schnitt' entsteht eine bestimmte Erinnerung bzw. Geschichte.

Mit einem zentralen Satz aus Max Frischs *Gantenbein* ließe sich versuchsweise solch eine Schnittstelle, das Verhältnis zwischen Ich (individuelle Identität) und regelgeleiteten Systemen, bestimmen: „Ein Mann hat eine Erfahrung gemacht und sucht nun seine Geschichte dazu". Üblicherweise verstehen wir unter Erfahrung ein Desiderat aus den Ereignissen, die uns widerfahren sind, einen Gewinn aus den Geschichten, die wir erlebt und erzählt haben. In *Gantenbein* hingegen wird Erfahrung gerade nicht als eine fassbare Erkenntnis gehandelt, sondern umgekehrt als das Unfassbare, was über den Menschen plötzlich und gewaltsam hereinbricht. Und die Geschichten und ihre möglichen Varianten zu finden, wäre ein Versuch, das Unfassbare zu fassen – sich selbst in der Geschichte wieder ‚fassen' zu können.

So ist Erinnerung nicht in einem konstruierbaren Sinne kalkulierbar. Erinnerndes Schreiben wird zu einer Suche nach Vergangenheit, zu einem Prozess, der sich zwischen Erfahrung und Erfindung ereignet. Verweigert der abstrakte Autor seinem Ich-Erzähler jegliche Erläuterung, Erklärung oder Psychologisierung der Ereignisse, wählt er die Erzählverfahren so, dass keine einheitliche Geschichte erzählt werden kann „jene Konstruktion, welche die ursprünglich anders verlaufenden Ereignisse im nachhinein festlegt" (Kertész), dann muss das erzählende Ich – und während des Schreibprozesses auch der Autor – die Vergangenheit noch einmal ohne späteres Wissen erfahren. Indem der Erzähler nicht sagen kann, was der Autor doch weiß, zwingt dieser seinem Erzähler den Detailblick einer Vergangenheitsgegenwart auf, in der die Ereignisse neu geschaffen werden. Schrift wäre so nicht nur ein mögliches Instrument der Ausgrabung, sondern auch der ‚Erschaffung'.[432]

Das ist ein Paradox, das allerdings unumgehbar scheint: Ich habe etwas erlebt, es ist als solches Teil meiner individuellen Identität, und gleichzeitig bringe ich es erst mit der erinnernden Erzählung hervor, forme es zu einer Geschichte mit Bedeutung.

Von den möglichen Formen der Organisation von Erinnerung, von den möglichen ‚Schnitten' mit den Erfahrungen des Ichs habe ich ja den ‚Schnitt' mit dem ‚discours du récit' untersucht, erweitert allerdings durch die Kategorien Raum, Zeit und Figuration. Dabei wurde sichtbar, wie die Fakten oder die Erfahrung, die ein Ich gemacht hat, durch verschiedene Erzählverfahren ganz unterschiedlich organisiert werden können, wie höchstkomplexe, vielschichtige Ereignisse zu einer bestimmten Geschichte innerhalb eines bestimmten Horizonts werden müssen.[433]

---

[432] Ob diese ‚Erschaffung' oder Erfindung auch ein Pendant in der faktischen Welt besitzt, das kann ich schwer sagen. Und das ist auch für manch Schreibenden kaum mit Eindeutigkeit zu bestimmen. Denn da „die neuronalen Verarbeitungssysteme für visuelle Perzeptionen und für phantasierte Inhalte sich überlappen", kann Imaginiertes mit der gleichen Prägnanz wie physisch Wahrgenommenes vor dem inneren Auge stehen (vgl. hierzu auch Welzer 2002, 39).
Wir werden – bei all diesen Überlegungen und Annahmen – allerdings nicht meinen, es habe keine ‚wirkliche' Vergangenheit einer bestimmten Art gegeben, keine Vernichtungslager, keine Mörder oder gequälte und ermordete Menschen, Millionen von Menschen. Unsere Arbeit taugt so wenig zur Leugnung des Holocaust wie sie zur Einpfählung einfacher Fakten taugt – aber wenn schon, dann mehr zur Sicherung und Vergegenwärtigung jener Fakten, die die historiographische Forschung genau bereitgestellt hat.
[433] Welzer würde hier, ausgehend von einem kommunikativen Kontext, von einem je anderem „Interpretationsrahmen" sprechen. Vgl. hier vor allem Welzer 2002, 193–207.

Schluss. Das narrative Gedächtnis

So sind die erzählerischen Möglichkeiten, in die Fakten einzutreten, oder um mit Max Frisch zu sprechen, die Geschichte zu einer bestimmten Erfahrung zu finden, wie wir gesehen haben, außerordentlich vielfältig: Ob ein Ereignis summativ, iterativ, singulativ oder repetitiv erzählt wird, ob der Erzählende eine Figur intern oder extern fokalisiert, ob er sich homo-, hetero- oder autodiegetisch zu den erzählten Ereignissen verhält, er sie eher mimetisch oder diegetisch fasst usw. – jeder Zugriff erzeugt eine andere Bedeutung und einen anderen Sinn. Die relativ einfachen, im Alltagserzählen von jedem unbewusst angewendeten Verfahren können äußerst disperate Geschichten hervorbringen.

Dabei kann allerdings auch – und das ist vielleicht eine theoretische und praktische Schwierigkeit der narrativen Analyse – ein und dasselbe Verfahren einen gegensätzlichen Sinn erzeugen, ist also im Einzelfall immer auszuwerten. Paul Steinbergs Erzähler kann durch eine Analepse, die er gleichzeitig zu einer strukturierenden Großmetapher ausbaut, seine Überlebensgeschichte als Glücksgeschichte lesen, während Rabbi Berl Edelstein das eigene Überleben (die individuellen Erfahrungen und Fakten) mit Hilfe einer Analepse in einen jahrtausendealten biblischen Kontext stellt und die Verfolgung und Vernichtung als gerechte Strafe Gottes denkt. Erzählverfahren sind also sinnerzeugend und bedeutungsgenerierend, wobei jeweils entscheidend ist, welche Erfahrungselemente oder Wissenssysteme zur Verfügung stehen.

So möchte ich einmal versuchsweise die Erzählverfahren als Instrumentarien bezeichnen, die Gedächtnis bilden; und je nach Art der Verfahren und der Erfahrungs- und Wissenselemente, die zur Verfügung stehen, wird ein unterschiedliches Gedächtnis gebildet. Das Ensemble der erzählerischen Verfahren könnte man dann als narratives Gedächtnis betrachten.

In allen oder in fast allen Disziplinen gibt es außerordentlich spannende Befunde zu Gedächtnis und Erinnerung. Allein die Literaturwissenschaft scheint sich diesen Fragen immer nur im Mantel der Psychoanalyse, der Historiographie, der Sozialwissenschaften usw. zu nähern. Gerade an diesen referenziellen Texten zeigt sich aber, was die Literaturwissenschaft oder im engeren Sinne die Textwissenschaft für einen Anspruch und für eine Reichweite haben könnte, wenn sie ihren Wert in sich selbst erkennen und sich nicht nur als Magd der anderen Wissenschaften begreifen würde.

*

Die Bedingungen und die Grenzen der Freiheit zu entdecken, gegenüber allen idealisierenden Vorstellungen von ihr, ist ebenso ein wichtiges Ziel wissenschaftlicher Forschung, wie umgekehrt die möglichen Freiheiten des Menschen in den Bedingungen sichtbar zu machen. Und das insbesondere dann, wo eine immer wieder ganz unvorstellbare Welt, eine Epoche des Schreckens und der organisierten Bosheit zum Schicksal geworden sind.

Epilog

Vor der Erinnerung: Schreiben während der Haft

> „Sie werden erniedrigt, damit man von ihnen sagen kann, sie haben sich erniedrigt." (Imre Kertész)

Wir haben an verschiedenen Zeugnissen gesehen, welche Bedeutung erinnerndes Schreiben nach fünfzig Jahren übernehmen kann, welche neuen Zusammenhänge durch den ferneren Blick gefunden oder gestiftet werden, wie die Shoah manches Mal Erklärungsmuster von Vorgängen wird, die kaum an die vergangenen Ereignisse anschließbar sind. Weiter ist sichtbar geworden, dass Distanz und zeitliche Ferne nicht gleichbedeutend sein müssen mit dem Verlust von Erinnerung und ihrer Aussagekraft. Gerade umgekehrt können Erinnerungsfragmente die vergangenen Ereignisse und ihre Verletzungen in der jeweiligen Gegenwart des Lebens und Schreibens in aller Gewaltsamkeit erneut entstehen lassen.

Doch all diese Texte sind aus der Sicherheit des Überlebens und Weiterlebens und von einem äußerlich gesicherten Ort des Schreibens aus entstanden.

Philip Mechanicus kannte diese Sicherheit nicht – weder für sein Leben, noch für sein Schreiben. Er wurde nach anderthalbjähriger Haft in Westerbork über Bergen-Belsen nach Auschwitz deportiert und dort drei Tage nach seiner Ankunft, am 12. Oktober 1944, erschossen.[434]

Mit der Lektüre dieses Textes werden wir – nachdem wir zuletzt an die späten Ränder der vergangenen Ereignisse gerückt sind – in das Zentrum und in den Ursprung des Geschehens geführt. Bei Mechanicus gibt es keinen Ausweg und kein Aufatmen, wenn der Erzählende der Selektion entgeht und überlebt. Mechanicus' Text ist eine Art Gegentext und für uns Leser eine Gegenlektüre.

Im Juli 1942 haben die Nationalsozialisten das im deutsch-holländischen Grenzgebiet gelegene Flüchtlingslager Westerbork in ein „Polizeiliches Judendurchgangslager" verwandelt. Von dort aus deportierten sie 100 000 Juden nach Bergen-Belsen, Theresienstadt, Auschwitz, Treblinka und Sobibór. Auf dem 500 mal 500 Meter kleinen Gelände mussten zeitweise bis zu 17 000

---

[434] Eine Kurzbiographie zu Philip Mechanicus findet man in Renata Laqueur, Schreiben im KZ. Tagebücher 1940–1945, Hannover 1991.

Menschen leben. Der Ablauf des Lageralltags und die allwöchentlichen Deportationen wurden durch die SS, die niederländische Polizei und den jüdischen Ordnungsdienst garantiert.

Westerbork war Sammelstelle und ‚Umschlagplatz'. Aber es war auch ein Ort der Konditionierung der Häftlinge für die Lager. Mit der Lagerselbstverwaltung zwangen die Nationalsozialisten die Häftlinge dazu, ihren eigenen Tod vorzubereiten und an ihm Teil zu haben. Das Scheinleben in Westerbork – es gab dort ein Krankenhaus (die Häftlinge sollten gesund auf Transport gehen), es gab Cafés, Läden, Kindergärten, Industriebetriebe, Sportclubs und sogar ein Theater, in dem nach jeder Deportation eine Revue oder Operette aufgeführt wurde – war die Voraussetzung dafür. Alles war daraufhin angelegt, die kulturelle Identität der Häftlinge zu zersetzen. So wurden sie allmählich und für sie selbst unmerklich an das System angepasst – die Wahrnehmung der wirklichen Ereignisse und ein möglicher Widerstand waren von vorneherein ausgeschlossen. Denn wird die Hoffnung auf Leben genährt, so trägt diese Hoffnung dazu bei, das Regime zu erhalten. „Das ist der einfache Trick der Organisation," wie Kertész in sein *Galeerentagebuch* beim Betrachten von Fotografien notiert, auf denen lächelnde und zuversichtliche Gesichter bei der Ankunft in Auschwitz zu sehen sind.[435] Ein ‚Trick', der in Westerbork mit aller psychologischen Raffinesse angewandt wurde.

Im Depot ist während des Geschehens geschrieben. In Westerbork schreibt Mechanicus über Westerbork. Kein späteres Leben oder Wissen steht zwischen dem Erleben und Schreiben, wie umgekehrt weder späteres Wissen noch Leben das Leid im erlebenden und die Ereignisse begleitenden und bestimmenden Schreiben lindern könnten. Das Tagebuch zwingt den Schreibenden in den einzelnen Tag mit all seinen Einzelheiten und Details. Überblick über das Geschehen als Ganzes ist kaum möglich, sodass der Schreckensvorgang der Verfolgung und Vernichtung weder geordnet noch in einen Zusammenhang gestellt werden kann. Eine Zukunft, wie sie jedem Autobiographen in der Retrospektive zur Verfügung steht, kennt der Tagebuchschreiber grundsätzlich nicht. Und der Blick in die Vergangenheit ist vom jeweiligen Tag abhängig, ist gegenwartsbestimmt. Jeder Tag bildet, wie man vom Tagebuch gesagt hat, einen „Mikro-Text", eine „in sich geschlossene Kleinst-Einheit".[436]

Da Mechanicus sich fast ausschließlich als „Chronist" und „Reporter" (*Im Depot*, 183 und 18) begreift, der mit größter Genauigkeit die täglichen Ereignisse für die ‚Nachwelt' registrieren muss, wird er nicht nur durch das Genre,

---

[435] Galeerentagebuch, 29.
[436] Thomas Hargen, „Das Tagebuch im Übergang zur literarischen Kunstform", in: GRM 75 (1994), 371–389, hier 375.

Epilog. Vor der Erinnerung: Das Schreiben während der Haft

sondern auch durch die gewählte Rolle des Berichterstatters in die Gegenwart der äußeren Ereignisse gezwungen. Mechanicus muss beobachten, er muss notieren – anders als Etty Hillesum, die ein subjektives Tagebuch schreibt, dessen Zentrum das eigene Selbst ist.[437]

Diese Aufmerksamkeit und Gegenwärtigkeit für die Ereignisse und ihre Zusammenhänge kann der Schreibende allerdings mit fortschreitender Haftzeit nicht durchhalten. Gelingt es ihm zu Beginn der Haft noch, sein Ich in Häftlings-Ich und Schreib-Ich aufzuspalten und die anstehende und im letzten Augenblick wieder abgewendete Deportation nur am Rande zu erwähnen, dreht sich im Laufe der Zeit das Verhältnis fast um. Das Leben des Häftlings Mechanicus gewinnt gegenüber den Beobachtungen des Reporters an Raum in der Schrift. Häftlings-Ich und Schreib-Ich überlagern sich. Das Tagebuch ist damit nicht nur mehr Zeugnis der Ereignisse, sondern wird Zufluchtsort im äußeren Chaos.

Wo auch immer der Blick des Beobachters liegt – ob auf den äußeren Ereignissen oder den inneren Folgen dieser Ereignisse –, entscheidend ist, dass die schreibende Beobachtung zu einer Genauigkeit des Hinsehens zwingt, die die immer leicht aufkommende Hoffnung auflöst, dem Abtransport zu entgehen. Gerade weil der Schreibakt vom Schreibenden fordert, dass er sich aus dem Geschehen herauszieht und die Ereignisse und sich selbst verdoppelt, können unter dem Scheinleben, welches die Nationalsozialisten in Westerbork aufrecht zu erhalten wussten, die allmählichen Vorbereitungen zum Mord an einem ganzen Volk erkennbar werden. Kertész berichtet von zuversichtlichen und lächelnden Gesichtern der Häftlinge noch selbst bei ihrer Ankunft in Auschwitz. Wir kennen ähnliche Aussagen von Überlebenden, die ebenfalls von der – wiederum auch lebenserhaltenden – Hoffnung berichten, dass alles nur zeitweilig sei und bald enden würde. Mit der Schrift als einem verfeinerten Instrument der Wahrnehmung hingegen sind solche Hoffnungen kaum möglich.

Von den für den Transport bestimmten Häftlingen versuchen drei zu flüchten. Der jüdische Ordnungsdienst wird eingesetzt, um die Flüchtenden zu fangen.[438] Als Strafe für die Fluchtaktion werden vom Kommandanten zusätzlich fünfzig Männer für den Transport bestimmt: „Sofort ging durch das Lager der Alarmruf: ‚OD, OD!' und von allen Seiten kamen ODler hinzugeeilt, um gemeinsam eine Treibjagd auf den S-Mann zu veranstalten, der wie ein Hase

---

[437] Etty Hillseum, Das denkende Herz. Die Tagebücher von Etty Hillesum 1941–1943 (Het versoorde Leven. Dagboek van Etty Hillesum 1941–1943, Harlem 1981), Hamburg 1995.
[438] Die Flüchtenden waren so genannte Straffälle. Im Text als „S-Fälle" bezeichnet. Die im Lager übliche Abkürzung für den jüdischen Ordnungsdienst war „OD".

davonlief. Er wurde geschnappt [...] Der Obersturmführer entschied, daß außer den S-Fällen noch weitere fünfzig Juden als Strafe für den Fluchtversuch verschickt werden [...] Das Entsetzen über den Transport wurde noch übertroffen von der Entrüstung über die Flüchtlinge, die die Bestrafungsaktion hervorgerufen haben. Man ist merkwürdigerweise nicht über den Kommandanten entsetzt, der völlig willkürlich fünfzig Männer auf Straftransport schickt, und zwar für etwas, woran sie nicht im Geringsten beteiligt waren. Auch nicht über die ODler, Juden, die – wilden Hunden gleich – Juden nachsetzten und ihnen nicht die Chance gaben, die Flucht zu ergreifen. So weit ist die geistige Verwirrung vieler bereits fortgeschritten, daß sie ihre Wut nicht am Henker und seinen Knechten abreagieren, sondern an denjenigen, die versuchen zu flüchten" (*Im Depot*, 168).

Mechanicus bezeugt hier als Reporter die äußeren Vorgänge: die Flucht der Häftlinge, die Jagd auf sie durch den jüdischen Ordnungsdienst, die Strafaktion des Kommandanten. Und da er sich im Schreibakt die Ereignisse erneut vor Augen holen muss, kann er die Folgen bis auf ihren letzten Verursacher hin zurückdenken – den Kommandanten. Im Bewusstsein der anderen Häftlinge erscheint der Kommandant nicht. Sie sind in die bedrohliche und letztlich tödliche Situation eingebunden, müssen unweigerlich das letzte Glied in der Kette – hier die Flüchtenden – für das Folgeunglück verantwortlich machen. So können sie auch nicht sehen, dass sie durch ihre Entrüstung und Empörung die Flüchtenden – die eigentlichen Opfer – in die Verursacher der Strafaktion verkehren und damit selbst Teil des Vernichtungssystems werden und zu seinem Erhalt beitragen.

Mechanicus hingegen zwingt die Logik der Beschreibung der Ereignisfolgen, den Kommandanten als Verursacher der willkürlichen Strafaktion in seine Erzählung aufzunehmen, sodass er sich die Außensicht bewahren und als Schreibender zumindest der unvermeidlichen Anpassung an das System entziehen kann.

Die Schrift ist eine Möglichkeit, die erzählte ‚Handlung' anzuhalten und in der narrativen Pause über sie zu reflektieren – all das zu tun, was während des Geschehens nicht möglich ist. Mechanicus kann sich daran erinnern, obwohl er ebenfalls in einem System sein Leben erhalten muss, das jegliche gesellschaftlich-kulturellen und sozialen Ordnungen und Gesetze außer Kraft setzt, dass ein zu Unrecht Gefangener ein Recht auf Flucht hat. Mit Hilfe der Schrift kann er für Augenblicke die Gesetze der ‚freien Welt' herstellen und sie gegen die Mechanismen des nationalsozialistischen Regimes stellen. Das war in Westerbork schwierig, da das Lager ähnlich wie Theresienstadt so angelegt war, dass die Menschen unter Aufrechterhaltung eines scheinbar normalen Lebens und einer scheinbar normalen Kultur gerade jenes Leben vergessen sollten, um sich dem totalitaristischen System ganz anzuverwandeln.

Epilog. Vor der Erinnerung: Das Schreiben während der Haft

Mechanicus leistet schreibend Widerstand, indem er die psychische „Verwirrung" als die Vernichtung des kulturellen Bewusstseins benennt und bezeugt, wie es nur ein gleichzeitiger Erzähler vermag. Denn vom Ende aus gesehen, mit dem Wissen um den millionenfachen Mord, erscheinen die Verzerrungen und Verschiebungen, wie sie Mechanicus notiert, fast unwesentlich oder können unter den physischen Gewaltsamkeiten nicht mehr sichtbar werden. Wer mitansehen musste, wie Eltern, Kinder, Bekannte und Unbekannte planvoll gequält und systematisch umgebracht wurden, wer sich das eigene Leben nur durch Glück und Zufall erhalten konnte, für denjenigen sind rückblickend die Vorbereitungen zum Mord kaum in das aktive Gedächtnis zu holen. Aber gerade sie sind es, die die Vernichtung in diesem Ausmaß möglich machten. Erst sehr viel später entstandene Texte, Texte von Autoren, die die Shoah nicht am eigenen Leib erfahren mussten, können die Alltäglichkeit des Terrors wieder in den Blick rücken, wie zum Beispiel *Die Bestandsaufnahme* Gila Lustigers.

Mechanicus' Text ist so gesehen ein Blick vor dem Wissen, vor der Erinnerung und insofern auch vor der Geschichte.[439]

Größere Unterschiede als zwischen Texten, die „im vollen Wissen um den Ausgang der Ereignisse" entstehen und in denen Autor und Erzähler unweigerlich die „vergangenen Erfahrungen im Lichte der späteren in einen Kontext" einordnen[440] und einem (fast) gleichzeitig erzähltem Tagebuch, wie dem von Mechanicus, kann es nicht geben.[441] Mechanicus wird durch die Schreibsituation kaum zu einer Konstruktion einer gesamten Geschichte gezwungen. Er schreibt von Tag zu Tag, kleine Geschichten wie die eben zitierte.

Mit der Wiederholung der täglichen Niederschrift allerdings werden die Muster der einzelnen Geschichten und ihrer Variationen freigelegt und es bildet sich allmählich ein größerer Ereigniszusammenhang heraus, an dem die Strukturen des Lagers sichtbar werden können. Das sind die ‚Ordnung des Terrors' und seine Folgen für das Verhalten der Menschen; die Anverwandlung der Häftlinge an das totalitaristische System und ihr Widerstand. Diese ‚Ordnung des Terrors', die in Westerbork zwar auch durch die räumliche Enge, die hierarchischen Verhältnisse, den Hunger, sinnlose Schikanen, plötzliche Strafaktionen und durch die Angst vor der Deportation erzeugt wird, die aber vor allem auf der grotesken Struktur des Lagers beruht, dokumentiert Mechanicus

---

[439] Galeerentagebuch, 29.
[440] Young 1992, 58.
[441] Das Tagebuch ist auch nicht ganz gleichzeitig erzählt. Es ist aber ein Schreiben mit minimalem Zeitabstand.

mit den einzelnen Geschichten und der Anordnung der Ereignisse innerhalb des jeweiligen Tagesgeschehens.

Am 21. August beispielsweise notiert er ausschließlich Ereignisse, an denen diese Struktur des Lagers deutlich wird: Da ist die Verabredung zum Bridgespiel zweier Paare, während Freunde und Bekannte auf den Abtransport warten; der Abbruch eines Gesprächs über eine mögliche Rettung, da ein Bildhauer die Gesprächspartnerin zeichnen will; oder die Ausstellung von Spielzeugmodellen, die jüdische Kinder für Deutschland hergestellt haben; das Singen hebräischer Lieder der Kinder für die SS auf der Ausstellungseröffnung; das Austragen von Sportwettkämpfen, während der Transportzug einfährt. Die von Mechanicus festgehaltenen Vorgänge sind in sich widersprüchlich. Doch ihre Widersprüchlichkeit wird erst augenscheinlich durch die Anordnung innerhalb des Tagesgeschehens.

So beginnt der Schreibende den Tag mit der Gegenüberstellung von Tod und Vergnügen und endet auch damit. Neben der Nachricht über sechs neue Diphteriefälle steht die Nachricht, dass der Kommandant das Programm der Revue geändert habe. Eine solche Programmänderung ist in ihrer Tragweite kaum vergleichbar mit einer ansteckenden und meist tödlich endenden Krankheit. Doch wird sie durch die Schrift gleichgeordnet – und dadurch scheinbar gleichwertig. Nimmt man hinzu, dass der Kommandant das Lied *Bei mir bist du schön* aus dem Programm streichen ließ, um „die Juden gegen sich selbst in Schutz zu [nehmen]", wie Mechanicus diese Änderung kommentiert, so wird das Nebeneinander von Vergnügen und Tod oder kultureller Deprivation bis auf das Äußerste ausgereizt. Denn dass der Kommandant die Juden vor der eigenen Erniedrigung ‚schützt', ist zynisch genug, noch zynischer ist, dass er sie hier ‚geschont' wissen will, wo er selbst als ein Teil des Systems alles dafür tut, dass sie gedemütigt, entwürdigt und dann getötet werden.

Auf ähnliche Weise sind auch die letzten Eintragungen zu diesem Tag verknüpft: „Gestern nachmittag Fußballspiel auf dem Appellgelände. Zu gleicher Zeit Wettrennen der Boxmannschaft auf einem Feld am Rande des Lagers. Der Zug für den Transport ist eingefahren: Siebenundzwanzig Wagen. Die Wagen sehen älter und verwitterter aus als letztes Mal. Vom Kummer und Leid, dessen Zeuge sie waren" (*Im Depot*, 167). Die Sportwettkämpfe müssen nicht notwendigerweise neben der Nachricht über die Einfahrt des Transportzuges stehen. Der Schreibende hat sie aber dorthin gestellt, sodass auch hier durch die Anordnung der Ereignisse Vergnügen und Tod zusammenrücken und auf das doppelbödige Lagersystem verweisen.

So zeigt sich in der Anordnung der Eintragungen zu einem einzigen Tag ein Muster der Narration: Das Tagebuch ordnet die Ereignisse im Raum der Schrift (bzw. in der Erzählung) nebeneinander und nicht, wie die Autobiogra-

Epilog. Vor der Erinnerung: Das Schreiben während der Haft   291

phie, in der Zeit nacheinander. Da dem Tagebuchschreiber kein nachträglicher Zeitdiskurs zur Verfügung steht wie dem Verfasser einer Autobiographie, muss er nach anderen Organisationsformen suchen, um die Ereignisse zu ordnen, fassbar und erkennbar zu machen.

Das Nebeneinander in der Erzählung, die Anordnung in der klärenden Opposition, oder die verdoppelnde Reflexion der Beobachtung in der eigenen Erzählung und in den Erzählungen der anderen (am Beispiel der Flucht) haben wir kennen gelernt. Eine andere wichtige Möglichkeit, die Vorgänge zu strukturieren ist die Metapher. Da der Bildbereich der Metapher ein ganzes Netz von Bedeutungen enthält, die im Vergleich mit der ‚wirklichen' Situation entfaltet werden können, bilden Metaphern eine kleine Theorie des Augenblicks, in der die Fülle der Ereignisse vorläufig geordnet und verständlich wird. Mit ihnen kann das komplexe Geschehen auf einen bestimmten Sachverhalt reduziert, vielleicht auch vereinfacht werden, wie umgekehrt durch sie mögliche Zusammenhänge erst hervorgekehrt werden. Metaphern sind poetische Verfahren, welche den retrospektiven Blick ersetzen, der in der Kette und Folge der Situation erst das eine und gleiche Muster herausfinden kann. In ihnen kann der Schreibende sich bewegen. Er kann die oft widersprüchlichen Bildbereiche und Sachverhalte miteinander in Beziehung setzen oder sie nebeneinander stehen lassen. Kein späterer, wissender Blick zwingt ihn, eine größere Kohärenz in den Vorgängen und zwischen ihnen herzustellen als für die gegenwärtige Organisation des Lebens und Schreibens notwendig ist.

Für Mechanicus kann Westerbork zum „Schiff" werden, zum „Theater" oder zu einer „Filmstadt" mit Schauspielern, Puppen und Kasperlefiguren, zu einem „Depot" , in dem das „Transportmaterial" – die Juden – eine Zeit lang gelagert werden.

Es kann aber auch ein „Zoo" sein, in dem verschiedene Tierarten leben. Versieht Mechanicus beispielsweise die Häftlinge mit tierischen Eigenschaften, so wird der äußerst komplexe Vorgang der Reduktion des Menschen als Kulturwesen durch das totalitaristische System zu einem ‚natürlichen' und in sich logischen Ereignis, das keiner weiteren Erklärung und Psychologisierung bedarf. Denn Hunde müssen, wie am Beispiel der Fliehenden gezeigt, den Hasen hetzen, Papageien machen viel Lärm und der Wolf muss das Lamm reißen – die Tiere können nicht anders. Mit der Benennung erhält Mechanicus einerseits eine Möglichkeit, sich und die Häftlinge zu entlasten, was ihm im nachdenkenden Schreiben über die Situation, wie oben gezeigt, nicht möglich ist. Andererseits wird das Befremdliche und Unangemessene in den Verhaltensweisen sichtbar. Die Metaphern sind also auch ein Verfahren der Verfremdung, durch das das Geschehen von seiner primären Bedeutung und dem ‚unmittelbaren' Kontext befreit wird und von dem der Schreibende sich distanzieren kann. Vergleicht Mechanicus sich und die anderen Häftlinge, die als Strafe Kniebeugen machen müssen, mit „Känguruhs" und „Kaninchen" (*Im Depot*, 297), so kann er das Groteske des Selbstzwangs durch Fremdzwang zeigen und sich schreibend von der Unterwerfung und Demütigung, die ihm als Häftling widerfährt, distanzieren.

Ist Westerbork ein Schiff, ein Schiff allerdings, das „leckgeschlagen" und vom Untergang bedroht ist (*Im Depot*, 18 oder auch 349), so organisiert hier die Metapher eine Situation des ‚sauve, qui peut'. Das heißt, die Metapher reduziert die Ereignisfolgen und ihre Zusammenhänge auf den Untergang und lässt außer Acht, wer diesen herbeigeführt hat. Haft und Deportation werden zu einer unvermeidlichen (Natur)Katastrophe, aus der jeder für sich mit allen Mitteln die Rettung suchen muss. So zeigt die Schiffsmetapher den Zwang, sich der Situation anzupassen. In der Depotmetapher hingegen, in deren Folge die Juden „Tansportmaterial" sind, erweist sich gerade umgekehrt das ‚sauve, qui peut' als Schein. Werden die Juden in der Benennung zum „Transportmaterial", so gibt es für sie keinerlei ‚Bewegungsfreiheit'. Die Hoffnung des Einzelnen, durch besondere Papiere, Protektion oder Geld der Deportation zu entgehen, macht diese Metapher zunichte, und der Glaube, ein Individuum zu sein, das sein Schicksal vielleicht nicht gestalten, aber ändern kann, erweist sich als Irrglaube. Die Juden sind Objekte, die bis zum festgesetzten Lieferungsdatum im Depot lagern: „An der Lagergrenze, vor einer Barriere, hält der Zug an [...] Vor der Barriere trägt der Kommandant die Verantwortung für die Lieferung, hinter der Barriere die Besatzer. Und die überzeugen sich davon, daß die Lieferung vollständig ist. Frachtnachlaß wird nicht gewährt. *Les affaires sont les affaires*" (*Im Depot*, 362).

Verschleiert die eine Metapher bis zu einem gewissen Grad die Brutalität der Vorgänge, nährt die Hoffnung auf eine mögliche Rettung, so stellt die andere Metapher die Gewaltsamkeit der Ereignisse heraus, lässt von vorneherein jeden Kampf sinnlos erscheinen.

Die Metapher ist kein exklusives Verfahren für das gleichzeitige Erzählen. Wir erinnern uns, welche Bedeutung die Höllenmetapher in *Ist das ein Mensch?* oder die Metapher der Wettleidenschaft in *Chronik aus einer dunklen Welt* übernehmen, wie sie den Text und das Erinnern dort organisieren. Unter poetologischen Aspekten gibt es von daher keinen Unterschied zwischen dem nachträglichen und dem gleichzeitigen Erzählen. Ein entscheidender Unterschied allerdings besteht darin, dass im Tagebuch die Metapher und auch andere erzählerische Verfahren eine direkte Wirksamkeit für das Leben während der Shoah übernehmen. Dass sie als „Triebkräfte [des] Alltagslebens" die Handlung bestimmen, leiten und vielleicht verändern können.[442]

---

[442] Young 1992, 68.

Ich habe nur angedeutet, was die Metapher als minimale poetische Operation zu leisten vermag. Und ich denke, es ist sichtbar geworden, wie ihre unterschiedlichen Ausprägungen sich wechselseitig ergänzen, wie sie Wahrnehmung und Ereignisse organisieren und welche Folgen sie für das Leben des Schreibenden haben können. Durch sie und durch die Schrift im weiteren Sinne kann das im Lageralltag fortwährend herabgewürdigte Ich sich wiederherstellen, es kann den inneren Aufstand und die erkennende Empörung formulieren, welche nach außen weder gelebt werden konnte noch durfte.
Das Tagebuch ist Widerstand und heimliches Zeugnis für eine Welt draußen, jenseits des Stacheldrahts und jenseits der tödlichen Gegenwart. Es fordert ein Urteil heraus und will vor die Augen der Gerechtigkeit gestellt sein. Das war dem Schreibenden damals verwehrt. Wir, wenn wir lesen, können der Schrift auch nach fünfzig Jahren Gehör verschaffen.

Literaturverzeichnis

Primärliteratur

Adler, H.G.; Langbein, Hermann; Lingens-Reiner, Ella: Auschwitz. Zeugnisse und Berichte, Hamburg 1995.
Affinati, Eraldo: Ein Weg der Erinnerung, Frankfurt am Main 1999.
Améry, Jean: Jenseits von Schuld und Sühne. Bewältigungsversuche eines Überwältigten, München 1966.
Antelme, Robert: Das Menschengeschlecht. Als Deportierter in Deutschland, München 1990 (L'espèce humaine, Paris 1957).
Apitz, Bruno: Nackt unter Wölfen, Halle/Leipzig 1958.
Becker, Jurek: Jakob der Lügner, Frankfurt am Main 1978.
Begley, Louis: Wartime Lies, New York/London 1991.
Behrens, Katja: Die dreizehnte Fee, Frankfurt am Main 1985.
Behrens, Katja: Salomo und die anderen, Frankfurt am Main 1995.
Ben-Dor, David: Die schwarze Mütze. Geschichte eines Mitschuldigen, Leipzig 2000 (The Darkest Chapter, Edinburgh 1996).
Bernstein, Sara Tuvel: Die Näherin. Erinnerungen einer Überlebenden, München/Wien 1998 (The Seamstress – a memoir of survival, 1997).
Birger, Trudi: Im Angesicht des Feuers. Wie ich der Hölle des Konzentrationslagers entkam, München 1990.
Blatt, Thomas Toivi: Nur die Schatten bleiben. Der Aufstand im Vernichtungslager Sobibór, Berlin 2000 (From the Ashes of Sobibor. A Story of Survival, Northwestern University Press 1997).
Bondy, Ruth: Mehr Glück als Verstand, Gerlingen 1999 (Schewarim Schlemim, Tel Aviv 1997).
Borowski, Tadeusz: Bei uns in Auschwitz, München 1982 (Wybór Opowiadań, Warszawa 1959).
Bresler, Jakob: Du sollst nicht mehr Jakob heißen: Kindheit im Ghetto und KZ. Dokumentation einer Sprachlosigkeit, Wien 1988.
Buber-Neumann, Margarete: Milena. Kafkas Freundin, Berlin 1996.
Celan, Paul: Gedichte in zwei Bänden, Frankfurt am Main 1991.
Dischereit, Esther: Joëmis Tisch. Eine jüdische Geschichte, Frankfurt am Main 1988.
Duras, Marguerite: Der Schmerz, München 1994 (La douleur, Paris 1985).
Durlacher, Gerhard: Ertrinken. Eine Kindheit im Dritten Reich, Hamburg 1993 (Drenkeling. Kinderjaren in het Derde Rijk, Amsterdam 1987).
Durlacher, Gerhard: Streifen am Himmel. Vom Anfang und Ende einer Reise, Hamburg 1994 (Strepen aan de hemel, Amsterdam 1985).

Durlacher, Gerhard: Die Suche. Bericht über den Tod und das Überleben, Hamburg 1995 (De Zoektocht, Amsterdam 1991).
Durlacher, Gerhard: Wunderbare Menschen. Geschichten aus der Freiheit, Hamburg 1998 (Quarantaine, Amsterdam 1993).
Edelman, Marek: Das Ghetto kämpft, Berlin 1992 (Getto walczy, Warszawa 1945).
Edelstein, Rabbi Berl: Schabbatnachmittage im Obstgarten. Zerbrochene Welten meiner chassidischen Kindheit, Wien/Köln/Weimar 1999 (Worlds Turn Asunder, Hoboken NJ 1985).
Eichengreen, Lucille: Von Asche zum Leben, Hamburg 1992.
Faber, David: Romeks Bruder. Erinnerungen eines Holocaust-Überlebenden, München 2000 (Because of Romek. A Holocaust Survivor's Memoir, California 1997).
Federman, Raymond: The Voice in the Closet. La Voix dans le Cabinet. Die Stimme im Schrank, Hamburg 1989.
Federman, Raymond: Eine Version meines Lebens. Die frühen Jahre, Augsburg 1993 (A Version of My Life. The Early Years, Detroit 1990).
Federman, Raymond: Now Then/Nun denn. Auto...Bio...Graphic, Poems/Gedichte, Eggingen 1992.
Federman, Raymond (Hg.): Surfiction. Fiction Now and Tomorrow, Chicago 1975.
Federman, Raymond: Eine Liebesgeschichte oder so was, Berlin/Weimar 1990.
Fénelon, Fanja: Das Mädchenorchester in Auschwitz, München 1998 (Suris pour l'Orchestre, Paris 1976).
Finkielkraut, Alain: Der eingebildete Jude, Frankfurt am Main 1984 (Le Juif imaginaire, Paris 1980).
Fleischman, Lea: Dies ist nicht mein Land. Eine Jüdin verläßt die Bundesrepublik, Hamburg 1980.
Frankenthal, Hans: Verweigerte Rückkehr. Erfahrungen nach dem Judenmord, Frankfurt am Main 1999.
Frankl, Viktor: ...trotzdem Ja zum Leben sagen. Ein Psychologe erlebt das Konzentrationslager, München 1978.
Fried, Erich: „Meine Puppe in Auschwitz", in: Fast alles Mögliche. Wahre Geschichten und gültige Lügen, Berlin 1975, 104–116.
Fried, Hédi: Nachschlag für eine Gestorbene: ein Leben bis Auschwitz + ein Leben danach, Hamburg 1995 (Fragments of a Life, 1992).
Friedländer, Saul: Wenn die Erinnerung kommt..., Frankfurt am Main 1991 (Quand vient le souvenir, Paris 1978).
Friedman, Benedikt: Ich träumte von Brot und Büchern, Wien 1992.
Friedman, Carl: Vater, Zürich 1993 (Tralievader, Amsterdam 1991).
Frister, Roman: Die Mütze oder der Preis des Lebens, Berlin 1997 (Self-Portrait with a Scar, Tel Aviv 1993).
Ganor, Solly: Das andere Leben. Kindheit im Holocaust, Frankfurt am Main 1997 (Light one Candle. A Survivor's Tale from Lithunia to Jerusalem, New York 1995).
Gelissen-Kornreich, Rena: Renas Versprechen. Zwei Schwestern überleben Auschwitz, München 1996.
Geve, Thomas: Geraubte Kindheit. Ein Junge überlebt den Holocaust, Konstanz 2000 (Youth in Chain, Jerusalem 1958).

Glazar, Richard: Die Falle mit dem grünen Zaun. Überleben in Treblinka, Frankfurt am Main 1992.
Goldschmidt, Georges-Arthur: Die Absonderung, Zürich 1991.
Goldschmidt, Georges-Arthur: Ein Garten in Deutschland, Frankfurt am Main 1991.
Goldschmidt, Gerson, Am seidenen Faden, Zürich 1997.
Goldstein, Bernhard: Die Sterne sind Zeugen, Hamburg 1950.
Graumann, Samuel: Deportiert. Ein Wiener Jude berichtet, Wien 1947.
Grossman, Chaika: Die Untergrundarmee, Frankfurt am Main 1997 (Anshai Hamahteret, Tel Aviv 1965).
Grynberg, Henryk: Kalifornisches Kaddisch, Frankfurt am Main 1993 (Kadisz, Warszawa 1987).
Hermann, Matthias: 72 Buchstaben, Frankfurt am Main 1989.
Hesdörffer, Heinz: Bekannte traf man viele ... Aufzeichnungen eines deutschen Juden aus dem Winter 1945/46, Zürich 1998.
Hillesum, Etty: Das denkende Herz. Die Tagebücher von Etty Hillesum 1941–1943, Reinbek 1995 (Het verstoorde Leven. Dagboek van Etty Hillesum 1941–1943, Haarlem 1981).
Hilsenrath, Edgar: Der Nazi & der Friseur, Köln 1977.
Honigmann, Barbara: Eine Liebe aus nichts, Hamburg 1993.
Honigmann, Barbara: Roman von einem Kinde, Darmstadt 1986.
Janeczek, Helena: Die Lektionen des Verborgenen, Köln 1999 (Lezioni di tenebra 1997).
Kagan, Raya: Frauen im Büro der Hölle, in: Adler 1995, 145–158.
Kertész, Imre: Galeerentagebuch, Berlin 1993 (Gályanapló, Budapest 1992).
Kertész, Imre: Kaddisch für ein nicht geborenes Kind, Berlin 1992 (Kaddis a meg nem született gyermekért, Budapest 1990).
Kertész, Imre: Roman eines Schicksallosen, Berlin 1996 (Sorstalanság, Budapest 1975).
Kertész, Imre: Eine Gedankenlänge Stille, während das Erschießungskommando neu lädt, Reinbek 1999 (A gondolatnyi csend, amíg a kivégzöosztag újratölt, Budapest 1998).
Kertész, Imre: Der Spurensucher, Frankfurt am Main 2002 (A nyomkereső, 1998).
Klieger, Bernd: Der Weg, den wir gingen, Bruxelles 1963 (Le chemin que nous avons fait...1946).
Klüger, Leo: Lache, denn morgen bist du tot. Eine Geschichte vom Überleben, München 1998 (Dömd till livet, Stockholm 1996).
Klüger, Ruth: weiter leben. Eine Jugend, Göttingen 1992.
Krall, Hanna: Dem Herrgott zuvorkommen, Frankfurt am Main 1992 (Zdążyć przed Panem Bogiem, Warszawa 1992).
Krall, Hanna: Da ist kein Fluss mehr, Frankfurt am Main 1990 (Tam juz nie ma zadnej rzeki, 1998).
Levi, Primo: Ist das ein Mensch?, München 1998 (Se questo è un uomo?, 1947).
Levi, Primo: Die Untergegangenen und die Geretteten, München 1993 (I sommersi e i salvati, Turin 1986).
Levy-Hass, Hanna: Vielleicht war das alles erst der Anfang, Berlin 1979.
Levy-Rosenberg: Durch die Hölle. Von Holland durch Auschwitz-Birkenau, Ravensbrück, Malchow, Taucha, zurück und nach Israel, Konstanz 2000.

Linder, Bert: Verdammt ohne Urteil. Holocaust-Erinnerungen eines Überlebenden, Graz/Wien/Köln 1997 (Condamned without Judgement, New York 1995).
Lustiger, Gila: Die Bestandsaufnahme, Berlin 1995.
Mechanicus, Philip: Im Depot. Tagebuch aus Westerbork, Berlin 1993 (In Dépôt, Amsterdam 1989).
Ménaché, Albert: Ankunft in Auschwitz, in: Adler 1995, 59–62.
Millu, Liana: Der Rauch über Birkenau, Frankfurt 1999 (Il fumo di Birkenau, Florenz [1947] 1986).
Millu, Liana: Die Brücke von Schwerin, München 1998 (I ponti di Schwerin, 1978).
Müller-Madej, Stella: Das Mädchen von der Schindler-Liste. Aufzeichnungen einer KZ-Überlebenden, Augsburg 1994 (Oczami dziecka, 1991).
Naor, Simha: Als Krankengymnastin in Auschwitz. Aufzeichnungen des Häftlings Nr. 80574, München 1986.
Nomberg-Przytyk, Sara: Auschwitz. True Tales from a Grotesque Land, London 1985).
Nyiszli, Miklos: Sonderkommando, in: Adler 1995, 64–73.
Oberski, Jona: Kinderjahre, Zürich 1999 (Kinderjaren, 1978).
Perl, Gisella: I was a doctor in Auschwitz, New York 1948.
Pisar, Samuel: Das Blut der Hoffnung, Hamburg 1979 (Le sang de l'espoir, Paris 1979).
Pointl, Frans: Das Huhn, das über die Suppe flog, Frankfurt am Main 1995 (De kip die over de soep vloog, Amsterdam 1989).
Rabinovici, Doron: Papirnik, Frankfurt am Main 1994.
Rabinovici, Schoschana: Dank meiner Mutter, Frankfurt am Main 1994.
Rotem, Simha: Kazik. Erinnerungen eines Ghettokämpfers, Berlin 1996.
Rosen, Sybil: Speed of Light, Stuttgart 2001.
Salus, Grete: Eine Frau erzählt, Bonn 1958.
Sassoon, Agnes: Überlebt. Als Kind in deutschen Konzentrationslagern, Weinheim 1992 (Agnes. How my spirit survived, 1983).
Schindel, Robert: Gebürtig, Frankfurt am Main 1992.
Schindel, Robert: Gott schütz uns vor den guten Menschen. Jüdisches Gedächtnis – Auskunftsbüro der Angst, Frankfurt am Main 1995.
Schmidt-Fels, Lucia: Deportiert nach Ravensbrück 1943–1945. Bericht einer Zeugin, Düsseldorf 1945.
Schöne, Lothar: Das Jüdische Begräbnis, Köln 1996.
Schwerdt, Otto; Schwerdt-Schneller, Mascha: Als Gott und die Welt schliefen, Viechtach 1998/99.
Seligman, Rafael: Der Milchmann, München 1990.
Seligman, Rafael: Der Musterjude, Hildesheim 1997.
Seligman, Rafael: Rubinsteins Versteigerung, Frankfurt am Main 1998.
Semprun, Jorge: Die große Reise, Reinbek 1981 (Le grand voyage, Paris 1963).
Semprun, Jorge: Was für ein schöner Sonntag!, Frankfurt am Main 1981 (Quel beau dimanche!, Paris 1980).
Siegelberg, Mark: Schutzhaftjude 13877, Shanghai 1940.
Sorokin, Vladimir: Mesjac v Dachau, Gräfelfing (ein monat in dachau, Zürich 1992).
Spiegelman, Art: Maus. Die Geschichte eines Überlebenden. Band 1: Mein Vater kotzt Geschichte aus. Bd. 2: Und hier begann mein Unglück, Reinbek 1989–92 (Maus.

A Survivor's Tale: My Father Bleeds History und II: And Here My Troubles Began, 1986–91).
Spritzer, Jenny: Ich war Nr. 10291. Als Sekretärin in Auschwitz, Stäfa 1994 (Ich war Nr. 10291. Tatsachenbericht einer Schreiberin der Politischen Abteilung aus dem Konzentrationslager Auschwitz, Zürich 1946).
Steinberg, Paul: Chronik aus einer dunklen Welt, München/Wien 1998 (Chroniques d'alleurs, Paris 1996).
Szwajgier, Adina: Die Erinnerung verläßt mich nie. Das Warschauer Kinderkrankenhaus und der Jüdische Widerstand, München 1993 (I Remember Nothing More. The Warsaw Children's Hospital and the Jewish Resistance, London 1988).
Umanskij, Semjon: Jüdisches Glück. Bericht aus der Ukraine 1933–1944, Frankfurt am Main 1998.
Vrba, Rudolf: Als Kanada in Auschwitz lag, München 1999.
Waco, Laura: Von Zuhause wird nichts erzählt, München 1998.
Waco, Laura: Good Girl, München 1999.
Wajsbort, Inka: Im Angesicht des Todes. Von Chorzów über Zawiercie, Tarnowitz, Tschenstochau durch Auschwitz nach Malchow und Oschatz, Konstanz 2000.
Weinberg, Werner: Wunden, die nicht heilen dürfen, Freiburg im Breisgau 1988, (Self-Portrait of a Holocaust Survivor, Jefferson, North Carolina 1985).
Weinstock, Rolf: Das wahre Gesicht Hitler-Deutschlands, Singen 1948.
Wermuth, Henry: Atme, mein Sohn, atme tief, München 2000 (Breathe deeply my Son, London 1993).
Wolken, Otto: Chronik des Quarantänelagers Birkenau, in: Adler 1995, 111–122.
Zarebinska-Broniewska, Maria: Auschwitzer Erzählungen, Berlin 1949 (Opowiadanta Oswiecimskie, Warszawa 1949).
Zelman, Leon: Ein Leben nach dem Überleben, Wien 1995.
Zuckerman, Yitzak: A Surplus of Memory. Chronicle of Warsaw Ghetto Uprising, California/Oxford 1993.
Zywulska, Krystina: Wo vorher Birken waren. Überlebensbericht einer jungen Frau aus Auschwitz-Birkenau, München 1979 (Przezylam Oswiecim, Warszawa 1949).
Yesner, Renata: Jeder Tag war Jom Kippur. Eine Kindheit im Ghetto und KZ, Frankfurt am Main 1995.

Sekundärliteratur

Adorno, Theodor W.: „Kulturkritik und Gesellschaft", in: Ders.: Gesellschaftstheorie und Kulturkritik, Frankfurt am Main 1975, 46–65.
Adorno, Theodor W: „Engagement", in: Ders.: Noten zur Literatur, Frankfurt am Main 1981.
Assmann, Aleida: Erinnerungsräume. Formen und Wandlungen des kulturellen Gedächtnisses, München 1999.
Assmann, Aleida: „Wie wahr sind Erinnerungen", in: Welzer 2001, 103–122.

Assmann, Jan: Das kulturelle Gedächtnis. Schrift, Erinnerung und politische Identität in frühen Hochkulturen, München 1992.
Ulrich Baer (Hg.): ‚Niemand zeugt für den Zeugen'. Erinnerungskultur nach der Shoah, Frankfurt am Main 2000.
Bauer, Barbara; Strickhausen, Waltraud (Hg.): „Für ein Kind war das anders." Traumatische Erfahrungen jüdischer Kinder und Jugendlicher im nationalsozialistischen Deutschland, Berlin 1999.
Bauer, Barbara: „Märchen – Gleichnis – Parabel. Wie Kinder den Holocaust erlebten und wie sie ihn als Erwachsene darstellten", in: Hertling 1998, 51–85.
Begley, Louis: „Mein Auszug aus dem Gelobten Land. Wie die hohe Kunst der Anwälte zum Handwerk des Schreibens führt", in: FAZ, 11. April 1995.
Berg, Nicolas; Jochimsen, Jess; Stiegler, Bernd (Hg.): Shoah. Formen der Erinnerung, München 1996.
Berg, Nicolas: „‚Auschwitz' und die Geschichtswissenschaft – Überlegungen zu Kontroversen der letzten Jahre", in: Ders. u.a. (Hg.) 1996, 31–52.
Berger, Albert u.a. (Hg.): Jenseits des Diskurses. Literatur und Sprache in der Postmoderne, Wien 1994.
Bormann, Alexander von: „‚Besetzt war sie, durch und durch'", in: Braese 1998, 245–267.
Breitenstein, Andreas: „Schöne Tage in Buchenwald. Imre Kertész' ‚Roman eines Schicksallosen'", NZZ 27./28, April 1996.
Braese, Stephan; Gehle, Holger: „Von ‚deutschen Freunden'. Ruth Klügers ‚weiter leben' in der deutschen Rezeption", in: Der Deutschunterricht 47 (1995) H6, 76–87 [dabei ein Anhang mit Begrüßungsreden und Rezensionen von: Martin Walser, Hannes Stein, Hans Joachim Kreutzer, Andreas Isenschmid].
Braese, Stephan; Gehle, Holger (Hg.): Ruth Klüger in Deutschland, Bonn 1994.
Braese, Stephan u.a. (Hg.): Deutsche Nachkriegsliteratur und der Holocaust, Frankfurt am Main/New York 1998.
Brettschneider, Werner: Kindheitsmuster. Kindheit als Thema autobiographischer Dichtung, Berlin 1982.
Caramello, Charles: „Flushing Out ‚The Voice in the Closet'", in: Sub-Stance 20 (1978), 101–113.
Dachauer Hefte 9: Die Verfolgung von Kindern und Jugendlichen (November 1993).
Delpard, Raphael: Überleben im Versteck. Jüdische Kinder 1940–1944, Bonn 1994.
Des Pres, Terrence: „Holocaust Laughter?", in: Lang 1988, 216–233.
Deutschkron, Inge: … denn ihrer war die Hölle. Kinder in Ghettos und Lagern, Köln 1965.
Dresden, Sem: Holocaust und Literatur, Frankfurt am Main 1979.
Dwork, Debórah: Kinder mit dem gelben Stern. Europa 1993–1945, München 1994.
Eichenberg, Ariane: „Erzwungene Grenzen und Grenzüberschreitung im Schreiben angesichts nationalsozialistischer Verfolgung und Vernichtung", in: Tanja Lange; Jörg Schönert; Péter Varga (Hg.): Literatur und Kultur in Grenzräumen (Budapester Studien zur Literaturwissenschaft, Bd. 2), Frankfurt am Main 2002, 125–133.
Epstein, Leslie: „Writing about the Holocaust", in: Lang 1988, 261–270.
Faimberg, H.: „The telescoping of generations", in: Contemporary Psychoanalysis 23, 1988, 99–118.

Fine, Ellen S: „The Absent Memory: The Act of Writing in Post-Holocaust French Literature", in: Lang 1988, 41–58.
Fischer, Eva-Elisabeth: „Ich-Auslöschung", in: SZ, 3./4.9. 1994.
Friedländer, Saul: Das dritte Reich und die Juden. Bd. 1: Die Jahre der Verfolgung 1933–1993, München 1998.
Fuld, Werner: „Nächte unterm Schuldgestirn", in: FAZ, 14.4. 1992.
Gelbin, Cathy u.a. (Hg.): Archiv der Erinnerung. Interviews mit Überlebenden der Shoah. Bd. 1: Videographierte Lebenserzählungen – und ihre Interpretation, Potsdam 1998.
Genette, Gérard: Die Erzählung, München 1994.
Genette, Gérard: Fiktion und Diktion, München 1992.
Gilman, Sander L.; Steinecke, Hartmut (Hg.): Deutsch-jüdische Literatur der neunziger Jahre. Die Generation nach der Shoah, Berlin 2002.
Graf, Hansjörg: „Ein durchaus erträglicher Ort", in: SZ, 6./.7./8.4. 1996.
Grotz, Elisabeth: „Ich hätt' noch gern ein Maul voll Schweigen'", in: Der Standard, Wien, 6.3. 1992.
Grünberg, Kurt: Liebe nach Auschwitz. Die zweite Generation. Jüdische Nachkommen von Überlebenden der nationalsozialistischen Judenverfolgung in der Bundesrepublik Deutschland und das Erleben ihrer Paarbeziehungen, Tübingen 2000.
Grupinska, Anka: Im Kreis. Gespräche mit jüdischen Kämpfern, Frankfurt am Main 1993 (Po Kole. Rozmowyz zydowskimi zolnierzami, Warszawa 1991).
Günter, Manuela: „Writing Ghosts. Von den (Un)möglichkeiten autobiographischen Erzählens nach dem Überleben", in: Dies. (Hg.), Überleben Schreiben. Zur Autobiographik der Shoah, Würzburg 2002, 21–50.
Gutman, Israel; Jaeckel Eberhard (Hg.): Enzycclopädie des Holocaust: die Verfolgung und Ermordung der europäischen Juden, München 1998.
Haider, Hans: „Sieben Worte im voraus", in: Die Presse, Wien, 22.2. 1992.
Halter, Martin: „Furcht vor falschen Eideshelfern", in: FAZ, 7.12. 1993.
Hansmann, Margarete: „Die Schwierigkeit, das Überleben zu überleben", in: Literatur, 4.12. 1992.
Happel, Hans: „Kinderblick zurück", in: taz Bremen, 8.5. 1995.
Hardtmann, Gertrud (Hg.): Spuren der Verfolgung. Seelische Auswirkungen des Holocaust auf die Opfer und ihre Kinder, Gerlingen 1992.
Hassan, Ihab: „Postmoderne heute", in: Welsch 1988, 47–57.
Heidelberger-Leonard, Irene: „Auschwitz, Weiss und Walser. Anmerkungen zu den ‚Zeitschaften' in Ruth Klügers ‚weiter leben'", in: Peter-Weiss-Jahrbuch 4(1995) H6, 19/30, 78–89.
Hemmendinger, Judith: Die Kinder von Buchenwald, Rastatt 1987.
Hertling, Viktoria: Mit den Augen eines Kindes. Children in the Holocaust – Children in Exile – Children under Fascism, Amsterdam/Atlanta 1998.
Hetzer, Tanja: Kinderblick auf die Shoah. Formen der Erinnerung bei Ilse Aichinger, Hubert Fichte und Danilo Kiš, Würzburg 1999.
Hilberg, Raul: Die Vernichtung der europäischen Juden, 3 Bde., Frankfurt am Main 1990.

Hillmann, Heinz: „Kult und Gedächtnis in modernen Gesellschaften: Erinnern des KZ bei Fritz Selbmann *Die lange Nacht* und Primo Levi *Ist das ein Mensch?*", in: Karol Sauerland (Hg.): Gedächtnis und Erinnerung in der Literatur, Warszawa 1996.

Hillmann, Heinz: Allgemeine Textanalyse. Standardmodell, unveröffentlichtes Vortragsmanuskript, Hamburg 2002.

Hitzler, Ronald; Honer, Anne: „Bastelexistenz. Über subjektive Konsequenzen der Individualisierung", in: Beck Ulrich; Beck-Gernsheim, Elisabeth (Hg.): Riskante Freiheiten, Frankfurt am Main 1994, 307–315.

Hinderer, Walter u.a. (Hg.): Altes Land, neues Land. Verfolgung, Exil, biografisches Schreiben, Wien 1999.

Hocke, Gustav René: Europäische Tagebücher aus vier Jahrhunderten, München 1978.

Höberl, Wolfgang: „Wien ist kein guter Platz zum Sterben", in: SZ, 26.3. 1992.

Hornung, Alfred; Ruhe, Ernstpeter (Hg.): Autobiographie und Avantgarde, Tübingen 1992, 325–387.

Ingendaay, Paul: „Erziehung zur Lüge", in: FAZ, 22.8. 1994.

Iser, Wolfgang: Das Fiktive und das Imaginäre. Perspektiven literarischer Anthropologie, Frankfurt am Main 1991.

Jüdische allgemeine Wochenzeitung: „‚Wenn man etwas aufschreibt, gehört es nicht mehr einem selbst'", in: Dies. 3.11. 1994 (Interview).

Kaiser, Konstantin: „‚Kühler Kopf und warme Füße'", in: Literatur und Kritik, 1992, H263/264, 99–102.

Kammler, Clemens: „Nachdenken über Auschwitz und die Gegenwart", in: Diskussion Deutsch. Zeitschrift für Deutschlehrerinnen und Deutschlehrer in Ausbildung und Praxis, 25 (1994) H138, 282–283.

Kaukoreit, Volker: Robert Schindel, in: KLG. Bd. 8/9, 51. Nlg., Oktober 1995, 1–8.

Keilson, Hans: Sequentielle Traumatisierung von Kindern, Stuttgart 1979.

Keilson, Hans: Wohin die Sprache nicht reicht. Essays – Vorträge – Aufsätze 1986–1996, Gießen 1998.

Kertész, Imre: „Der Holocaust als Kultur", in: Sinn und Form 94, J46 Nr. 4, 561–570.

Kertész, Imre: „Ich will meine Leser verletzen", in: Spiegel, 18/1996 (Interview).

Kestenberg, Judith; Brenner, Ira: The last witness. The Child survivor of the Holocaust, Washington/London 1996.

Kilcher, Andreas B.: Metzler Lexikon der deutsch-jüdischen Literatur, Weimar 2000.

Klüger, Ruth: „Zeugensprache: Koeppen und Andersch", in: Braese 1998, 173–181.

Klüger, Ruth: „Missbrauch der Erinnerung: KZ-Kitsch", in: Dies.: Von hoher und niedriger Literatur, Göttingen 1996.

Klüger, Ruth: „Die Normalität der Lüge", in: Die Zeit, 7.10. 1994.

Koch, Gertrud (Hg.): Bruchlinien. Tendenzen der Holocaust-Forschung, Köln/Weimar/Wien 1999.

Köhler, Joachim: „Der Mann mit den traurigen Augen", in: stern, 12.1. 1995 (Interview).

Köppen, Manuel: „Auschwitz im Blick der zweiten Generation. Tendenzen der Gegenwartsprosa", in: Ders. (Hg.): Kunst und Literatur nach Auschwitz, Berlin 1993, 67–83.

Köppen, Manuel: „Von Versuchen die Gegenwart der Vergangenheit zu erinnern", in: Sprache im technischen Zeitalter, 135 (1995), 250–259.

Körte, Mona: „Der Krieg der Wörter. Der autobiographische Text als künstliches Gedächtnis", in: Berg 1996, 213.
Kolb, Eberhard: Bergen-Belsen 1943–1945, Göttingen 1996.
Kranhold, Karina: „Versteckte Kinder in der Literatur: Anne Frank, Jerzy Kosinski, Philip Roth, Elza Frydrych Shatzkin", in: Bauer 1999, 315–329.
Krause, Rolf D.: „KZ-Wirklichkeit und KZ-Darstellung zwischen 1935 und 1940. Zu den autobiographischen KZ-Berichten des Exils", in: Koch, Edita; Trapp Fritjof (Hg.): Exil. Sonderband 1: Realismuskonzeptionen der Exilliteratur zwischen 1935 und 1940/41, Maintal 1987, 176–183.
Kübler, Gunhild: „Unterm Schuldgestirn leben", in: NZZ, 20.3. 1992.
Lamping, Dieter: „Gedichte nach Auschwitz, über Auschwitz", in: Gerhard R. Kaiser (Hg.): Poesie der Apokalypse, Würzburg 1991, 237–255.
Lamping, Dieter: „Gibt es eine neue deutsch-jüdische Literatur?" in: Semittimes Jg. 3 Nr. 4 Okt/Nov 1991, 96f.
Lang, Berel (Hg.): Writing and the Holocaust, New York/London 1988.
Langer, Lawrence L.: The Holocaust and the Literary Imagination, New Haven/London 1975.
Langer, Lawrence I.: „Fictional Facts and Factual Fictions: History in Holocaust Literature", in: Leon I. Yudkin (Hg.): Hebrew Literature in the Wake of the Holocaust, Rutherford 1993, 117–129.
Laqueur, Renata: Schreiben im KZ. Tagebücher 1940–1945, Hannover 1991.
Lejeune, Philippe: Der autobiographische Pakt, Frankfurt am Main 1994 (Le pacte autobiographique, Paris 1975).
Lezzi, Eva: „Verfolgte Kinder: Erlebnisweisen und Erzählstrukturen", in: Menora Bd. 9 (1998), 181–223.
Lezzi, Eva: Zerstörte Kindheit. Literarische Autobiographien zur Shoah, Köln/Weimar/Wien 2001.
Link, Franz: „The Postmodern Holocaust Fiction of Raymond Federman", in: Geraths, Armin; Zenzinger, Peter (Hg.): Text und Kontext in der modernen englischsprachigen Literatur, Frankfurt am Main u.a. 1991, 137–159.
Löffler, Sigrid: „Davongekommen. Jetzt noch über Auschwitz schreiben? Ruth Klüger ist es mit *weiter leben. Eine Jugend* gelungen, ohne Pathos und gefühlsgenau", in: Die Zeit, 5.8. 1993.
Lorenz, Dagmar C.G.: Verfolgung bis zum Massenmord. Holocaust-Diskurse in deutscher Sprache aus der Sicht der Verfolgten, New York 1992.
Lühe, Irmela von der: „,Wie bekommt man Lager?'", in: Text und Kritik X/99.
Lustiger, Arno: Rotbuch: Stalin und die Juden. Die tragische Geschichte des Jüdischen Antifaschistischen Komitees und der sowjetischen Juden, Berlin 2000.
Lustiger, Gila: „Einige Überlegungen zur Lage der jüdischen Autoren in Deutschland", in: Hinderer 1999, 50–53.
Lyotard, Jean-François: „Die Moderne redigieren", in: Welsch 1988, 204–214.
Lyotard, Jean-François: „Beantwortung der Frage: Was ist postmodern?", in: Welsch 1988, 193–203.
Mächler, Stefan: Der Fall Wilkomirski. Über die Wahrheit einer Biographie, Zürich 2000.

Markowitsch, Hans J.: „Bewußte und unbewußte Formen des Erinnerns", in: Welzer 2001, 219–239.
Martin, Marko: „Der versperrte Weg in die Normalität", in: Literatur, 31.7. 1992 (Interview).
Matwin-Buschmann (Hg.): Kinder des Holocaust sprechen ...: Lebensberichte, Leipzig 1998.
Meyer, Alwyn: Die Kinder von Auschwitz, Göttingen 1992.
Michalzik, Peter: „Dieses Heimweh nach Auschwitz", in: taz, 4./5. 5. 1996.
Nolden, Thomas: Junge jüdische Literatur. Konzentrisches Schreiben in der Gegenwart, Würzburg 1995.
Opher-Cohn, Liliane u.a. (Hg.): Das Ende der Sprachlosigkeit? Auswirkungen traumatischer Holocaust-Erfahrungen über mehrere Generationen, Gießen 2000.
Pawelke, Britta: „Als Häftling geboren. Kinder in Ravensbrück", in: Dachauer Hefte Bd. 9 (1993), 91–101.
Peitsch, Helmut: „Deutschlands Gedächtnis an seine dunkelste Zeit". Zur Funktion der Autobiographik in den Westzonen Deutschlands und den Westsektoren von Berlin, Berlin 1983.
Perz, Bertrand: „Kinder und Jugendliche im Konzentrationslager Mauthausen", in: Dachauer Hefte Bd. 9 (1993), 71–90.
Plato, Bodo von: „Zum historischen Gewissen – oder: wer den Einfluß der Vergangenheit auf die Zukunft bestimmt", in: Goetheanum Nr. 26, 23. Juni 2002, 48–488.
Pollak, Michael: Die Grenzen des Sagbaren. Lebensgeschichten von KZ-Überlebenden als Augenzeugenberichte und als Identitätsarbeit, Frankfurt/New York 1988.
Presser, Jaques: Ashes in the Wind. The Destruction of Dutch Jewry, Wayne State University Press, Detroit 1988.
Rakusa, Ilma: „In diesem schönen Lager", in: Die Zeit, 29.3. 1996.
Rapaport, Lynn: Jews in Germany after the Holocaust. Memory, Identity and Jewish-German relations, Cambridge 1997.
Reiter, Andrea: „Literature and survival: the relationship between fact and fiction in concentration-camp memoirs", in: Journal of European Studies 21 (1991), 259–279.
Reiter, Andrea: „Auf daß sie entstiegen der Dunkelheit". Literarische Bewältigung von KZ-Erfahrung, Wien 1995.
Reiter, Andrea: „Die Funktion der Kinderperspektive in der Darstellung des Holocaust", in: Bauer 1999, 215–229.
Rothschild, Thomas: „Die gläserne Wand der Vergangenheit", in: FR, 28.3. 1992.
Rüsen, Jörn: „Die Logik der Historisierung", in: Koch 1999, 19–60.
Rüsen, Jörn: „Holocaust, Erinnerung, Identität", in: Welzer 2001, 243–259.
Sakowska, Ruta: Menschen im Ghetto. Die jüdische Bevölkerung im besetzten Warschau 1939–1943, Osnabrück 1999.
Schader, Angela: „Verrat am Tod – Verrat am Leben", in: NZZ, 12.8. 1994.
Schlaffer, Heinz: Poesie und Wissen. Die Entstehung des ästhetischen Bewußtseins und der philologischen Erkenntnis, Frankfurt am Main 1990.
Šlibar, Neva: „Anschreiben gegen das Schweigen. Robert Schindel, Ruth Klüger, die Postmoderne und Vergangenheitsbewältigung", in: Berger (Hg.): Jenseits des Diskurses. Literatur und Sprache in der Postmoderne, Wien 1994, 337–357.
Schmid, Thomas: „Ein freies Lagerleben", in: Die Zeit, 4.12. 1992.

Schmid, Wolf: „Thematische und narrative Äquivalenz. Dargelegt an Erzählungen Puškins und Čechovs", in: R. Grübel (Hg.): Russische Erzählung. Russian Short Story. Russkij rasskaz, Amsterdam, 79–118.

Schöpp, Joseph C: „Beschriftung von Hohlräumen im Post-Holocaust: Autographisches aus der Feder Raymond Federmans", in: Ders.: Ausbruch aus der Mimesis. Der amerikanische Roman im Zeichen der Postmoderne, München 1990, 142–168.

Schöpp, Joseph C.: „Multiple ‚Pretexts': Raymond Federmans zerrüttete Autobiographie", in: Arbeiten aus Anglistik und Amerikanistik 1981; 6 (1) 41–55.

Schruff, Helene: Wechselwirkungen. Deutsch-jüdische Identität in erzählender Prosa der ‚zweiten Generation', Hildesheim/Zürich/New York 2000.

Schwarz, Egon: „Klüger, Ruth. ‚weiter leben. Eine Jugend'", in: The German Quarterly, 66 (1993) Nr. 2, 286–288.

Sofsky, Wolfgang: Die Ordnung des Terrors. Das Konzentrationslager, Frankfurt am Main 1999.

Stein, André: Versteckt und vergessen, Wien/München 1995 (Hidden Children, Viking 1993).

stern: „Der Mann mit den traurigen Augen", in: stern, 29.9. 1994 (Interview).

Strickhausen, Waltraud: „Umwoben, vereinnahmt, verfolgt. Kinderwelten im Nationalsozialismus als Thema in Film und Literatur", in: Hertling 1998, 272–302.

Strümpel, Jan: „Im Sog der Erinnerungskultur", in: Text und Kritik, X/99, 9–17.

Taterka, Thomas: Dante Deutsch. Studien zur Lagerliteratur, Berlin 1999.

Thomsen, Hargen: „Das Tagebuch im Übergang zur literarischen Kunstform", in: GRM 75 (1994), 371–389.

Todorov, Tzvetan: Angesichts des Äußersten, München 1993 (Face à l'extrême, Paris 1991).

Treiber, Diana: ‚Lech lecha'. Jüdische Identität der zweiten und dritten Generation im heutigen Deutschland, Pfaffenweiler 1998.

Truchlar, Leo: „Critifiction und Pla(y)giarism. Zum Literaturentwurf Raymond Federmans", in: Poetica (15) 1983, 329–341.

Vegh, Claudine: Ich habe ihnen nicht auf Wiedersehen gesagt. Gespräche mit Kindern von Deportierten, Köln 1981.

Weigel, Sigrid: „Der Ort von Frauen im Gedächtnis des Holocaust. Symbolisierungen, Zeugenschaft und kollektive Identität", in: Sprache im technischen Zeitalter, 33/1995, 260–268.

Weinzierl, Ulrich: „Verstörendes Glück", in: FAZ, 30.3. 1996.

Welsch, Wolfgang (Hg.): Wege aus der Moderne. Schlüsseltexte der Postmoderne-Diskussion, Weinheim 1988.

Welzer, Harald (Hg.): Das soziale Gedächtnis. Geschichte, Erinnerung, Tradierung, Hamburg 2001.

Welzer, Harald: Das kommunikative Gedächtnis. Eine Theorie der Erinnerung, München 2002.

Wheeler, Catherine: „Representing Children in Literature of the Shoah: Narrative Challenges and Rewards", in: Bauer 1999, 202–214.

Wiesse, Jörg; Olbrich, Erhard (Hg.): Ein Ast bei Nacht kein Ast. Seelische Folgen der Menschenvernichtung für Kinder und Kindeskinder, Göttingen 1994.

de Winter, Leon: „Shoah für die Couch", in: Der Spiegel, 1/1995.
Wuthenow, Ralph-Rainer: Europäische Tagebücher. Eigenart – Formen – Entwicklung, Darmstadt 1990.
Wuthenow, Ralph-Rainer: „Moderne europäische Diaristik", in: Piechotta, Hans Joachim u.a. (Hg.): Die literarische Moderne Bd. 3, Opladen 1994, 393–407.
Young, James E.: Beschreiben des Holocaust. Darstellung und Folgen der Interpretation, Frankfurt am Main 1992 (Writing and Rewriting the Holocaust. Narrative and the Consequences of Interpretation, 1988).
Young, James E.: The Texture of Memory. Holocaust Memorials and Meaning, New Haven/London 1993.
Young, James E.: „Zwischen Geschichte und Erinnerung", in: Welzer 2001, 41–62.
Young, James E.: Nach-Bilder des Holocaust in zeitgenössischer Kunst und Architektur, Hamburg 2002 (At Memory's Edge. After-Images of the Holocaust in Contemporary Art and Architecture, New Haven and London 2000).
Zuckermann, Moshe: Gedenken und Kulturindustrie, Berlin/Bodenheim 1999.

Namensverzeichnis

A

Adorno, Theodor W.   163, 193
Affinati, Eraldo   235
Améry, Jean   42, 44, 70, 220
Antelme, Robert   19, 92, 201
Apitz, Bruno   196
Appelfeld, Aharon   97
Assmann, Aleida   27, 54f., 270
Assmann, Jan   2, 3, 140, 185, 187f., 190, 198, 205, 219ff., 223, 244, 245, 249, 262, 273f.

B

Baer, Ulrich   18
Bauer, Barbara   136, 141, 142, 159
Begley, Louis   140, 145, 159, 173, 177, 179, 180ff., 192, 202f.
Behrens, Katja   210, 212f.
Ben-Dor, David   117ff., 133
Berg, Nicolas   6
Bernstein, Sarah Tuvel   123f.
Bettelheim, Bruno   70
Biller, Maxim   213, 257
Birger, Trudi   111
Bitov, Andrej   273
Blatt, Thomas Toivi   110
Bondy, Ruth   111, 112ff., 116
Bonwetsch, Bernd   277
Bormann, Alexander von   96f.
Braese, Stephan   160, 164
Brenner, Ira   136, 139, 216
Bresler, Jakob   158, 159
Brettschneider, Werner   142

C

Caramello, Charles   196, 199f., 203
Celan, Paul   32f.

D

Dante Alighieri   40f., 191f.
Delpard, Raphael   177
Deutschkron, Inge   139
Dischereit, Esther   217f., 219, 225, 234, 249, 264, 265f.
Duras, Marguerite   19
Durlacher, Gerhard   4, 87, 98ff., 110, 111, 113, 116, 126, 134, 135, 146, 156f., 157f., 158, 161, 181, 187, 226, 235, 242, 275
Dwork, Debórah   131ff.

E

Edelman, Marek   4, 55, 59ff., 78, 80, 99, 104, 108, 119, 201
Edelstein, Rabbi Berl   115f., 120, 283
Eichenberg, Ariane   39
Eichengreen, Lucille   123f.
Epstein, Helen   227
Epstein, Leslie   204

F

Faber, David   132, 133, 135
Faimberg, H.   216
Federman, Raymond   1f., 35, 52, 110, 177, 180, 182, 191, 192ff., 235, 272f.
Finkielkraut, Alain   216, 224, 241, 248, 263
Fleischman, Lea   81, 210
Frankenthal, Hans   111
Frank, Anne   118
Frankl, Viktor   8, 70
Fried, Erich   223
Fried, Hédi   121, 123f., 125
Friedländer, Saul   12, 178
Friedman, Benedikt   110, 119
Friedman, Carl   213, 218f., 232, 235f.

Frisch, Max 48, 281, 283
Frister, Roman 133, 134

G
Ganor, Solly 158
Gehle, Holger 160, 164
Gelbin, Cathy 140
Gelissen-Kornreich, Rena 111
Genette, Gérard 12, 47, 86, 91, 152, 157, 189, 250, 272
Geve, Thomas 135, 158
Gilbert, Martin 104
Gilman, Sander L. 230
Glazar, Richard 24f., 33f., 36, 49f., 50f. 76f., 78,108, 127, 201
Goethe, Johann Wolfgang von 1
Goldschmidt, Georges-Arthur 128, 178, 187
Goldschmidt, Gerson 111
Goldstein, Bernhard 60
Goodheart, E. 194
Graumann, Samuel 45
Grossman, Chaika 60
Grünberg, Kurt 229
Grynberg, Henryk 231f, 233, 239ff., 252, 268
Günter, Manuela 110
Gynlai, Kató 23

H
Haider, Hans 258f.
Halbwachs, Maurice 140, 273
Hardtmann, Gertrud 230
Hargen, Thomas 286
Hassan, Ihab 273
Heidelberger-Leonard, Irene 176
Hemmendinger, Judith 139
Hermann, Matthias 215
Hertling, Viktoria 136
Herzberg, Abel 17, 40
Hesdörffer, Heinz 21, 48
Hetzer, Tanja 136
Hilberg, Raul 1
Hillesum, Etty 287
Hillmann, Heinz 2, 12
Hilsenrath, Edgar 271

Hitzler, Ronald 221
Hölderlin, Johann Christian Friedrich 42
Honer, Anne 221
Honigmann, Barbara 213, 223, 234, 249
Hornung, Alfred 194

I
Iser, Wolfgang 279

J
Janeczek, Helena 109, 208ff., 231, 233f., 234f., 250, 252f., 263, 265f., 271

K
Kagan, Raya 36, 50f., 119
Keilson, Hans 92, 150
Kertész, Imre 19, 33, 70, 92, 94, 114, 143, 153, 154f., 156f., 158, 159, 181, 190, 202, 282, 285, 168, 287
Kestenberg, Judith 136, 139, 216
Klein, Judith 230
Klieger, Bernd 26f., 45, 78
Klüger, Leo 119, 123ff., 197
Klüger, Ruth 10, 38, 51f., 87, 97, 101, 106, 109, 110, 114, 116, 119f., 126, 140, 146, 156, 159, 160ff., 180, 181f., 191, 192, 272, 235, 238, 272
Köhler, Joachim 140
Köppen, Manuel 47, 234, 274f.
Körte, Mona 126
Kogan, Ilany 216
Kolb, Eberhard 40, 143
Krall, Hanna 59ff., 80, 97, 99, 104
Kranhold, Karina 177
Krause, Rolf D. 44, 45, 74

L
Lamping, Dieter 230, 232
Lang, Berel 193, 202
Lanzman, Claude 163, 165
Laqueur, Renata 285
Laqueur, Walter 104

Lejeune, Philippe   128, 180
Lessing, Gotthold Ephraim   138
Levi, Primo   22, 24, 29f., 36, 37ff.,
    40ff., 44ff., 52, 76f., 78, 81, 93,
    107, 108, 122, 127, 135, 175, 191f.,
    201f., 227, 258, 292
Levy-Hass, Hanna   22
Levy-Rosenberg   120, 123
Lezzi, Eva   11ff., 131, 136ff., 139f.,
    141, 142, 144, 146, 147, 149,
    150ff., 160, 161, 162, 164, 167,
    169, 196
Linder, Bert   119, 123f., 125
Link, Franz   195, 203
Löffler, Sigrid   174
Lorenz, Dagmar C.G.   160
Lotman, Jurij   36
Lustiger, Arno   64
Lustiger, Gila   236, 237ff., 289
Lyotard, Jean-François   273f.

M
Markowitsch, Hans J.   279
Matwin-Buschmann, Roswitha   139
Mechanicus, Philip   13f., 43, 84,
    285ff.
Ménaché, Albert   34
Mesulam, M.   278
Meyer, Alwyn   139
Millu, Liana   20, 23, 37
Mitgutsch, Anna   14
Müller-Madej, Stella   133, 156f., 158

N
Naor, Simha   24, 34, 36, 37
Nolden, Thomas   208, 210, 212, 213,
    229ff., 232ff., 255, 256, 261, 267,
    268
Nyiszli, Miklos   34

O
Oberski, Jona   138, 143ff., 155f.,
    158f., 159, 161f., 167, 168, 172,
    180, 187, 193
Olbrich, Erhard   230
Opher-Cohn, Liliane   230

P
Pawelke, Britta   132
Peitsch, Helmut   9
Perl, Gisella   20, 36, 37
Perz, Bertrand   134
Pisar, Samuel   111f., 131, 133, 140
Pointl, Franz   182
Pollak, Michael   17, 18, 21, 22, 47
Presser, Jaques   143, 154

R
Rabinovici, Doron   249, 257
Rabinovici, Schoschana   133, 134,
    158, 173, 182
Rapaport, Lynn   229
Reiter, Andrea   17, 18, 154
Rosen, Sybil   213, 231, 233
Rotem, Simha   60, 65f.
Roth, Joseph   253
Rüsen, Jörn   277
Ruhe, Ernstpeter   194

S
Sakowska, Ruta   64
Salus, Grete   26f., 37, 50, 78, 108
Sassoon, Agnes   140, 146, 158, 159
Schindel, Robert   44, 81, 161, 169,
    207, 213, 217f., 221, 222, 231, 233,
    236, 247, 248, 250, 252ff.
Šlibar, Neva   161, 259
Schmid, Wolf   12
Schmidt-Fels, Lucia   47, 50
Schöne, Lothar   213, 227, 229, 232,
    234, 249, 250, 272
Schöpp, Joseph C.   193, 199f.
Schruff, Helene   9, 212, 219, 220,
    222, 224, 225, 227, 230ff., 232,
    235, 236f., 240, 248, 250, 264, 265
Schwerdt, Otto   111
Schwerdt-Schneller, Mascha   111
Seligman, Rafael   81, 213, 234, 257
Semprun, Jorge   71
Siegelberg, Mark   46
Sofsky, Wolfgang   2, 22, 28, 32, 37
Sorokin, Vladimir   5
Spielberg, Steven   54

Spritzer, Jenny 23, 28, 30, 36, 37, 45, 50f., 119
Stein, André 173, 177, 178f., 184, 185
Steinberg, Paul 38, 52, 76ff., 98f., 102, 103f., 104, 108, 110, 111, 115, 119f., 121, 126, 166, 212, 233, 235, 275, 283, 292
Steinecke, Hartmut 230
Stocker, Herbert 127, 128
Strickhausen, Waltraud 136, 141
Strobl, Ingrid 64
Strümpel, Jan 96
Szwajgier, Adina 60

T
Taterka, Thomas 12, 40
Thomsen, Hargen 286
Todorov, Tzvetan 63, 66, 67, 70
Treiber, Diana 208f., 221, 230
Truchlar, Leo 195

U
Umanskij, Semjon 117ff.

V
Vegh, Claudine 177
Vergil 191
Vrba, Rudolf 26, 36

W
Waco, Laura 231, 232f., 249
Wajsbort, Inka 119, 125

Walser, Martin 174
Wander, Fred 28
Weigel, Sigrid 160f., 167
Weinberg, Werner 111, 112ff., 116
Weinstock, Rolf 20, 26, 45, 48, 50
Weishaupt, Stefan 191
Weiss, Peter 163, 165
Welzer, Harald 2, 98, 138, 278, 279, 282
Wermuth, Henry 117ff., 125, 212
Wheeler, Catherine 187
Wiesse, Jörg 230
Wilkomirski, Binjamin 11, 54, 96, 137
Winterfeldt, Hans 127, 128
Wolken, Otto 22, 82

Y
Yesner, Renata 133, 146, 158f., 159, 161, 173, 182
Young, James E. 6f., 18, 19, 20, 27, 48, 55, 59, 83f., 95, 97, 136, 138, 289, 292

Z
Zarebinska-Broniewska, Maria 23, 29, 37
Zelman, Leon 111, 125
Zuckerman, Yitzak 60, 65
Zywulska, Krystina 36, 38f., 50